Computergestützte Transkription

Sprache, Sprechen und Computer
Computer Studies in Language and Speech

Herausgegeben von/Edited by
Wolfgang Hess und/and Winfried Lenders

Bd./Vol.
7

PETER LANG
Frankfurt am Main · Berlin · Bern · Bruxelles · New York · Oxford · Wien

Thomas Schmidt

Computergestützte Transkription

Modellierung und Visualisierung gesprochener Sprache mit texttechnologischen Mitteln

PETER LANG
Europäischer Verlag der Wissenschaften

Bibliografische Information Der Deutschen Bibliothek
Die Deutsche Bibliothek verzeichnet diese Publikation in der Deutschen Nationalbibliografie; detaillierte bibliografische Daten sind im Internet über <http://dnb.ddb.de> abrufbar.

Zugl.: Dortmund, Univ., Diss., 2004

D 290
ISSN 1435-5736
ISBN 3-631-53514-7

www.peterlang.de

Miss Elk: It's been a lot of fun.
Presenter: Yes, thank you very much.
Miss Elk: Saying what my theory is.
Presenter: Yes, thank you.
Miss Elk: And whose it is.
Presenter: Yes, thank you - that's all - thank you...
[Monty Python: My theory]

Danksagung

Ich möchte allen danken, die mich bei dieser Arbeit unterstützt haben, ganz besonders:

Prof. Angelika Storrer für die zuverlässige Beratung und Betreuung; Jan-Torsten Milde für den richtigen Ratschlag zum richtigen Zeitpunkt; Sören Ohlhus für Beistand in funktional-pragmatischen Fragen; den Mitarbeitern des Sonderforschungsbereichs „Mehrsprachigkeit“, die meiner Arbeit mit Offenheit und Interesse begegnet sind; den Nutzern des EXMARaLDA-Systems für die konstruktiven Rückmeldungen; meiner Familie, Anja und meinen Freunden für das Leben jenseits der computergestützten Transkription.

Hamburg, im Dezember 2004

Thomas Schmidt

Inhaltsverzeichnis

Einleitung

Die Motivation zur vorliegenden Dissertation ergab sich aus meiner Arbeit an EXMARaLDA, einem System zur computergestützten Transkription, das seit Juli 2000 am Sonderforschungsbereich „Mehrsprachigkeit" der Universität Hamburg entwickelt wird. Mit EXMARaLDA wird das Ziel verfolgt, aktuelle texttechnologische Ansätze auf die computergestützte Transkription im Rahmen linguistischer Gesprächsanalyse anzuwenden, um so zu einem Verfahren zu gelangen, das ältere gebräuchliche Transkriptionswerkzeuge und Datenformate ablösen kann. Damit verbindet sich einerseits die Erwartung, in Zukunft gesprächsanalytische Transkriptionsdaten zu erhalten, die leichter als die existierenden zwischen verschiedenen Betriebssystemen und Software-Anwendungen austauschbar sind und sich dadurch auch besser für eine langfristige Archivierung eignen. Andererseits wird darüber hinaus eine umfassendere Unterstützung bei der computergestützten Erstellung und Analyse größerer Transkriptionskorpora angestrebt.

Bei der Arbeit an EXMARaLDA ist immer wieder deutlich geworden, dass sich das Thema der computergestützten Transkription nicht zufrieden stellend erfassen lässt, wenn es mit einer strengen Arbeitsteilung zwischen Sprach- oder Texttechnologen, die Software und Datenformate entwickeln, und Gesprächsforschern, die diese anwenden, angegangen wird: Weder lassen sich nützliche Transkriptionswerkzeuge konzipieren, ohne dass eine genauere Vorstellung über das Wesen der gesprächsanalytischen Transkription und ihre Rolle im Forschungsprozess vorhanden ist, noch können fortgeschrittene Möglichkeiten der Computerunterstützung beim Anfertigen und Analysieren von Transkriptionen konsequent genutzt werden, ohne dass ein grundsätzliches Verständnis von der Natur rechnergestützter Sprachdatenverarbeitung besteht. Wenn diese Arbeit ihrem Gegenstand gerecht werden will, muss sie folglich eine interdisziplinäre sein: sie muss gesprächsanalytische mit sprach- und texttechnologischer Forschung in Verbindung bringen. Dass dies sinnvoll sein kann, spricht auch Kallmeyer (1997: 126) an:

> Gesprächsanalyse und automatische Sprachverarbeitung sind zwei völlig getrennte Wissenschaftswelten mit ganz unterschiedlichen Zielsetzungen, Gegenstandsbestimmungen und Methodologien. Neuerdings zeichnen sich aber gewisse Parallelitäten und Berührungspunkte ab, die es lohnend erscheinen lassen, das Verhältnis der beiden Arbeitsgebiete zu beleuchten.

Genauer erscheint eine solche interdisziplinäre Betrachtung vor allem aus zwei Gründen vielversprechend:

Zum einen teilt sich die *Sprachtechnologie*, insbesondere im Gebiet der automatischen Spracherkennung, einen Gegenstandsbereich mit der Gesprächsanalyse, denn auch dort ist die Transkription von Aufnahmen gesprochener Sprache ein unabdingbarer Bestandteil der Forschung und Anwendung. Weil Spracherkennungstechnologie beim Aufbruch ins digitale Zeitalter auch ein erhebliches wirtschaftliches Interesse geweckt hat, ist dem Bereich der sprachtechnologischen Transkription in den letzten zehn Jahren eine Aufmerksamkeit zugekommen, die für ein als „rein wissenschaftlich" erachtetes Gebiet wohl kaum denkbar wäre. Als Folge dieser erhöhten Aufmerksamkeit existieren heute mehrere internationale Einrichtungen, die eine organisatorische und technische Infrastruktur für den Austausch von (u.a.) Transkriptionsdaten zur Verfügung stellen (vgl. ELRA und LDC), und zahlreiche Initiativen und Projekte, die sich (u.a.) der Entwicklung und Standardisierung computergestützter Transkriptionsverfahren widmen (vgl. EAGLES/ISLE und insbesondere die in Kapitel 4 diskutierten Projekte ATLAS-PROJEKT und NITE). Weil jedoch die gesprächsanalytische Transkription in diesem Zusammenhang bisher kaum eine Rolle spielt, besteht ein Ziel dieser Arbeit darin zu prüfen, ob und wie sich dort entwickelte Ansätze für die Gesprächsforschung nutzen lassen.

Zum anderen hat die *Texttechnologie* ein Instrumentarium entwickelt, mit dessen Hilfe sich die Möglichkeiten und Probleme computergestützter Transkription erst in einer wissenschaftlich fundierten Weise erfassen lassen: Verglichen mit den meisten anders gearteten Daten, die mittels eines Rechners bearbeitet werden, weisen sprachliche Daten generell eine sehr hohe strukturelle Komplexität auf (vgl. Simons 1998), und es kann mit Recht behauptet werden, dass Transkriptionen gesprochener Sprache unter allen sprachlichen Daten noch einmal eine diesbezügliche Sonderstellung einnehmen. Das Verständnis solcher Strukturen und die Entwicklung geeigneter Mechanismen zu ihrer Bearbeitung bedarf daher Methoden, die an der Schnittstelle zwischen Sprach- und Computerwissenschaften angesiedelt sind. Genau diese stellt die Texttechnologie zur Verfügung.

Die Brücke, die demgemäß hier zwischen den genannten Disziplinen geschlagen werden soll, stützt sich vor allem auf eine methodologische Überlegung: Es wird zunächst gefragt, ob und wie der Computereinsatz für die gesprächsanalytische Transkription eine relevante Änderung der Methode darstellt, was also in methodischer Hinsicht bei der Begegnung der Gesprächsforschung mit dem Computer geschieht. McCarty (2002: 104) sagt dazu:

> In operational terms, when humanities research is computerized the source materials become data – that is, computable information [...]. What happens intellectually is neither solely computational nor autonomously human but a combination or interaction of both – a thinking with, and against, the computer. The translation of source

> materials into data involves two fundamental steps: a choice of what to consider *to be the data* and a perceptual shift required to see these materials *as data.*

Dabei ist zu beachten, dass die Transkription bereits vor der gängigen Verbreitung von Computern ein integraler Bestandteil der gesprächsanalytischen Methode war und als solcher auch vielfach eine weitreichende theoretische Reflexion erfahren hat. Der Übergang vom Transkribieren mit Bleistift oder Schreibmaschine auf Papier zum computergestützten Transkribieren vollzog und vollzieht sich oft jedoch eher beiläufig und ohne dass dieser Entwicklung eine größere methodische Bedeutung beigemessen würde. Zwar wird der praktische Mehrwert computergestützter Verfahren, die ein präziseres und komfortableres Transkribieren, ein vereinfachtes Vervielfältigen und Verteilen von Transkriptionen und insbesondere eine Unterstützung bei der Verwaltung und Analyse größerer Transkriptionskorpora ermöglichen, kaum in Frage gestellt. Als extremer Standpunkt steht jedoch die Auffassung, dass der Computer dabei „nur ein technisches Werkzeug" und das Verständnis und die Konzeption rechnergestützter Transkriptionsverfahren dementsprechend rein praktisch-technische Angelegenheiten seien. Orlandi (2002) widerspricht dieser Auffassung, indem er auf die wichtige Rolle verweist, die die verwendeten Werkzeuge für den Erkenntnisgewinn spielen können:

> [Some] colleagues refer to the computer as "just a tool" or "simply a bunch of techniques", as if ways of knowing did not have much to do with what is known. Because the computer is a meta-instrument – a means of constructing virtual instruments or models of knowing – we need to understand the effects of modelling on the work we do as humanists.

Genau in diesem Sinne wird auch in dieser Arbeit eine veränderte Sichtweise (ein „perceptual shift" mit den Worten von McCarty, s.o.) auf das Wesen und die methodische Rolle der Transkription vorgeschlagen, in deren Zentrum der Begriff des *Modellierens* steht. McCarty (2002: 104) verwendet ebenfalls diesen Terminus, wenn er die Überlegungen aus obigem Zitat fortführt:

> Another way of construing what happens is in terms of *modelling*, by which I mean the manipulation of symbol structures so as to bring them, more or less closely, into parallel with a pre-established non-symbolic system. [...] In terms of humanities computing, modelling is an iterative process of constructing and developing something like a 'knowledge representation' [...] In fact we might say that a model is a manipulable knowledge representation.

Der Begriff des wissenschaftlichen Modells erweist sich dabei für die Zielsetzung dieser Arbeit insofern als besonders fruchtbar, als er in der Sprach- und

Texttechnologie nahezu selbstverständlich gebraucht wird, um die Methoden zu charakterisieren, die dort bei der computergestützten Sprachbeschreibung und -verarbeitung zur Anwendung kommen (vgl. z.B. die Titel von Möller 1999 und Lobin 2000). Mit einer Betrachtung der computergestützten gesprächsanalytischen Transkription als Modellierungsprozess ist daher ein wesentlicher Teil der Brücke zwischen den verschiedenen Disziplinen bereits geschlagen.

Darauf aufbauend lassen sich mehrere Fragen formulieren, die die Konkretisierung dieses veränderten Transkriptionsverständnisses betreffen, sich also mit möglichen Konsequenzen für existierende gesprächsanalytische Transkriptionssysteme und für die Entwicklung künftiger computergestützter Verfahren befassen. Genauer wird gefragt:

(1) Wie lassen sich vorhandene gesprächsanalytische Transkriptionssysteme mit diesem veränderten methodischen Verständnis vereinbaren? Sind diese – eigentlich nicht primär vor dem Hintergrund computergestützter Verfahren konzipierten – Systeme überhaupt geeignet, um Gegenstand einer texttechnologischen Betrachtung zu werden?

(2) Können Ansätze aus der Sprach- und Texttechnologie, die für die computergestützte Transkription entwickelt wurden, unmittelbar auf gesprächsanalytische Transkriptionen angewandt werden? Oder bedürfen sie einer Anpassung an diesen ursprünglich nicht direkt anvisierten Einsatzbereich?

(3) Wie muss eine solche Anpassung gestaltet sein, damit ihr Resultat tatsächlich einer *Erweiterung* der gesprächsanalytischen Methode gleichkommt und nicht etwa nur eine Verlagerung der Prioritäten zugunsten computergestützter Verfahren bedeutet? Mit anderen Worten: wie lassen sich bewährte gesprächsanalytische Methoden beibehalten und gleichzeitig ein Mehrwert hinsichtlich automatisierter Verarbeitungsmethoden erzielen?

(4) Wie können diese Ansätze in eine in der gesprächsanalytischen Praxis anwendbare Implementierung umgesetzt werden? Welcher praktische Nutzen ergibt sich aus einer solchen Umsetzung?

Diesen Fragen folgend gliedert sich die Arbeit in sechs Kapitel:

Nach einigen grundlegenden Begriffsbestimmungen in Kapitel 1 wird in Kapitel 2 der Ansatz vorgestellt, nach dem computergestützte Transkription hier verstanden werden soll. Dazu wird zunächst das etablierte Transkriptionsverständnis anhand der Begriffe „Transkription als Verschriftlichung“ und „Transkription als Theorie“ charakterisiert. Die anschließenden Ausführungen zum wissenschaftlichen Modellbegriff, zu den Besonderheiten computergestützter Transkription und zu texttechnologischen Mitteln dienen dann dazu, diesem etablierten Transkriptionsverständnis ein Verständnis der computergestützten Transkription als Modellierung gegenüberzustellen und zu erläutern.

Ausgehend von diesem veränderten Blickwinkel werden in Kapitel 3 mehrere bestehende gesprächsanalytische Transkriptionssysteme dahingehend untersucht, ob und wie sie sich als Modelle und Visualisierungen gesprochener Sprache verstehen lassen. Dabei sollen zum einen die in Kapitel 2 diskutierten Gedanken hinsichtlich ihrer Adäquatheit für die gegebenen Systeme überprüft werden. Zum anderen soll eine Basis für die folgenden Ausführungen geschaffen werden, denn, wie zu zeigen sein wird, ist für diese eine strenger formalisierte und rein symbolische Sichtweise auf die Transkriptionssysteme notwendig.

Kapitel 4 befasst sich dann mit drei generischen Ansätzen, die im Rahmen dieser Arbeit als Modellierungs*verfahren* begriffen werden sollen. Insbesondere wird dort diskutiert, inwieweit sich die verschiedenen Verfahren eignen, um die im vorangehenden Kapitel erarbeiteten konkreten Modelle zu repräsentieren, und wo es nötig scheint, sie diesbezüglich weiterzuentwickeln oder anzupassen.

Die Kapitel 2 bis 4 bilden den literaturgestützten Teil dieser Arbeit, sie beziehen sich auf vorhandene Arbeiten und beurteilen diese im Hinblick auf den Ansatz der Transkription als Modellierung. In Kapitel 5 wird darauf aufbauend dann ein eigenes, auf gesprächsanalytische Bedürfnisse abzielendes Modellierungsverfahren für gesprochene Sprache vorgeschlagen und anhand mehrerer ausführlicher Beispiele exemplifiziert. Anders als bei den vorher besprochenen Ansätzen wird diesem Modellierungsverfahren außerdem ein Visualisierungsverfahren an die Seite gestellt und so der wichtigen Rolle, die das „klassische" Transkript in Papierform im gesprächsanalytischen Forschungsprozess innehat, Rechnung getragen.

Schließlich werden in Kapitel 6 einige Aspekte der Umsetzung und Anwendung des in Kapitel 5 erarbeiteten Verfahrens diskutiert.

Kapitel 1

Begriffsbestimmungen

1.1 Abgrenzung des Untersuchungsgegenstandes

Der Untersuchungsgegenstand „Transkription" spielt in vielen linguistischen Teildisziplinen eine wichtige Rolle und bildet auch in einigen anderen Wissenschaften einen integralen Bestandteil der jeweiligen Methode. Wenn hier also eine Abgrenzung vorgenommen wird, so ist diese nicht in dem Sinne als absolut anzusehen, dass einige dieser Bereiche vollständig ausgeklammert werden sollen, sondern es sollen lediglich Schwerpunktsetzungen vorgenommen werden, um den Untersuchungsgegenstand für diese Arbeit handhabbar zu machen. Die hier hauptsächlich zu untersuchende Form der Transkription ist also bezüglich mehrerer Dimensionen von anderen Formen der Transkription abzugrenzen:

1) Sprachwissenschaftliche vs. nicht sprachwissenschaftliche Transkription

Transkription wird in dieser Arbeit primär als ein Instrument *sprachwissenschaftlicher* Analyse betrachtet. Transkriptionen, die zum Zwecke anders gearteter wissenschaftlicher Fragestellungen vorgenommen werden, z.B. Transkriptionen von Interviews für erziehungswissenschaftliche oder soziologische Untersuchungen, liegen damit nicht im Fokus des Interesses. Gleiches gilt natürlich auch für die nicht-wissenschaftliche Transkription, wie sie beispielsweise zu journalistischen Zwecken oder bei Gerichtsverhandlungen und polizeilichen Verhören vorgenommen wird.

2) Gesprächsanalytische vs. nicht gesprächsanalytische Transkription

Innerhalb der Sprachwissenschaft soll das Gewicht auf solchen Transkriptionsverfahren liegen, die im Hinblick auf *gesprächsanalytische* (für eine Definition dieses Terminus, s.u.) Fragstellungen angewendet werden. Dem gegenüber stehen beispielsweise Transkriptionsverfahren, die vornehmlich der Untersuchung des kindlichen Spracherwerbs dienen (z.B. CHAT, MacWhinney 2000), computerlinguistische Zielsetzungen verfolgen (z.B. Mensch-Maschine-Interaktion, Möller 1999) oder primär auf phonetisch/phonologische Fragestellungen (z.B. das BAS-Transkriptionsverfahren, Schiel et al. 1998) ausgerichtet sind. Es liegt allerdings in der Natur gesprächsanalytischer Forschung, bezüglich verschiedener linguistischer Ebenen möglichst umfassend zu verfahren. Diese Schwerpunktsetzung beinhaltet also weniger eine Ausblendung bestimmter Ebenen als die Prämisse, nicht eine Ebene auf Kosten der anderen in den Vordergrund zu rücken.

3) Computergestützte vs. nicht computergestützte Transkription

Auch wenn mittlerweile „[d]ie Transkription mittels Computer nahezu Normalität" ist (Redder 2001: 1055), ist sie dennoch nicht als Selbstverständlichkeit anzusehen. Die Computerunterstützung beim Transkribieren ist zwar zentral für den Gegenstand dieser Arbeit, es wird jedoch wiederholt darauf zurückzukommen sein, dass gängige Verfahren sich erst zu einer solchen hinbewegt haben und folglich nicht gänzlich ohne die Berücksichtigung nicht computergestützter Transkription verstanden werden können. Nur in dieser Hinsicht befasst sich diese Arbeit also mit letzterer, ansonsten liegt ihr Fokus eindeutig auf ersterer. Ausführlichere Überlegungen zu diesem Aspekt werden in Abschnitt 2.3. angestellt.

4) Transkription gesprochener Sprache vs. Transkription von „Speech"

Der Unterschied zwischen der Transkription gesprochener Sprache und der Transkription dessen, was wegen der mangelnden Differenzierungsmöglichkeiten des Deutschen[1] auch hier mit dem englischen Terminus *Speech* bezeichnet werden soll, wird von Leech et al. (1995b: 4f) wie folgt charakterisiert:

> [...] we should note an important point here. There are computer databases of recorded speech known as speech corpora [...] which frequently, if not typically, contain artificially contrived language material [...] designed to represent certain phonetic combinations of sound, rather than naturally occurring spoken language. [...] To avoid confusion with such speech corpora, we will avoid using the term 'speech corpora' for the bodies of naturally occurring spoken data [...], and will use 'corpora of spoken discourse' or 'spoken language corpora' instead.

Da gesprächsanalytische Forschung in diesem Sinne (natürliche) gesprochene Sprache und nicht (artifizielle) *Speech* untersucht, liegt der Schwerpunkt dieser Arbeit naturgemäß auf der Transkription ersterer. Dies ist insofern von besonderer Bedeutung, als existierende fortgeschrittenere Ansätze, die sich mit computergestützter Transkription auseinandersetzen (vgl. vor allem Kapitel 4), diese Schwerpunktsetzung meist umgekehrt vornehmen. Eine Herausforderung wird

[1] Lech et al. (1995b) nutzen für diese Unterscheidung die englischen Begriffe „Language" und „Speech", die sich jedoch beide am ehesten mit dem deutschen Wort „Sprache" übersetzen lassen.

daher darin bestehen, diese Ansätze auf ihre diesbezügliche Übertragbarkeit zu überprüfen.

5) Transkription interaktionaler Daten vs. Transkription monologischer Daten

Dass die zu transkribierenden Daten interaktionaler Natur sind, d.h. dass an den zu transkribierenden Gesprächen mehrere Personen beteiligt sind, soll für diese Arbeit als Normalfall angenommen werden, denn erstens deckt sich dies mit dem gesprächsanalytischen Forschungsinteresse, und zweitens stellt gerade die interaktionale Natur von Gesprächen mit den daraus resultierenden parallelen Strukturen eine der großen Herausforderungen der computergestützten Transkription dar. Da *Speech* hingegen in der Regel monologischer Natur ist, wird auch diese Schwerpunktsetzung bei einigen generischen Ansätzen umgekehrt vorgenommen (vgl. wiederum Kapitel 4).

6) „Deutsche" Transkriptionssysteme vs. „Nicht-Deutsche" Transkriptionssysteme

Um insbesondere die Analysen in Kapitel 3 überschaubar zu halten, muss unter den zahlreichen existierenden gesprächsanalytischen Transkriptionssystemen eine weitere Auswahl getroffen werden. Hier soll Transkriptionssystemen, die im deutschsprachigen Raum entwickelt wurden und auch vornehmlich dort zum Einsatz kommen, der Vorzug gegenüber andernorts entwickelten und verwendeten Systemen gegeben werden. Dies lässt sich unter anderem damit rechtfertigen, dass die zu betrachtenden Systeme in dieser Weise unmittelbarer vergleichbar werden, denn sie befassen sich zum einen mit einer gemeinsamen Objektsprache (eben dem Deutschen) und befinden sich zum anderen in einem unmittelbaren (nationalen) wissenschaftlichen Konkurrenzverhältnis.

7) Transkriptionsdaten vs. Meta-Daten

Ein nicht unwesentlicher Bestandteil dessen, was im weiteren Sinne der Transkription gesprochener Sprache zuzurechnen ist, besteht nicht aus dem Beschreiben der Gesprächsphänomene selbst, sondern aus der Charakterisierung des sozio-kulturellen Kontextes, in dem die Gespräche stattfinden. Solche Beschreibungen, die beispielsweise die räumlichen und zeitlichen Gesprächsumstände und biographische Details der Sprecher umfassen, werden gemeinhin mit dem Terminus „Meta-Daten" (also: Daten *über* Transkriptionsdaten) bezeichnet. Sie stellen einen wichtigen eigenständigen Bereich vieler aktueller Standardisierungsbemühungen dar (vgl. z.B. Wittenburg et al. 2000 und Bird/Simons 2002) und werden auch in der Gesprächsforschung thematisiert (vgl. z.B. Deppermann

2000 und Sager 2001a), sollen aber aus den Betrachtungen dieser Arbeit vollständig ausgeklammert werden.

Vornehmlicher Untersuchungsgegenstand dieser Arbeit sind also computergestützte Transkriptionssysteme, die im deutschsprachigen Raum für gesprächsanalytische Zwecke verwendet werden. Dennoch liegt der Fokus hier nicht auf gesprächsanalytischen, sondern auf texttechnologischen Fragestellungen. Dieser Umstand ist insbesondere im Zusammenhang mit den Ausführungen in Kapitel 3 wichtig: Dort werden Transkriptionssysteme vergleichend zu betrachten sein, die konkurrierenden gesprächsanalytischen Schulen zugeordnet sind und oft gar als ein Abgrenzungskriterium zwischen diesen Schulen dienen (vgl. Redder 2001 und Selting 2001). Weil diese Arbeit sich als eine texttechnologische versteht, ist das Ziel dieses Vergleiches jedoch keinesfalls, eine Bewertung dieser Schulen anhand des Kriteriums „Transkriptionssysteme" vorzunehmen; sein Ziel ist noch nicht einmal, die Systeme selbst im Hinblick auf gesprächsanalytische Kriterien wertend gegenüberzustellen – Vergleiche zwischen den Systemen werden nur unter dem hier entwickelten Aspekt der Modellbildung angestellt.

1.2 Terminologie

Diese Arbeit ist an einer interdisziplinären Schnittstelle zwischen Sprach- (bzw. Gesprächs-) und Computerwissenschaften angesiedelt und verbindet damit zwei Gebiete, die als notorisch für eine terminologische Vielfalt, wenn nicht gar Fragmentierung gelten können. Diese kann und soll hier nicht vollständig bereinigt werden. Da es im Folgenden aber durchaus auch um eine präzise Benennung verschiedener Aspekte der Transkription gehen wird, sollen zumindest einige der am häufigsten genutzten Begriffe vorab näher bestimmt und voneinander abgegrenzt werden.

Transkription / Transkript / Transkribieren

Die Begriffe *Transkription* und *Transkript* werden in vielen Zusammenhängen synonym benutzt, sollen hier aber in einer für diese Arbeit ganz zentralen Weise voneinander unterschieden werden. Mit *Transkription* wird das Ergebnis des gesamten Transkriptionsprozesses bezeichnet, der sich – wie gezeigt werden wird – auch als ein Modellierungsprozess auffassen lässt. Die Transkription umfasst demnach in *abstrakter* Weise die Gesamtheit der modellierten Gesprächseinheiten und der Beziehungen zwischen ihnen, sie ist eine Menge von Daten.[2] Demgegenüber soll unter dem Termi-

[2] Darüber hinaus wird der Begriff *Transkription* einerseits in einem allgemeineren Sinne auch als Oberbegriff für den Untersuchungsgegenstand dieser Arbeit verwendet, andererseits in einem engeren Sinne in Opposition zum Begriff der *Annotation* zu sehen sein (s.u.).

nus *Transkript* jede *konkrete*, visuell erfassbare, in irgendeiner Form geschlossene graphische Darstellung der modellierten Einheiten und Zusammenhänge verstanden werden. Die Unterscheidung zwischen Transkription und Transkript erfolgt in diesem Sinne parallel zur noch zu entwickelnden Unterscheidung zwischen Modell und Visualisierung.
Der Terminus *Transkribieren* schließlich wird überall dort verwendet, wo die Tätigkeit des Anfertigens von Transkriptionen oder Transkripten im Mittelpunkt des Interesses steht.[3]

Transkriptionssystem / Transkriptionsverfahren / Transkriptionswerkzeug

Der Terminus *Transkriptionssystem* bezeichnet in der Literatur in aller Regel die systematische Zusammenstellung von konventionalisierten Regeln für das Transkribieren – demnach sind HIAT, GAT, DIDA und Verbmobil als Transkriptionssysteme zu bezeichnen. Gelegentlich wird alternativ dazu der Begriff *(Transkriptions-)Verfahren* (vgl. z.B. den Titel von Rehbein et al. 1993) verwendet, und vor allem im nicht-wissenschaftlichen Zusammenhang bezeichnet der englische Terminus *transcription system* auch elektronische Geräte oder Software-Werkzeuge, die zum Transkribieren verwendet werden.[4]

Im Verständnis dieser Arbeit besteht ein Transkriptionssystem zum einen aus einem symbolischen Modell gesprochener Sprache, d.h. aus einer systematischen Zusammenstellung von Regeln, mit deren Hilfe zu transkribierende Einheiten im Gespräch identifiziert und symbolisch beschrieben werden können. Zum anderen beinhaltet es eine zugehörige Visualisierungsanweisung, d.h. eine systematische Zusammenstellung von Regeln, die festlegen, auf welche Weise modellierte Gesprächseinheiten auf Papier oder Bildschirm graphisch darzustellen sind. Diese beiden Komponenten werden

---

[3] Vgl. dazu auch die bei Kowal/O'Connell (1995a: 116) getroffene Unterscheidung:

> Die Handlung [...] nennen wir das ‚Transkribieren' [...]. Das Zeichensystem [...], das dabei als Werkzeug verwendet wird, nennen wir ‚Notationssystem'. [...] Das graphische Produkt des Transkriptionsprozesses [...] nennen wir ‚Transkript'. Alle drei Aspekte werden in dem Oberbegriff ‚Transkription' zusammengefasst.

Die Definitionen der Termini *Transkribieren* und *Transkript* stimmen mit den hier gegebenen überein. Was die Autoren als *Notationssystem* bezeichnen, wird hier (s.u.) *Transkriptionssystem* genannt werden. Es fehlt jedoch ein Terminus, der dem Begriff *Transkription* im hier definierten Sinne entspricht.

[4] In Schmidt, Th. (2001) bezeichne ich auch EXMARaLDA als ein Transkriptionssystem. Diese Begriffswahl betrachte ich nach den hier vorliegenden Überlegungen aber nicht mehr als angemessen.

in HIAT, GAT, DIDA und Verbmobil zwar nicht getrennt voneinander formuliert, dennoch sind diese im hier definierten Sinne und in Übereinstimmung mit der gängigen Lesart des Begriffes als Transkriptionssysteme zu bezeichnen.

Der Terminus *Transkriptionsverfahren* soll hingegen verwendet werden, um die symbiotische Beziehung zwischen einem Transkriptionssystem und einem *Transkriptionswerkzeug* zu beschreiben. Das System HIAT und das Transkriptionswerkzeug Sync-Writer bilden in diesem Sinne zusammen ein Transkriptionsverfahren, ebenso wie HIAT und HIAT-DOS, DIDA und der DIDA-Partitur-Editor oder CHAT und CLAN.

Transkription / Annotation

Während der Begriff *Transkription* im weiteren Sinne das gesamte Ergebnis des Modellierungsprozesses bezeichnet (s.o.), ist er in einem engeren Sinne in Opposition zum Terminus der *Annotation* zu sehen. Eine erste Hilfe zur Unterscheidung dieser beiden Termini liefert MacWhinney (2000: 13). Dabei ist der von ihm verwendete Begriff *coding* mit dem Begriff *Annotation* in seiner hier beabsichtigten Bedeutung gleichzusetzen:

> It is important to recognize the difference between transcription and coding [i.e.: Annotation, T.S.]. Transcription focuses on the production of a written record that can lead us to understand, albeit only vaguely, the flow of the original interaction. Transcription must be done directly off an audiotape or, preferably, a videotape. Coding, on the other hand, is the process of recognizing, analyzing, and taking note of phenomena in transcribed speech. Coding can often be done by referring only to a written transcript.

Transkription im engeren Sinne und Annotation unterscheiden sich demnach dadurch, dass erstere Phänomene des Gesprächs bzw. von dessen Aufnahme unmittelbar beschreibt, während letztere sich auf Einheiten der Transkription bezieht, insofern also nur einen mittelbaren Bezug auf das Gespräch aufweist. Die symbolische Beschreibung eines Wortes ist beispielsweise als prototypisch für eine Transkription anzusehen, während es sich bei der Klassifikation dieses Wortes bezüglich einer Wortart um einen eindeutigen Fall einer Annotation handelt.

Dem analog ist die in der Datenbanktheorie verwendete Unterscheidung zwischen so genannten *regular entities* und *weak entities*:

> A weak entity is an entity that is existence-dependent on some other entity, in the sense that it cannot exist if that other entity does not also exist. […] A regular entity, by contrast, is an entity that is not weak. (Date 1995: 351ff)

Wie Date weiter ausführt, lässt sich für eine gegebene Einheit jedoch oft gar nicht eindeutig entscheiden, ob sie als *regular entity* oder *weak entity* aufzufassen ist, und dieselbe Unsicherheit kann auch bei der Unterscheidung zwischen Annotation und Transkription auftreten. Cook (1995) diskutiert dies ausführlich am Beispiel der Transkription von Wörtern und der (seines Erachtens nur vermeintlich) davon abhängigen Annotation paralinguistischer Merkmale, und Bird/Liberman (2001: 25f) ziehen daraus sogar die Konsequenz, alle beim Transkribieren vorgenommenen Beschreibungen undifferenziert als *Annotation* zu bezeichnen. Dem soll in dieser Arbeit nicht gefolgt werden – die Begriffe *Transkription* und *Annotation* sollen dort, wo sie ihre unterscheidende Funktion auszuüben vermögen, auch in dieser Funktion genutzt werden. Dort, wo eine Entscheidung zweifelhaft oder unmöglich ist, wird auf den Begriff der Transkription im weiteren Sinne zurückgegriffen, der beide Aspekte umfasst und insofern unproblematisch ist.

Kodieren / Kodierung

Eine Verwendung des Begriffes *Kodieren* (bzw. *coding*) wurde bereits im obigen Zitat aus MacWhinney (2000: 13) angeführt. Dort wird damit das bezeichnet, was in dieser Arbeit *Annotation* heißen soll. Rehbein (1995: 3) verwendet den selben Terminus, um die „Verschriftlichung" als solche, also die Transkription im weiteren Sinne, zu charakterisieren:

> [...] beim Übergang vom gesprochenen in das geschriebene Medium, den das Transkribieren darstellt, werden „Einheiten" der gesprochenen Sprache nach „Prinzipien" der Schriftsprache, also nach Maßgabe der Orthographie von Wörtern und der Interpunktion der ihre Linearität übergreifenden Zusammengehörigkeit „kodiert".

Beide Verwendungen sollen in dieser Arbeit vermieden werden. Statt dessen wird der Begriff hier in einem sehr engen, computertechnischen Sinne benutzt: Unter *Kodierung* soll eine Anweisung zur Interpretation von digital gespeicherten Zeichen oder Zeichenketten verstanden werden. Die Aussage „eine Datei ist Unicode-kodiert" bedeutet demnach, dass die in ihr enthaltenen Byte-Sequenzen gemäß der Unicode-Zeichentabelle zu interpretieren sind, die Aussage „eine Datei ist XML-kodiert", dass die Zeichen **<** und **>** gemäß der XML-Spezifikation als Tag-Begrenzer zu interpretieren sind, usw.

Notation / notieren

Da Transkription im etablierten Verständnis als Schreibprozess verstanden werden kann, werden die Begriffe *Notation* und *notieren* in der Literatur häufig synonym zu den Begriffen *Transkription* bzw. *transkribieren* verwendet. So bezeichnen Kowal/O'Connell (1995a: 116) Transkriptionssysteme als „Notationssysteme" (s.o.), Rehbein (2001: 930) wendet diese Bezeichnung auf HIAT an, Henne/Rehbock (2000: 46f und 54f) sprechen von einer „notationsspezifischen Datenselektion" und „Gesprächsnotaten" und sowohl Selting et al. (1998) als auch Rehbein et al. (1993) verwenden mehrfach den Terminus *notieren*, um das zu bezeichnen, was hier mit dem Begriff *transkribieren* benannt werden soll.

Weil ein wesentliches Ziel dieser Arbeit darin besteht, den methodischen Blickwinkel auf die Transkription zu ändern, sie weniger als Schreib- denn als Modellierungsprozess zu verstehen, sollen die Termini *Notation* und *notieren* hier jedoch nicht in diesem Sinne gebraucht werden. Das Verb *notieren* wird vollständig vermieden, das Substantiv *Notation* nur als Bestandteil von Komposita verwendet, die verschiedene Layoutprinzipien für Transkripte bezeichnen (also Partiturnotation, Spaltennotation, Zeilennotation[5]), weil dort (und nur dort!) der Aspekt des Schriftartigen gegenüber dem Aspekt des Modellhaften wieder in der Vordergrund rückt.

Format / Formatierung

Für den Begriff *Format* lassen sich im Wesentlichen zwei existierende Verwendungen ausmachen: Zum einen wird er synonym zu *Notation* oder *Schreibweise* verwendet, um verschiedene Layoutprinzipien zu benennen (also z.B.: *Partiturformat*). Zum anderen bezeichnet er das (physikalische) Speicherformat digitaler Daten (also z.B. ASCII-Text-*Format*, binäres *Format* etc.). Die erste Verwendung soll hier ausgeschlossen werden, d.h. der Terminus *Format* wird in dieser Arbeit nur im zweiten Sinne gebraucht.

Der Begriff *Formatierung* hingegen soll entsprechend seiner üblichen Verwendung die genaue typographische Form eines Graphen bezeichnen. Unter Formatierung ist demnach beispielsweise das Unterstreichen oder die Kursivierung eines Schriftzeichens zu verstehen.

Gespräch / Diskurs / Konversation / Dialog (-analyse)

Die vielleicht schwierigste Begriffsbestimmung betrifft den Terminus *Gespräch*, der im vorangehenden Abschnitt bereits mehrfach, vor allem als

[5] Der Konsistenz zuliebe wird der Begriff *Schreibweise* (wie in *Partiturschreibweise*, *Zeilenschreibweise*) dann für diesen Zweck *nicht* benutzt werden.

Bestandteil des Kompositums *Gesprächsanalyse*, verwendet wurde. Der Umgang mit diesem und den vermeintlich synonymen Begriffen *Diskurs*, *Konversation* und *Dialog* erweist sich insofern als problematisch, als er durch die Konkurrenz verschiedener Schulen mit gleichem oder ähnlichem Untersuchungsgegenstand belastet ist. So unterscheidet z.B. Hausendorf (2001: 971f) u.a.:

> - die ethnomethodologisch orientierte Konversationsanalyse [...]
> - die Diskursanalyse bzw. funktionale Pragmatik Ehlich/Rehbeinscher Prägung [...]
> - die Dialoganalyse bzw. -Grammatik [...]

Den Terminus *Gesprächsanalyse* verwendet er dabei in einer eher integrativen, d.h. alle genannten unterschiedlichen methodischen Ausrichtungen umfassenden Weise[6]. In diesem Sinne soll der Begriff auch in dieser Arbeit benutzt werden und der Terminus *Gespräch* folglich das bezeichnen, was die einzelnen Schulen methodisch bedingt auch mit *Diskurs*, *Konversation* oder *Dialog* benennen mögen. Von den Differenzierungsmöglichkeiten, die die Begriffe *Diskursanalyse*, *Konversationsanalyse* und *Dialoganalyse* bieten, soll nur dort Gebrauch gemacht werden, wo sich die zugrunde liegenden Unterschiede als unmittelbar relevant für den Gegenstand dieser Arbeit erweisen. Die so festgelegte Verwendung des Begriffes *Gespräch(sanalyse)* entspringt also keiner tief greifenden theoretischen Reflexion, sondern ganz im Gegenteil der praktischen Notwendigkeit, überall dort mit einer gemeinsamen Bezeichnung auf die verschiedenen Schulen Bezug nehmen zu können, wo die Unterschiede zwischen ihnen nicht von Bedeutung sind.

---

[6] Vgl. dazu auch den einleitenden Hinweis auf GESPRÄCHSFORSCHUNG:

> „Gesprächsforschung" wird hier als Überbegriff für alle wissenschaftlichen Disziplinen verstanden, die sich mit der Erforschung authentischer Interaktionen beschäftigen wie Konversationsanalyse, Gesprächsanalyse, interaktionale Linguistik, Funktionale Pragmatik, Diskursanalyse, Sprechwissenschaft, Gesprochene-Sprache-Forschung, qualitative Sozialforschung und viele andere mehr.

Kapitel 2

Ansatz: Computergestützte Transkription als Modellierung und Visualisierung gesprochener Sprache mit texttechnologischen Mitteln

2.1 Etabliertes Verständnis der Transkription

2.1.1 Transkription als Verschriftlichung

Der Terminus *Transkription* hat seinen etymologischen Ursprung im lateinischen Verb *trans-scribere*, das sich mit *(hin)über-schreiben* übersetzen lässt. Dass in den meisten Systemen bei der Definition der Transkription von der Idee des *Überführens* von gesprochener Sprache in *Schrift* ausgegangen wird, ist daher kaum überraschend. So sprechen beispielsweise Redder (2001: 1038 und 2002: 120), Burger (1997: o.S.), Lalouschek/Menz (2002: 55), Becker-Mrotzek/Meier (2002: 23), Rehbein et al. (1993: 4) und Klein/Schütte (2001: 1) wörtlich von „Verschriftung/Verschriften" bzw. „Verschriftlichung"[1]; bei Ehlich/Rehbein (1976: 22) ist von einer „möglichst exakte[n] und präzise[n] *Wiedergabe* des Gehörten" die Rede; Redder (2002: 115) bezeichnet das Transkribieren als „einen *Transfer* von der Mündlichkeit in die Schriftlichkeit"; Deppermann (1999: 39) sagt, „Bei der Transkription geht es [...] darum, Ereignisse, die im akustischen [...] Medium stattgefunden haben, in einem anderen [...] Medium zu *repräsentieren*.", und spricht weiter vom „mediale[n] *Übergang* von der Mündlichkeit zur Schriftlichkeit."[2]

Die Begriffe „Verschrift(lich)en", „Wiedergeben", „Transfer", „Repräsentieren" und „Übergang" betonen dabei, dass es sich bei der Transkription vordergründig um eine Überführung von einer Form der Sprachlichkeit in eine andere handelt, dass mündliche Sprache gleichsam auf schriftliche Sprache abgebildet wird. Das offensichtliche Problem dabei ist, dass diese beiden Formen der Sprachlichkeit bekanntermaßen nicht isomorph sind und die Abbildung somit nicht eineindeutig sein kann. Formulierungen wie die folgende sind daher eher die Ausnahme:

---

[1] Nach Koch/Oestereicher (vgl. z.B. Oesterreicher 1993) bezeichnen die Begriffe *Verschriftung* und *Verschriftlichung* zwar unterschiedliche Vorgänge, nämlich einmal einen medialen und einmal einen konzeptionellen Übergang von Mündlichkeit in Schriftlichkeit. Die hier berücksichtigte Literatur scheint dieser Unterscheidung aber nicht konsequent zu folgen. Obwohl sie sicherlich der selben (funktional-pragmatischen) Schule zuzurechnen sind, benutzt z.B. Redder (2002) ersteren Begriff, Rehbein et al. (1993) letzteren.

[2] Hervorhebung in den drei vorhergehenden Zitaten von mir.

> Es handelt sich wohlgemerkt nicht um das Problem, [...] das Sprechen zu verschriften (das lernen die Kinder schon in den ersten Schuljahren). [...] gesprochene Sprache [lässt sich] problemlos verschriften.[3] (Gross 1979: 154ff)

Vielmehr wird in der Regel einer solchen vereinfachenden Sichtweise die Auffassung entgegengesetzt, dass es beim Festlegen von Transkriptionskonventionen gerade darum geht, die Regeln der Schriftsprache dahingehend zu modifizieren, dass sie für eine angemessene Abbildung von Gesprochenem besser geeignet sind, z.B.:

> Der Unterschied zwischen einer reinen Abschrift von Gesprächen [...] und einer linguistischen Transkription ist, dass bei einer Abschrift das Gesprochene ‚schriftsprachlich korrigiert' wird, während eine Transkription gerade die Besonderheiten des Mündlichen [...] festhält. (Lalouschek/Menz 2002: 55)

Im gleichen Sinne sagt auch Chafe (1995: 55):

> The way we ordinarily write gives priority to vowels and consonants [...]. It also privileges words [...] certain kinds of phrases [...], sentences [...] and paragraphs [...]. Our attempts to develop more adequate transcription systems are in essence attempts to go beyond what I have just listed [...].

Zusammenfassend lässt sich also festhalten, dass für fast alle bestehenden Systeme die Idee der Verschriftlichung, also des Überführens mündlicher in schriftliche Sprache, den Ausgangspunkt für das Verständnis der Transkription darstellt. Die schriftliche Sprachlichkeit ist somit in jedem Falle ein konstituierendes Element der Transkription. Gleichzeitig wird aber auch fast überall die Unzulänglichkeit eines isomorphisierenden Nebeneinanderstellens von mündlicher und schriftlicher Sprachlichkeit anerkannt und Transkription demzufolge auf einem zweckgebunden erweiterten oder modifizierten Begriff von Schrift gegründet. Die Zweckgebundenheit dieses „extending the resources provided by ordinary writing" (Chafe 1995: 55) wird dabei ebenfalls vielfach reflektiert und schlägt sich im Verständnis der Transkription als Theorie nieder. Dies wird im folgenden Abschnitt behandelt.

---

[3] Es heißt dort dann weiter, dass Probleme beim Transkribieren erst dort auftreten, wo Nicht-Sprachliches verschriftlicht werden soll. Sager (2001b: 1069) geht nicht ganz so weit, stellt aber die Verschriftlichung von Gesprochenem ebenfalls als vergleichsweise unproblematisch dar:

> Im Gegensatz zur Transkription der verbalen Displays, für die ja mit der Schrift ein bekanntes und verbreitetes System vorliegt, sind mit dem Transkribieren kinesischer Displays erhebliche Schwierigkeiten verbunden.

2.1.2 Transkription als Theorie

Der Titel dieses Abschnitts ist nicht zufällig eine wörtliche Übersetzung des Titels von Ochs (1979). Auch wenn entsprechende Überlegungen bereits in frühere Arbeiten (z.B. Ehlich/Rehbein 1976) Eingang fanden und später immer wieder aufgegriffen wurden, so scheint es doch dieser Aufsatz zu sein, der den Aspekt der Theoriehaftigkeit der Transkription bis heute maßgeblich beschreibt. Die sehr zahlreichen Bezugnahmen sowohl englischsprachiger (z.B. Edwards 1992b: 436, MacWhinney/Snow 1992: 471, Bloom 1992: 166, MacWhinney 2000: 11, Chafe 1995: 55, Edwards 1995: 19, Cook 1995: 36, Ashmore/Reed 2000: o.S.) als auch deutschsprachiger Autoren (z.B. Ehlich 1992a: 134, Kowal/O'Connell 1995a: 113, Deppermann 1999: 41, Redder 2001: 1058, Selting 2001: 1060) belegen dies.[4]

Es sollen daher hier zunächst die grundlegenden Ideen aus Ochs (1979) dargelegt und illustriert werden, bevor anschließend gezeigt wird, dass auch andere Quellen, insbesondere diejenigen, die die im folgenden Kapitel betrachteten Transkriptionssysteme beschreiben, sich mit dem Gedanken der Transkription als Theorie auseinandergesetzt haben.

Ochs geht von der Beobachtung aus, dass viele modernere linguistische Untersuchungen sich auf tatsächlich stattgefundene Sprachereignisse statt auf intuitive Aussagen von Muttersprachlern über ihre Sprachen gründen. Die Praxis des Transkribierens ist damit zu einem essentiellen Bestandteil der wissenschaftlichen Methode geworden, weil die Daten, anhand derer ein Forscher Aussagen über Sprache macht, in der Regel Transkriptionen sind – „the transcriptions are the researcher's data" (S. 44). Die dadurch motivierte Auseinandersetzung mit dem Wesen der Transkription und ihrer Rolle im wissenschaftlichen Erkenntnisprozess führt zu vier allgemeinen Aussagen über die Selektivität von Transkription, die sich wie folgt paraphrasieren lassen:

(1) Selektivität ist unvermeidlich

Ochs betont zunächst, dass das Problem der Selektivität, das seit jeher der Beobachtung von Gesprächen innewohnt, durch die Techniken des Aufnehmens und Transkribierens nicht aus der Welt geschafft werden kann:

> [...] the problems of selective observation are not eliminated with the use of recording equipment. They are simply delayed until the moment at which the researcher sits down to transcribe the material [...] (S. 44)

[4] Der Vollständigkeit halber sei erwähnt, dass mit Balthasar (2000) auch der einzige hier berücksichtigte französischsprachige Autor auf Ochs (1979) Bezug nimmt.

Eine nicht selektive Transkription ist demnach nicht möglich – was und wie transkribiert wird, ergibt sich immer aus einem Selektionsprozess, und dieser ist in der Regel theoriegeleitet:

> Transcription is a selective process reflecting theoretical goals and definitions. (ebda.)

(2) Selektivität ist nützlich

Die unvermeidliche Selektivität der Transkription ist laut Ochs aber keineswegs eine Schwäche dieser Methode. Sie stellt vielmehr ihren eigentlichen Nutzen dar, da sie die Aufmerksamkeit des Forschers auf ausgewählte Aspekte der ansonsten zu reichhaltigen Gesprächsaufnahme zu lenken vermag:

> One of the important features of a transcript is that it should not have too much information. A transcript that is too detailed is difficult to follow and assess. A more useful transcript is a more selective one. (ebda.)

(3) Selektivität ist motiviert

Um optimalen Nutzen aus der Methode der Transkription zu ziehen, gilt es deshalb weniger, möglichst viele Phänomene aus der Originalaufnahme beim Transkribieren zu berücksichtigen, sondern vielmehr theoretisch nachvollziehbar und explizit zu dokumentieren, welche Phänomene transkribiert werden und welche unberücksichtigt bleiben:

> Selectivity, then, is to be encouraged. But selectivity should not be random and implicit. Rather, the transcriber should be conscious of the filtering process. The basis for the selective transcription should be clear. (ebda.)

Die genannte Basis sollte laut Ochs in der Regel der aktuelle theoretische Erkenntnisstand auf dem Gebiet sein, das mittels der Transkription untersucht werden soll.

(4) Selektivität hat Auswirkungen

Schließlich ergibt sich aus diesen Überlegungen, dass nicht nur die Theorie Einfluss auf die Transkription ausübt, sondern dass dadurch auch umgekehrt die Transkription bereits bis zu einem gewissen Grade bestimmt, welche allgemeingültigeren Aussagen sich aus ihr ableiten lassen:

> What is on a transcript will influence and constrain what generalizations emerge. (S.45)

Wenn gemäß (1) und (2) nur selektiv transkribiert werden kann bzw. soll, so muss bei der Analyse eines Transkripts berücksichtigt werden, dass Schlüsse nur über diejenigen Phänomenbereiche gezogen werden können, die gemäß (3) Eingang in die Transkription gefunden haben.

Im weiteren Verlauf des Aufsatzes entwirft Ochs ein eigenes Transkriptionssystem für Fragestellungen auf dem Gebiet des kindlichen Spracherwerbs und illustriert dabei die oben aufgeführten Aussagen an mehreren Beispielen.

Das erste dieser Beispiele betrifft die Alternative zwischen Standardorthographie und anderen Methoden der Verschriftlichung von Gesprochenem, wie z.B. dem IPA. Ochs argumentiert, dass die Wahl der Standardorthographie auf der theoretischen Annahme basiert, dass Sprache in erster Linie dazu verwendet werde, Ideen zu vermitteln („The use of standard orthography [...] assumes that language is used to express ideas.“, S.45 – dem mag die weiter unten in Abschnitt 3.1.1. diskutierte Beobachtung zugrunde liegen, dass die Standardorthographie morphologischen Prinzipien oft Priorität über phonographische Prinzipien einräumt). In dem von ihr thematisierten Gebiet des Spracherwerbs treten aber mit dem frühkindlichen „Sound Play“ Fälle auf, in denen sich diese Annahme als ungültig erweist, Sprache nämlich eher eine Funktion erfüllt, die sich mit „playful and phatic“ (ebda.) beschreiben lässt. An einer in Standardorthographie verfassten Transkription lassen sich solche Phänomene nur unzulänglich untersuchen. Die Wahl der Standardorthographie zur Transkription ist somit eine theoretisch zu motivierende Entscheidung, weil sie gewisse Formen von Untersuchungen am Transkript von vorneherein ausschließt.

Ein weiteres Beispiel bezieht sich auf die auch hier weiter unten (Abschnitt 3.1.2.) diskutierten verschiedenen Möglichkeiten der graphischen Organisation eines Transkripts – die Layoutprinzipen der Zeilen-, Spalten und Partiturnotation. Ochs argumentiert, dass jedes dieser Prinzipien gewisse theoretische Annahmen über die Organisation von Gesprächen reflektiert: Die Zeilennotation legt eine Kontinuität des Gesprächsverlaufes nahe und veranlasst den Betrachter, jede Äußerung im Bezug auf die vorhergehende zu interpretieren. Die Partiturnotation hingegen suggeriert eine gleichberechtigte Beteiligung aller Sprecher am Geschehen (vgl. dazu auch Edwards 1992a: 10ff). Beide Annahmen treffen laut Ochs nicht auf die Kommunikation zwischen Erwachsenen und kleinen Kindern zu – eine solche Kommunikation ist in der Regel stark kindzentriert, und es kann nicht davon ausgegangen werden, dass sich Kinder in ihrem sprachlichen Handeln kontinuierlich auf Vorangegangenes beziehen. Bei der Transkription sollte dieser Umstand berücksichtigt werden:

> A transcript of children's speech should not match that of adult speech. We should use what we know about children's cognitive capacity and communicative skills and shape our transcripts in accordance with this knowledge. (S. 47)

Die Wahl der Spaltennotation, die auch laut Edwards (1992a: 11) „useful in highlighting asymmetries among interactants“ ist, ist demnach für die Transkription der Kommunikation mit Kleinkindern am ehesten theoretisch zu rechtfertigen.

Schließlich zeigt Ochs, dass auch beim Transkribieren non-verbalen Verhaltens ähnliche theoretische Aspekte zur Geltung kommen. Sie hält zunächst fest, dass in der Regel verbales Material in der Transkription vorrangig behandelt wird, und dass diese Priorisierung auf einfache Weise theoretisch motiviert ist:

> The researcher is, after all, concerned primarily with language. Non-verbal context is usually considered to the extent that it directly relates to the utterance produced. (S. 51)

Auch in diesem Falle ist jedoch eine Unterscheidung zwischen der Kommunikation Erwachsener und der kleiner Kinder zu treffen – für letztere kann die non-verbale Komponente wesentlich häufiger bestimmend für den Kommunikationsverlauf sein, sie ist oft „alternative rather than an accompaniment to verbal behaviour.“ (S.52) Ochs argumentiert daher für eine konsistente und durchgängige Notation non-verbalen Verhaltens in Spracherwerbs-Transkriptionen. In diesem Zusammenhang weist sie auch auf die Problematik des „Left-Right-Bias“ hin: basierend auf Lesegewohnheiten bei schriftsprachlichen Texten tendieren Leser von Transkripten dazu, die Links-Rechts-Leserichtung lateinischer Alphabetsysteme auf ein logisches oder zeitliches Vorher und Nachher zu übertragen. Dort wo non-verbales Verhalten verbales Handeln möglicherweise simultan begleitet, führt dies im Transkript jedoch zu Schwierigkeiten:

> Material presented to the left tends to capture the reader's attention before material to the right does [...]. Where verbal material is presented to the left, utterances are given a preliminary reading without context, and contextual information is added later. [...] Where non-verbal information is presented to the left, the reader has access to the context of situation before viewing the child's utterance(s). (S.54)

Ochs betont, dass prinzipiell keine der beiden Alternativen frei von Nachteilen ist und entscheidet sich in ihrem eigenen Transkriptionssystem dafür, nonverbale Kommentare *vor* die Transkription des verbalen Handelns zu platzieren.[5]

[5] Dies entspricht auch der von Edwards (1992b: 438) favorisierten Vorgehensweise, die diese mit dem Prinzip der „logischen Priorität“ rechtfertigt:

> Logical priority: Logically prerequisite information for interpreting utterances is encountered earlier on the page than the utterances themselves.

Grundsätzlich bleibt festzuhalten, dass auch im Falle des „Left-Right-Bias“ theoretisch zu motivierende Entscheidungen zu treffen sind.

Die Ausführungen von Ochs werden nirgendwo in der hier verwendeten Literatur grundsätzlich in Frage gestellt. Es ist ganz im Gegenteil zu beobachten, dass so gut wie alle hier berücksichtigten Transkriptionssysteme in irgendeiner Weise auf den Aspekt der Selektivität und Theoriehaftigkeit der Transkription eingehen.

Für die Halb*interpretativen* Arbeitstranskriptionen (HIAT, Ehlich/Rehbein 1976) ist die interpretatorische Leistung, die der Transkribent unvermeidlich zu erbringen hat, namensstiftend. Genauer heißt es in Ehlich/Rehbein (1976: 23):

> [Dieser Typ von Transkriptionen] ist halbinterpretativ, weil der Transkribent einerseits die Gliederung und Kommentierung auf der Grundlage seiner reflektiert eingesetzten Alltagskenntnisse von Sprache eine Strukturierung des sprachlichen Materials bereits vornimmt; weil er aber andererseits keine darüber hinausgehenden Interpretationsraster über das Material legt.

Das Wort *Theorie* taucht hier zwar selbst nicht auf, es wird aber dennoch deutlich gemacht, dass der Transkriptionsprozess von *reflektiertem* sprachlichen Wissen geleitet wird, also durchaus als theoriegesteuert angesehen werden kann. Gleichzeitig wird jedoch auch betont, dass die zur Geltung kommenden sprachtheoretischen Annahmen sich auf „Alltagskenntnisse“ beschränken, elaboriertere sprachwissenschaftliche Theorien („darüber hinausgehende Interpretationsraster“) somit wohl keine Anwendung finden sollten. Wo genau die „reflektiert eingesetzten Alltagskenntnisse“ aufhören, legen die Autoren allerdings nicht weiter fest. Verglichen mit den Ausführungen von Ochs scheint sich diese Sichtweise der Transkription als Theorie etwas vorsichtiger zu geben – dass Transkription ohne Bezugnahme auf Theorie (eben: Interpretation) nicht möglich ist, wird zwar nicht bestritten; es wird aber versucht, das Ausmaß dieser Theorie auf wenig spezialisiertes und allgemein akzeptiertes (eben: Alltags-) Wissen zu beschränken und ihren Einfluss auf die Transkription in dieser Weise zu steuern.

Eine ähnliche Sichtweise lässt sich für das Gesprächsanalytische Transkriptionssystem (GAT, Selting et al. 1998) konstatieren. Dieses wird (ebda.: 92) als ein Transkriptionssystem charakterisiert, das „keine stark theoriegebundenen Vorannahmen macht und daher von Linguistinnen und Linguisten unterschiedlicher theoretischer Zugehörigkeit verwendet werden kann.“ Weiter heißt es dann aber auch:

> Letztlich ist eine Transkription immer von den konkreten und sich gegebenenfalls verändernden Analyse- und Darstellungsinteressen abhängig.

Eine grundsätzliche Theoriehaftigkeit der Transkription wird also auch bei GAT nicht abgestritten. Selting (2001: 60) bestätigt dies, indem sie deutlicher feststellt:

> Transkription ist ein interpretativer Prozess. Jede Entscheidung für ein bestimmtes Layout und bestimmte Einzelkonventionen der Transkription impliziert zugrundeliegende Interessen und eine zugrundeliegende Theorie.

Wie in HIAT findet der Gedanke der Transkription als Theorie also auch in GAT Eingang, auch wenn dort ebenfalls das Bestreben zu erkennen ist, seine Bedeutung gering zu halten.

Desgleichen wird auch in den DIDA-Konventionen (Klein/Schütte 2001: 1) mittels der Termini „Reduktion“ und „Interpretation“ zunächst auf den selektiven Charakter bzw. die Theorieabhängigkeit der Transkription hingewiesen:

> Jedes Transkript stellt gegenüber dem abgebildeten Gesprächsereignis sowohl eine Reduktion als auch eine Interpretation dar.

Die Abschwächung findet hier in der Form eines Aufrufes statt, Verschriftlichungen „nicht zu speziell“, sondern auf einem „mittleren Transkriptionsniveau“ zu halten (ebda.).

Die Liste ließe sich beliebig lange fortführen. Wenn Henne/Rehbock (2001: 46f) von „medien-„ und „notationsspezifischer Datenselektion“ sprechen, MacWhinney (2000: 11) die Transkription als ein „theoretical enterprise“ bezeichnet oder Chafe (1995: 55) feststellt, dass jedes Transkriptionssystem eine „theory of what is significant about language“ sei, so wird jedes Mal auf andere Weise ausgedrückt, was Ochs unter den Begriffen *selectivity* und *theory* zusammenfasst und Kowal/O’Connell (1995a: 113) prägnant so formulieren:

> Die Verschriftung von Gesprächen [...] unter der Verwendung von Notationszeichensystemen kann nicht theorieneutral vorgenommen werden.

Über die grundsätzliche Gültigkeit des Gedankens der Transkription als Theorie scheint also – aus gebührend verallgemeinernder Entfernung besehen – Einigkeit unter den Autoren und Nutzern gängiger Transkriptionssysteme zu herrschen. Im Vorgriff auf die folgenden Abschnitte kann damit festgehalten werden, dass der Modellgedanke diesen Systemen nicht fremd sein kann, denn wie zu zeigen sein wird, lassen sich die Begriffe *Theorie* und *Modell* im hier betrachteten Zusammenhang synonym verwenden. Lalouscheck/Menz (2002: 55) gebrauchen sogar den Terminus *Modell*, um den hier diskutierten Sachverhalt zum Ausdruck zu bringen:

> Somit können Transkripte nicht einfach als direkte Abbilder der Originalgespräche betrachtet werden, sondern lediglich als *Modelle dieser Gespräche*, die durch Abstraktionen der Notationszeichen, die Fähigkeiten und Interpretationen derer, die die Transkription herstellen und die Ziele der Transkription beeinflusst werden.

Desgleichen ziehen auch Kowal/O'Connell (1995a: 114) Parallelen zwischen der Transkription und einem andernorts geäußerten Modellgedanken für die Schriftsprache:

> Transkripte sind demnach weit davon entfernt, Abbilder der Sekundärdaten (Tonband- oder Videoaufzeichnungen) oder gar Abbilder der Primärdaten (der Originalgespräche) zu sein. [...] Transkripte sind selbst Daten, in deren Herstellung Abstraktions- und Interpretationsprozesse eingegangen sind, und sie sind nicht die Rohdaten von Gesprächen. Als Konstruktion unter Verwendung der ‚Körper von ForscherInnen' stehen sie in einer modellhaften Relation zu den Originalgesprächen. Wenn Olson[6] für das Schreiben konstatiert: „Writing is not the transcription of speech but rather provides a conceptual model for that speech", dann kann man entsprechend für die Transkription von Gesprächen feststellen: ‚Transcription is not the representation of conversation but rather provides a conceptual model for that conversation'.

2.1.3 Gütekriterien für Transkriptionssysteme

Wie in den beiden vorangegangenen Abschnitten gezeigt, teilen die allermeisten Transkriptionssysteme die Gedanken der Transkription als Verschriftlichung und der Transkription als Theorie, auch wenn sie diese auf unterschiedliche Weise und in unterschiedlicher Ausprägung formulieren. Eine dritte Komponente, die in die theoretische Betrachtung fast aller Systeme einfließt, ist eine Liste von Kriterien, anhand derer sich die Systeme bewerten lassen sollen, also über ihre Eignung für einen anvisierten Untersuchungszweck entschieden werden kann.

Für HIAT nennen Ehlich/Rehbein (1976: 22) „Einfachheit, leichte Verwendbarkeit der erstellten Transkripte und schnelle Erlernbarkeit" als „Hauptmerkmale".

---

[6] gemeint ist: Olson, David (1994): *The world on paper. The Conceptual and Cognitive Implications of Writing and Reading.* Cambridge: Cambridge University Press.

In einer späteren englischsprachigen Veröffentlichung (Ehlich 1992a: 125) heißt es:

> The HIAT system [...] was developed with three criteria in mind: (a) simplicity and validity, (b) good readability and correctability, and (c) minimum of transcriber and user training.

Selting et al. (1998: 92f) listen für GAT acht Gütekriterien auf:

> GAT wurde nach folgenden Kriterien entwickelt:
> - Ausbaubarkeit und Verfeinerbarkeit der Notation [...]
> - Lesbarkeit des Transkripts [...]
> - Ökonomie und Eindeutigkeit [...]
> - Robustheit [...]
> - Ikonizität [...]
> - Relevanz [...]
> - Formbezogene Parametrisierung [...]
> - Kompatibilität mit anderen üblichen Transkriptionssystemen [...]

Die DIDA-Konventionen (Klein/Schütte 2001: 1) sind diesbezüglich etwas weniger explizit. Es wird aber immerhin gesagt, dass Transkripte „nicht unnötig schwierig zu lesen“ sein sollten, d.h. sie sollten „an allgemein bekannte Konventionen anknüpfen und sich darüber hinaus möglichst ‚sprechender' Sonderzeichen [...] bedienen.“ Als weiteres Kriterium wird die Berücksichtigung der „technischen Möglichkeiten der Verschriftlichung und Speicherung“ genannt.

Ähnliche Formulierungen finden sich auch in der englischsprachigen Literatur, beispielsweise im Titel von Chafe (1995) „Adequacy, user-friendliness and practicality“ oder in Form der fünf Maximen von DuBois (1991: 78):

> 1. Category definition: Define good categories
> 2. Accessibility: Make the system accessible
> 3. Robustness: Make the system robust
> 4. Economy: Make representations economical
> 5. Adaptability: Make the system adaptable

Die „four main principles for computer-assisted language research“ bei Edwards (1992b: 436) weisen eine deutlichere Ausrichtung auf Aspekte der Computerunterstützung beim Anfertigen und Verwenden von Transkriptionen auf:

> (1) Transcripts should be as readable and theory-neutral as possible (Maximum Readability and Minimum Bias)
> (2) Transcription and coding categories should be applied consistently [...] (Consistent Encoding for Exhaustive Retrieval)
> (3) Analytic categories should contrast systematically [...] (Systematic Contrastiveness)

> (4) Data [...] should be combined [...] only when they are comparable [...] (Data Comparability)

Gleiches gilt für die „three goals", die MacWhinney (2000: 14f) für das CHAT-System formuliert:

> [...] a system for computerized transcription needs to achieve the following goals:
> 1. Clarity [...]
> 2. Readability [...]
> 3. Ease of data entry [...]

Auch hier ließe sich die Synopse sicherlich um zahlreiche weitere Variationen desselben Themas erweitern. Es lässt sich aber an den zitierten Belegen bereits absehen, dass bezüglich der Gütekriterien für Transkriptionssysteme eine recht große Begriffsvielfalt herrscht. Bei näherer Betrachtung zeigt sich aber, dass es sich dabei in erster Linie nur um verschiedene Namen für ähnliche oder gleiche Konzepte handelt.

Für alle Systeme wird das Konzept der *Lesbarkeit* als ein zentrales Kriterium genannt[7]. Viele Darstellungen verzichten auf eine genauere Definition, es kann aber davon ausgegangen werden, dass damit in der Regel das gemeint ist, was Klein/Schütte (2001: 1) als das „Anknüpfen an bekannte Konventionen" spezifizieren. Lesbarkeit kann somit als die Eigenschaft eines Transkripts verstanden werden, möglichst wenig von den Lesegewohnheiten, die sich an etablierten Zeichensystemen gebildet haben, abzuweichen. Dabei ist das sicherlich wichtigste dieser Zeichensysteme das schriftsprachliche; das Beispiel der Partiturnotation (s.u.) zeigt aber, dass auch der zusätzliche Rückgriff auf andere Notationssysteme – in diesem Falle eben das für die Musik etablierte – dazu beitragen kann, Transkripte lesbarer zu machen. Wird das „Anknüpfen an bekannte Konventionen" konsequent verstanden, so sollte sich sogar die relative Nähe eines gegebenen Transkriptionssystems zu einem anderen, möglicherweise weiter verbreiteten (und damit „bekannteren") auf seine Lesbarkeit auswirken.[8]

Einige weitere der oben genannten Kriterien („Accesibility", „Ikonizität", „Verwendung sprechender Sonderzeichen", „Ökonomie" bzw. „Economy") lassen sich einem erweiterten Begriff der Lesbarkeit bei- oder unterordnen. Sie alle zielen darauf ab, die etablierten Lesegewohnheiten durch zusätzlich eingeführte

---

[7] zusätzlich zu den bereits genannten z.B. auch bei Henne/Rehbock (2001: 66) und Sager (2001b: 1069).

[8] Dies würde auch den scheinbaren Widerspruch erklären, dass Gesprächsforscher, die normalerweise mit Partiturnotation arbeiten, die Zeilennotation als „schwer lesbar" empfinden und umgekehrt (mein persönlicher Eindruck). In letzter Konsequenz bedeutet dies für jedes neu einzuführende Transkriptionssystem die Auflage, sich bezüglich seiner Visualisierung nicht zu weit von vorhandenen Systemen zu entfernen.

Symbole möglichst wenig zu belasten, bzw. diese Symbole möglichst einfach zugänglich zu machen, um so die Rezeption des Transkripts zu vereinfachen.

Das von Ehlich mit „Correctability“ bezeichnete Kriterium kann ebenso wie das von MacWhinney „Ease of data entry“ genannte Kriterium als die Inversion des Lesbarkeitskriteriums aufgefasst werden – so wie beim Verwenden fertiger Transkripte möglichst weitgehend an etablierte *Lese*gewohnheiten angeknüpft werden sollte, so sollte der Transkribent auch beim Verfassen von Transkripten möglichst weitgehend auf etablierte *Schreib*gewohnheiten zurückgreifen können.

Das Kriterium der Lesbarkeit selbst wie auch die weiteren oben genannten manifestieren sich beim Lesen bzw. Erstellen des Transkripts, d.h. (im oben definierten Sinne) am visuell erfassbaren, im weitesten Sinne „schriftlichen“ Endprodukt des Transkriptionsprozesses. Sie sind damit eher dem Aspekt der *Transkription als Verschriftlichung* zuzuordnen. Eine Reihe anderer Kriterien hingegen nimmt eher auf den Aspekt der *Transkription als Theorie* Bezug.

Insbesondere die Kriterien der „Systematic contrastiveness“, des „Consistent Encoding“, der „Eindeutigkeit“, der “Relevanz”, der „Clarity“, der „Category definition“, der „Validity“ und der „Adequacy“ die – verallgemeinert ausgedrückt – den Anspruch formulieren, für die Transkription klar unterscheidbare und dem Zweck angemessene Kategorien zu bilden, sind nur mit Rückgriff auf eine der Transkription zugrunde liegende Theorie anzuwenden. Ebenso beziehen sich die Begriffe „Ausbaubarkeit und Verfeinerbarkeit“ sowie „Adaptability“ auf die Eigenschaft einer Transkription, für mehrere Untersuchungsziele und damit verschiedene theoretische Herangehensweisen offen zu sein. Edwards Prinzip des „Minimum Bias“ schließlich zielt – in einem gewissen Widerspruch zu den Ausführungen des vorhergehenden Abschnittes – darauf ab, die Rolle der Theorie für die Transkription möglichst gering zu halten.

Auch wenn damit nicht restlos alle der oben zitierten Kriterien bzw. Maximen oder Prinzipien abgedeckt sind, so kann doch zunächst festgehalten werden, dass sich ein Großteil von ihnen einer der beiden Gruppen zuordnen lässt: sie sind entweder solche Kriterien, die auf die *Lesbarkeit* des Transkripts im weiteren Sinne abzielen oder solche, die das betreffen, was ich im Folgenden unter dem Terminus *Beschreibungsadäquatheit* zusammenfassen möchte.

Ein offensichtliches Problem ergibt sich nun aus dem Umstand, dass die Kriterien der Lesbarkeit und die der Beschreibungsadäquatheit sich teilweise zuwiderlaufen. So sagen z.B. O’Connell/Kowal (1994: 84):

> There is, in fact, a certain conflict built into DuBois’s five maxims. Adhering to all of his advice at once is impossible; adhering to some of it throws the researcher back on his or her own methodological prudence.

Deppermann (1999: 41) fasst den gleichen Sachverhalt so zusammen:

> An Transkriptionssysteme sind prinzipiell widersprüchliche Anforderungen gestellt: In praktischer Hinsicht sind einfache Lesbarkeit auch für Laien, schnelle Erlernbarkeit und unproblematische Realisierbarkeit in gängigen Textverarbeitungssystemen wünschenswert, aus gegenstandsbezogen-theoretischen Gründen wünscht man sich dagegen Umfassendheit, Präzision und Repräsentation formbezogener Parameter, die das akustische Geschehen möglichst interpretationsarm und isomorph wiedergeben.

Je mehr Information in eine Transkription einfließt, je präziser die ausgewählten Parameter beschrieben werden und je eindeutiger die verwendeten Kategorien miteinander kontrastieren – kurz: je beschreibungsadäquater die Transkription wird –, umso weniger gut wird sie in der Regel lesbar; denn jede Information, die über die in der Schriftsprache enthaltene hinausgeht, bedeutet für den Leser eines Transkripts eine Abweichung von seinen etablierten Lesegewohnheiten, und die Beschreibung eines gegebenen Phänomens gewinnt oft nur dadurch an Präzision, dass sie an Ökonomie verliert, also weniger gut lesbar wird.

Als Folge dieses Dilemmas erweisen sich die aufgeführten Kriterien dann letztendlich auch als nur begrenzt brauchbar, um wirklich über die Güte eines Transkriptionssystems entscheiden zu können. Die mangelnde Lesbarkeit eines Transkripts kann immer einer erhöhten Beschreibungsadäquatheit geschuldet sein, und umgekehrt fehlende Präzision und Eindeutigkeit in der Kategorienbildung als Zugeständnisse an die Lesbarkeit aufgefasst werden. Dies mag einer der Gründe für den von Kowal und O'Connell mehrfach kritisierten Umstand sein, dass in den meisten Darstellungen von Transkriptionssystemen der einfachen Auflistung von Gütekriterien keine empirische Überprüfung und kein Vergleich mit anderen Systemen folgt, so z.B. in folgendem Zitat:

> Essentially, what Du Bois has done is to select a set of signs for notation and declare them good, accessible, robust, economical and adaptable. He provides no empirical evidence that his notation system is preferable to any other with respect to these qualities, nor does he establish that these five qualities are the necessary and sufficient ones for adequate notation. (O'Connell/Kowal 1995: 651)

Wiederum im Vorgriff auf die folgenden Abschnitte sei hier bereits angemerkt, dass der für diese Arbeit gewählte Ansatz, Transkription als Kombination zweier *getrennter* Prozesse der Modellierung und Visualisierung gesprochener Sprache zu betrachten, geeignet ist, Auswege aus diesem Dilemma aufzuzeigen. Wenn – wie oben dargestellt – Lesbarkeit sich vornehmlich am Transkript und Beschreibungsadäquatheit sich vornehmlich an der Theorie manifestiert, so kann die Trennung von Theorie und Transkript bzw. Modell und Visualisierung helfen, den Widerspruch aufzulösen, und Transkriptionssysteme müssen demnach nicht mehr als unvermeidbarer Kompromiss zwischen diesen Anforderungen ausgehandelt werden.

2.2 Der wissenschaftliche Modellbegriff

2.2.1 Allgemeines zum wissenschaftlichen Modellbegriff

Nähert man sich dem Modellbegriff naiv und unvoreingenommen, so stellt man schnell fest, dass er schlicht allgegenwärtig zu sein scheint[9]. Eine einfache Suche im Wortschatz-Lexikon der Universität Leipzig[10] ergibt z.B. unter anderem folgende Komposita:

> Auslaufmodell, Finanzierungsmodell, Arbeitszeitmodell, Fotomodell, Gesellschaftsmodell, Topmodell, Steuersparmodell, Erklärungsmodell Modellrechnung, Modellcharakter, Modellversuch, Modelleisenbahn, Modellpolitik, Modellbau, Modellathlet, Modellschulen, Modellvorstellung

Das Wort *Modell* taucht dabei in den unterschiedlichsten wissenschaftlichen und nicht-wissenschaftlichen Zusammenhängen (Mode, Wirtschaft, Politik, Philosophie, Handwerk, Kunst, Technik, Handel etc.) auf und deckt ein dementsprechend großes semantisches Spektrum von abstrakten und konkreten Bedeutungen ab. Eine allgemeingültige Definition *des* Modellbegriffes kann es daher kaum geben. Aber auch bei einer Beschränkung auf wissenschaftliche Bereiche wird man zunächst nur zu dem unbefriedigenden Schluss gelangen, dass der Terminus nicht mehr als einen höchst unpräzisen Sammelbegriff für ein allgemeingültiges Konzept des wissenschaftlichen Erkenntnisgewinns darstellt; mit den Worten von Flaschka (1981: 4):

> In diesem Sinne bleibt das Wort „Modell“ nur ein unzulängliches Äquivalent für das Bestreben des Menschen, Erkenntnis und Einsicht über unsere Welt durch eine heuristisch praktikable Methode des Denkens zu erlangen.

Weiter heißt es dort jedoch auch, dass eine nach Einzeldisziplinen getrennte Betrachtung des Modellbegriffs helfen kann, diese Unzulänglichkeit zu überwinden:

---

[9] Falkenburg/Hauser (1997: 8) sprechen gar von einem „inflationären Gebrauch des Terminus ‚Modell'“.

[10] Vgl. http://wortschatz.uni-leipzig.de/. Das vollständige Suchergebnis ist um ein Vielfaches umfangreicher.

> In den meisten Fällen ist eine Definition des Modellbegriffs nur über den okkasionellen Gebrauch in den einzelnen Disziplinen zu erreichen. (ebda.: 5)

Mit der Betrachtung der physikalisch/mathematischen, kartographischen und informatischen Modellbegriffe wird eine solche einzeldisziplinäre Beschreibung in den folgenden Abschnitten vorgenommen. Jedoch lassen sich auf der Grundlage derartiger Einzelbeschreibungen dann doch wieder allgemeingültige Charakteristika ausmachen, die alle Formen der Modellbildung teilen oder anhand derer sie sich ordnen und unterscheiden lassen. Diese sollen hier übersichtsartig zusammengefasst werden.

Zunächst ist festzuhalten, dass nahezu alle wissenschaftlichen Disziplinen mit Modellen arbeiten. Damit stellen diese laut Falkenburg/Hauser (1997:7) „angesichts der heutigen Fragmentierung der wissenschaftlichen Erkenntnis noch so etwas wie ein einigendes Band zwischen den einzelnen Disziplinen“ dar. Ob sie dabei wörtlich *Modell* oder aber *Theorie*, *Struktur*, *Repräsentation*, etc. genannt werden, erklärt Maas (1993b: 4) für „weitestgehend unerheblich“, denn „[alle Modelle] kennzeichnen in paradigmatischer Form eine Theorie oder das, worauf sich eine Theorie bezieht oder was sie cum grano salis beschreibt, sofern sie nicht paradigmatisch für diese selbst stehen.“ In diesem Sinne ist – wie oben bereits angedeutet – eine synonyme Verwendung der Begriffe *Theorie* und *Modell* also weit verbreitet und somit weitestgehend unproblematisch.[11]
Weiterhin zeichnen sich alle Modelle ungeachtet ihrer konkreten Ausprägung durch drei fundamentale Merkmale aus (vgl. vor allem Stachowiak 1973: 131ff, aber auch Falkenburg/Hauser 1997: 9f):

---

[11] Natürlich ist die Unterscheidung zwischen Modell und Theorie in anderen wissenschaftstheoretischen Zusammenhängen eine durchaus bedeutsame – so zeichnen sich Theorien dadurch aus, dass sie verifizierbar und falsifizierbar sind, während die Frage, ob ein Modell „richtig“ oder „falsch“ ist, grundsätzlich nicht sinnvoll gestellt werden kann (siehe dazu auch Abschnitt 2.2.2.). Entscheidend für den Gegenstand dieser Arbeit ist jedoch, dass überall dort, wo in der Literatur von einer „Theoriehaftigkeit“ der Transkription die Rede ist, sich diese auch als eine Modellhaftigkeit begreifen lässt. Lehmann (2003: § 1.3.3.3.) sagt zum Verhältnis von Modell und Theorie in der Linguistik:

> Man kann das Modell zwischen Theorie und Gegenstandsbereich ansiedeln. Von der Theorie aus gesehen, vertritt es dann den Gegenstandsbereich; vom Gegenstandsbereich ausgesehen, vertritt es die Theorie. Die erstere Sicht [...] ist in den Wissenschaften, die über formale Theorien verfügen, geläufig, während in Wissenschaften wie der Linguistik der letztere Begriff gängig ist. Gegeben den verhältnismäßig niedrigen Stand theoretischer Vervollkommnung in diesen Wissenschaften, ist es eine zweitrangige Frage, ob wir einen gegebenen Gegenstandsbereich in einem Modell repräsentieren oder eine Anschauung von ihm formulieren, die wir Theorie nennen.

(1) Das *Verkürzungsmerkmal* beschreibt die Eigenschaft eines Modells, gegenüber der Realität vereinfachende Annahmen zu machen. In dieser Vereinfachung liegt einer der Hauptnutzen der Modellmethode; mit den Worten von Flaschka (1981: 6):

> Einen fundamentalen Anlass für das Denken und Forschen mit Modellen sehen wir in der geistigen und intellektuellen Begrenztheit des menschlichen Verstandes gegenüber Objekten, Sachverhalten und Vorgängen, deren Komplexität von ihm nicht unmittelbar und ohne zusätzliche Hilfe zu durchdringen ist. [...] Modelle sind in diesem Sinn ‚Hilfsmittel zur Verbesserung der Denkökonomie'.

(2) Das *Abbildungsmerkmal* beschreibt die Stellvertreterfunktion eines Modells, d.h. die Tatsache, dass es im Auge des Forschenden an die Stelle des eigentlich zu Erforschenden tritt:

> Beim Denken und Forschen mit Modellen steht das Erkenntnissubjekt nicht in direkter Wechselbeziehung zu den anvisierten Gegenständen der Erkenntnis, sondern es gewinnt Einsicht und Erfahrung über sie durch das an ihre Stelle gerückte Modell. (Flaschka: 7)

Demnach ist die Modellrelation eine mindestens zweistellige – „Modelle sind immer Modelle *von etwas*." (Stachowiak 1973: 131)

(3) Das *Pragmatische Merkmal* schließlich beschreibt die Subjekt-, Zeit- und Zweckbezogenheit eines Modells:

> Modelle sind nicht nur Modelle *von etwas*. Sie sind auch Modelle *für jemanden* [...]. Sie erfüllen dabei ihre Funktion *in der Zeit* [...]. Und sie sind schließlich Modelle *zu einem bestimmten Zweck*. (Stachowiak 1973: 133)

Es gilt also demnach, „das Modell innerhalb der [...] dreistelligen Relation Subjekt – Original – Objekt zu betrachten." (Flaschka: 17)

Diese Merkmale sind also Charakteristika, die für jede Form der Modellbildung Gültigkeit besitzen. Um hingegen verschiedene Arten der Modellbildung voneinander abzugrenzen, nennt die Literatur unter anderem die folgenden Unterscheidungen:

(1) *Ikonische* Modelle (vs. *Analoge* Modelle) vs. *Symbolische* Modelle

Diese Unterscheidung betrifft das *Mittel* der Modellbildung und stellt ein Spektrum mit steigendem Abstraktionsgrad dar. Die Enden dieses Spektrums sind durch den Gegensatz Ikon – Symbol charakterisiert, den Stachowiak (1973: 163) so beschreibt:

> Während ein Symbol einer Bedeutung mittels eines Kode zugeordnet ist, repräsentiert ein Ikon unmittelbar seine eigene Bedeutung, ohne dass es im allgemeinen also einer Kode-Konvention bedarf.

Beispiele für ikonische Modelle sind photographierte oder gezeichnete Bilder oder – allgemeiner – alle „stark originalähnlichen flächigen Darstellungen" (Stachowiak 1973: 163). Demgegenüber sind analoge Modelle zwar immer noch (graphische) Abbildungen der Originale, die Entfernung vom Original ist dabei aber bereits so groß, dass sie in der Regel „nicht ohne konventionalisierte Zeichenerklärung verständlich" (Stachowiak 1973: 165) sind. Stachowiak (ebda.) nennt als ein Beispiel das schematische Graphen-Modell eines Labyrinths. Symbolische Modelle schließlich weisen keine Ähnlichkeit mit dem Original mehr auf[12] und bedürfen deshalb der oben erwähnten Kode-Konvention, um interpretierbar zu werden. Prototypisches Beispiel hierfür sind mathematische Formeln, aber auch sprachliche (also z.B. Alphabet-) Zeichensysteme, sofern sie als Modelle aufgefasst werden. Dabei ist es wichtig, symbolische Modelle nicht mit den Symbolen gleichzusetzen, denn

> Modelle unterscheiden sich von reinen Symbolen, wenn auch die meisten Modelle von symbolischen Darstellungsweisen Gebrauch machen: Symbole sind bloße Mittel der Modellbildung, auf den symbolischen Aspekt lässt sich kein Modell reduzieren. (Falkenburg/Hauser 1997: 9)

(2) *Paradigmatisches* Modell vs. *Analogie*modell

Hier wird die Unterscheidung gemäß eines Aspektes getroffen, der laut Berger (1972: 82) „weniger die Anwendungen von Modellvorstellungen als vielmehr ihre Entstehung betrifft.". Sie nimmt auf das sogenannte *heuristische Moment* des Modells Bezug, also auf die „Eigenschaft der Modellvorstellungen, gewisse Denkschritte zu ermöglichen oder zu erleichtern." (ebda.: 80)

Das Paradigmatische Modell gewinnt sein heuristisches Moment aus der Idealisierung des betrachteten Objektes. Dadurch wird „die komplexe Realität vereinfacht formuliert und dabei allein auf die zentrale Aussage der ihr zugrunde liegenden Theorie fokussiert." (Maas 1993b: 5). Wenn beispielsweise für astronomische Berechnungen eine Kugelgestalt der Erde angenommen oder für demoskopische Zwecke Individuen nur nach Alter, Geschlecht und Durch-

[12] Denn „der Sinn des Symbols ist in der Regel ein Hinweis auf etwas, das über oder hinter der sinnlich wahrnehmbaren Erscheinung des Gebildes liegt." (Flaschner 1971: 51)

schnittseinkommen unterschieden werden, so handelt sich um paradigmatische Modellbildungen.

Das Analogiemodell hingegen gewinnt sein heuristisches Moment dadurch, dass es „Unbekanntes auf Bekanntes“ (Maas 1993b: 6) bzw. „Unvertrautes auf vertraute Vorstellungen“ (Berger 1972: 84) zurückführt und so „dem Gegenstand [...] eine an und für sich nicht gegebene Anschaulichkeit leihen soll.“ (ebda.: 82). Das hierzu immer wieder bemühte Beispiel sind die von Huygens oder Newton verwendeten Erklärungsmodelle, die das Licht als Schwingung von Äthermaterie bzw. als Korpuskelstrom interpretierten und in dieser Weise ein unbekanntes Phänomen mit Hilfe bekannter Vorstellungen (teilweise) zu erklären vermochten. Laut Maas (1993b: 6) kann die analoge Modellbildung in diesem Sinne als „Extrapolation“ einer wissenschaftlichen Methode aufgefasst werden.

Neben Paradigmatischem und Analogiemodell unterscheidet Maas (1993b: 4f) mit dem *Isomorphen Modell* noch einen dritten Typus. Dieser ist dadurch charakterisiert, dass er „die gleiche Anzahl von Konstituentien mit den gleichen Beziehungen zueinander aufweist wie das Original.“ (ebda.) und stellt daher einen Sonderfall dar[13]:

> Modelltheoretisch erscheint die Isomorphie zwischen Original und Modell als einer von zwei Grenzfällen der strukturellen Angleichung [...] (Stachowiak: 143)

Weil er darüber hinaus vorrangig in der Mathematik zur Anwendung kommt (ein typisches Beispiel ist die Ersetzung der Axiome und Hypothesen der euklidischen Geometrie durch analytische Koordinaten), die ihrerseits bezüglich des Modellbegriffs sonst nicht anzutreffende Besonderheiten aufweist[14], ist dieser Typus für die vorliegende Arbeit nur von peripherer Bedeutung.

---

[13] Dies wird auch daran deutlich, dass das oben genannte Verkürzungsmerkmal für isomorphe Modelle offensichtlich keine Gültigkeit besitzt.

[14] Der Modellbegriff in der Mathematik ist nämlich insofern spezifisch, als in ihm die Beziehung zwischen Realität und Modell umgekehrt wird:

> Ausgangspunkt der mathematischen Modellmethode ist die Aufstellung formalisierter Theorien durch den Mathematiker, die ohne Beziehung auf Gegebenheiten reiner Entwurf sind. [...] Das mathematische Modell kehrt insofern die Modellmethode um, als man nicht die formalisierte Theorie, sondern die Gegebenheiten, auf welche [sie] bezogen wird, Modelle nennt. (Flaschka: 8)

(3) *Digitales* Modell vs. *Analoges* Modell

Diese Unterscheidung, die aus Hake et al. (2002: 20) übernommen wurde, betrifft nicht Mittel oder Zweck der Modellbildung, sondern die *Form des Speichermediums*, mit dem die im Modell enthaltene Information festgehalten wird:

> Digitale Modelle beruhen auf Zahlen zur Beschreibung der Objektmerkmale. Ihre technische Realisierung führt zu einer Sequenz als zeitlicher Folge elektronischer Signale. [...] Analoge Modelle als graphische [...] Modelle [...] entstehen unmittelbar oder aus digitalen Modellen. (ebda.)

Sie ist auch aus anderen Zusammenhängen (z.B. digitale vs. analoge Ton- oder Bildträger) wohlbekannt und in offensichtlicher Weise gerade für computergestützte Modellierungsverfahren relevant.

Der wiederholte Gebrauch des Begriffes der *Analogie* darf dabei nicht zu dem Schluss verleiten, dass es sich jedes Mal um identische Verwendungsweisen handele. Vielmehr sind die Unterscheidungen in jeweils verschiedenen Kontexten zu sehen: im ersten Falle wird mit dem Begriff der *Analogie* eine bestimmte Form der Korrespondenz zwischen modelliertem Objekt und Modell zum Ausdruck gebracht, während im zweiten Falle eher die Rolle des Modells für das forschende Subjekt umschrieben und im dritten Falle auf die praktische Umsetzung des Modellierungsverfahrens Bezug genommen wird.[15]
Wie weiter unten gezeigt werden wird, sind alle drei dieser Unterscheidungen hilfreich, um den Gedanken der Transkription als Modellierung präzisieren zu können. Zuerst sollen jedoch durch die Betrachtung der Modellbegriffe anderer Disziplinen zum einen die oben formulierten Gedanken illustriert werden, zum anderen Maßstäbe geschaffen werden, im Vergleich zu denen sich Gemeinsamkeiten und Unterschiede zum Modellgedanken für die Transkription offenbaren. Die Modellbegriffe aus den Disziplinen der Physik, der Kartographie und der Informatik scheinen hierfür besonders gut geeignet.

2.2.2 Der Modellbegriff in der Physik

Die Physik kann als das klassische Gebiet gelten, auf dem mit der Modellmethode gearbeitet wird. Wie Berger (1972: 87) sagt, hat sie sogar „ausdrücklich

---

[15] Wenn die Verwendungen auch nicht identisch sind, so sind sie jedoch selbstverständlich auch nicht völlig unabhängig voneinander. Beispielsweise sind gemäß der dritten Unterscheidung analoge, d.h. nicht digitale Modelle i.d.R. auch gemäß der ersten Unterscheidung analog, d.h. nicht rein symbolisch; und umgekehrt können digitale (also nicht analoge) Modelle i.d.R. nur symbolische (also wiederum nicht analoge) Modelle sein. Vgl. dazu auch Hake et al. (2002: 21).

auf den Anspruch verzichtet, das Wesen der Dinge [...] zu erforschen“, sondern beschränkt sich konsequent darauf, Wirklichkeit anhand einer oder mehrerer Modellvorstellungen zu erklären. Durch diese einseitige Priorisierung des Modells ist die physikalische Methode wesentlich charakterisiert:

> Es ist für die Eigenart der physikalischen Naturerkenntnis entscheidend, dass sie ihre Exaktheit der genannten Einseitigkeit verdankt. [...] Nichts wäre falscher, als wenn wir die Zuordnung von Modellvorstellung und Gegenstand als eine Aussage über das Wesen des Gegenstandes nehmen wollten. (Berger 1972: 86)

Wie an den oben genannten Beispielen bereits angedeutet worden ist, bedient sich die Physik sowohl paradigmatischer als auch analoger Modellbildungsmethoden. Die das paradigmatische Modell kennzeichnende Idealisierung tritt z.B. dann auf, wenn bei Berechnungen in der Mechanik von *Massenpunkten* gesprochen, die räumliche Ausdehnung von Objekten also per Modell unberücksichtigt bleibt. Bei Modellvorstellungen wie der *Welle*, dem *Quant* oder dem *Bohrschen Atommodell* hingegen wird weniger Vorhandenes methodisch vereinfacht als vielmehr „das weniger Anschauliche durch das relativ Anschaulichere erklärt“ (Berger 1972: 79), weshalb es sich hierbei um Analogiemodelle handelt.

Offensichtlich ist das typische *Mittel* der Modellbildung in der Physik ein symbolisches, nämlich die Mathematik. Indem sie sich „nur einen Teil des Beobachtbaren, nämlich ‚das Messbare‘ aus einem Bereich der Welt [...] heraus[greift]“ (Berger 1972: 89), legt die Physik sich auf eine Erkenntnisart fest, die ihr erlaubt, innerhalb des Modells Schlüsse mit Hilfe des abstrakten Instrumentariums der Mathematik zu ziehen und diese dann mit Hinblick auf die modellierte Realität zu interpretieren und experimentell zu überprüfen:

> Für die Physik ist die Welt ein interpretierbarer Kalkül, d.h. eine Menge von vorwiegend mathematisch formulierten Sätzen, deren Beziehungen zu nachweisbaren Gegenständen und Vorgängen experimentell gesichert sind. (Berger 1972: 91)

Schematisch lässt sich dieses Vorgehen als ein von der realen Situation ausgehender und über das Modell dorthin zurückkehrender Kreis veranschaulichen (Schmidt, G. 1981: 61, für eine ähnliche Darstellung vgl. auch Berger 1972: 84):

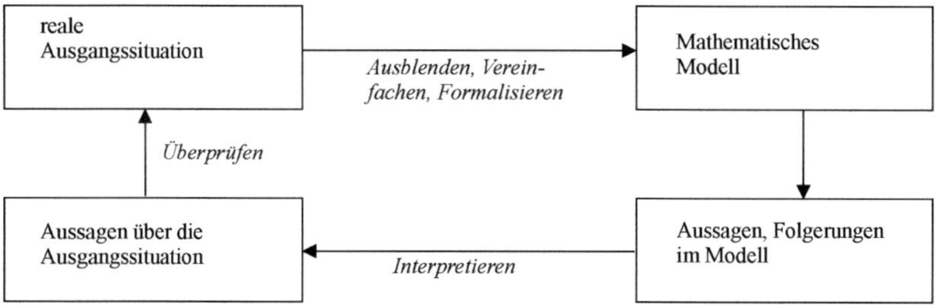

Ein Beispiel soll dies illustrieren: Die Flughöhe eines geworfenen Balles kann modellhaft durch die messbare Größe des Abwurfwinkels und eine ebenfalls messbare zeitliche Abfolge von Koordinaten im Raum (vertikale Entfernung vom Abwurfpunkt) beschrieben werden. In dieser Weise lässt sich der reale Sachverhalt auf rein mathematische Konstrukte (nämlich Zahlen) verkürzen[16]:

Abwurfwinkel		Zeit (t) 1s	2s	3s	4s	5s	6s	7s	8s
42°	Höhe (y)	14.5	16.1	17.4	18.2	17.3	13	9.7	1.45
47°		15.1	16.4	17.6	18.4	17.1	11.8	5.4	0

Zunächst ohne jeden Rückbezug auf den modellierten Gegenstand können jetzt mathematische Methoden auf das Modell angewandt werden. Beispielsweise kann mittels der Methode der quadratischen Regression die verallgemeinernde Vermutung aufgestellt werden, dass die Werte für y sich mittels einer quadratischen Funktion aus den Werten von t berechnen lassen:

$$y\,(t) = at^2 + bt + c$$

Diese Folgerung im Modell kann dann mit Bezug auf die Ausgangssituation interpretiert werden, d.h. es kann vermutet werden, dass die Flughöhe eines Balles durch eine quadratische Funktion der Zeit berechnet werden kann, also eine Parabel beschreibt. Anschließend kann diese Vermutung (z.B. durch weitere Messreihen) experimentell überprüft werden, womit sich der oben dargestellte Kreis schließt.

So formuliert bewegt sich das Beispiel ausschließlich in der mathematischen Symbolwelt. Im Extremfall kann die physikalische Methode der Modellbildung also tatsächlich *rein* symbolisch sein, d.h. sie kann vollständig ohne analoge

[16] Dabei fließen in diesen Prozess offensichtlich eine ganze Reihe von methodischen Vereinfachungen ein. Beispielsweise werden viele äußere Bedingungen des Wurfes (Höhe des Abwurfpunktes über NN, Windgeschwindigkeit etc.) im Modell nicht berücksichtigt, der Ball wird als „Massen*punkt*" (s.o.) behandelt, seine räumliche Beschaffenheit also ignoriert, die Messung erfolgt an diskreten Zeitpunkten in der vereinfachenden Annahme, dass die Bewegung des Balles zwischen diesen Punkten stetig ist, usw.

(hier im Sinne der Unterscheidung ikonisch – analog – symbolisch!) Mittel auskommen. Dennoch werden natürlich oft analoge Verfahren verwendet, um physikalische Zusammenhänge erfassbar zu machen. Beispielsweise lassen sich die zur Beschreibung der Flugbahn verwendeten Zahlen in die Zeichnung eines mathematischen Graphen übertragen und so visualisieren:

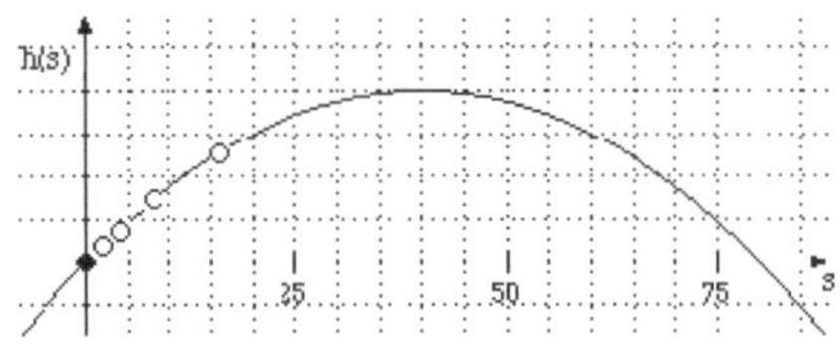

Im Hinblick auf folgende Ausführungen bleibt aber festzuhalten, dass analoge Modellierungsverfahren (oder eben: Visualisierungen) nicht zentral für den physikalischen Modellbegriff sind, sondern dort nur als eine der rein symbolisch-mathematischen Methode unter- oder nebengeordnete Möglichkeit der Modellbildung fungieren.

Schließlich ist es auch die Physik, der die Modelltheorie die wesentliche Erkenntnis verdankt, dass „zur Beschreibung ein und desselben Gegenstandes mitunter mehrere Modellvorstellungen verwandt werden müssen" (Berger 1972: 86) und dass solche „Modellvorstellungen sich widersprechen [können], ohne dass das die Sache selbst betreffen müsste." (ebda.: 87)[17] In der Geschichte der Physik finden sich mehrere Fälle, in denen verschiedene Aspekte eines Phänomens nur durch mehrere, nicht miteinander vereinbare Modellvorstellungen erklärt werden können. Die oben bereits kurz erwähnte sogenannte *Welle-Teilchen-Dualität*, nach der sich bestimmte Eigenschaften des Lichts nur mit Hilfe der Analogie zur Welle, andere hingegen nur mit Hilfe der Analogie zum Teilchen erklären lassen, ist ein solches Beispiel. Hier liegt der Grund für die Anwendung mehrerer Modelle auf den gleichen Gegenstand tatsächlich darin, dass keine von ihnen allein alle beobachteten Phänomene zu erklären vermag. Hawking (1993: 11) nennt hingegen mit der Gegenüberstellung des Newtonschen und Einsteinschen Weltbildes ein Beispiel dafür, dass auch rein praktische Gründe ausschlaggebend sein mögen, um mehrere Modellvorstellungen neben-

[17] Vgl. dazu auch McCarty (2002: 105):

> [A]s it is a surrogate for or simulacrum of the thing studied a model cannot be true. Rather it is a pragmatic 'work of fiction' [...] designed to reach a truth that is otherwise difficult or impossible to reach, or which one can intuit but not demonstrate.

einander zu verwenden, selbst wenn eine von ihnen im Prinzip in der Lage wäre, die andere vollständig zu ersetzen:

> For example, very accurate observations of the planet Mercury revealed a small difference between its motion and the predictions of Newton's theory of gravity. Einstein's general theory of relativity predicted a slightly different motion from Newton's theory. The fact that Einstein's predictions matched what was seen, while Newton's did not, was one of the crucial confirmations of the new theory. However, we still use Newton's theory for all practical purposes because the difference between its predictions and those of general relativity is very small in the situations we normally deal with. (Newton's theory also has the great advantage that it is much simpler to work with than Einstein's!)

Auch dieser Aspekt erweist sich – wie bereits bei den Gütekriterien für Transkriptionssysteme deutlich wurde (vgl. z.B. das Kriterium der „Simplicity") – als relevant für das Verständnis der Transkription als Modellierung.

2.2.3 Der Modellbegriff in der Kartographie

Kartographie versteht sich als „the discipline dealing with the conception, production, dissemination and study of maps." (Hake et al. 2002: 4) Da Karten in offensichtlicher Weise Modelle sind, kann die wissenschaftliche Auseinandersetzung mit ihrer Konzeption, Herstellung etc. schwerlich ohne modelltheoretische Erkenntnisse auskommen. Der Modellbegriff ist für die Kartographie daher ähnlich zentral wie für die Physik.

So wie sich der Computereinsatz maßgeblich auf die Transkriptionsverfahren in der Linguistik ausgewirkt hat, so hat er auch die Techniken und Möglichkeiten der Kartographie entscheidend beeinflusst.[18] Als eine Konsequenz davon unterscheidet die Kartographie heute zum einen zwischen *analogen* und *digitalen* Kartenmodellen (siehe dazu das Zitat oben), zum anderen aber auch zwischen *realen* und *virtuellen* Erscheinungsformen von Karten (vgl. Hake et al. 2002: 21):

[18] „[Die Kartographie] unterliegt gegenwärtig einem erheblichen Wandel ihrer Inhalte und Verfahren. Über Jahrhunderte hinweg waren ihre graphischen Darstellungen [...] stets zugleich Medium und Speicher raum-zeitlicher Informationen, und Zahlen dienten weitgehend nur als bloße Hilfsmittel auf dem Wege zur Graphik. Im heutigen Informationszeitalter besitzen dagegen die Zahlen durch den vielseitigen Einsatz von digitaler Rechentechnik einen eigenen Stellenwert." (Hake et al. 2002: 3)

	real (materiell)	**virtuell** (immateriell)
analog (graphisch)	visuelle (klassische) **Karte**	Dia-Projektion, Bildschirmkarte
digital	alphanumerischer Listendruck	alphanumerische Bildschirmdarstellung

Nach dieser Unterscheidung, die sich auch für die Betrachtung der Transkription als Modellierung hilfreich erweisen wird, ist der zentrale Gegenstand der Kartographie – die „visuelle (klassische) Karte" – also als ein analoges Modell mit realer oder materieller Erscheinungsform zu klassifizieren. Als analog ist dieses Modell auch bezüglich der Unterscheidung ikonisch/analog/symbolisch einzuordnen, denn auch wenn Karten ausgiebigen Gebrauch von Symbolen machen, behalten Sie immer noch eine Ähnlichkeit mit dem modellierten Objekt und sind daher – wie etwa auch der Vergleich mit (ikonischen) Satellitenbildern deutlich macht – in der Mitte des Spektrums zwischen ikonischen und rein symbolischen Modellen anzusiedeln. Die digitalen Modelle hingegen *sind* rein symbolisch[19]. Anders als in der Physik sind sie in der Kartographie allerdings dem analogen Endprodukt eher untergeordnet. Die Zahlen und sprachlichen Zeichen, die im digitalen Modell an die Stelle der modellierten Objekte treten, dienen in erster Linie als Grundlage für die Erstellung der Karte und haben – zumindest innerhalb der Kartographie im engeren Sinne – keine autonome Daseinsberechtigung.[20]

Hilfreiche Erkenntnisse für die folgenden Betrachtungen der Transkription als Modellierung ergeben sich nun einerseits aus einer zu beobachtenden Gemeinsamkeit aller Bestandteile des digitalen Modells, andererseits aus der Betrachtung der Methode, mit der aus den digitalen Modellen analoge Karten entstehen.

Bei aller thematischen Diversität von Karten, die z.B. topographische, politische, wirtschaftliche oder auch sprachliche Gegebenheiten veranschaulichen können, ist ihnen gemein, dass die in ihnen enthaltenen Informationen immer einen *räumlichen Bezug* haben. Unabhängig davon, ob die Karte Einwohnerzahl und Namen von Städten, politische oder sprachliche Zugehörigkeit von Gebieten, Beschaffenheit von Gewässern etc. berücksichtigt, muss sie diese *semantischen Daten* immer mit *Raumbezugsdaten* in Verbindung bringen:

[19] Die Tatsache, dass sie in Form von Listen o.Ä. visuell wahrnehmbar gemacht werden können, ändert nichts an diesem Umstand, denn diese Listen sind nur mit Rückgriff auf den Symbolbegriff als wirklichkeitsähnlich zu verstehen.

[20] Sie können zwar auch Grundlage für „die Ableitung digitaler Geo-Daten durch Modellgeneralisierung" (Hake et al. 2002: 299) sein. Diese (u.U. wie in der Physik auf rein symbolischem Wege) abgeleiteten Daten finden dann aber entweder außerhalb der Kartographie (d.h. in größerem geo-wissenschaftlichen Zusammenhang) Anwendung oder dienen ihrerseits wieder als Grundlage für die Erstellung analoger Karten.

> ***Raumbezugsdaten*** liefern die für jede digitale Modellierung und kartographische Darstellung notwendigen geometrischen Informationen über Ort und Form der einzelnen Objekte [...]
> ***Semantische Daten*** sind Informationen über Art und Menge der Objekte. [...] Dabei ist die Erfassung topographischer Objekte stets und unmittelbar mit den Vermessungen des Raumbezugs verknüpft. [Der Raumbezug thematischer Gegenstände und Sachverhalte] lässt sich unmittelbar oder im Anhalt an topographische Objekte gewinnen. (Hake et al 2002: 300)

Wie das folgende Beispiel[21] zeigt, kann das digitale Modell, aus dem eine Karte entsteht, demnach immer als eine Zuordnung semantischer Daten zu Raumbezugsdaten aufgefasst werden. Ungeachtet der hochgradig diversen inneren Strukturen der semantischen Daten ist damit mindestens ein vereinheitlichendes Raster für die Gesamtheit der Daten gegeben:

Raumbezugsdaten		Semantische Daten	
Länge (O)	Breite (N)		
8° 41'	50° 6'	Objekttyp: Eigenschaften:	Siedlung Name: Frankfurt am Main Einwohnerzahl: 500 000 – 999 999
8° 30'	50° 10'	Objekttyp: Eigenschaften:	Siedlung Name: Kronberg im Taunus Einwohnerzahl: 10 000 – 29 999
8° 26'	50° 15'	Objekttyp: Eigenschaften:	Erhebung Name: Großer Feldberg Höhe: 878 m
8° 32'	50° 17'	Objekttyp: Eigenschaften:	Sehenswürdigkeit Name: Saalburg
8° 35'	50° 2'	Objekttyp:	Flughafen

Wenn jetzt das digitale Modell in eine Karte überführt, die symbolischen Modellrelationen also graphisch (analog) visualisiert werden sollen, so geschieht das zunächst immer auf der Grundlage dieses vereinheitlichenden Rasters – es werden den jeweiligen Längen- und Breitenangaben entsprechende Positionen auf dem Papier (bzw. Bildschirm) berechnet und an diesen Stellen Symbole eingefügt, die Typ und Eigenschaften der durch die semantischen Daten modellierten Objekte repräsentieren[22] (Kartenausschnitt aus ATLAS):

---

[21] Da es hier um die Veranschaulichung des Prinzips und nicht um Details seiner Ausführung geht, werden zwei zusätzliche Vereinfachungen vorgenommen. Zum einen wird die flächenmäßige Ausdehnung der Objekte nicht berücksichtigt. Tatsächlich würde der Raumbezug wohl nicht durch Angabe eines Punktes im Koordinatensystem, sondern durch die Randlinie einer Fläche hergestellt. Zum anderen wird unberücksichtigt gelassen, dass für viele Kartendarstellungen die räumliche Zuordnung natürlich in drei statt in zwei Dimensionen erfolgt, zusätzlich zu Längen- und Breiten- also auch eine Höhenangabe vermerkt wird.

[22] Man beachte, wie dabei verschiedene semantische Eigenschaften bzw. Objekttypen auf verschiedenförmige Symbole abgebildet werden (z.B. die Position von Siedlungen mit Kreisen, die von Sehenswürdigkeiten mit Quadraten und die von Erhebungen mit Dreiecken angezeigt wird), wie weiterhin verschiedene Ausprägungen gleicher semantischer Merkmale

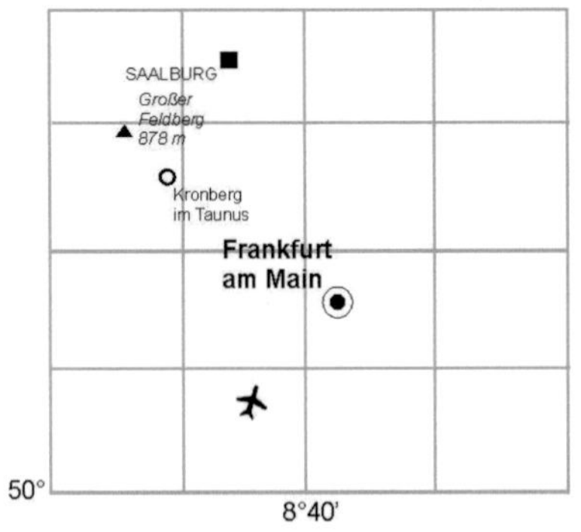

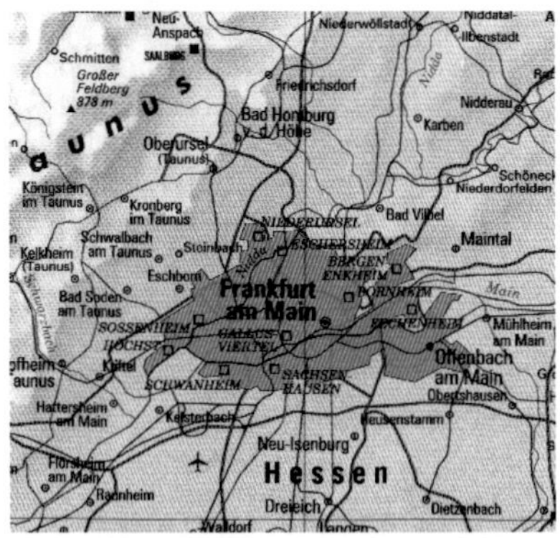

Dabei ist die Überführung der Koordinaten des digitalen Modells in Koordinaten auf der Karte jedoch nicht trivial, denn in der Regel beziehen sich erstere auf die *gekrümmte* Erdoberfläche, während letztere auf einer *ebenen* Fläche (z.B. einem Stück Papier oder der Bildschirmoberfläche) abgetragen werden müssen. Die Kartographie unterscheidet deshalb mit der konischen, der azimutalen und der zylindrischen Abbildung drei verschiedene Arten der Projektion (entnommen aus Hake et al. 2002: 56):

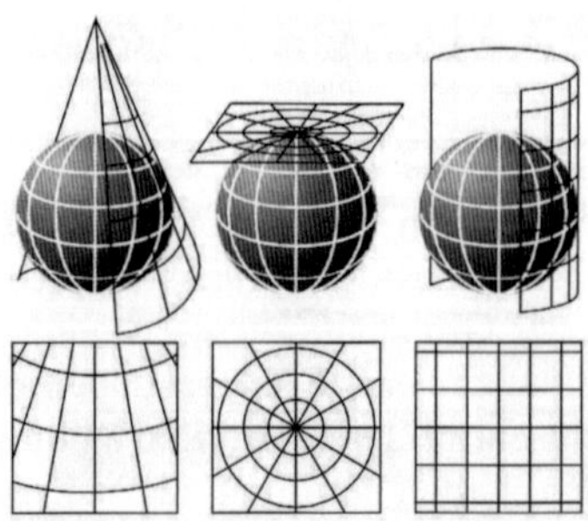

Allerdings ist keine dieser Projektionsarten in der Lage, die tatsächlichen räumlichen Verhältnisse vollständig analog abzubilden, denn keine Karte kann

(z.B. verschiedene Einwohnerzahlen von Siedlungen) mit verschiedenen Ausprägungen des gleichen Symbols (z.B. großer vs. kleiner Kreis, große vs. kleine Schrift) korrespondieren, und wie neben Symbolen auch Ikone (z.B. Flugzeug) zur Anwendung kommen. Hake et al. (2002: 106ff und 118ff) erläutern unter den Überschriften „Kartengraphik als Zeichensystem“ und „Kartographische Gestaltungsmittel“ ausführlich das umfangreiche Instrumentarium, das die Kartographie für das Verständnis von und den Umgang mit diesen Techniken entwickelt hat. Eine genauere Wiedergabe dieser Ausführungen würde hier zu weit führen – die potentielle Relevanz solcher Techniken für den Gegenstand dieser Arbeit sollte aber dennoch offensichtlich sein.

gleichzeitig Längen, Flächen *und* Winkel getreu ihrer tatsächlichen Größe abbilden:

> [...] ergibt die Abbildung in eine Ebene, dass die geometrische Ähnlichkeit nur in einzelnen Elementen zu erzielen ist und die jeweils anderen Elemente Verzerrungen aufweisen. (Hake et al. 2002: 56)

Welche Projektionsmethode zur analogen Visualisierung der digitalen Modelle letztendlich gewählt wird, ist daher in der Regel abhängig von der Ausprägung des Pragmatischen Merkmals, d.h. davon, *wer* die Karte *für welchen Zweck* benutzt:

> Abbildungseigenschaften und Verzerrungsverhältnisse entscheiden in erster Linie die Wahl des Netzentwurfes, der dem Zweck der Karte am besten entspricht. Geographen bevorzugen für vergleichende Untersuchungen die flächentreuen Abbildungen. In der Navigation und im Vermessungswesen gibt man dagegen den konformen [d.h. winkeltreuen] Abbildungen den Vorzug. Verkehrskarten beruhen häufig auf partiell längentreuen Netzen. (ebda.: 57)

In einem weiteren Vorgriff auf die folgenden Ausführungen seien hier also zusammenfassend drei Beobachtungen festgehalten:

Erstens hat sich gezeigt, dass für den Fall der Kartographie der gemeinsame Bezug semantisch verschiedenster Daten auf die selbe Größe (nämlich räumliche Koordinaten) ein vereinheitlichendes Raster darstellt, nach dem sich symbolische Modelle ordnen und Grundprinzipien der Überführung von symbolischen in analoge Modelle beschreiben lassen.

Zweitens hat sich gezeigt, dass man für den Fall der Kartographie bei der analogen Modellierung von Zusammenhängen auf Schwierigkeiten (nämlich Verzerrungen) stößt, die sich am entsprechenden symbolischen Modell nicht manifestieren. Das symbolische Modell kann also in diesem Sinne präziser sein als das analoge.

In diesem Zusammenhang schließlich hat sich drittens gezeigt, dass es angesichts der Unzulänglichkeiten analoger Modelle nützlich sein kann, wenn für ein und dasselbe symbolische Modell mehrere Visualisierungsmethoden (nämlich Projektionsarten) zur Verfügung stehen. Die Auswahl einer dieser Methoden kann dann zweckgebunden erfolgen.

2.2.4 Der Modellbegriff in der Informatik

Wie im vorigen Abschnitt für das Gebiet der Kartographie bereits angedeutet wurde, können moderne Techniken der Informationsverarbeitung großen Einfluss auf Methoden und Möglichkeiten der Modellbildung in den wissenschaftlichen Einzeldisziplinen haben. Der Modellbegriff taucht in der Informatik daher zumindest überall dort auf, wo Computer als *Instrumente* der Modellbildung verwendet werden, wo mit ihrer Hilfe also Modelle aus anderen Disziplinen formuliert oder umgesetzt werden.

Darüber hinaus haben sich jedoch auch innerhalb der Informatik, d.h. zunächst ohne Rückbezug auf andere Disziplinen, Begriffe herausgebildet, die sich wesentlich auf den Modellgedanken stützen. Sicherlich zu den wichtigsten gehört dabei der von Chen (1976) eingeführte und anschließend in zahlreichen Veröffentlichungen weiterentwickelte (siehe dazu Date 1995: 351) Begriff des *Entity-Relationship-Modells*, der vor allem für das Verständnis von Datenbanken bis heute eine große Rolle spielt. Chen charakterisiert dieses Modell als eine Verallgemeinerung existierender Modelle[23], die als Basis für eine vereinheitlichte Sichtweise von Daten dienen kann[24]. Date (1995: 349), der den Terminus *Semantic Modelling* dem des *Entity-Relationship Modelling* vorzieht, fasst die Vorgehensweise, die sich aus dieser Sichtweise ergibt, so zusammen[25]:

> 1. [...] we attempt to identify a set of *semantic* concepts [...] we might agree that the world is made up of **entities** [...] We might [...] agree that entities can usefully be grouped into **entity types**. [...] All entities of a given type will have certain **properties** in common. [...] We might [...] agree that every entity has a special property that serves to *identify* that entity – i.e., every entity has an **identity**. We might [...] agree that any entity can be related to other entities by means of **relationships**. [...]
> 2. [...] we try to devise a set of corresponding *symbolic* [...] **objects** that can be used to represent the [...] semantic concepts
> 3. We [...] devise a set of formal **integrity rules**. For example [...] [that] every property must be a property of some entity.
> 4. Finally, we also develop a set of formal **operators** for manipulating those formal objects.

Weil dieses Vorgehen auch für das in dieser Arbeit zu entwickelnde Datenverständnis von großer Bedeutung ist, seien diese vier Punkte hier etwas genauer und in deutscher Sprache ausgeführt:

Der erste Punkt beschreibt, wie der Entwickler oder Nutzer einer Datenbank die (semantische) Verbindung zwischen den Daten und der Realität, die durch diese Daten beschrieben wird, herstellt, d.h. wie die Realität mittels einer endlichen Anzahl von Datenobjekten beschrieben werden kann. Die reale Welt wird als eine Menge von (diskreten) *Einheiten* aufgefasst, die sich auf einer

[23] Genauer: „This paper uses the entity-relationship model as a framework from which [...] existing data models may be derived. The reader may view the entity-relationship model as a generalization or extension of existing models." (Chen 1976: 374)

[24] Genauer: „The entity-relationship model can be used as a basis for a unified view of data." (Chen 1976: 374)

[25] Hervorhebungen wie im Original.

abstrakteren Ebene als Instanzen von einem oder mehreren *Typen von Einheiten* verstehen lassen. Die Gruppierung von Einheiten in Typen ergibt sich dabei aus dem Umstand, dass alle Einheiten eines Typs gewisse *Eigenschaften* teilen. Dabei ist die *Identität*, mittels derer sich jede Einheit eindeutig von jeder anderen Einheit unterscheiden lässt eine Eigenschaft, die allen Einheiten gemein ist. Schließlich können zwischen verschiedenen Einheiten *Beziehungen* bestehen.

Der zweite Punkt besagt, dass die im ersten Punkt identifizierten Einheiten und die Beziehungen zwischen ihnen mittels *symbolischer Objekte* beschrieben werden können.

Der dritte Punkt besagt, dass sich mit Hilfe gewisser *Regeln*, die für die symbolischen Objekte festgelegt werden können, überprüfen lässt, ob eine gegebene Menge von Symbolen ein *gültiges* Entity-Relationship-Modell darstellt, d.h. ob sich die gemäß dem zweiten Punkt definierten Symbole letztendlich wieder in sinnvoller Weise auf die gemäß dem ersten Punkt identifizierten semantischen Konzepte zurückführen lassen.

Der vierte Punkt schließlich besagt, dass – unabhängig von den im ersten Punkt festgelegten semantischen Konzepten – eine Menge *formaler Operatoren* definiert werden kann, mittels derer die gemäß dem zweiten Punkt definierten symbolischen Objekte manipuliert werden können. Solche Operatoren beschreiben beispielsweise, wie sich gewisse symbolische Objekte aus anderen symbolischen Objekten ableiten lassen.

Im Lichte der in Abschnitt 2.2.1. behandelten allgemeingültigen modelltheoretischen Konzepte lassen sich diese vier Punkte auf zwei Kernaussagen verkürzen:

(1) Wenn die Realität auf dem Computer mittels Daten beschrieben wird, so handelt es sich dabei um Modellbildung.
(2) Das Mittel dieser Modellbildung auf dem Computer sind Symbole.

Die im ersten Punkt beschriebenen Schritte besagen in dieser Hinsicht also nicht viel mehr, als dass die Beziehung zwischen Realität und Daten auf dem Computer eine modellhafte ist. Die Einteilung der Welt in Einheiten, Beziehungen, Typen von Einheiten etc. stellt eine wenn auch wenig spezifizierte, so doch eindeutig „methodisch verkürzende“ Vorgehensweise dar. Chen (1976:375) nimmt indirekt auf diese Tatsache Bezug:

> It is impossible (and, perhaps, unnecessary) to record every potentially available piece of information about entities and relationships.

Die im zweiten, dritten und vierten Punkt beschriebenen Schritte hingegen zeigen auf, dass Modelle auf dem Computer immer symbolische – also nicht analoge und erst recht nicht ikonische – Modelle sind. Die computergestützte Datenverarbeitung erweist sich demnach als ein Arbeiten mit symbolischen Modellen, die aus realen Sachverhalten gewonnen, dann mit Hilfe formaler Operationen manipuliert und schließlich wieder als Aussagen über die Ausgangssituation interpretiert werden. Analog zur Vorgehensweise in der Physik kann sie daher als ein geschlossener Kreis dargestellt werden[26]:

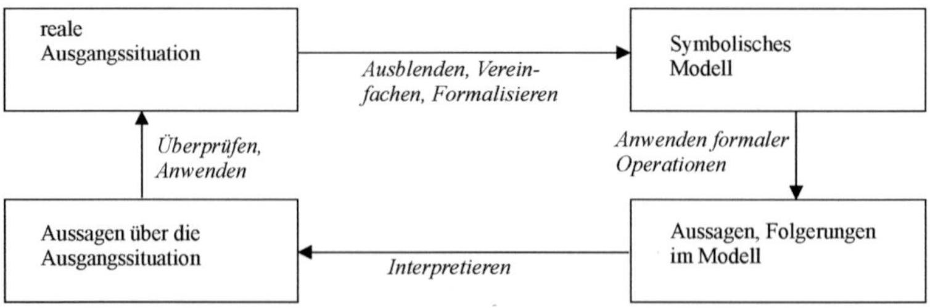

Wenn das Entity-Relationship-Modell also in dieser Weise als eine verallgemeinerte Beschreibung computergestützter Datenverarbeitung aufgefasst wird, so kann es einerseits in der Tat dem von Chen (s.o.) gestellten Anspruch gerecht werden, eine vereinheitlichte Sichtweise auf die zu verarbeitenden Daten zu liefern. Andererseits hat es gegenüber anderen Datenmodellen, die es vereinheitlicht, genau den Nachteil, *zu* allgemein zu sein, und über Eigenschaften der tatsächlich verwendeten symbolischen Modelle nur wenig konkrete Aussagen zu machen. Date (1995: 363) betont deshalb, dass es nicht geeignet ist, spezifischere Modellbegriffe der Informatik zu ersetzen:

> However, a charitable reading of Chen's original paper would suggest that the E/R model is indeed a data model, but one that is essentially just a thin layer on top of the basic relational model (it is certainly not a candidate for replacing the relational model, as some people seem to think). (Date 1995: 363)

Das hier angesprochene relationale Modell z.B. macht nämlich wesentlich präzisere Aussagen darüber, wie die in der Informatik verwendeten symbolischen Systeme strukturiert sind, und wie sie – basierend auf diesen Strukturannahmen – manipuliert werden können, d.h. welche formalen Operationen auf ihnen möglich sind. Beispielsweise definiert Date (1995: 52) ein „relational system" als:

[26] Dabei gibt es zwei Unterschiede zu dem in Abschnitt 2.2.2. wiedergegebenen Diagramm. Erstens sind hier die symbolischen Modelle nicht auf mathematische Modelle beschränkt. Vielmehr können sie – was für diese Arbeit von ausschlaggebender Bedeutung ist – auch von anderen Symbolsystemen, z.B. der Schrift, Gebrauch machen. Zweitens dienen die in der Informatik verwendeten Modelle sehr oft nicht wissenschaftlichen Zwecken. Am Ende des Zyklus steht daher oft weniger das *Überprüfen* der am Modell gewonnenen Aussagen an der Realität, sondern vielmehr deren *Anwendung* auf die modellierten Sachverhalte.

> [...] a system in which, at a minimum:
> 1. The data is perceived by the user as tables (and nothing but tables).[27]
> 2. The operators at the user's disposal [...] are operators that generate new tables from old. (Date 1995: 52)

Die genaueren Ausprägungen des relationalen Modells sollen hier nicht weiter ausgeführt werden. Im Hinblick auf folgende Ausführungen sei lediglich festgehalten, dass ausgehend von dieser präziseren, formaleren Definition ein Rückbezug auf mathematische Mittel (Relationale Algebra, vgl. Date 1995: 139ff) vorgenommen werden kann, der in der Entwicklung der Datenbanktheorie eine wichtige Rolle spielt. Durch diesen Rückbezug wird es nämlich möglich, Eigenschaften relationaler Systeme (wie z.B. Effizienz von Suchanfragen, Redundanzen in der Repräsentation etc.) unabhängig von ihrer konkreten Implementierung zu betrachten und so eine Basis zu schaffen, auf der standardisierte Technologien[28] entwickelt werden können. Dass heute relationale Daten, die in Softwareprodukten verschiedener Hersteller gespeichert und bearbeitet werden, bis zu einem gewissen Grad untereinander austauschbar sind, ist in erster Linie auf diesen Umstand zurückzuführen.

Wie in den weiteren Ausführungen zu zeigen sein wird, ist das relationale Modell jedoch nicht die einzige in der Informatik gebräuchliche präzisere Vorstellung über Datenstrukturen. So wie dort Daten als Relationen bzw. Tabellen gesehen werden, so werden sie im Kontext der Markupsprachen XML und SGML oft als Hierarchien bzw. Bäume und in der Sichtweise des Annotationsgraphenformalismus als gerichtete, azyklische Graphen aufgefasst. Und so wie im relationalen Modell eine Abstrahierung über konkrete Implementierungen praktischen Nutzen haben kann, weil sie zur Grundlage von standardisierten Technologien wird, so kann auch die abstrakte Beschreibung von Bäumen, Graphen etc. sich als gewinnbringend für den Umgang mit Daten erweisen.

---

[27] Genauer sind diese Tabellen eigentlich nur Vorstellungshilfen für den mit algebraischen Mitteln zu definierenden Begriff der *Relation*:

> A relation has two parts, a heading and a body. The heading is a set of attributes [...], the body is a set of tuples. A relation can be thought of as a table with the columns representing the attributes and the rows representing the tuples [...]. (Date 1995: 99)

[28] Z.B. die Structured Query Language (SQL), die den Standard für Suchanfragen an relationale Datenbanken darstellt.

2.3 Computergestützte Transkription[29]

Unabhängig davon, welches konkrete Transkriptionssystem verwendet wird, kann davon ausgegangen werden, dass heute beim Erstellen und Verwenden von Transkriptionen in aller Regel von irgendeiner Form der Computerunterstützung Gebrauch gemacht wird. Mit den Worten von Redder (2001: 1055):

> Gegenüber den Anfängen der Notationsvorschläge bzw. des Entwurfs von Transkriptionssystemen [...] haben sich die Arbeitsbedingungen erheblich verändert. Die Transkription mittels Computer ist nahezu Normalität.

In Abschnitt 2.1.3. wurde bereits deutlich, dass dieser Umstand weitreichende Auswirkungen auf das Verständnis der Transkription haben kann, denn in mehreren Systemen wird die Eignung eines Transkriptionssystems für seine Umsetzung auf dem Computer als ein wesentliches Gütekriterium erachtet.

Ohne den kommenden Ausführungen zu weit vorzugreifen, sollen deshalb hier einige Grundcharakteristika erarbeitet werden, die die computergestützte Transkription von nicht-computergestützter Transkription unterscheiden.

Die ursprüngliche Motivation, mit dem Computer statt mit Bleistift bzw. Schreibmaschine und Papier zu transkribieren, ist wahrscheinlich rein praktischer Natur. Einerseits ist der Transkriptionsprozess durch eine ständige Korrektur und Verfeinerung des bereits Transkribierten gekennzeichnet, und solche Korrekturvorgänge sind am Bildschirm wesentlich einfacher und ökonomischer zu bewerkstelligen als auf dem Papier. Ehlich (1992b: 52f) drückt dies wie folgt aus:

> Revisionsfähigkeit ist also eine wichtige Voraussetzung für ein sachangemessenes Transkriptionsverfahren. [...] Unaufwendige Korrekturmöglichkeiten sind vielleicht das Plus, wenn man den Computer als Textverarbeitungsgerät einsetzt.

Andererseits ergeben sich durch den Umstand, dass das Transkript mit der digitalen in einer nicht-materiellen Form vorliegt, wesentlich einfachere und kostengünstigere Möglichkeiten zu seiner Vervielfältigung und Verteilung – Kopiervorgänge auf dem Computer sind im Gegensatz zu Kopiervorgängen auf dem Papier verlustfrei, und die Vervielfältigung und Distribution digitaler Daten verursacht vergleichsweise wenige Kosten.

---

[29] Teile dieses Abschnittes stellen eine paraphrasierende Übernahme aus Schmidt, T. (2002a: 3ff) dar.

Neben diesen verbesserten Möglichkeiten der Korrektur und Vervielfältigung, die im Prinzip bereits für einen standardmäßig ausgestatteten PC in der 80er Jahren gegeben war, ergibt sich ein dritter praktischer Vorteil der computergestützten Transkription erst aus der zunehmenden Fähigkeit moderner Computer, mit multi-medialen Daten umzugehen. Die Möglichkeit, zunächst digitalisierte Ton- und später auch digitalisierte Video-Aufnahmen[30] auf dem Rechner selbst abspielen zu können, führt ebenfalls sowohl zu einer Vereinfachung des Transkriptionsprozesses (denn es müssen nicht mehr Abspiel- und Transkriptionsgerät getrennt voneinander bedient werden) als auch – zumindest potentiell – zu einer Reduzierung der damit verbundenen Kosten (denn es sind eben keine zwei Geräte mehr nötig). Moderne Transkriptionswerkzeuge wie Praat (PRAAT), TASX-Annotator (Milde/Gut 2001), ELAN (ELAN) u.Ä. nutzen diesen Vorteil konsequent aus, indem sie das verknüpfte Abspielen von Teilen der Aufnahme und die *Eingabe* der zugehörigen Transkription in einer einzigen Programmoberfläche ermöglichen. Umgekehrt wird die Multi-Media-Fähigkeit des Computers auch dazu genutzt, um bei der *Analyse* von Transkripten am Bildschirm unmittelbar auf die entsprechende Stelle der transkribierten Aufnahme zurückgreifen zu können. MacWhinney (2000: 4) fasst diese Aufhebung der scharfen Grenzen zwischen Text, Ton und Bild unter dem Stichwort „Connectivity“ zusammen:

> This new hardware has now opened up the possibility for multimedia access to digitized audio and video from links inside the written transcripts. In effect, a transcript is now the starting point for a new exploratory reality in which the whole interaction is accessible from the transcript.

Wenn hier von einer veränderten „exploratorischen Realität“ die Rede ist, deren Ausgangspunkt das Transkript darstellt, so ist das bereits ein offensichtliches Anzeichen dafür, dass der Einsatz des Computers über rein praktische Aspekte hinaus auch methodisch-theoretische Auswirkungen auf die Rolle der Transkription im sprachwissenschaftlichen Erkenntnisprozess hat. Nothdurft et al. (2003: 88) bestätigen dies:

> Multimedia-Einsatz hat also auch Implikationen für den Entdeckungszusammenhang gesprächsanalytischen Arbeitens.

Noch deutlicher wird dies, wenn Transkriptionen als Basis für computergestützte *quantitative* Untersuchungen verwendet werden. Erst durch die digitale Speicherung der in den Transkriptionen enthaltenen Informationen und den Einsatz geeigneter Softwarewerkzeuge wird es möglich, größere Datenmengen gezielt nach bestimmten Phänomenen zu durchsuchen. Teilweise dienen die Sucher-

[30] Für diese gilt natürlich dann ebenfalls, dass sie sich leichter und kostengünstiger vervielfältigen lassen als die entsprechenden auf analogen Trägern gespeicherten Daten.

gebnisse dann zwar „nur" als Grundlage einer qualitativen Analyse – d.h. die gefundenen Vorkommen werden als Beispiele genutzt, und die Computerunterstützung erleichtert lediglich deren Auffinden. Oft wird jedoch auch tatsächlich im Sinne einer genuin quantitativen Analyse über einzelne Belege abstrahiert, und es werden Schlussfolgerungen anhand von *Zahlen*, die *aus den Transkriptionen* gewonnen wurden, gezogen[31]. Damit wird der Transkription eindeutig eine Rolle zugestanden, die über die eines bloßen Index in die Aufnahme (siehe dazu auch unten) weit hinausgeht. Das Vorgehen, die Realität zunächst in Form einer Transkription symbolisch zu repräsentieren, dann aus der Transkription Zahlen zu gewinnen und diese schließlich wieder im Hinblick auf die transkribierte Realität zu interpretieren, kann – analog zum oben dargestellten Vorgehen in der Physik – als Anwendung und Manipulation eines symbolischen Modells aufgefasst werden. Damit die so gezogenen Schlüsse methodisch zu rechtfertigen sind, muss die Systematik, die dem symbolischen Modell und den auf ihm ausgeführten Operationen zugrunde liegt, klar definiert sein, denn die Schlussfolgerungen innerhalb des Modells erfolgen weitestgehend ohne Rückbezug auf die Realität und bedürfen daher verlässlicher formaler Regeln. Wie oben bereits kurz angesprochen, thematisiert Edwards (1992b) diesen Umstand in ihren „four principles for the use of archived data". Das zweite und dritte dieser Prinzipien zielen hauptsächlich darauf ab, Phänomene, die der Forscher als gleich behandeln möchte, im symbolischen Modell auch immer in der gleichen Weise zu repräsentieren[32] („Consistent Encoding"), bzw. vollständig systematisch kontrastierende Kategorien zu verwenden[33] („Systematic Contrastiveness"). In Edwards

---

[31] Beispiele sind weniger häufig in der Gesprächsforschung im engeren Sinne als z.B. in der Spracherwerbsforschung zu finden. So wird z.B. in Kupisch (2001: 11) die sprachliche Entwicklung zweier Kinder bzgl. der Auslassung (deutscher) Artikel anhand zweier Folgen von relativen Häufigkeiten – und fast ohne Rückbezug auf die zugrunde liegenden transkribierten Äußerungen – beschrieben.

[32] Genauer:

> For purposes of computer-assisted research, the single most important property in any database is that similar instances be encoded in predictably similar ways. Unless the variability in transcription and coding is totally predictable by researchers, some important variants of the pattern of interest (word or code) may be overlooked, and results may be accidentally biased and may not generalize. (Edwards 1992b: 446)

[33] In diesem Zusammenhang stellt Edwards (1992b: 450) sogar selbst Vergleiche zur physikalischen Methode an:

> ‚Precise' measurement in the physical sciences means assigning values to an object with reference to a well-specified standard [...]. Similarly, with symbols or codes in a transcript, if they are carefully de-

(1995: 31) weist sie auf die Probleme hin, die sich aus der Nicht-Einhaltung dieser Prinzipien ergeben können:

> Two main hazards in the use of computerized archives are: *overselection*, that is, the retrieval of more instances than are desired due to using an overly general search pattern [...], and *underselection*, that is, the retrieval of only a subset of the relevant instances, due to neglect of some relevant variants in the data. Whereas the former can be costly in time and effort; the latter can actually jeopardize the validity of research findings [...].

Es ist hier von einer „Gefährdung der Gültigkeit von Forschungsergebnissen" durch einen mangelhaft reflektierten Einsatz computergestützter Transkription die Rede. Dies ist ein weiteres Anzeichen dafür, dass erstens die Rolle von Transkriptionen an sich zentral für die sprachwissenschaftliche Methode ist, und dass zweitens der Einsatz von Computern die Bedeutung dieser Rolle noch verstärkt und darüber hinaus neue Aspekte offen legt, die einer genaueren Betrachtung bedürfen.

2.4 Texttechnologische Mittel

2.4.1 Allgemeines zur Texttechnologie

Die Texttechnologie ist eine relativ junge Disziplin, die sich an der interdisziplinären Schnittstelle zwischen Informatik und Linguistik mit der technologischen Verarbeitung von sprachlichen Daten auseinandersetzt:

> Gegenstand der Texttechnologie sind standardisierte formale Spezifikationen zur strukturierten Beschreibung, zur Speicherung, zur Auswertung, zur medialen Präsentation und zur Netzübertragung von Sprachdaten. (TEXT-TECHNOLOGY)

Motivation für eine solche *wissenschaftliche* Auseinandersetzung ist sicherlich auch die Erkenntnis, dass die veränderten medialen Rahmenbedingungen nicht nur eine rein technische Neuerung darstellen, die auf Texte angewandt wird, sondern dass sich das Verständnis dessen, was ein Text ist, dadurch qualitativ erweitert, dass sich gleichsam etwas wie eine „elektronische Schriftlichkeit" herausbildet, und dass daher, mit den Worten von Zimmer (2000: 10),

---

> signed, well specified and applied consistently, those utterances which are marked by the same symbols can be treated as similar with respect to the indicated properties.

> [...] im Bereich der Schriftlichkeit zur Zeit die dramatischste Umwälzung nicht seit Gutenberg, sondern seit der Erfindung der Schrift vor fünftausendeinhundert Jahren in Mesopotamien im Gange ist: dass Text sich auf elektronischen Geräten in einem anderen, unmateriellen Aggregatzustand aufbewahren, weitergeben und erschließen lässt, dem digitalen.

Wie für den speziellen Fall der computergestützten Transkription oben bereits ausgeführt, lassen sich auch im allgemeineren Rahmen die qualitativen Änderungen, die die „digitale Revolution“ mit sich bringt, unter mindestens zwei Aspekten sehen.

Ein Aspekt betrifft die Aufhebung der scharfen Trennung zwischen Text, Ton und Bild:

> Die digitale Revolution der Schriftlichkeit bringt es mit sich, dass auch Ton und Bild, das stehende wie das bewegte, auf die gleiche Weise konserviert und transportiert werden können wie reiner Text. So wird die Bibliothek der Zukunft eine multimediale sein [...]. (Zimmer 2000: 12)

Der andere betrifft die Erkenntnis, dass digitale Texte auch unabhängig vom multi-medialen Aspekt mehr sein können als ihre analogen Gegenstücke. Sie sind nämlich einerseits weniger als gedruckte Texte dem Linearitätszwang unterworfen[34]. Diese „Absage ans Lineare“ (Zimmer 2000: 52), die gewöhnlich unter dem Schlagwort „Hypertext“ zusammengefasst wird, ist in zahlreichen Arbeiten (z.B. Storrer 1999, 2000 und 2001, Agosti/Smeaton 1996) untersucht worden und wird in dieser Arbeit bei den Ausführungen in Abschnitt 5.5.2 die zentrale Rolle spielen. Andererseits unterscheiden sich digitale von gedruckten Texten dadurch, dass die in ihnen enthaltene Information weniger statisch und weniger fixiert ist. Diese „Unkörperlichkeit [...] der digitalen Information“ (Zimmer 2000: 11) ermöglicht es, aus einem gegebenen digitalen Text mittels geeigneter Technologien andere Texte oder textähnliche Produkte abzuleiten. Techniken wie das *Information Retrieval* (vgl. z.B. Agosti/Smeaton 1996), die beispielsweise auf das automatische Indizieren oder Zusammenfassen von Texten abzielen, machen von dieser Eigenschaft Gebrauch. Unter dem Gesichtspunkt der Texttechnologie und den Zielsetzungen dieser Arbeit sind in diesem Zusammenhang besonders die Auszeichnungssprachen zu nennen, deren vornehmlicher Zweck oft ist, die in einem Text enthaltene Information im hier be-

[34] Damit ist jedoch nicht gesagt, dass „klassische“ Texte immer linear oder gar digitale Texte grundsätzlich nicht-linear seien. Vielmehr werden nicht-lineare Textstrukturen durch digitale Technologien leichter navigierbar und kommen daher im digitalen Medium häufiger zur Anwendung.

schriebenen Sinne für verschiedene Verarbeitungsschritte zugänglich zu machen. Der nächste Abschnitt geht darauf genauer ein.

2.4.2 Auszeichnungssprachen

Auch wenn Auszeichnungs- oder Markup-Sprachen – spezieller XML – eine wichtige Rolle in dieser Arbeit spielen, soll aus Platzgründen und einer kompakteren Darstellung zuliebe hier auf eine grundsätzliche Einführung in diesen Bereich verzichtet werden. Stattdessen sei zunächst auf die umfangreiche Literatur zum Thema verwiesen: die praktischen Einführungen in XML sind mittlerweile sehr zahlreich; als eines von mehreren Standardwerken kann Ray (2001) gelten. Speziell linguistische Aspekte von Auszeichnungssprachen werden insbesondere in Lobin (2000), aber auch in Milde (1999) und Witt (1999 und 2002), behandelt.

Der Fokus in diesem Abschnitt soll jenseits technischer oder formaler Details auf drei Aspekten von Auszeichnungssprachen liegen, die sich für diese Arbeit als wichtig erweisen werden:

(1) Das Prinzip der Trennung von Form und Inhalt

Wie Witt (2002: 7f) anmerkt, stellt das Prinzip der Trennung von Form und Inhalt ein Grundprinzip für die Verwendung von Auszeichnungssprachen dar:

> In nahezu allen einführenden Texten zu SGML und XML wird darauf hingewiesen, dass das einzuhaltende Grundprinzip ihrer Verwendung in der Trennung von Form und Inhalt liegt. [...]
> Es kann [...] davon gesprochen werden, dass das Ziel der Trennung von Inhalt und Form als Konsens anzusehen ist.

Die Dichotomie *Form vs. Inhalt* ist dabei nur eine von vielen möglichen Formulierungen. Sie findet sich an anderen Stellen z.B. unter den Begriffen *graphische vs. logische Struktur* (Wohlberg 1999), *Form vs. inhaltliche Strukturierung* (Lobin 1999b), *Format/Präsentation vs. Inhalt* (Ray 2001), *(visual) display vs. underlying representation* (Johansson 1995) oder *presentation vs. organization of the data* (Knowles 1995) wieder.[35] Historisch gesehen ist dieses Prinzip aus dem Bedürfnis entstanden, digital gespeicherte Dokumente in verschiedenen Kontexten wieder verwenden zu können. Die inhaltliche Auszeichnung hat sich in dieser Hinsicht im Vergleich zur formbasierten als flexibler handhabbar erwiesen. Warum das Prinzip der Trennung von Form und Inhalt eines Dokumentes praktikabel ist, obwohl jedes Dokument die Summe aus seiner Form und seinem Inhalt ist, erklärt Michel (1999: 34) so:

[35] Im weitesten Sinne ist sie auch parallel zu der für diese Arbeit grundlegenden Unterscheidung zwischen Modell und Visualisierung zu sehen.

> [...] obwohl Inhalt und Layout nur Aspekte von Dokumenten sind, d.h. nur begrifflich, nicht physisch, zu trennen sind, verlangt XML von uns die Abstraktion vom Layout eines Dokuments und damit die Abstraktion von dem, was seinen Austausch zwischen Plattformen, Anwendungen und Medien problematisch machen kann.

Der Vorteil eines inhaltsbasierten Markups liegt demnach in seinem höheren Abstraktionsgrad. Eine Parallele zu dieser Sichtweise findet sich in der in Abschnitt 2.2.3. ausgeführten (und vom Gegenstand des Textes und der Auszeichnungssprachen völlig unabhängigen) Beobachtung, dass digitale bzw. symbolische (und damit abstraktere) Modelle in gewisser Hinsicht präziser sein können als ihre analogen (und damit weniger abstrakten) Entsprechungen.

(2) Die OHCO-These

Ein weiterer Grund für die technische Praktikabilität von Auszeichnungssprachen liegt darin, dass sie von einer starken Grundannahme über die Struktur von Dokumenten ausgehen: So wie im relationalen Modell angenommen wird, dass sich Daten immer in Relationen bzw. Tabellen organisieren lassen, so liegt den Sprachen XML und SGML die These zugrunde, dass Dokumente immer eine geordnete Hierarchie darstellen, also baumförmig strukturiert sind. Darauf aufbauend kann dann die Arbeit mit XML- oder SGML-Daten als ein Manipulieren von Bäumen aufgefasst und bei der Implementierung der zugehörigen Technologien von entsprechenden Kenntnissen über solche Strukturen profitiert werden – beispielsweise, um schnelle und effektive Algorithmen zu erhalten.[36]

Diese These ist unter dem Namen *OHCO-These* (DeRose et al. 1990: 6) bekannt. Sie besagt genauer, dass jedes Dokument eine „Ordered Hierarchy of Content Objects" darstellt, dass also alle in einem Dokument enthaltenen (inhaltlichen) Objekte sich erstens (linear) anordnen lassen und zweitens als Bestandteile einer Hierarchie fungieren.[37] Für das Gebiet der Auszeichnungssprachen heißt das konkret, dass durch (XML- oder SGML-)Elemente ausgezeichnete Umgebungen sich nicht überlappen dürfen. Wie Witt (2002: 41) ausführt, erweist sich diese These bei genauerer Betrachtung aber bereits für den ursprünglichen Anwendungsbereich von Auszeichnungssprachen – nämlich geschriebene Texte – als eine zu starke Einschränkung:

[36] Genau dies wird von den Befürworten der Standoff-Annotation als ein wichtiges Argument *gegen* den Annotationsgraphenformalismus verwendet. Siehe dazu Kapitel 4.

[37] Es ist wichtig, weil nicht selbstverständlich, dass diese beiden Eigenschaften laut OHCO-These *gemeinsam* auftreten. Beispielsweise wird mit der Aussage „Die Bundesversammlung setzt sich aus Mitgliedern des Bundesrates und des Bundestages zusammen" zwar auch eine hierarchische Ordnung beschrieben, die einzelnen Objekte dieser Hierarchie lassen sich aber nicht linear anordnen. Umgekehrt sind die Objekte einer Liste linear angeordnet, bilden aber keine Hierarchie.

> In Texten können potentiell mehrere unabhängige Hierarchien existieren, deren Begrenzungen sich überlappen. Es kann vermutet werden, dass sich die Hierarchie-These nur entwickeln konnte, da ihr ein sehr enger Textbegriff zugrunde liegt. Texte bestehen aus Kapiteln, Abschnitten, Überschriften etc. Naheliegend war dies insbesondere deshalb, da die Wurzeln der Annotation im Buchdruck lagen [...].

Witt (2002) zeigt weiter, dass die OHCO-These insbesondere *linguistisch motivierten* Strukturanalysen geschriebener Texte nicht standhält. Es ist daher kaum überraschend, dass sie sich auch für Strukturanalysen gesprochener Sprache – die entsprechende Variante müsste z.B. lauten, dass jedes *Gespräch* eine geordnete Hierarchie von *Gesprächseinheiten* darstelle – als zu stark erweist. Parallele Strukturen sind nämlich nicht nur ein Kriterium, das oft zur Unterscheidung gesprochener von geschriebener Sprache herangezogen wird (mehrere Gesprächsbeiträge oder Modalitäten überlappen sich), sie sind sogar eine entscheidende Motivation für gewisse Transkriptionsprinzipien (besonders die Partiturnotation, s.u.). Wenn in dieser Arbeit also u.a. untersucht wird, wie sich Modelle gesprochener Sprache in XML formulieren lassen, so muss dabei von Anfang an anerkannt werden, dass die für Auszeichnungssprachen fundamentale OHCO-These dabei eher ein Hindernis als eine Hilfe darstellt. Glücklicherweise macht ihre Ungültigkeit ein solches Unterfangen aber auch nicht unmöglich, denn:

> Jeder Anwendung von XML steht es frei, über zusätzliche semantische Festlegungen Beschreibungsformen für nicht-hierarchische Strukturen zu definieren. Applikationen, die nichts über diese zusätzliche Bedeutung von Elementen und Attributen wissen, werden aber diese Strukturen nicht adäquat unterstützen. (Wohlberg 1999: 20)

In den Kapiteln 4 und 6 wird darauf noch einmal näher eingegangen.

(3) Dokumentzentrisches vs. Datenzentrisches Verständnis

Wie bereits mehrfach bemerkt, verdanken die Auszeichnungssprachen ihre Entstehung und auch ihre Namen vornehmlich dem Bedürfnis, die in *schriftlichen Dokumenten* enthaltene Information flexibel nutzbar zu halten, indem man sie mittels Markup explizit auszeichnet und so einer computergestützten Verarbeitung zugänglich macht. Wie z.B. Thompson (2001) deutlich macht, hat sich besonders für den Fall von XML aber herausgestellt, dass der Nutzen und damit der Einsatzbereich von Auszeichnungssprachen weit über die Anwendung auf Dokumente im engeren Sinne hinausgeht. Er stellt daher dem ursprünglich *dokumentzentrischen* Verständnis von XML ein *datenzentrisches* entgegen und charakterisiert letzteres durch die Aussage: „A document is just a container in which information or data is poured".

Dass sich Auszeichnungssprachen auch in diesem ursprünglich nicht anvisierten Sinne als nützlich erweisen, kann man mit mehreren Tatsachen begründen, die hier nur stichwortartig wiedergegeben werden sollen (vgl. dazu auch wiederum Thompson 2001):

- XML und SGML sind offene Standards, deren Definition und Pflege in den Händen des W3C-Konsortiums liegen und damit langfristig gesichert sind.[38]
- Speziell XML baut auf vorhandenen Technologien und Standards auf. Es erlaubt eine konsequente Verwendung des UNICODE-Standards zur Kodierung einzelner Zeichen, ist selbst eine Anwendung des SGML-Standards und weist nicht nur in dieser Hinsicht offensichtliche Parallelen zum weitverbreiteten HTML auf.
- Wie oben ausgeführt, basieren XML und SGML auf der OHCO-These, deren zentrale Aussage zwar nur begrenzte Gültigkeit für schriftliche Dokumente besitzt, dafür aber auf viele weitere Datenstrukturen angewendet werden kann – denn auch nicht textförmige Daten sind oft hierarchisch strukturiert.

Auf die Unterscheidung zwischen dokumentzentrischem und datenzentrischem Verständnis von Auszeichnungssprachen wird insbesondere in Kapitel 4 noch einmal zurückzukommen sein.

2.4.3 „Textuelle Informationsmodellierung“ geschriebener und gesprochener Sprache

Wenn in dieser Arbeit von „Modellierung mit texttechnologischen Mitteln“ die Rede ist, darf eine Betrachtung des texttechnologischen Begriffes der „Informationsmodellierung“, wie er beispielsweise im Titel von Lobin (2000) auftaucht, nicht fehlen. Textuelle Informationsmodellierung wird dort wie folgt charakterisiert:

> In diesem Buch geht es darum, wie SGML und XML genutzt werden können, um beliebige Informationen an der Leitlinie von Textstrukturen zu modellieren. Textuelle Informationsmodellierung ist also die Modellierung von Information anhand von Gesetzmäßigkeiten, die wir in der Sprache finden. (Lobin 2000: 3)

Dabei fällt auf, dass Lobin einen Übergang von „Textstrukturen“ zu „Gesetzmäßigkeiten [...] in der Sprache“ vollzieht, die darin angelegte Beschränkung von Sprache auf ihre schriftliche Form (nämlich Texte) aber implizit lässt. Das Zitat macht aber gleichzeitig durchaus deutlich, dass (geschriebene) Texte und ihre

[38] Insbesondere entwickelt sich XML zu einem *industriellen* Standard. Der potentielle Interessentenkreis, der über Einhaltung und Pflege eines Standards letztendlich entscheidet, geht damit weit über den Kreis derer hinaus, die XML-Technologie für sprachwissenschaftliche Zwecke verwenden.

Strukturen nur eine *Leitlinie* für die textuelle Informationsmodellierung liefern, nicht aber deren alleiniger Gegenstand sind – texttechnologische Mittel können in diesem Verständnis auch sinnvoll auf andere Objekte als Texte angewandt werden. Somit wäre der Begriff der textuellen Informationsmodellierung eigentlich auch auf den Gegenstand dieser Arbeit applizierbar. Er soll aber im Folgenden dennoch vermieden werden, weil er in der gegebenen Definition die Unterscheidung zwischen geschriebener und gesprochener Sprache nicht deutlich reflektiert und somit eine potentielle Quelle von Missverständnissen darstellt, wenn es um die Betrachtung der Transkription unter einer texttechnologischen Perspektive geht.

Dass und wie die Anwendung texttechnologischer Mittel zum Zwecke der Transkription gesprochener Sprache sich grundlegend von ihrer Anwendung auf Texte geschriebener Sprache unterscheidet, soll deshalb hier noch einmal herausgestellt werden:

Wenn geschriebene Texte Gegenstand einer „textuellen Informationsmodellierung" werden – ein typisches Beispiel wäre die Anreicherung eines Korpus von Zeitungstexten mit linguistischer Information in Form von XML-Markup –, so ist das zu modellierende Material bereits selbst in textueller Form vorhanden. In der Regel werden zwar vor der eigentlichen Modellierung auch auf dieses Basis-Material einige Abstraktionsprozesse angewandt, beispielsweise wenn die Formatierung eines Textes (Schrifttyp, Schriftgröße etc.) für seine texttechnologische Analyse außer Acht gelassen wird. Einem solchen Vorgang ist jedoch eine klare untere Grenze gesetzt: die den Text konstituierenden *Schriftzeichen*[39] werden dabei in aller Regel unverändert gelassen, ihre Übernahme in das Endprodukt ist nicht Gegenstand theoretischer Erwägungen und damit nicht Bestandteil des resultierenden Modells. Das Modell besteht in diesem Falle also tatsächlich nur in dem, was dem „eigentlichen" Text in Form von Markup hinzugefügt wird. Unter der Überschrift „Einheiten der Informationsmodellierung" reflektiert Lobin (2000: 9) dies, indem er zwei Ebenen der Informationsstrukturierung voneinander abgrenzt:

> Bei der Informationsstrukturierung können wir zunächst zwei verschiedene Ebenen unterscheiden, auf denen Informationseinheiten erscheinen können:
>
> 1. die Ebene der konkreten Daten
> 2. die Ebene der abstrakten Einheiten, die Daten Funktionen zuordnen oder gruppieren.

Dies ist beim Einsatz von Texttechnologie zur Transkription gesprochener Sprache prinzipiell anders. Hier liegt der zu modellierende Gegenstand gerade *nicht*

[39] Im Sinne eines *Graphems*, nicht eines *Graphen*, oder – in der Terminologie von Unicode (vgl. UNICODE) – im Sinne eines „Character", nicht eines „Glyph".

in textueller Form vor. Die Transkription beinhaltet als ersten und wahrscheinlich wichtigsten Schritt eine theoretisch motivierte modellhaft verkürzende Abbildung von nicht-textuellen Phänomenen auf Schriftzeichen oder -zeichenketten. *Alles* am so entstehenden Endprodukt ist also Modell; die Unterscheidung zwischen „konkreten Daten“ und „abstrakten Einheiten“, die Lobin im obigen Zitat trifft, ist daher auf XML-kodierte Transkriptionsdaten kaum sinnvoll anwendbar.

2.5 Diskussion

Die bisherigen Ausführungen in diesem Kapitel dienten einerseits dazu, Begriffe zu klären, die in den folgenden Kapiteln eine wichtige Rolle spielen. Andererseits soll durch sie aber vor allem der Titel dieser Arbeit „Computergestützte Transkription als Modellierung und Visualisierung gesprochener Sprache mit texttechnologischen Mitteln“, der zugleich ihren methodischen Ansatz beschreibt, motiviert werden. Weil diese Motivation somit zentral für den Gegenstand dieser Arbeit ist, sollen unter diesem Gesichtspunkt hier noch einmal zusammenfassend die grundlegenden Konzepte diskutiert werden. Dies geschieht in Form von vier Thesen:

I. Transkription ist *Modellierung* gesprochener Sprache.

II. Transkription ist nicht Verschriftlichung, die modellhafte Züge trägt, sondern *Modellierung, die von Mitteln der Schrift Gebrauch macht.*

III. Computergestützte Transkription ist ein zweischrittiger Prozess, der sich als *Modellierung und Visualisierung* charakterisieren lässt.

IV. Computergestützte Transkription macht nicht nur allgemein von Mitteln der Schrift, sondern – in einem im Hinblick auf das digitale Medium spezifizierten Sinne – von *texttechnologischen Mitteln* Gebrauch.

---

zu I: Wie die Ausführungen in Abschnitt 2.1.2. gezeigt haben, wird es in der hier berücksichtigten Literatur kaum als strittig angesehen, dass Transkription grundsätzlich von theoretischen Erwägungen abhängig ist. Da die Begriffe *Modell* und *Theorie* (oder auch *Interpretation*) weitestgehend synonym gebraucht werden, ist es zunächst nur eine begriffliche Änderung, wenn hier von Transkription als Modellierung statt von Transkription als Theorie gesprochen werden soll.

Die Ausführungen in Abschnitt 2.2.1. bestätigen, dass Transkriptionen diejenigen Merkmale besitzen, die Modelle im Allgemeinen charakterisieren. Sie tragen das Verkürzungsmerkmal, denn sie sind – wie auch Ochs (1979) feststellt – gerade deshalb ein nützliches Hilfsmittel, weil sie nur ausgewählte Eigenschaften des Originalgespräches bzw. seiner Aufnahme repräsentieren. Sie tragen zweifelsohne auch das Abbildungsmerkmal, denn sie rücken ja im Analyseprozess zumindest teilweise an die Stelle der Originalgespräche. Schließlich tragen sie auch das Pragmatische Merkmal, denn wie verschiedene Quellen wiederholt betonen, kann Transkription nur dann sinnvoll erfolgen, wenn Vorstellungen darüber bestehen, wer die Transkription für welchen Zweck benutzen möchte.
Die Idee der Transkription als Modellierung steht also nicht im Widerspruch zum etablierten Verständnis der Transkription. Ein Ziel dieser Arbeit soll aber sein, sie in den Vordergrund zu rücken und so konsequent wie möglich zu verfolgen. Im Interesse dieser strengen Auslegung erweisen sich manche in anderen Zusammenhängen bewährte Begriffe als problematisch, z.B. wenn Transkriptionen „halbinterpretativ" (Ehlich/Rehbein 1976) genannt, für ein Transkriptionssystem „keine stark theoriegebundenen Vorannahmen" (Selting et al. 1998) postuliert werden oder von einem „mittleren Transkriptionsniveau" (Klein/Schütte 2001) gesprochen wird. Die Forderung von Ochs (1979), die der Transkription inhärente Selektivität zu motivieren, das ihr zugrunde liegende Modell also explizit zu formulieren, kann nicht durch eine Vorstellung von „halben Modellen", „schwachen Modellen" oder „Modellen auf mittlerem Niveau" umgangen werden. Dies gewinnt durch die Computerunterstützung der Transkription wesentlich an Bedeutung; denn während sich die zitierten Formulierungen wohl auf den Gedanken stützen, dass gewisse Theorien bzw. Modelle gesprochener Sprache – beispielsweise die (partielle) Korrespondenz zwischen geschriebener und gesprochener Sprache – für ihre menschlichen Benutzer so selbstverständlich (und insofern eben nur *zur Hälfte* interpretativ, nicht *stark* theoriegebunden oder von *mittlerem* Niveau) sind, dass sie keiner ausführlichen Explizierung bedürfen, muss eine angemessene Umsetzung dieser Modelle auf dem Computer auch „Alltagskenntnisse" (Ehlich/Rehbein 1976) *explizit* berücksichtigen. Dies ist insbesondere für die Ausführungen von Kapitel 3 eine entscheidende Motivation.

zu II: In Abschnitt 2.1.1. wurde deutlich gemacht, dass der Begriff der *Verschriftlichung* meist als Ausgangspunkt für das Verständnis der Transkription verwendet wird, und dass darauf aufbauend der Theorie- bzw. Modellaspekt der Transkription aus der mangelnden Isomorphie zwischen gesprochener und geschriebener Sprache erklärt wird, sich demnach als eine *Eigenschaft* der Verschriftlichung erweist. Dieses Verständnis der Transkription als Verschriftlichung mit modellhaften Zügen soll für die folgenden Betrachtungen konsequent umgekehrt werden. D.h. wenn hier auch wiederum kein Widerspruch zu etablierten Vorstellungen angestrebt wird, so soll der Aspekt der Verschriftlichung doch zu Gunsten des Aspekts der Modellierung so weit wie möglich in den Hintergrund gerückt werden. Schrift als solche ist demnach für das Wesen der Transkription unbedeutend, ihre Funktion wird auf die eines *Mittels der Modellbildung* reduziert. Dass Schrift eine eigenständige Form der Sprachlichkeit darstellt, sollte für das Verständnis der Transkription eine möglichst geringe Rolle spielen. Sie ist vielmehr – etwa im Sinne des oben angeführten Zitates von Kowal/O'Connell (1995a) – als ein Modell für gesprochene Sprache anzusehen und damit vollständig in das Verständnis der Transkription als Modellierung zu integrieren. Auch dies wird in Kapitel 3 ausgeführt.

zu III: Der für den Ansatz dieser Arbeit vielleicht wichtigste Punkt ergibt sich aus den in Abschnitt 2.2.1. dargestellten Kriterien zur Unterscheidung verschiedener Formen der Modellbildung.

Zunächst lässt sich nicht eindeutig entscheiden, ob Transkriptionen ihr heuristisches Moment eher der methodischen Vereinfachung oder dem Zurückführen von Unbekanntem auf Bekanntes verdanken, ob sie also in diesem Sinne eher paradigmatische oder eher analoge Modelle sind. Nach Ochs (1979) ergibt sich der Nutzen von Transkriptionen aus ihrer Selektivität, insofern wären sie als paradigmatisch zu charakterisieren. Unbestreitbar wohnt ihnen aber auch eine Zurückführung von relativ Unanschaulicherem auf relativ Anschaulicheres inne, denn sie modellieren ja gesprochene Sprache mit Mitteln der geschriebenen Sprache, und letztere kann – wie in der Linguistik of thematisiert[40] – durchaus als prägender für unsere Vorstellung von Sprache angesehen werden.

Viel wichtiger für diese Arbeit sind aber die beiden anderen Unterscheidungen, die einerseits digitale von analogen Modellen trennen und sie andererseits auf einem Spektrum zwischen rein ikonischen und rein symbolischen Modellen einordnen.

Wie in Abschnitt 2.2.4. ausgeführt, sind Modelle auf dem Computer zunächst immer rein symbolischer und selbstverständlich digitaler Natur. Ein klassisches Transkript – d.h. z.B. ein nach den HIAT- oder GAT-Konventionen angefertigtes „Stück Papier“ – ist hingegen bzgl. seines Speichermediums rein analog und trägt auch bzgl. der Modellierungsmethode analoge Züge.

---

[40] Vgl. dazu beispielsweise MacWhinney (2000: 11f), der von „The dominance of the written word“ spricht oder Redder (2002: 123), die die „latente Schriftzentriertheit beim Transkribieren“ thematisiert.

Angesichts der Fülle von Symbolen, die ein solches Transkript enthält, mag diese Feststellung nicht auf Anhieb einsichtig sein; sie sei hier deshalb etwas genauer ausgeführt: In allen Transkripten findet sich ein analoger Bestandteil in der räumlichen Anordnung der transkribierten Elemente. Was im Gespräch zeitlich aufeinanderfolgt, folgt auch im Transkript (basierend auf einer vorgegebenen Leserichtung) räumlich aufeinander, und insbesondere in der Partiturnotation korrespondiert zeitliche Parallelität im modellierten Objekt mit räumlicher Parallelität im analogen Modell. Diese Objekt-Modell-Beziehung ist also nicht rein symbolisch, sondern weist analoge Züge auf. Edwards (1992b: 437) erachtet diese relative Nähe zum ikonischen und relative Entfernung zum reinsymbolischen sogar als ein Gütekriterium, das die Lesbarkeit von Transkripten beeinflusst und benennt sie treffend mit dem Terminus „Time-space *iconicity*". Im gleichen Sinne weisen auch die in mehreren Transkriptionssystemen zu findenden Gütekriterien, die auf eine *Ikonizität* von Transkriptionszeichen abzielen (siehe Abschnitt 2.1.3.), darauf hin, dass Transkripte Eigenschaften analoger Modelle besitzen. Dies lässt sich an konkreten Transkripten auch gut belegen. Beispielsweise zeichnet die von Ehlich/Rehbein (1979b) vorgeschlagene Methode zur Transkription von Tonhöhenbewegungen deren akustisches Auf und Ab durch ein räumliches Auf und Ab von Transkriptionszeichen nach. Während die bisher genannten Beispiele in der Mitte des Spektrums zwischen Ikonen und Symbolen liegen, handelt es sich schließlich bei der Integration von (photographischen) Bildern in das Transkript, wie sie beispielsweise von Rehbein et al. (2001: 173ff) oder Selting et al. (1998: 112ff) demonstriert werden, gar um weitestgehend ikonische Modellbestandteile.

Computergestützte Transkription hat also einerseits mit rein symbolischen (digitalen) Modellen, andererseits mit (in zweierlei Hinsicht) analogen Modellen zu tun. Um den Unterschied zwischen diesen beiden Formen von Modellen zu betonen, sollen in dieser Arbeit nur erstere *Modelle* genannt, letztere hingegen als *Visualisierungen* bezeichnet werden.
Dabei ist gemäß den Beobachtungen aus Abschnitt 2.2.3. zu beachten, dass die (digitalen/symbolischen) Modelle in der Regel präziser sind als ihre (analogen) Visualisierungen, und dass letztere aus ersteren abgeleitet werden können. Insbesondere kann ein einziges Modell Grundlage mehrerer Visualisierungen sein. Auch dieser Gedanke ist für diese Arbeit zentral und wird besonders in den Abschnitten 5.4. und 5.5. ausgeführt.
Weiterhin können – wie ebenfalls in Abschnitt 2.2.3. angedeutet und in den Abschnitten 2.3. und 2.4. weiter ausgeführt – symbolisch/digitale Modelle mehr sein als nur Grundlage für analoge Visualisierungen: sie können Ausgangspunkt für symbolische Manipulationen darstellen, deren

Ergebnisse weitreichende Einblicke in den modellierten Gegenstand ermöglichen. Der Betrachtung der symbolischen Modelle kommt daher eine ganz eigene Bedeutung zu. Um sie trotz ihrer Unterschiedlichkeit angemessen beschreiben zu können, ist es hilfreich, solche Eigenschaften die sie gemein haben, zu identifizieren. Der immer vorhandene Raumbezug semantischer Daten in der Kartographie ist ein Bespiel für eine solche Eigenschaft, ebenso wie die Annahmen des relationalen Modells in der Informatik, dass sich Daten immer in Tabellen organisieren lassen. Die in Kapitel 4 beschriebenen generischen Ansätze wie auch das in Kapitel 5 entwickelte formale Konzept der Transkriptionsgraphen stützen sich wesentlich auf diese Herangehensweise.

zu IV: Die Trennung zwischen Modell und Visualisierung weist offensichtliche Parallelen zum texttechnologischen Prinzip der Trennung von Inhalt und Form auf. Anders als beim Auszeichnen schriftlicher (digitaler) Texte durch Markup werden texttechnologische Mittel beim computergestützten Transkribieren aber nicht auf bereits vorhandenes sprachliches Material angewandt, sondern das sprachliche Material wird durch sie – als ein Modell eines andersgearteten (nicht schriftlichen und nicht digitalen) sprachlichen Materials – erst geschaffen. Eine XML-kodierte Transkription ist demnach kein Dokument, dem Markup *hinzugefügt* wurde, sondern nur in der Gesamtheit von Transkriptionstext und Markup sinnvoll zu interpretieren. Die texttechnologischen Mittel, die bei der computergestützten Transkription zum Einsatz kommen, sind folglich mit einem daten- und nicht einem dokumentzentrischen Verständnis zu betrachten.

Der Ansatz dieser Arbeit besteht also darin, computergestützte Transkription unter den zwei getrennten Aspekten des Modells und der Visualisierung zu betrachten, und sich dabei des Instrumentariums der Texttechnologie zu bedienen. Obwohl dabei das Modell als Grundlage der Visualisierung dient und nicht umgekehrt, sollen Modell und Visualisierung dennoch gleiche Aufmerksamkeit erhalten. Dies ist eine bewusste Entscheidung, die sich nicht zuletzt aus den Beobachtungen in Kapitel 3 und Kapitel 4 ergibt. Dort wird zu zeigen sein, dass bestehende Transkriptionssysteme – auch wenn sie gar nicht von dem Gedanken einer strengen Trennung zwischen Modell und Visualisierung ausgehen – oft dem visuellen Aspekt Vorrang einräumen, während generische Ansätze sich auf Eigenschaften der Modelle konzentrieren und die Visualisierung dabei weitestgehend vernachlässigen. Bis zu einem gewissen Grad lassen sich diese unterschiedlichen Schwerpunktsetzungen damit erklären, dass herkömmliche Transkriptionssysteme eher von Linguisten, die generischen Ansätze hingegen eher von Informatikern entworfen wurden und sich diese beiden Gruppen dem

Gegenstand der Transkription in unterschiedlicher Weise nähern. So bringt z.B. Knowles (1995: 208) einen eher informatischen Standpunkt zum Ausdruck:

> The new opportunities are not yet being fully recognized and exploited by linguists [...] Texts are still seen as objects in book format, with words running in horizontal lines from left to right. Annotations are added to these horizontal lines. But book format is an attribute not of speech, but of Western writing systems. There is no reason beyond established custom and practice to present speech in this way. On the contrary, since there are often several annotations relating to the same piece of data, book format is in many cases inappropriate. The use of book format without consideration of other possibilities is based on a confusion between the organization of the data itself, and the presentation of the data on the printed page.

Die Betrachtung des Modells wäre demnach nicht nur vorrangig, es wird sogar bezweifelt, dass es immer eine für den menschlichen Benutzer geeignete Visualisierung (denn eine solche ist das erwähnte „book-format") gibt, die alle in einer Transkription zu kodierenden Informationen berücksichtigt. Sinclair (1995: 107) hingegen argumentiert aus der Sicht eines Linguisten:

> Tamás Varádi [vom TELRI-Projekt, T.S.] said quite clearly that a code which is convenient for a machine, which may be essential for a machine, may be extremely awkward for humans. For these new conventions [hier: TEI, T.S.] to gain acceptance in the research community, there will have to be software interpreters provided, that will allow us to move between human and machine without any expenditure of effort whatever. I can't see any alternative to this, and I doubt if anyone who is managing a large spoken resource would want to dispute it. Humans who are going to use transcribed text will want human conventions as much as the transcribers. They will want to see in front of them something that is reasonably readable. I think that in the politics of the situation, TEI has done itself and the community a very bad turn by parading in front of us these incomprehensible stretches of mumbo jumbo [sic][41] which we are not supposed to see at all.

Die Notwendigkeit eines digitalen Modells, dessen Informationen in einer für den Computer optimierten Weise kodiert sind, wird hier zwar nicht abgestritten. Es wird jedoch der für den menschlichen Benutzer optimierten Visualisierung insofern Vorrang eingeräumt, als diese für eine Akzeptanz in der Forschergemeinschaft – und damit bei den potentiellen Nutzern eines Systems – von größerer, letztendlich ausschlaggebender, Bedeutung ist.

[41] Gemeint sind nach den TEI-Richtlinien kodierte, also mit SGML ausgezeichnete, Transkriptionen.

Beide Argumente haben zweifelsohne ihre Berechtigung, und es ist ein wichtiges Anliegen dieser Arbeit, keines zu Gunsten des anderen in den Hintergrund zu rücken.

Kapitel 3

Modell und Visualisierung in verschiedenen Transkriptionssystemen

3.1 Allgemeines

Der Untersuchung von Modellen und Visualisierungen einzelner Transkriptionssysteme sollen zunächst zwei allgemeinere Betrachtungen vorangestellt werden. Die erste betrifft eine Gemeinsamkeit aller hier berücksichtigten Systeme – den Einsatz von Orthographie und literarischer Umschrift zum Beschreiben von Phänomenen gesprochener Sprache. Die zweite betrifft den wohl offensichtlichsten und vielleicht meist-thematisierten Unterschied zwischen den Systemen – das Prinzip, nach dem Transkripte auf Papier oder Bildschirm graphisch strukturiert werden.

3.1.1 Standardorthographie und literarische Umschrift

Alle im Folgenden analysierten Transkriptionssysteme bedienen sich in irgendeiner Form der Standardorthographie und der auf ihr basierenden literarischen Umschrift[1] als grundlegender Komponente der Transkription. Im Bezug auf den im vorigen Kapitel entwickelten Ansatz ist diese Tatsache von entscheidender Bedeutung: das System, nach dem als verbal identifizierte Gesprächseinheiten symbolisch beschrieben werden, wird von keinem der Transkriptionssysteme von Grund auf neu entwickelt. Vielmehr wird die Standardorthographie als ein Modell von Sprache übernommen und nur dort modifiziert, wo es für den Zweck der Transkription gesprochener Sprache als notwendig erachtet wird. Da somit ein Verständnis der Modelle, die aus den einzelnen Transkriptionssystemen rekonstruiert werden sollen, nicht ohne ein Verständnis des Modellcharakters der Standardorthographie und der literarischen Umschrift möglich ist, sollen hier einige diesbezügliche Überlegungen vorangestellt werden.

---

[1] Klein/Schütte (2001: 3) stellen zwar (standard)orthographische Umschrift und literarische Umschrift zunächst als Alternativen dar. Aus einer späteren Vorgabe („Man halte sich möglichst nah an die deutsche Standard-Orthographie [...]“, S.4) wird aber deutlich, dass diese Alternativen einander nicht ausschließen, sondern die literarische Umschrift eher als eine Erweiterung der standardorthographischen aufzufassen ist (siehe dazu auch Abschnitt 3.1.1.3.). Dies gilt in ganz ähnlicher Weise auch für die anderen zu betrachtenden Transkriptionssysteme.

3.1.1.1 Orthographie als Modell gesprochener Sprache

Im vorigen Kapitel wurde argumentiert, dass es für ein angemessenes Verständnis computergestützter Transkription notwendig ist, Schrift als Mittel der Modellbildung vollständig in den Gedanken der Transkription als Modellierung zu integrieren. Die zum Zwecke der Transkription eingesetzte Orthographie ist in diesem Sinne nicht als eigenständiges sprachliches System zu betrachten, sondern als ein System, das der symbolischen Beschreibung ausgewählter Phänomene gesprochener Sprache dient.

Zwangsläufig stellt sich demnach die Frage, nach welcher Systematik diese modellhafte Abbildung von Einheiten gesprochener Sprache auf orthographische Symbole zu verstehen ist. Genauer ist einerseits nach dem Charakter des Verkürzungsmerkmals zu fragen, also danach, welche Phänomene der gesprochenen Sprache für eine Repräsentation im orthographischen Modell ausgewählt und welche modellhaft verkürzend ausgeblendet werden. Andererseits ist die Systematizität dieser Abbildung zu betrachten, also die formale Regelmäßigkeit, mittels derer dem Modell nach gleiche Einheiten durch gleiche und dem Modell nach unterschiedliche Einheiten durch unterschiedliche Symbole oder Symbolketten beschrieben werden. Gumperz/Berenz (1992: 99) nennen dies *interne Konsistenz*:

> Internal consistency requires that similar phenomena be represented in similar ways and, conversely, that dissimilar phenomena be represented in dissimilar ways, as far as it is feasible to do so.

Für die hier anzustellenden Untersuchungen muss dieses Prinzip sogar verschärft werden: der Begriff der Ähnlichkeit („similarity“) ist nämlich auf den Bereich der computergestützten Verarbeitung nur schwer anwendbar. Die binäre Logik eines Computers kennt nur die Opposition „gleich – verschieden“. Zum Beispiel ist die Tatsache, dass zwei Zeichenketten zwar nicht gleich, aber auch nicht völlig verschieden (eben ähnlich) sind, für den Computer – anders als für den sprachbefähigten Menschen – nicht ohne eine elaborierte Definition der Ähnlichkeit, die es für alphabetische Zeichenketten nicht wirklich gibt, zu erkennen. Wenn hier von einer Gleichheit von Einheiten und Symbolketten die Rede ist, so ist darunter also tatsächlich zu verstehen, dass diese *identisch* sein müssen.

Die Frage nach der Ausprägung des Verkürzungsmerkmales der Orthographie führt fast unausweichlich zum Begriff der orthographischen Prinzipien.[2] In der

[2] Glück (1987: 98f) erachtet zwar Listen solcher Prinzipien als ungeeignet, um Orthographie theoretisch einheitlich erfassen zu können:

einschlägigen Literatur finden sich verschiedene Aufstellungen, die sowohl bezüglich der Anzahl der Prinzipien als auch bezüglich ihrer Benennung variieren. Hier soll die Darstellung von Eisenberg (1998)[3] zugrunde gelegt werden. Dieser sagt einleitend:

> Hier kommt es darauf an, die Systematik der Orthographie herauszustellen. [...] Eine Darstellung dieser Art, stellt nicht nur fest, wie geschrieben wird, sondern sie beantwortet auch die Frage nach dem Warum. Sie zeigt, welche allgemeinen Prinzipien der Wortschreibung des Deutschen zugrunde liegen. (S. 58)

Er unterscheidet dann die folgenden drei Prinzipien:

(1) Das phonographische Prinzip

Laut Eisenberg (1998: 58) besteht „der direkteste Bezug [der Standardorthographie] zur Explizitlautung", und die phonetisch/phonologische Ebene ist wohl auch die nächstliegende, bezüglich derer man einen Modellcharakter der Orthographie zu erklären geneigt ist. Die Systematik der Orthographie lässt sich demnach in erster Linie als eine Menge von Entsprechungen zwischen Phonemen und Graphemen verstehen. Eisenberg (1998: 61ff) listet diese in Form so genannter Graphem-Phonem-Korrespondenzregeln explizit auf und zeigt so, „welche Phoneme im Geschriebenen direkt abgebildet werden und welche graphematische Einheit einem Phonem im Normalfall entspricht" (ebda.: 63). Zwar lassen sich große Teile der deutschen Standardorthographie alleine nach dieser

---

> Mit solchen Listen von Prinzipien der Orthographie hat man [...] sich [...] das Problem eingehandelt, dass die Analyse methodisch fragmentiert wird und kein einheitlicher theoretischer Bezugspunkt mehr erkennbar ist.

Betrachtet man die Orthographie unter dem Aspekt der Modellierung gesprochener Sprache, sind die Prinzipien aber m.E. sehr wohl geeignet, die Schwierigkeiten aufzuzeigen und zu erklären.

[3] Als eine weitere Darstellung, die in Betracht gezogen wurde, sei Naumann (1989: 50f) genannt. Dieser unterscheidet die folgenden Prinzipien:

(1) phonologisches Prinzip (entspricht dem phonographischen Prinzip bei Eisenberg 1998)
(2) graphemisches Prinzip (bezieht die historische Entwicklung der Orthographie ein)
(3) morphologisches Prinzip (wie bei Eisenberg 1998)
(4) semantisches Prinzip (entspricht einem Teilaspekt des morphologischen Prinzips bei Eisenberg 1998)
(5) syntaktisches Prinzip (nimmt Bezug auf Großschreibung und Interpunktion)
(6) pragmatisches Prinzip (erklärt z.B. die Großschreibung der Anredepronomen *Du* und *Sie*)

Systematik erklären, d.h. „die orthographisch korrekte Schreibung vieler Wortformen lässt sich allein aus den GPK-Regeln herleiten“ (ebda.). Dennoch stellen beispielsweise Klein/Schütte (2001: 3) fest, dass die Standardorthographie bezüglich der phonetisch/phonologischen Ebene auch starke Mängel in der Systematizität aufweist, da sie

> noch nicht einmal regelhaft der standardsprachlichen Hochlautung entspricht; sie ist weder lautgetreu noch konsequent in der Laut-Buchstaben-Beziehung.

Die allermeisten solcher Unregelmäßigkeiten erklären sich laut Eisenberg (1998: 63) daraus, „dass das Schriftsystem des Deutschen ein Mischsystem ist“, dass also die Systematizität orthographischer Schreibungen sich eben gerade nicht alleine aus dem phonographischen Prinzip erklärt, sondern auch einer morphologisch und einer silbisch motivierten Regelmäßigkeit folgt.

(2) Das morphologische Prinzip

So wie das phonographische Prinzip im Kontext des Modellgedankens als die Annahme zu verstehen ist, dass die Orthographie gleiche Phoneme auf gleiche Grapheme abbildet, so entspricht das morphologische Prinzip der Annahme, dass gleiche Morpheme im Modell die gleiche symbolische Repräsentation erhalten und Repräsentationen unterschiedlicher Morpheme sich symbolisch unterscheiden. Eisenberg (1998: 70) weist darauf hin, dass diese beiden Prinzipien einander jedoch zuwiderlaufen können:

> Morpheme erscheinen im Gesprochenen nicht immer in derselben Gestalt, sondern sind gewissen lautlichen Veränderungen unterworfen. [...] In der Schrift gibt es eine allgemeine Tendenz, solche lautlichen Veränderungen nicht mitzumachen. [...] Die orthographische Schreibung weist mehr Ähnlichkeiten zwischen den Varianten auf als die Lautschrift. Die große Ähnlichkeit hilft dabei, das Morphem beim Lesen schnell zu identifizieren.

Beispiele, bei denen die orthographische Form eines Wortes durch das morphologische Prinzip bedingt ist und das phonographische Prinzip dadurch verletzt wird, sind:

<*verrohen*> (nicht <*verohen*> – die Lautverschmelzung an der Morphemgrenze wird nicht abgebildet)
<*Fläche*> (nicht <*Fleche*> – der Bezug zu <*flach*> bleibt erhalten)
<*Irrtum*> (nicht <*Irtum*>, vgl. die Schreibweise von <*Irland*> – die Silbengelenkschreibung (s.u.) von <*irren*> bleibt erhalten)

Bei Wortpaaren wie <*ergibt*> vs. <*ergiebig*> wird dieser Systematik jedoch nicht gefolgt[4], bei <*aufwändig*> vs. <*aufwendig*> oder <*Schenke*> vs. <*Schänke*> erlaubt das orthographische Regelwerk ausdrücklich eine Wahl zwischen phonographisch und morphologisch motivierter Schreibweise (vgl. Eisenberg 1998: 71).

Umgekehrt lässt sich über das morphologische Prinzip auch erklären, dass gleich lautende Wörter mit unterschiedlicher Bedeutung oft unterschiedliche Schreibweisen erhalten, beispielsweise in den Homophonen <*Mohr*> vs. <*Moor*> oder <*lehren*> vs. <*leeren*>. Auch diese Systematik wird jedoch nicht durchgängig eingehalten, was durch Homonyme wie <*Kiefer*> (Baum) vs. <*Kiefer*> (Knochen) oder <*Ton*> (Erde) vs. <*Ton*> (Klang) belegt wird.[5]

(3) das silbische Prinzip

Schließlich ist für eine Betrachtung der orthographischen Systematizität auch die Ebene der Silben heranzuziehen. Eine Schreibung wie die von <*Watte*> erklärt sich laut Eisenberg (1998: 68) beispielsweise aus der Tatsache, dass einerseits phonologisch gesehen das Phonem [t] sowohl zur ersten als auch zur zweiten Silbe des Wortes gehört, andererseits die Orthographie aber keine Segmente zulässt, die zu zwei (Schreib-)silben gleichzeitig gehören.[6] Nach der Annahme, dass die Orthographie als Modell einzelne Phoneme auf Schriftzeichen abbildet, müsste die Schreibweise also <*Wate*> sein, während die Annahme, dass die modellhafte Abbildung auf der Silbenebene erfolgt, die vorgeschriebene Form rechtfertigt. Auch hier laufen somit zwei verschiedene Modellvorstellungen einander zuwider.

Anders verhält es sich in einer Reihe weiterer Fälle, die Eisenberg ebenfalls unter Bezugnahme auf die silbische Ebene erklärt. Die Schreibweise von <*Strick*> (statt <*Schtrick*>) begründet er damit, dass sie eine optisch überlange Silbe im Schriftbild vermeidet, während durch die Schreibweise <*Aal*> (statt <*Al*>, vgl. z.B. <*Gral*>) der gegenteilige Effekt, also eine „Erhöhung des optischen Gewichts der Silbe" (ebda.: 64) erreicht wird. In diesem Sinne ist also die Orthographie unter dem Modellaspekt gar nicht als rein symbolisches Modell anzusehen, sondern trägt auch Züge analoger Modellierung – in den Beispielen stellt das Regelwerk sicher, dass die (zeitliche) Länge gesprochener Silben bes-

---

[4] Teilweise ist für solche Unregelmäßigkeiten auch als Erklärung heranzuziehen, dass der Zusammenhang morphologisch verwandter Wörter dem schriftkundigen Sprecher nicht mehr geläufig ist. Eisenberg (1998: 71) nennt das Wort <*Eltern*> (eigentlich „die Älteren") als Beispiel.

[5] Eisenberg (1998: 74) macht deutlich, dass bei diesen Homonymen eine solche Unterscheidung durchaus im Rahmen zulässiger orthographischer Variationsmöglichkeiten vorgenommen werden könnte, beispielsweise durch die Schreibungen <*Kifer*> und <*Tohn*>.

[6] Der von Eisenberg hierfür gebrauchte Terminus ist *Silbengelenkschreibung*.

ser mit der (räumlichen) Länge geschriebener Silben korrespondiert, als dies bei einer rein symbolisch motivierten Vorgehensweise der Fall wäre. Eisenberg (ebda.) erachtet diesen visuellen Aspekt sogar als ausschlaggebend für die silbische Systematik der Orthographie:

> Man darf annehmen, dass der starke silbische Zug der deutschen Orthographie eher für das Lesen als für das Schreiben funktional ist.

Will man also die Systematizität der Standardorthographie im Kontext des Modellbegriffes beurteilen, so besteht das grundsätzliche Problem darin, dass sie sich einerseits aus der Gesamtheit verschiedener Prinzipien erklärt, ein Mangel an Systematizität mithin der Unvereinbarkeit von linguistischen Modellen auf unterschiedlichen sprachlichen Ebenen geschuldet ist. Andererseits erweist sich auch die Annahme, dass es sich bei der Orthographie um ein rein symbolisches – und insofern für den Computer geeignetes – Modell handele, als nicht gänzlich unproblematisch.

Ein hinsichtlich des Modellgedankens ideales Transkriptionssystem müsste demnach konsequent anerkennen, dass z.B. phonographische, silbische und morphologische Prinzipien Modellen dreier unterschiedlicher Ebenen gesprochener Sprache angehören, und sich folglich entweder auf eine dieser Ebenen beschränken oder für jede Ebene ein eigenes, weitestgehend systematisches Symbolsystem verwenden. Wie aus den Einzelbetrachtungen weiter unten deutlich werden wird, wird eine solche Trennung der Ebenen von mehreren Transkriptionssystemen ansatzweise auch vorgenommen. Ein Beispiel ist die in HIAT vorgesehene Möglichkeit, Aussprache-Idiosynkrasien durch eine zusätzliche IPA-Notation (also ein Symbolsystem, das konsequent dem phonographischen Prinzip folgt) zu beschreiben. Ein weiteres Beispiel findet sich in der Vorgehensweise von Verbmobil, bei abweichenden Lautungen zunächst an der Standardorthographie festzuhalten (um z.B. das morphologische Prinzip weitestgehend zu wahren), dann aber zusätzlich einen Aussprachekommentar (der dem phonographischen Prinzip folgt) vorzunehmen.[7] Es bleibt aber dennoch festzuhalten, dass sich die Standardorthographie bezüglich des hier vertretenen streng formalisierten Modellgedankens als problematisch erweist, weil die Art und Weise, wie sie Einheiten mit Symbolketten beschreibt, weder eindeutig ei-

[7] Auch die in Bodmer et al. (2002: 214) angesprochene Lemmatisierung von DIDA-Transkriptionen ist unter diesem Aspekt zu sehen: sie dient der Rückführung von in literarischer Umschrift transkribierten Aussprachevarianten auf eine standardorthographische Grundform, „korrigiert" also gewissermaßen die von der literarischen Umschrift vorgenommene einseitige Priorisierung des phonographischen Prinzips zu Gunsten des morphologischen Prinzips (s.u.).

ner sprachlichen Ebene zuzuordnen, noch bezüglich irgendeiner Ebene vollständig systematisch ist.[8]

Die Frage nach der Modellhaftigkeit der Standardorthographie erschöpft sich jedoch nicht darin, dass diese ein System zur symbolischen Beschreibung sprachlicher Einheiten zur Verfügung stellt. Sie kann darüber hinaus auch als Ausgangspunkt für die *Definition* solcher Einheiten dienen.[9] Zentral ist dabei sicherlich die Einheit des Wortes[10]. Darüber, ob sich diese in der Standardorthographie für die schriftliche Sprache festgelegte Einheit ohne weiteres sinnvoll für die gesprochene Sprache übernehmen lässt, herrschen scheinbar geteilte Meinungen.

Cook (1995: 38ff) argumentiert, dass die Einheit des Wortes eine von schriftlicher und mündlicher Sprachlichkeit unabhängige Existenz besitze. Sie sei gleichsam konstituierend für den Begriff der Sprache, weil das Zuordnen unterschiedlicher graphischer oder phonetischer Formen zu den selben Einheiten gerade das ist, was Kommunikation ermöglicht, also einen essentiellen Bestandteil sowohl mündlicher als auch schriftlicher Sprachkompetenz bildet:

> The phonetic sound of the speech and the graphetic form of a transcription may be unique and individual, but all participants who know the language will perceive an element of sameness in what is said or what is written, identifying in the physical substance the same *emic* units as other users [...] This is what 'knowing a language' [...] means. (Cook 1995: 39)

Der Wortbegriff wäre demnach unstrittig, was seine fehlende Explikation in fast allen Transkriptionssystemen erklären würde. Cook geht sogar so weit zu sagen,

---

[8] Der Deutlichkeit halber sei angemerkt, dass es mit dem IPA mindestens ein Symbolsystem gibt, das in dieser Hinsicht unproblematisch ist, weil es auf genau einer linguistischen Ebene – der phonologischen – vollständig systematisch ist und andere Ebenen vollständig ausblendet. Vergleichbare Systeme für die morphologische und semantische Ebene sind nicht nur denkbar, sondern existieren auch ansatzweise – man denke an morphologische Glossen (siehe dazu auch den Abschnitt über HIAT) oder Wörterbücher, die Homonyme unterscheiden.

[9] Rehbein (1995: 3) sagt dazu:

> Eines der linguistischen Grundprobleme ist nun, inwieweit sich Gliederungen der gesprochenen Sprache mit denen der geschriebenen Sprache in linguistischer Hinsicht decken.

[10] Denn orthographische Regelwerke sind immer in erster Linie *Wörterbücher*, d.h. auch wenn sie sich mit darüber hinaus gehenden Vorschriften befassen, legen sie vor allem die Schreibweise von *Wörtern* (und nicht etwa von Sätzen, Silben, Morphemen oder Phonemen) fest.

dass das Transkribieren von Wörtern lediglich Wiederholung sei und die interpretatorische Leistung des Transkribenten beim Transkribieren von Wörtern somit minimal:

> When a group of literate native (or similarly expert) users of a language write down the utterance of another expert user, the words on their separate pages are in most circumstances exactly the same. […] the degree of difference between transcriptions of the words is generally exaggerated.
> [...] on one level the transcription of the words in a speech event is not an interpretation or systematic translation from one mode to another, but a repetition. (Cook 1995: 38f)

Dem steht die in folgendem Zitat von Deppermann (1999: 42) ausgedrückte Auffassung zunächst entgegen:

> An der Frage der Wiedergabe von Lautungen lässt sich sehr gut erkennen, dass Transkripte theoriehaltige und konstruktive Repräsentationen sind [...]: Das Transkript beruht auf der schriftsprachlichen Prämisse, dass Menschen in einzelnen Wörtern sprechen, während in der gesprochenen Sprache die Lautproduktion nur selten zwischen Wörtern unterbrochen wird; [...][11]

Dieser scheinbare Widerspruch lässt sich aber mit Hilfe der obigen Betrachtungen auflösen: Die Einheit des Wortes motiviert sich in der Orthographie in erster Linie aus morphologischen Prinzipien. Die Tatsache, dass alle hier behandelten Transkriptionssysteme Wortgrenzen berücksichtigen, verdeutlicht also, dass sie diese sprachliche Ebene in ihr Modell gesprochener Sprache einbeziehen. Da auf dieser Ebene kein prinzipieller Unterschied zwischen geschriebener und gesprochener Sprache besteht, kann Cook konstatieren, dass die Verwendung der orthographisch motivierten Einheit *Wort* bei der Transkription gesprochener Sprache unproblematisch sei.[12] Depperman hingegen nimmt auf ein phonologi-

---

[11] Desgleichen sagen Rehbein et al. (1993: 3):

> Selbstverständlich ist zu fragen, ob die Zwänge zur expliziten Kennzeichnung der Gliederung bei der (schriftlichen) Wiedergabe der mündlichen Kommunikation nicht Normen oktroyieren, die deren Datenstruktur zerstören oder doch zumindest zu wenig Charakteristika der Sprache als gesprochener erfassen. So werden beim Schreiben zwischen die Wörter leere Zwischenräume gesetzt, die im gesprochenen Lautstrom fehlen.

[12] Entsprechend kann Ochs (1979) sagen, dass die Orthographie auf der Annahme basiere, dass Sprache in erster Linie zum Ausdrücken von *Ideen* verwendet werde. Vgl. Abschnitt 2.1.2.

sches Modell Bezug, das die in gesprochener Sprache auftretenden Phänomene auf Phonemketten verkürzt. Die Standardorthographie ist zwar bedingt geeignet, diese Phonemketten zu beschreiben, die Verwendung der Einheit *Wort* ist dabei aber mit den von Deppermann erwähnten Schwierigkeiten behaftet.

Als weitere Einheiten, die für eine Übernahme in ein Modell gesprochener Sprache in Frage kommen, definiert die Orthographie einerseits die dem Wort untergeordnete Silbe (Stichwort: Silbentrennung), andererseits dem Wort übergeordnete Einheiten wie Sätze und Nebensätze (Stichwort: Interpunktion). Die Einheit der Silbe spielt in den zu betrachtenden Transkriptionssystemen an mehreren Stellen eine wichtige Rolle, z.B. als Bezugseinheit für die Transkription von Akzenten oder Intonation. Da die an der Silbe zu markierenden Phänomene auf einer phonologischen Ebene anzusiedeln sind und sich die orthographische Einheit der Silbe vornehmlich nach ebenfalls phonologischen Prinzipien motiviert[13], ist ihre Übernahme in ein Modell gesprochener Sprache weitestgehend unproblematisch.[14] Anders stellt sich dies bei dem Wort übergeordneten Einheiten dar: die verschiedenen Systeme sind sich weitestgehend einig, dass die Einheit des Satzes für die Beschreibung gesprochener Sprache zu verwerfen ist, oder zumindest nicht unreflektiert übernommen werden kann. An ihre Stelle treten andere Einheiten (Turn, Äußerung, Phrasierungseinheit), die in Abschnitt 3.3. genauer charakterisiert werden.

3.1.1.2 Orthographie als sprachliches *Zeichensystem*

Auch wenn Schrift im hier vertretenen Ansatz auf ein Mittel der symbolischen Modellbildung reduziert wird, so soll dabei nicht vergessen werden, dass sie als ein *sprachliches* Zeichensystem natürlich wesentlich besser geeignet ist, Phänomene gesprochener Sprache zu beschreiben als jedes nicht-sprachliche Zeichensystem.

Nach Martinet (1960) unterscheidet sich Sprache von allen anderen Zeichensystemen dadurch, dass sie eine doppelte Gliederung (*double articulation*) besitzt: in der gesprochenen Sprache werden auf einer ersten Gliederungsebene Zeichenketten in minimale bedeutungstragende Einheiten (Morpheme) zerlegt, auf einer zweiten Gliederungsebene gliedern diese sich weiter in bedeutungslose, aber distinktive (also bedeutungs*unterscheidende*) Einheiten (Phoneme). Die geschriebene Sprache verfährt dazu analog, indem sie ebenfalls die Bildung un-

---

[13] Die entsprechende DUDEN-Regel besagt: „Mehrsilbige einfache Wörter trennt man so, wie sie sich beim langsamen Vorlesen in Silben zerlegen lassen.“ (Regel K164)

[14] Probleme ergeben sich höchstens hinsichtlich der Silbenstruktur von Fremdwörtern. Hier folgen die orthographischen Vorgaben nicht immer rein phonologischen Kriterien (Beispiel: *Ma-gnet*). Die einzelnen Transkriptionssysteme gehen auf dieses Problem aber nicht ein.

begrenzter Kombinationen aus einem begrenzten Zeicheninventar (einem Alphabet oder Grapheminventar) erlaubt.

Für die Transkription als Modellierung gesprochener Sprache zieht dies eine Beobachtung nach sich, die ebenso grundlegend ist, wie sie auf den ersten Blick selbstverständlich erscheinen mag: Auch wenn verschiedene Einheiten gesprochener Sprache wie Äußerungen, Silben etc. fraglos disparate Modellbestandteile darstellen, so erfolgen ihre symbolischen Beschreibungen dennoch alles andere als unabhängig voneinander – die Beschreibung einer Äußerung enthält die Beschreibungen der in ihr enthaltenen Wörter, die Beschreibung eines Wortes die Beschreibungen der in ihm enthaltenen Silben usw. Die symbolische Beschreibung reflektiert auf diese Weise die weiter unten diskutierte hierarchisch-sequentielle Struktur der beschriebenen Einheiten.[15] Sowohl auf der Ebene der Modellierung als auch bei der Visualisierung der Modelle bedeutet dies einen Gewinn an Ökonomie, ohne den das gesprächsanalytische Transkribieren bzw. das Lesen von Transkripten kaum in einer praktikablen Weise vorstellbar wären.[16]

Schrift als sprachliches Zeichensystem und Schrift als Mittel der Modellierung teilen also die Eigenschaft der doppelten Gliederung. Allerdings muss die zweite

---

[15] Um zu veranschaulichen, wie wenig selbstverständlich dies eigentlich ist, sei hier ein Beispiel für ein hierarchisch-sequentielles System von (nicht sprachlichen) Einheiten gegeben, bei dem dieses Prinzip nicht angewendet werden kann: Die deutsche Biathlonstaffel bei der WM 2003 setzte sich (in dieser Reihenfolge) aus Ricco Groß, Peter Sendel, Sven Fischer und Frank Luck zusammen. Wollte man diesen Sachverhalt symbolisch modellieren, so könnte man beispielsweise für die vier Einheiten des Typs *Biathlet* die genannten Nachnamen als eine angemessene symbolische Beschreibung auswählen. Die (geordnete) Kombination dieser Beschreibungen würde jedoch kaum als eine angemessene Beschreibung der übergeordneten Einheit vom Typ *Staffel* empfunden werden; diese müsste vielmehr eine völlig eigenständige symbolische Beschreibung (etwa „Deutschland/Männer") erhalten. Simons (1998: 15) merkt an, dass verschiedene Datenmodelle auf dem Computer den Aspekt der linearen Kombination von Symbolen („the sequential nature of text"), auf dem die doppelte Gliederung beruht, in höchst unterschiedlicher Weise berücksichtigen:

> We almost take this aspect of text for granted since our text editors and word processors support it so transparently. They excel at modelling the sequential nature of text. [...] Ironically, when it comes to the sequential nature of text, database management systems are as weak as word processors are strong. The relational database model [...] does not inherently support the notion of sequence at all.

[16] In nicht-gesprächsanalytischen Transkriptionssystemen, insbesondere wenn es vornehmlich um phonetisch/phonologische Fragestellungen geht, kommt es hingegen durchaus vor, dass einzelne Ebenen dieser Hierarchie unabhängig voneinander beschrieben werden. Vgl. dazu das Beispiel aus dem TIMIT-Korpus in Abschnitt 4.3.4.1., in dem die Beschreibung von Wörtern und Phonemen unabhängig voneinander erfolgt.

dieser beiden Ebenen im Kontext der Modellbildung anders charakterisiert werden als im sprachlichen Kontext: während ein einzelnes Graphem im Rahmen der Schriftsprache tatsächlich keine eigene Bedeutung trägt, insofern also analog zum Phonem der gesprochenen Sprache nur eine bedeutungs*unterscheidende* Funktion ausübt, kommt ihm innerhalb der modellhaften Beziehung zur gesprochenen Sprache durchaus eine eigenständige Bedeutung zu – das Graphem repräsentiert dann ein im Gespräch auftretendes Phonem, und in eben dieser Stellvertreterfunktion liegt sein selbstständiger semantischer Inhalt.

Weiterhin stellt sich bei genauerem Hinsehen heraus, dass an einer Stelle in der Standardorthographie die Beschreibungen größerer Einheiten mehr sind als nur die Kombination von Beschreibungen der in ihnen enthaltenen Einheiten: Sätze enthalten neben den sie konstituierenden Wörtern auch Leerzeichen und andere Interpunktion. Diese Elemente tauchen auch auf, wenn Orthographie zum Transkribieren gesprochener Sprache benutzt wird. Wie weiter unten im Detail ausgeführt werden wird, sind sie nach dem hier gewählten Ansatz dann allerdings nicht als Teil des Modells zu erklären, d.h. sie stellen keine symbolischen Beschreibungen eigenständiger Modellbestandteile dar. Vielmehr dienen sie auf der Ebene der Visualisierung dazu, annotierende Modellbestandteile sichtbar zu machen: das Leerzeichen visualisiert in allen Transkriptionssystemen Wortgrenzen[17], andere Interpunktionszeichen beschreiben z.B. Eigenschaften von Äußerungen, Wörtern oder Silben oder grenzen spezifische Äußerungsteile (z.B. Redewiedergabe) ab.

3.1.1.3 Orthographie und literarische Umschrift

Transkriptionen nach den Vorgaben von HIAT, GAT oder DIDA werden nicht durchgängig in Standardorthographie vorgenommen, sondern machen Gebrauch von der sogenannten literarischen Umschrift.[18] Beispielsweise sagen Ehlich/Rehbein (1979b: 54):

[17] Im Gegensatz zu Wortgrenzen werden Silben- oder Phonemgrenzen im Transkript nicht kenntlich gemacht. Es aber durchaus Fälle der Darstellung von Sprache, in denen das Ende von Silben durch ein Zeichen – den Bindestrich – markiert wird:

Vgl. dazu auch ein in Ehlich/Rehbein (1979b: 61) diskutiertes Verfahren zur Darstellung von Intonation, das ebenfalls von musikalischen Notationsformen Gebrauch macht und den Bindestrich als Silbentrenner benutzt.

[18] In Verbmobil hingegen wird durchgehend standardorthographisch transkribiert, allerdings mit der Möglichkeit, sogenannte Aussprachekommentare hinzuzufügen. Diese werden dann ihrerseits nach dem Prinzip der literarischen Umschrift vorgenommen.

> Die üblicherweise in HIAT verwendeten Zeichen zur Wiedergabe segmentaler phonologischer Phänomene sind die des deutschen Alphabets. Sie werden jedoch nicht standardorthographisch, sondern nach dem Verfahren der literarischen Umschrift eingesetzt.

Ehlich/Switalla (1976: 81) und Rehbein et al. (1993: 99) charakterisieren die grundsätzliche Funktionsweise der literarischen Umschrift über einen Verweis auf Zwirner/Bethge (1958: 34f), die sagen:

> Von der Orthographie soll in den Fällen abgewichen werden, wo der gesprochene Laut durch einen anderen Buchstaben oder eine Buchstabenverbindung besser wiedergegeben wird.

Wie oben bereits angedeutet, sind Standardorthographie und literarische Umschrift damit nicht wirklich zwei voneinander unabhängige Systeme zum Einsatz alphabetischer Beschreibungen. Die literarische Umschrift basiert auf der Standardorthographie, rückt jedoch deren phonographisches Prinzip in den Vordergrund, d.h. sie verwendet die standardorthographisch festgelegte Abbildung von Phonemen auf Grapheme, um phonologische Phänomene gesprochener Sprache „besser" beschreiben zu können. So kommt sie zum einen dort zum Einsatz, wo lautliche Realisierungen von der Standardlautung oder einer anderen zugrunde gelegten Aussprachenorm abweichen. Zum anderen stellt sie eine Möglichkeit zur Verfügung, phonologisch erfassbare Einheiten gesprochener Sprache, die in der schriftsprachlichen Norm gar nicht berücksichtigt sind (z.B. Hesitationssignale wie *ähm* oder *öhm*), dennoch in mehr oder weniger vorhersagbarer Weise mit alphabetischen Mitteln beschreiben zu können. Zu beiden Aspekten machen die hier untersuchten Transkriptionssysteme zwar noch einmal genauere Vorgaben, die weiter unten in den betreffenden Abschnitten diskutiert werden. Diese können aber nicht vollständig zwei grundlegende Probleme lösen, die sich hinsichtlich der Modellhaftigkeit der literarischen Umschrift stellen:

Zum einen betont die literarische Umschrift nicht nur das phonographische Prinzip der Standardorthographie, sondern rückt es auf Kosten der verbleibenden Prinzipien, insbesondere des morphologischen Prinzips, in den Vordergrund. Beispielsweise stellt die Schreibweise <*sacht [doch ruhich]*> (aus Ehlich/Rehbein 1976: 34) zwar sicher, dass die nicht-hochsprachliche Lautung des Wortes *sagt* symbolisch repräsentiert ist. Dadurch geht jedoch die Information verloren, dass es sich bei nicht-hochsprachlich realisiertem <*sacht*> und hochsprachlich realisiertem <*sagt*> um morphologisch gleiche Einheiten handelt.[19]

[19] Natürlich nur in dem oben definierten strengen Sinne von Gleichheit. Die Ähnlichkeit der beiden Symbolketten <*sagt*> und <*sacht*> ist für einen Computer kaum zu erkennen, während ein menschlicher Betrachter mit der entsprechenden Lesekompetenz im Deutschen na-

Die Kombination von Standardorthographie und literarischer Umschrift ist also nicht – wie oft dargestellt – nur ein Kompromiss zwischen Genauigkeit und Lesbarkeit[20], sondern auch eine Bevorzugung von Genauigkeit auf einer phonologischen zu Ungunsten einer Genauigkeit auf anderen sprachlichen Ebenen.

Da es für die literarische Umschrift, d.h. für die Zuordnung nicht normgerechter Realisierungen zu alphabetischen Symbolketten, kein verbindliches Regelwerk gibt, bleiben zum anderen dennoch Ungenauigkeiten hinsichtlich phonographischer Prinzipien bestehen. Beispielweise stellt die in Selting et al. (1998: 96f) vorgeschlagene Vorgehensweise zwar sicher, dass die nicht der hochdeutschen Norm entsprechende Realisierung [lustik] des Wortes *lustig* anders als seine normgerechte Realisierung [lustiç] beschrieben wird. Umgekehrt kann aber nicht davon ausgegangen werden, dass gleiche, nicht-normgerechte Realisierungen auch in gleicher Art und Weise beschrieben werden. Für die Realisierung [lustik] ist neben der vorgeschlagenen Schreibweise <*lustik*> z.B. auch die Schreibweise <*lustick*> denkbar.[21] Burger/Kachelrieß (1996: 7f) weisen auf dieses Problem hin – „Ohne Regeln werden ähnliche Phänomene auf verschiedene Weise beschrieben." – und nennen als Beispiel fünf verschiedene Beschreibungen, die von Verbmobil-Transkribenten für ein und dieselbe Aussprachevariante von *jetzt* gewählt wurden.

3.1.1.4 Groß- und Kleinschreibung

Ob die Vorgaben der Standardorthographie zur Groß- und Kleinschreibung von Wörtern für den Zweck der Transkription zu übernehmen sind, ist eine viel diskutierte Frage, auf die unterschiedliche Transkriptionssysteme unterschiedliche Antworten geben. Dabei geht es einerseits um die grundsätzliche Großschreibung bestimmter Wortarten (Substantive und Eigennamen im Deutschen), andererseits um die Großschreibung am Beginn einer dem Wort übergeordneten Einheit (d.h. am Satzbeginn in der Schriftsprache und entsprechend am Beginn einer Äußerung, einer Phrasierungseinheit etc. in der Transkription). Um die von

türlich ohne weiteres ersehen kann, dass den beiden Formen das selbe (semantische) Wort zugrunde liegt.

[20] So etwa bei Klein/Schütte (2001: 2f), die das IPA als Idealtypus eines „präzisen Transliterationssystems" der standardorthographischen Schreibweise als Idealtypus eines „allgemein lesbaren Transliterationssystems" gegenüberstellen und die literarische Umschrift als Kompromiss zwischen diesen beiden charakterisieren. Dass bei einer Transkription mittels IPA z.B. morphologische Prinzipien vollständig ausgeblendet werden, dieses „Transliterationssystem" auf der morphologischen Ebene also denkbar unpräzise ist, erwähnen sie dabei jedoch nicht.

[21] Burger/Kachelrieß (1996: 8) führen weiterhin das Beispiel des Wortes *Stein* an, bei der die literarische Umschrift überhaupt keine offensichtliche Methode liefert, um zwischen normgerechter (hochdeutscher) Realisierung [ʃtain] und abweichender (z.B. typisch norddeutscher) Realisierung [stain] zu unterscheiden.

den einzelnen Systemen gewählten Alternativen zu ordnen, erweist sich die Unterscheidung zwischen Modell und Visualisierung einmal mehr als hilfreich.

So kann die Großschreibung bestimmter Wortklassen einer erhöhten Systematizität des Modells dienen. Semantisch verschiedene Wörter wie *Siegen* und *siegen* oder *Bar* und *bar* erhalten durch die Übernahme der Groß- und Kleinschreibungsregeln verschiedene symbolische Repräsentationen. Gleichzeitig sind damit in einer auch für den Computer interpretierbaren Weise die entsprechenden Wortklassen im symbolischen Modell von anderen abgegrenzt. Gumperz/Berenz (1992: 99) empfehlen aus diesem Grund die Großschreibung von Eigennamen (und nur von diesen) im Englischen:

> For purposes of computer-assisted analysis, it may be desirable to be able to isolate and collect or count instances of direct address and references by proper name [...]. Reserving capitals for use as pseudonyms facilitates that task.

Auf den ersten Blick geht diese Erhöhung des Systematizität auf der semantischen Ebene auf Kosten der Systematizität auf der phonologischen Ebene – die Wörter *Bar* und *bar* haben die gleiche phonologische Gestalt, und dieser Umstand wird durch die unterschiedliche Schreibweise scheinbar nicht wiedergegeben. Tatsächlich ist dies aber nicht der Fall, denn die Zuordnung von Graphemen zu Phonemen ist bei aller Inkonsequenz bezüglich Groß- und Kleinschreibung neutral, d.h. es gibt keinen Fall, indem ein Großbuchstabe systematisch einem anderen Phonem entspricht als der zugehörige Kleinbuchstabe. Da gleichzeitig Groß- und Kleinschreibung von Buchstaben zu den wenigen Fällen der Ähnlichkeit von Symbolen gehören, die ein Computer standardmäßig „erkennt“[22], kann verallgemeinernd gesagt werden, dass die Großschreibung bestimmter Wortklassen die Systematizität des Modells erhöhen kann.

Alle anderen Entscheidungen in den einzelnen Transkriptionssystemen für oder gegen eine Großschreibung bestimmter Wörter sind weniger der Systematizität des Modells, sondern eher Aspekten der Visualisierung geschuldet.

So ist die Großschreibung am Einheitenanfang vom Modell her betrachtet nicht nur redundant (denn der Beginn einer Einheit ist i.d.R. bereits durch das Ende oder die Abwesenheit einer vorhergehenden Einheit bestimmt), sondern verringert auch die gerade angesprochene Systematizität bezüglich morphologi-

[22] Die Beziehung zwischen einem Groß- und dem ihm entsprechenden Kleinbuchstaben ist z.B. in UNICODE durch einen konstanten Abstand der zugehörigen Positionen in der Zeichentabelle berücksichtigt. Fast jede Anwendung kann daher sowohl mit *case-sensitiven* (d.h. Groß-/Kleinschreibung beachtenden) als auch mit *case-insensitiven* (d.h. Groß-/Kleinschreibung nicht beachtenden) Definitionen der Gleichheit von Symbolketten arbeiten.

scher Prinzipien (denn Wörter wie *Bar* und *bar* erhalten durch Großschreibung am Einheitenanfang wieder identische Repräsentationen im Modell, obwohl sie semantisch verschieden sind). Sie ist daher am ehesten als ein Zugeständnis an die Lesbarkeit der Visualisierung zu rechtfertigen, denn die Großschreibung am Beginn solcher Einheiten korrespondiert mit Lesegewohnheiten für schriftsprachliche Texte.

Desgleichen ist auch die von manchen Systemen gewählte generelle Kleinschreibung von Wörtern nicht im Bezug auf das Modell, sondern auf seine Visualisierung zu erklären. Dabei sind zwei Fälle zu unterscheiden:

Schlobinski (1996: 61) argumentiert für eine generelle Kleinschreibung, um in der Visualisierung von Transkriptionen den Unterschied zu schriftsprachlichen Texten möglichst deutlich zu machen:

> Wenn es sich um gesprochene Sprache handelt, sollte man im Deutschen konsequent die Kleinschreibung wählen, um dies auch optisch deutlich zu machen.

Selting et al. (1998: 95)[23] hingegen begründen ihre Entscheidung für eine generelle Kleinschreibung damit, dass die Opposition zwischen Groß- und Kleinbuchstaben dadurch für die Visualisierung bestimmter Modellbestandteile frei wird:

> Das Gesprächstranskript wird in genereller Kleinschreibung erstellt. (Großbuchstaben werden zur Notation von Akzenten benötigt).

Da herkömmliche Transkriptionssysteme aber nicht nach dem Prinzip einer Trennung zwischen Modell und Visualisierung verfahren, wird dabei in beiden Fällen in Kauf genommen, dass sich durch eine generelle Kleinschreibung die Systematizität bezüglich morphologischer Prinzipien verringert.

3.1.1.5 Einzelsprachabhängigkeit

Die obigen Ausführungen zur Systematizität der Standardorthographie und der literarischen Umschrift gingen prinzipiell vom Deutschen aus, nicht zuletzt, weil die im Folgenden eingehender zu betrachtenden Systeme ihre Transkriptionskonventionen überwiegend für das Transkribieren deutscher Sprache formulieren. Wie aber beispielsweise Ehlich (1992a) an mehreren Transkriptausschnitten und Rehbein et al. (1993: 104ff) mit einem eigens dem „Transkribieren fremdsprachlichen Handelns" gewidmeten Kapitel deutlich machen, wird zu-

---

[23] Deppermann (1999: 42) sagt hingegen auch für GAT:

> [Die literarische Umschrift] benutzt [...] durchgehend Kleinschreibung, um den mündlichen Charakter der Daten zu betonen.

mindest HIAT auch für das Transkribieren von nicht in deutscher Sprache geführten Gesprächen verwendet.

Im Prinzip lassen sich die obigen Ausführungen zunächst auf all diejenigen Sprachen, deren Standardorthographie auf dem lateinischen Alphabet (oder allgemeiner: auf alphabetischen Schriftsystemen, was z.B. auch das griechische und kyrillische Schriftsystem einschließt) basiert, übertragen. Beispielsweise existieren selbstverständlich auch für das Englische, das Französische oder das Russische Regelwerke, die die Schreibweise einzelner Wörter und die Verwendung von Interpunktionszeichen verbindlich festlegen, und diese können analog zum Deutschen als Referenz für die Transkription der Standardlautung verwendet werden und gleichzeitig die Basis für eine literarische Umschrift dieser Sprachen darstellen.

Dabei finden sich aber große graduelle Unterschiede im Hinblick auf die Systematizität vor allem der Phonem-Graphem-Korrespondenz. Zur Lauttreue („faithfulness") der Orthographien verschiedener Sprachen sagt Sproat (2002: 35):

> An obvious example of a fairly faithful orthographic system is Finnish; other systems that are typically claimed to be faithful are Spanish and Serbo-Croatian. At the other extreme are orthographies that are relatively poor indicators of surface pronunciation. The archetypical instance of such an orthography is English, but other examples abound, including French, Danish, Hebrew and Russian.

Er unterscheidet bei den hinsichtlich des phonologischen Prinzips problematischen Orthographien weiter drei Typen. Englisch ist demnach ein Beispiel für eine Sprache, deren Orthographie schlicht *idiosynkratisch* ist, d.h. Unregelmäßigkeiten in der englischen Orthographie sind weder einheitlich, noch lassen sie sich ausreichend durch andere Prinzipien als das phonographische rechtfertigen, z.B.:

tough, though, through	(Graphemkette <*ough*> entspricht drei verschiedenen Lautungen)
Worcester, Gloucester, Leicester	(Graphemkette <*ce*> hat keine eindeutige lautliche Entsprechung)

Semitische Schriftsysteme wie das hebräische oder das arabische hingegen weisen eine *unvollständige Abdeckung* auf der phonologischen Ebene auf – sie bilden lediglich die Konsonanten und nicht die Vokale auf Grapheme ab.

Die französische Orthographie schließlich ist ein Beispiel für ein System, dessen Inkonsistenz auf der phonologischen Ebene teilweise *durch andere Prinzi-*

pien erklärbar ist. Unterschiedliche Schreibweisen identisch lautender Wörter motivieren sich dort z.B. aus grammatischen Differenzierungen:

mange, manges, mangent	[mãʒ]
mangeait, mangeais, mangeaient	[mãʒɛ]
manger, mangé, mangée, mangés, mangées	[mãʒe][24]

Es ist im Rahmen dieser Arbeit nicht möglich, diese einzelsprachabhängigen Unterschiede in der Modellhaftigkeit der jeweiligen Orthographien detailliert zu untersuchen. Statt dessen seien hier exemplarisch einige Fälle angeführt, bei denen sich solche Differenzen als unmittelbar relevant für den Aspekt der Computerunterstützung beim Transkribieren erweisen:

- Die unterschiedlichen Groß- und Kleinschreibungsregeln verschiedener Orthographien können sich unmittelbar auf gewisse Schritte einer automatischen Verarbeitung von Transkriptionen auswirken. So können im Deutschen mit Hilfe der Großschreibung Substantive automatisch identifiziert werden, während der gleiche Verarbeitungsmechanismus im Englischen oder Französischen nur für die Identifikation von Eigennamen genutzt werden kann.
- Bei einer Transkription französischer Sprache, die in der oben angeführten Weise gleichlautende Verbformen über die orthographischen Vorgaben in ein Konjugationsparadigma einordnet[25], kann auch diese symbolisch repräsentierte Regelmäßigkeit für automatische Verarbeitungsschritte genutzt werden. Beispielsweise wird eine Suche nach der Symbolkette „mangent“ nur solche Vorkommen ergeben, die in einem Syntagma der dritten Person Plural stehen, während bei einer vergleichbaren Suche in einer Transkription englischer Sprache keine solche Einschränkungsmöglichkeit gegeben ist.
- Desgleichen sind „lauttreue“ Sprachen wie das Finnische wesentlich besser geeignet, um bestimmte Phoneme zuverlässig in der Transkription auffinden zu können, während die zahlreichen diesbezüglichen Idiosynkrasien des Englischen eine solche Suche wesentlich erschweren. Auch Schriftsysteme mit unvollständiger Abdeckung sind in dieser Hinsicht in offensichtlicher Weise problematisch.

[24] Den unterschiedlichen Schreibweisen des Verbs *manger* entsprechen jeweils identische Lautungen. Die Unterschiede erklären sich aus der Systematik des Konjugations-Paradigmas.

[25] Ob mit der Berücksichtigung dieser Regelmäßigkeiten dann tatsächlich noch Eigenschaften *gesprochener* Sprache repräsentiert sind, ist sicherlich eine interessante Frage, denn die auf der Schriftebene ausgedrückte Differenzierung ist im akustischen Medium ja meist (d.h. außer bei gewissen „Liaison-Phänomenen“) nicht wahrnehmbar. Für das Transkribieren des Französischen wäre also auch diese Entscheidung über eine Berücksichtigung solcher Suffixe in jedem Falle eine theoretisch zu motivierende.

- Weiterhin können Unterschiede in den Orthographien auch auf der Visualisierungsebene relevant sein. Der Einsatz von Diakritika zur graphischen Darstellung von Tonalität, wie ihn HIAT vorsieht, wird z.B. bei solchen Sprachen erschwert, deren Orthographie Diakritika bereits zu anderen Zwecken einsetzt (z.B. das Portugiesische oder das Französische). Auch die weiter unten (Abschnitt 3.1.2.1) diskutierte Proportionalität zwischen zeitlicher Ausdehnung einer Modelleinheit und typographischer Ausdehnung ihrer Beschreibung kann abhängig von der Orthographie variieren und sich in dieser Weise auf die Visualisierung auswirken.
- Bei Sprachen, die nicht mittels Alphabetzeichen, sondern mittels Silbenzeichen oder Ideogrammen verschriftet werden, bricht die Analogie zu den Betrachtungen am Deutschen weitestgehend zusammen. Beispielsweise finden in einer Transkription nach japanischen Orthographieregeln einzelne Phoneme keine symbolische Entsprechung im Modell, denn die Schriftzeichen repräsentieren eben nur (die eine Hierarchiestufe höher stehenden) Silben.[26] Demnach kann z.B. ein „ins-Wort-Fallen“ bei der Transkription mit japanischen Schriftzeichen auch nur silbengenau, und nicht wie im Deutschen phonemgenau, wiedergegeben werden. Weiterhin werden dadurch auch gewisse Visualisierungstechniken – wie die Kennzeichnung eines Sekundärakzentes durch entsprechende Auszeichnung nicht der ganzen Silbe, sondern nur des akzenttragenden Vokals (wie in GAT, s.u.) – unmöglich.

Die Liste ließe sich sicherlich beliebig erweitern. Die angeführten Beispiele sollten jedoch bereits deutlich machen, dass Standardorthographie und literarische Umschrift auch im Kontext des Gedankens der computergestützten Modellierung alles andere als sprachunabhängig sind. Um die Standardorthographie und die literarische Umschrift im beschriebenen Sinne vollständig in den Modellgedanken zu integrieren, wären demnach für andere Alphabetsprachen als das Deutsche jeweils entsprechende einzelsprachabhängige Betrachtungen vorzunehmen, für Nicht-Alphabetsprachen wäre wahrscheinlich gar ein modifizierter Modellbegriff nötig.

3.1.2 Layoutprinzipien

Der vielleicht offensichtlichste und daher meistdiskutierte Unterschied zwischen verschiedenen Transkriptionssystemen betrifft gar nicht die von den Systemen verwendeten Kategorien und Symbole, sondern die Art und Weise, wie letztere für die Darstellung auf Papier oder Bildschirm zueinander angeordnet werden. Wie z.B. auch Edwards (1992a) und Sager (2001b) ausführen, lassen sich die Verfahren der verschiedenen Systeme jeweils einem von drei Prinzipien zuordnen – der Partitur-, der Zeilen- oder der Spaltennotation. Hier sollen diese Nota-

---

[26] Vgl. dazu auch eine Diskussion auf der MAILINGLISTE GESPRÄCHSFORSCHUNG unter dem Topic „Chinesische Gesprächsdaten, Transkription“ (05.-16.01.2004).

tionsformen vor allem anhand *eines* Kriteriums differenziert werden: So wie der gemeinsame *Raumbezug* semantischer Daten dazu dienen kann, verschiedene Visualisierungsverfahren in der Kartographie zu beschreiben (siehe Abschnitt 2.2.3.), so ist es im Folgenden der gemeinsame *Zeitbezug* aller Transkriptionsdaten, der als Ausgangspunkt für die Beschreibung und Unterscheidung verschiedener Layoutprinzipen dient.

3.1.2.1 Partiturnotation

Von den hier berücksichtigten Transkriptionssystemen verwenden HIAT, DIDA und das von Henne/Rehbock (2001) vorgeschlagene System die Partiturnotation. Edwards (1992a: 12) nennt mit Ervin-Tripp (1979) und Tannen (1984) zwei weitere solche Systeme aus dem englischsprachigen Raum. Das Grundprinzip dieser Notationsform beschreiben Rehbein et al. (1993: 4) so:

> Die Grundidee [...] ist, beim Verschriftlichen die Kommunikation nicht sukzessive in einzelnen Zeilen abzutragen, sondern für jeden Beteiligten eine eigene Handlungslinie zu konzipieren. [...] Die Beiträge der Aktanten werden entsprechend ihrer Handlungslinien graphisch separiert dargestellt; die Handlungslinien aller in derselben Kommunikation agierenden Aktanten zu einer *fortlaufenden Fläche* zusammengefasst.

Der grundlegende Unterschied zwischen der Notation schriftsprachlicher Texte und der Partiturnotation besteht demnach darin, dass bei der ersteren Symbole entlang einer *eindimensionalen* Linie, bei der letzteren hingegen auf einer *zweidimensionalen* Fläche angeordnet werden. Während schriftsprachliche Texte somit nur ein logisches oder sprachliches *Vorher und Nachher* abzubilden vermögen, wird es durch die zweite Dimension der Partiturnotation zusätzlich auch möglich, die in der gesprochenen Sprache so häufig auftretenden zeitlich *parallelen* Beziehungen graphisch zu repräsentieren.

Formal lässt sich diese Methode als Einordnung von symbolischen oder ikonischen Einheiten in ein zweidimensionales Koordinatensystem beschreiben. Auf der von links nach rechts verlaufenden Achse sind dabei einzelne Zeitpunkte geordnet abgetragen, während die von oben nach unten verlaufende Achse eine Abfolge der im obigen Zitat als *Handlungslinien* bezeichneten Elemente aufnimmt. Dabei kann es – wie Rehbein et al. (1993: 5) auch sagen („Die singuläre Handlungslinie eines Aktanten kann [...] wieder in unterschiedliche Linien aufgefächert werden“) – für einen Sprecher auch mehr als eine Handlungslinie geben, z.B. wenn verschiedene Handlungs*typen* unterschieden werden. Ein Beispiel soll dies verdeutlichen:

```
MAX[v]   Du fällst mir immer ins Wort.              Siehst Du, Du hast es schon wieder getan.
MAX[nv]  --fuchtelt mit den Armen ----
TOM[v]                              Stimmt ja gar nicht.
TOM[nv]                             ---abfällige Geste--
```

Dieses nach dem Layoutprinzip der Partiturnotation organisierte Transkript kann als die Visualisierung eines symbolischen Modells aufgefasst werden, das die in ihm enthaltenen Symbolketten jeweils einem Start- und Endpunkt sowie einem Sprecher und einem Handlungstyp zuordnet:

	Start	Ende	Sprecher	Typ	Symbolkette
1	t_0	t_1	MAX	v	*Du fällst mir immer ins*
2	t_1	t_2	MAX	v	*Wort.*
3	t_0	t_2	MAX	nv	*fuchtelt mit den Armen*
4	t_3	t_4	MAX	v	*Siehst Du, Du hast es schon wieder getan.*
5	t_1	t_2	TOM	v	*Stimmt*
6	t_2	t_3	TOM	v	*ja gar nicht.*
7	t_1	t_3	TOM	nv	*abfällige Geste*

Wie in diesem und den folgenden Kapiteln ausgeführt werden wird, bedarf die genaue Form des Modells noch einiger Änderungen. Zur Demonstration des Grundprinzips der Partiturnotation ist sie so jedoch vollkommen ausreichend: indem jede der hier beschriebenen Symbolketten an der entsprechenden Stelle im unten schematisch skizzierten Koordinatensystem eingeordnet wird, ergibt sich die obige Partiturdarstellung.

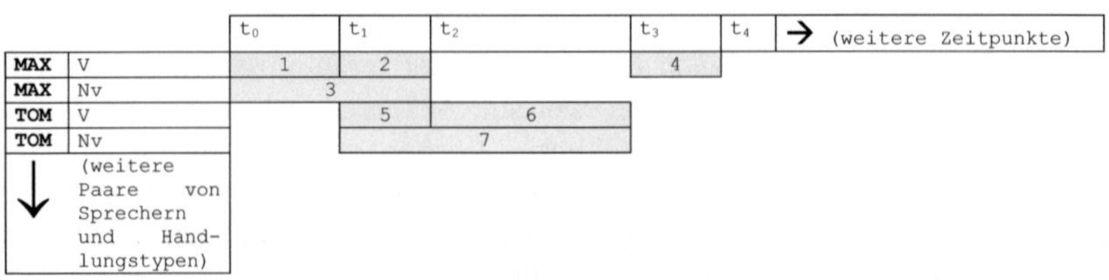

Durch eine semantische Ausweitung dieses Prinzips wird es außerdem möglich, nicht nur die zeitliche *Parallelität*, sondern auch die logische oder sprachliche *Äquivalenz* zweier Modellbestandteile durch räumliche Parallelität der ihnen entsprechenden Zeichenketten in der Visualisierung abzubilden. So werden im folgenden Beispiel (nach Rehbein et al. 1993: 105) französische Äußerungen und ihre englischen Übersetzungen aufeinander bezogen:

DS	Oui:. C'est ça. Ça. Okay. D'accord d'accord.
DS[en]	*Yes. Exactly. Yes. Okay. Agreed, agreed.*
FB	Alors ça dépend un petit peu.
FB[en]	*That depends, then, a little bit.*

Die Partiturnotation erweist sich damit als eine einfache, aber mächtige Methode, um grundlegende Beziehungen (Parallelität und Äquivalenz) im symbolischen Modell auf entsprechende räumliche Beziehungen in der analogen Visualisierung abzubilden. Allerdings treten bei genauerer Betrachtung auch einige Problembereiche der Partiturnotation zu Tage:
Zum einen basiert ihr Prinzip nämlich auf der Annahme, dass die typographische Ausdehnung von Zeichenketten mit der zeitlichen Ausdehnung der durch sie beschriebenen Phänomene korrespondiert. Nur wenn dies weitestgehend der Fall ist, folgen die Zeichenketten innerhalb einer Handlungslinie auch immer so aufeinander, dass ein kontinuierliches Lesen möglich ist. Diese Annahme ist aber allerhöchstens annähernd korrekt – ein Extrembeispiel für die Unterschiede, die bezüglich zeitlicher und typographischer Ausdehnung bestehen können, liefert das deutsche Wortpaar *Oma-Strickstrumpf*:

```
A Oma strickt einen Strickstrumpf.
B                   Oma          kann gar nicht stricken.
```

Wenn nicht Sprachliches transkribiert, sondern Nicht-Sprachliches beschrieben wird[27], kann gar überhaupt nicht mehr von einer Proportionalität zeitlicher und graphischer Ausdehnung gesprochen werden (Beispiel: *Es regnet* vs. *Die Tür fällt ins Schloss*). Die einzelnen Transkriptionssysteme, die mit der Partiturnotation arbeiten, haben unterschiedliche Lösungen gefunden, um mit solchen Missverhältnissen umzugehen – siehe dazu die entsprechenden Ausführungen in Abschnitt 3.3.

Weiterhin ergeben sich dadurch, dass die Einordnungspunkte der Symbolketten in der Visualisierung oft nicht selbst angezeigt werden, bei mehrfach parallelen Strukturen Probleme mit der zeitlichen Zuordnung. Man betrachte dazu folgendes Beispiel aus Rehbein et al. (1993: 12):

```
LMÜ  Jetzt kann es passieren durch Krankheit, • dass diese feinsten
S3                                                 Gib mir mal n Kamm, los!
S1                                  Chemie.
S2                                           Drück mir die Daumen!
```

Es ist hier nicht ohne weiteres ersichtlich, was der Bezugspunkt für den Einsatz der Äußerung „Gib mir mal n Kamm, los!“ von Sprecher S3 ist. Wahrscheinlich ist, dass diese Äußerung gleichzeitig mit dem Wort „diese“ von Sprecher LMÜ beginnt. Ebenso denkbar wäre aber auch, dass der Einsatz relativ zum Wort „(m)ir“ von Sprecher S2 oder gar relativ zu den Äußerungen von Sprecher LMÜ *und* Sprecher S2 erfolgt. Da die Einsatzpunkte selbst in der Partitur nicht er-

[27] Zur Unterscheidung zwischen *Transkribieren* und *Beschreiben* siehe auch weiter unten.

scheinen, kann diese Frage nicht eindeutig beantwortet werden. Aus dem gleichen Grund bleibt in folgendem Beispiel unklar, wie genau die drei Äußerungen zeitlich zueinander angeordnet wurden – ob die Äußerungen „Jaa“ und „Reg dich mal bitte nicht auf“ von Sprecher B jeweils eine *einzelne* Zuordnung zu den Wörtern von Sprecher A erfahren (ob sich also sowohl bei „bitte“ als auch bei „ausreden“ ein Einsatzpunkt befindet), oder ob einfach nur die *Gesamtheit* der beiden Äußerungen von B zu den darüber stehenden Wörtern in Beziehung zu setzen ist:

A	Jetzt lass mich doch mal bitte ausreden.
B	Jaa! Reg dich mal bitte nicht auf.

Es ist zwar davon auszugehen, dass solche Ungenauigkeiten sich beim praktischen Arbeiten mit Transkripten in Partiturnotation als weitestgehend unerheblich erweisen. Dennoch bleibt im Vorgriff auf den folgenden Abschnitt festzuhalten, dass auch diese Visualiserungsform nicht immer in der Lage ist, alle zeitlichen Strukturen in einem Gespräch in eindeutig interpretierbarer Weise wiederzugeben.[28]

3.1.2.2 Zeilennotation

Von den im Folgenden näher betrachteten Systemen verwendet GAT die Zeilennotation, und auch Verbmobil-Transkripte, sofern sie sich überhaupt als Visualisierungen verstehen lassen (s.u.), sind nach diesem Layoutprinzip organisiert. Darüber hinaus existieren zahlreiche weitere Transkriptionssysteme, die mit der Zeilennotation arbeiten – stellvertretend seien CHAT (MacWhinney 2000) und das von Gumperz/Berenz (1992) vorgestellte System genannt, die beide auch hier mehrmals exemplarisch herangezogen werden.

Anders als die Partiturnotation, bei der der Leser aufgrund der Ausdehnung aufs Zweidimensionale neben der Links-Rechts-Leserichtung für zeitlich Aufeinanderfolgendes auch eine Oben-Unten-Leserichtung für zeitlich Paralleles verfolgen kann, behält die Zeilennotation zunächst die eindimensionale Leserichtung schriftsprachlicher Texte bei. Diese graphische Organisationsform kann dabei als Ausdruck einer theoretischen Annahme über Gespräche aufgefasst werden, die Sacks et al. (1978: 10f) so formulieren:

> 1. Speaker change recurs, or, at least, occurs. […]
> 2. Overwhelmingly, one party talks at a time. […]

[28] Interessanterweise wird das obige Beispiel aus Rehbein et al. (1993: 12) gleichzeitig dazu verwendet, um deutlich zu machen, dass Überlappungen mehrerer Sprecher in Partiturnotation angemessener dargestellt werden können als in Zeilennotation. Siehe auch dazu den folgenden Abschnitt.

3. Occurrences of more than one speaker at a time are common, but brief.

Während das Layoutprinzip der Partiturnotation also eher betont, dass Gespräche sich als ein *Nebeneinander* verschiedener Handlungslinien entfalten, rückt das Layoutprinzip der Spaltennotation die Sichtweise in den Vordergrund, dass sie sich in erster Linie als ein *Nacheinander* von sich abwechselnden Sprecherbeiträgen[29] verstehen lassen. Parallele Strukturen sind nach letzterer Auffassung eher als Ausnahmen von der Regel zu interpretieren und treten in der Visualisierung dementsprechend in den Hintergrund. Sowohl bezüglich der Benennung der Sprecherbeiträge (z.B. *Turn* bei Sacks et al. 1978, *Phrasierungseinheit* bei Selting et al. 1998, *Utterance* bei MacWhinney 2000) als auch bezüglich der konkreten Details der Visualisierungen herrscht dabei unter den Systemen, die mit Zeilennnotation arbeiten, eine relativ große Vielfalt. Dennoch lässt sich ein für alle Systeme gültiges Grundprinzip formal so beschreiben: Zunächst werden mehrere verbale Einheiten desselben Sprechers (die i.d.R. jeweils eine eigenständige zeitliche Zuordnung besitzen) nach phonologischen, syntaktischen und/oder semantischen Kriterien zu größeren Einheiten (eben Sprecherbeiträgen) zusammengefasst. Nicht-verbale Einheiten werden dann denjenigen Sprecherbeiträgen untergeordnet, die ihnen zeitlich parallel sind. Für das Beispiel aus dem vorigen Abschnitt würde das im symbolischen Modell etwa so aussehen:

		Start	**Ende**	**Sprecher**
Sprecherbeitrag:		t_0	t_2	MAX
	Verbale Einheiten:			
	(1) *Du fällst mir immer*	t_0	t_1	
	(2) *ins Wort.*	t_1	t_2	
	Non-verbale Einheiten:			
	(3) *fuchtelt mit den Armen*	t_0	t_2	
Sprecherbeitrag:		t_1	t_3	TOM
	Verbale Einheiten:			
	(4) *Stimmt*	t_1	t_2	
	(5) *ja gar nicht.*	t_2	t_3	
	Non-verbale Einheiten:			
	(6) *abfällige Geste*	t_1	t_3	

Für die Visualisierung werden diese Sprecherbeiträge dann zunächst einfach entsprechend ihrem Beginn von oben nach unten in Zeilen angeordnet und die zugehörigen non-verbalen Einheiten z.B. (hier unterscheiden sich verschiedene Systeme sehr stark) in der selben Zeile und durch geeignete Symbole voneinander abgetrennt vor den verbalen Einheiten platziert. Falls sich dabei einzelne

[29] Der Begriff „Sprecherbeitrag" ist hier *nicht* als Übersetzung von „Turn" zu lesen, sondern als zunächst unterspezifizierter Oberbegriff, der in den Ausprägungen einzelner Transkriptionssysteme näher bestimmt wird.

verbale Einheiten, die in zwei aufeinanderfolgenden Zeilen visualisiert werden, überlappen, wird dies i.d.R. durch Einfügen entsprechender Zeichen deutlich gemacht (auch hier gibt es eine große Variation: eckige Klammern bei Sacks et al. 1978 und Selting et al. 1998, @-Zeichen bei Burger 1996, Gleichheitszeichen bei Gumperz/Berenz 1992, spitze Klammern bei MacWhinney 2000):

MAX: (fuchtelt mit den Armen) Du fällst mir immer ins [Wort.]
TOM: (abfällige Geste) [Stimmt] ja gar nicht.

Anders als bei der Partiturnotation, wo die Links-Rechts-Leserichtung immer mit einem zeitlichen Nacheinander und ein Übereinander von Zeichen immer mit einer zeitlichen Parallelität oder logischen Äquivalenz von Einheiten korrespondiert, ergeben sich für die Zeilennotation damit oft komplexere Zusammenhänge zwischen zeitlich/logischen Strukturen im Modell und räumlichen Beziehungen in der Visualisierung. Die Prämisse der Schriftsprache, dass innerhalb von Zeilen Zeichen von links nach rechts und innerhalb der Seite Zeilen von oben nach unten ein strenges Nacheinander abbilden, kann nur für den Fall problemlos übernommen werden, dass Sprecherbeiträge sich nicht überlappen und nicht mehr als eine Handlungslinie transkribiert wird. Sobald dies nicht der Fall ist, ergeben sich wesentlich komplexere Strukturen:

R: are you still living eh .. (xxx)
B: (xxx), ... driscoe, bar mill/
R: bar mill/ bra- brookside is it?

(Vereinfachend aus Gumperz/Berenz 1992: 98)

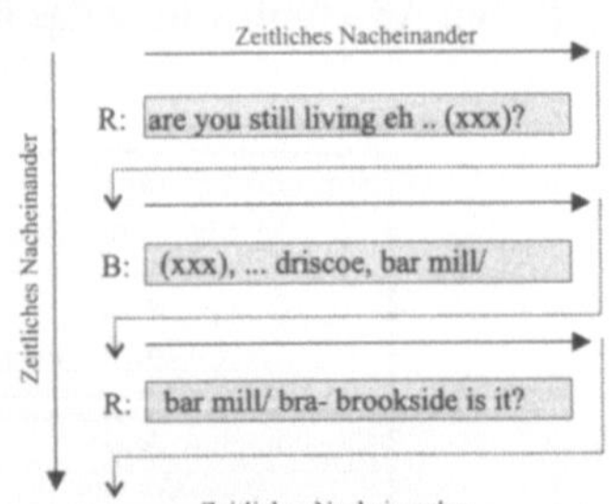

A: i went down to (xxx) on =that= site
B: [gaze on A] =yeah=
A: i've got to come here now
B: [bends towards A] yes
A: it should have been =in March=
B: =i'll just= check okay?

(Stark verändernd aus Gumperz/Berenz 1992: 114[30])

[30] Die Veränderungen sind aber, was die hier illustrierten Sachverhalte angeht, konform mit den Konventionen von Gumperz/Berenz (1992). Überlappungen werden dort durch Gleichheitszeichen deutlich gemacht, non-verbale Kommentare dem Sprecherbeitrag in eckigen Klammern vorangestellt.

Diese Uneinheitlichkeit stellt einen oft genannten Kritikpunkt an der Zeilennotation dar. So sagen z.B. Rehbein et al. (1993: 10):

> Das Verhältnis zweier aufeinanderfolgender Zeilen Z_i^Z_{i+1} wird in dieser Schreibweise nämlich unausgesprochen jeweils unterschiedlich verstanden:
> (i) entweder als striktes Nacheinander: Die Zeichen in Z_{i+1} sind prinzipiell nach denen in Z_i zu lesen
> (ii) oder als Nebeneinander (Simultaneität): Die Zeichen in Z_{i+1} sind prinzipiell gleichzeitig mit denen in Z_i zu lesen
> Diese Doppelbedeutung der lokalen Zeilenordnung führt zwangsläufig zu Fehlinterpretationen.

Rehbein (2001: 930) weist außerdem darauf hin, dass die der Zeilennotation zugrunde liegende Annahme, Gespräche seien vornehmlich Abfolgen von *Sprecher*beiträgen, die Konsequenz nach sich ziehen muss, dass *Hörer*handlungen damit in den Hintergrund treten:

> Die Partiturdarstellung [...] ist die einzige Transkriptionsweise, in der Sprecher- und Hörerhandlungen in ihrer kommunikativen Simultaneität systematisch wiedergegeben werden. Demgegenüber verfolgt die konversationsanalytisch orientierte Transkription immer noch den Versuch, das multiaktantielle Geschehen des Diskurses [...] in eine unsystematische Zeilenschreibweise zu zwingen.

Ob die Zeilenschreibweise deshalb tatsächlich als „unsystematisch" zu bezeichnen ist, erscheint im Hinblick auf den für diese Arbeit gewählten Ansatz aber zweifelhaft. Wie in Kapitel 5 ausgeführt werden wird, lassen sich vielmehr Partitur- und Zeilennotation nicht nur als verschiedene analoge Visualisierungsformen für gleiche oder ähnliche symbolische Modelle begreifen, sondern können auch beide in gleichermaßen *systematischer* Weise aus diesen abgeleitet werden. Das Konzept der Trennung von Modell und Visualisierung ermöglicht somit einen Vergleich zwischen Zeilen- und Partiturnotation, an dessen Ende nicht wertend eine Entscheidung für die eine oder die andere Notationsform stehen muss. Zu berücksichtigen sind dabei mindestens die folgenden Aspekte:

- Bei der Zeilennotation sind Analogien zwischen zeitlich/logischen Beziehungen im Modell und räumlichen Beziehungen in der Visualisierung weniger einheitlich als bei der Partiturnotation. In diesem Sinne kann sich erstere durchaus als schwerer lesbar erweisen als letztere. Umgekehrt kann aber auch argumentiert werden, dass die Zeilennotation lesbarer ist, weil sie sich näher an etablierten Lesegewohnheiten befindet. Sie übernimmt nämlich zumindest teilweise das Prinzip der Schriftsprache und orientiert sich darüber hinaus auch am gängigsten Verfahren der nicht-wissenschaftlichen schriftlichen Repräsentation gesprochener Sprache, wie sie beispielsweise in gedruckten Interviews, Theaterskripten oder Drehbüchern zu finden ist.

- Die Visualisierungsform der Zeilennotation setzt voraus, dass die zu visualisierenden Modelle eine Einheit „Sprecherbeitrag“ (als Oberbegriff für Turns, Äußerungen, Phrasierungseinheiten etc.) aufweisen. Transkriptionssysteme, deren Modell keine solchen Einheiten enthält, haben daher naturgemäß Probleme mit der Zeilennotation.[31] Gleiches gilt für Systeme, die Sprecherbeiträge erst in einem gesonderten, möglicherweise optionalen Analyseschritt identifizieren. Als ein solches kann HIAT gelten.

- Das Vorhandensein von Sprecherbeiträgen im Modell ist nicht nur Voraussetzung für eine Visualisierung in Zeilennotation. Sprecherbeiträge sind gleichzeitig auch die graphisch prominentesten Einheiten dieser Notationsform, denn Anfang und Ende von Sprecherbeiträgen im Modell korrespondieren mit Anfang und Ende der wichtigsten Struktureinheit in der Visualisierung – der Zeile. Die Partiturnotation weist Sprecherbeiträgen hingegen eine weniger prominente Rolle zu; ihr Anfang und Ende werden dort nicht räumlich, sondern nur durch entsprechende Zeichen (z.B. Großschreibung am Anfang, Interpunktion am Ende wie in HIAT) wiedergegeben. Umgekehrt erhält die zeitliche Parallelität zweier Einheiten in der Partiturnotation eine räumliche Wiedergabe, während sie in der Zeilennotation nur auf der Zeichenebene (durch Klammerung) berücksichtigt wird. Um *einzelne* Sprecherbeiträge isoliert betrachten zu können, kann sich daher die Zeilennotation als hilfreicher erweisen. Um hingegen das zeitliche Zusammenspiel *mehrerer* Sprecherbeiträge zu untersuchen, mag die Partiturnotation geeigneter erscheinen.[32]

- Was schließlich im obigen Zitat von Rehbein kritisiert wird, ist die Tatsache, dass sich die Zeilennotation im Gegensatz zur Partiturnotation kaum zur Visualisierung solcher Modelle eignet, die Sprecherbeiträge und Hörerreaktionen in gleichberechtigter Weise berücksichtigen. Sie ist daher aber nicht als „unsystematisch“ zu bezeichnen, sondern als geeignete Visualisierung nur

[31] Oder auch mit generischen Ansätzen, die von einer Zeilennotation ausgehen. Siehe dazu vor allem Abschnitt 4.1. und dort insbesondere das Zitat von Sinclair (1995).

[32] Dies erklärt, warum die Partiturnotation außerhalb der eigentlichen Gesprächsforschung eine vergleichsweise geringe Rolle spielt. Beispielsweise sind Untersuchungen zum Spracherwerb, die von einem generativen Modell ausgehen, in erster Linie an der Analyse isolierter Sprecherbeiträge als Pendant zum schriftsprachlichen Satz interessiert. Da das interaktive Zusammenspiel von Sprecherbeiträgen in diesem Zusammenhang nicht von Bedeutung ist, kann es beim Transkribieren verkürzend ausgeblendet werden.

> solcher Modelle zu verstehen, die Hörerreaktionen im Gespräch stärker modellhaft verkürzend ausblenden.[33]

Darüber hinaus ist anzumerken, dass die Opposition zwischen Zeilen- und Partiturnotation sich bei einer genaueren Betrachtung insofern relativiert, als fast alle vordergründig mit Zeilennotation arbeitenden Systeme sich letztendlich als Mischformen herausstellen. Sie machen nämlich oft dort, wo sich die Partiturnotation im oben beschriebenen Sinne als überlegen erweist, zusätzlich von deren Prinzip der zweidimensionalen Ausweitung der Leserichtung Gebrauch.[34] So erlauben mehrere Systeme beispielsweise, das Überlappen von Einheiten in aufeinanderfolgenden Zeilen zusätzlich zur entsprechenden Klammerung auch noch durch ein geeignetes Einrücken deutlich zu machen, z.B. in Selting et al. (1998: 117):

```
77   S2: aber die is nach berLIN gegang[en;
78   S1:                               [hm,
```

Auch in CHAT sind eigentlich nicht einzelne Zeilen oberste Struktureinheit der Visualisierung, sondern Zeilen*bündel*, innerhalb derer – wie in der Partiturnotation – zeitliche Parallelität bzw. logische Äquivalenz zum Ausdruck kommen, z.B. in den folgenden beiden Beispielen aus MacWhinney (2000: 82f):

```
*ROS: I do it!
%act: runs to toy box

*MAR: Yo no tengo nada.
%eng: I don't have anything.
```

Schließlich stellt Balthasar (2000: 8) STAVIS als ein Hybrid aus Zeilen- und Partiturnotation dar, für das sich kaum noch entscheiden lässt, welcher von beiden Notationsformen es näher steht:[35]

---

[33] Zumindest für die Conversational Analysis, die ja mit Transkripten in Zeilenschreibweise arbeitet, lässt sich ein solchermaßen stark verkürzendes Modell m.E. auch ausmachen. Vgl. dazu das obige Zitat von Sacks et al. (1978:10) und die generelle Abwesenheit von nichtverbalem Material in allen Beispielen in Sacks et al. (1978).

[34] Dies entkräftet die Kritik an der Uneinheitlichkeit natürlich nicht. Es trägt sogar ganz im Gegenteil dazu bei, die Interpretation räumlicher Anordnungen noch weniger eindeutig zu machen. Rehbein et al. (1993: 10) bezeichnen daher auch solche Mischformen als „unsystematische ad-hoc-Lösung".

[35] Genauer heißt es dort :

> Suivant la classification présentée plus haut, le STAVIS fait partie des systèmes de type « liste », c'est-à-dire qu'il vise a différencier – au niveau des lignes de transcription – les divers types d'unités discursives

```
Aurélie: faut PAS marcher dans ÇA
         <b    h   h,  h   h   b+>
              <geste déictique avec la main droite vers la case>36
```

3.1.2.3 Spaltennotation

Das Layoutprinzip der Spaltennotation spielt in dieser Arbeit eine vergleichsweise geringe Rolle, denn es kommt weniger in der Gesprächsforschung im engeren Sinne als vielmehr in Transkriptionen, die der Untersuchung des frühkindlichen Spracherwerbs dienen, zum Einsatz. Von den im Folgenden zu betrachtenden Transkriptionssystemen benutzt daher auch keines die Spaltennotation.

Ochs (1979: 62) liefert folgendes Schema für die graphische Organisation von Transkripten in Spaltennotation:

		Participant A		Participant B		Comments
Time/ Footage	Line	Nonverbal	Verbal	Nonverbal	Verbal	
	1					
	2					
	...					

Dabei bestehen scheinbar offensichtliche Parallelen zur Partiturnotation, denn auch die Spaltennotation sieht zunächst ein zweidimensionales Raster vor, in das Symbolketten gemäß ihrer zeitlichen Ordnung und ihrer Zugehörigkeit zu einem Sprecher und einer Kategorie eingeordnet werden. Prinzipiell könnte sich die Spaltennotation somit als eine zur Partiturnotation äquivalente Visualisierungsform erweisen, bei der lediglich die Rollen von vertikaler und horizontaler Achse vertauscht sind. Zeitlich Paralleles im Modell könnte eindeutig auf räumlich Paralleles in der Visualisierung abgebildet werden, was für das obige Beispiel in etwa so aussehen würde:

	MAX		TOM		→ (weitere Sprecher/ Handlungstypen)
Time/ Footage	Nonverbal	Verbal	Nonverbal	Verbal	
t_0	fuchtelt mit	Du fällst mir immer			
t_1	den Armen	ins Wort.	abfällige	Stimmt	
t_2			Geste	ja gar nicht.	
t_3		Siehst Du, Du hast es schon wieder getan.			
↓	(weitere Zeitpunkte)				

discrètes [...] ; en ce qui concerne le choix de signes de notation, nous avons favorisé une convention hybride.

36 Das Beispiel basiert auf Balthasar (2000: 28), ist aber leicht vereinfacht. In der ersten Zeile wird die Äußerung bzgl. phonischer Gestalt und Akzentsetzung transkribiert. Die zweite Zeile beschreibt den Intonationsverlauf (niedrig - *b(as)* vs. hoch - *h(aut)*). Die dritte Zeile beschreibt eine Geste. Dabei sind die Einheiten in den drei Zeilen wie in einer Partitur zeitlich zueinander angeordnet.

Tatsächlich wird aber – zumindest in dem von Ochs (1979) vorgeschlagenen System – die Ausdehnung aufs Zweidimensionale nicht in genau dieser Weise genutzt. Vielmehr werden parallel zur Vorgehensweise in der Zeilennotation immer ganze Äußerungen in einer Zeile abgetragen. Der Eintrag in der nonverbalen Spalte wird als Information verstanden, die dieser Äußerung untergeordnet ist. Sich zeitlich überlappende Äußerungen werden zwar auf der selben Zeile platziert, allerdings inklusive etwaiger nicht überlappender Bestandteile. Die genaue Ausdehnung der Überlappung wird dann – ebenfalls wie bei der Zeilennotation – auf der Zeichenebene (bei Ochs (1979) ‚//' für den Beginn, ‚]' für das Ende) deutlich gemacht. Ochs (1979: 63) liefert dazu das folgende Beispiel:

A:	**B:**
steamroller's stuck //now]/	//oh dear] dear /

Die Spaltennotation erweist sich demnach als ein Layoutprinzip, das einerseits das Prinzip der Zeilennotation übernimmt, Sprecherbeiträge mittels einer eigenständigen graphischen Einheit zu visualisieren, und andererseits auch vom Prinzip der Partiturnotation, zeitliche Parallelität auf räumliche Parallelität abzubilden, Gebrauch macht. Letzteres kann dabei aber gezwungenermaßen nur unvollständig erfolgen. Wie in Kapitel 2.1.2. bereits besprochen, liegt der Vorteil der Spaltennotation aber ohnehin weniger in einer konsequenten Zeit-Raum-Analogie, sondern eher darin, dass sie die Asymmetrie der Kommunikation zwischen kleinen Kindern und Erwachsenen (oder natürlich auch anderweitig begründete Asymmetrie in Gesprächen) visuell zu betonen vermag.

3.2 Methodisches

Ziel dieses Kapitels ist es, gängige Transkriptionssysteme, die auf dem Prinzip der theoriegeleiteten Verschriftlichung basieren, dahingehend zu untersuchen, ob und wie sie sich im oben definierten Sinne als Modelle gesprochener Sprache mit einer zugehörigen Visualisierung auffassen lassen. Im günstigsten Falle sollten am Ende dieser Untersuchung mehrere Entity-Relationship-Modelle gesprochener Sprache stehen, d.h. Gesamtheiten von Einheiten, Beziehungen, symbolischen Beschreibungen, Integritätsregeln und formalen Operationen, die diejenigen Informationen in einer für einen Rechner geeigneten Weise repräsentieren, die sich dem menschlichen Betrachter eines Transkripts durch seine Sprachkompetenz erschließen.

Weil die untersuchten Systeme dabei aber mit einem Transkriptionsverständnis konfrontiert werden, das nicht ihr eigenes ist[37], müssen die Ausführungen über eine reine Wiedergabe der Transkriptionskonventionen hinausgehen; sie

[37] Am deutlichsten wird das bei den GAT-Konventionen, die sich explizit „an Transkribenten, nicht an Computer" (Selting et al. 1998: 92) richten.

müssen Aussagen über Modell und Visualisierung aus einer Darstellung *rekonstruieren*, die keine strikte Trennung dieser beiden Ebenen beabsichtigt. Es ist zu erwarten, dass diese Rekonstruktion nicht gänzlich ohne Schwierigkeiten zu bewerkstelligen ist, denn sie besteht zu einem großen Teil darin, implizite Annahmen als explizite Aussagen zu interpretieren, und dieser Vorgang ist – wie jede Interpretation – mit einer Reihe von Unsicherheiten behaftet.[38] Bow et al. (2003: 24) stoßen bei einer formalen Betrachtung verschiedener Verwendungen von interlinearem Text auf ähnliche Schwierigkeiten und sagen treffend:

[38] Zusätzlich erschwert wird dies auch durch den geringen Stellenwert, den Transkriptionskonventionen im wissenschaftlichen Betrieb innezuhaben scheinen. Gesprächsanalytische Forschung hängt unbestreitbar auch von der wissenschaftlichen Fundiertheit der Transkriptionssysteme, mit denen sie arbeitet, ab. Dennoch lässt sich beobachten, dass die Dokumentation dieser Systeme im Vergleich zu den Ergebnissen, die mit ihrer Hilfe gewonnen werden, oft ein Schattendasein führt (vgl. dazu auch Hausendorf 2001: 972, der von einer „eher beiläufigen Skizzierung" spricht). Anders lässt sich die Tatsache, dass ein Großteil der hier verwendeten Quellen nicht den Status einer wissenschaftlichen Veröffentlichung hat, meines Erachtens kaum erklären: So trägt Rehbein et al. (1993) den Vermerk „vorläufige Fassung"; eine endgültige Version dieses Papiers, das zweifelsohne für eine Untersuchung des HIAT-Systems unerlässlich ist, wurde bis heute nicht veröffentlicht. Rehbein (1995) hat den Status eines Verbmobil-Memos, ist also streng genommen eine projektinterne Veröffentlichung, die der wissenschaftlichen Öffentlichkeit nicht zugänglich ist. Durlanik et al. (1997), das gleichfalls durchaus grundlegende Aspekte des HIAT-Systems behandelt, ist nicht fertiggestellt und demzufolge ebenfalls unveröffentlicht. Die DIDA-Konventionen (Klein/Schütte 2001) sind zwar über das WWW problemlos erhältlich, den Status einer wissenschaftlichen Veröffentlichung haben sie aber nicht. Burger/Kachelrieß (1996) ist ebenfalls ein Verbmobil-Memo, Burger (1997) ein „Technisches Dokument" – beide stellen also streng genommen wiederum nur projektinterne Veröffentlichungen dar. Im Falle von HIAT und DIDA stützt sich damit ein Teil, im Falle von Verbmobil gar die Gesamtheit der folgenden Analysen auf Dokumente mit nur halböffentlichem Status. Es ist vielleicht das mit einer solchen Nicht-Veröffentlichung einhergehende Fehlen einer wissenschaftlichen Qualitätskontrolle, das die behandelten Systeme an manchen Stellen terminologisch unsauber, manchmal sogar chaotisch erscheinen lässt. O'Connell/Kowal (1994: 89), die sich auch in diversen anderen Veröffentlichungen äußerst kritisch mit verschiedenen Transkriptionssystemen auseinandersetzen, formulieren provokativ:

> We know of no other way to convince the reader of the extent of chaos that exists in these systems except to describe it in detail.

Eine solche Offenlegung ist nicht das Ziel des folgenden Abschnittes. Ich bin ganz im Gegenteil davon überzeugt, dass die behandelten Transkriptionssysteme sich durchaus eher durch Ordnung als durch Chaos auszeichnen, denn genau aus dieser Ordnung sollen ja die Modelle gesprochener Sprache, die in den Konventionen ihren Ausdruck finden, rekonstruiert werden. Dies ist aus den genannten Gründen jedoch nur möglich, wenn die Quellen mit einem gewissen „hermeneutischen Wohlwollen" gelesen werden, das Implizites explizit macht und Ungenauigkeiten im Rahmen des Möglichen „repariert".

> This process of abstracting from visual format to conceptual model has some subtleties, and even requires guesswork in some ambiguous cases.

Ziel dieses Kapitels kann es daher nicht sein, *die* vollständige und „richtige" Darstellung der betrachteten Systeme vorzunehmen. Vielmehr wird angestrebt, Argumente für die grundsätzliche Anwendbarkeit des hier vertretenen Ansatzes auf bestehende Transkriptionssysteme zu liefern und gleichzeitig eine Grundlage für die folgenden Kapitel zu schaffen, die wesentliche Züge von HIAT, GAT usw. in einer für diese Arbeit verbindlichen Form formuliert.

Damit dies in einer angemessen knappen und übersichtlichen Weise geschehen kann, die Gemeinsamkeiten und Unterschiede zwischen den Systemen nachvollziehbar offen legt, sollen in diesem Abschnitt zunächst einige Ordnungsprinzipien entwickelt werden, anhand derer sich die nicht unbeträchtliche Anzahl von zu rekonstruierenden Einheiten vorstrukturieren lässt. Dabei geht es weniger um theoretisch weitreichende gesprächsanalytische Erwägungen, als darum, ein Schema bereitzustellen, das der praktischen Übersichtlichkeit der Ergebnisse dient. Die Ausführungen in Abschnitt 3.3. werden dann im Wesentlichen nach diesem Schema ausgerichtet.

3.2.1 Ordnungsprinzipien für Modelle

3.2.1.1 Typen von Einheiten

Um Typen von Einheiten gesprochener Sprache, die die einzelnen Systeme unterscheiden, zu ordnen, stellt eine Einteilung aus HIAT einen hilfreichen Ausgangspunkt dar. Ehlich/Rehbein (1976: 23ff und 30ff) grenzen zuerst phonologisch erfassbare Eigenschaften von nicht phonologisch erfassbaren Eigenschaften ab. Bei ersteren unterscheiden sie (1979b: 54) dann weiter segmentale von nicht-segmentalen Phänomenen. Diese Unterscheidung wird von den Autoren selbst als weitestgehend allgemein akzeptiert dargestellt, und in der Tat finden sich auch in GAT („Segmentale sprachliche Transkription", Selting et al. 1998: 96, „Suprasegmentale Aspekte der Rede", „Transkription non-vokaler Phänomene", Deppermann 2000: 43ff) und in DIDA („Segmentale" vs. „Suprasegmentale Gesprächsbesonderheiten", Klein/Schütte 2001: 11f) ähnliche Differenzierungen.[39]

[39] Natürlich ist dies nicht die einzig denkbare Unterscheidung auf einer obersten Ebene. Eine andere Möglichkeit wäre, wie z.B. O'Connell/Kowal (1994: 81), nach verbalem, prosodischem, paralinguistischem und extralinguistischem kommunikativen Verhalten zu unterscheiden. Es sei noch einmal betont, dass die Einteilung keiner tiefgreifenden theoretischen Betrachtung entspringt, sondern lediglich Hilfe zu einer übersichtlicheren Darstellung sein soll.

Von der in HIAT vorgeschlagenen Einteilung abgewichen werden soll bezüglich zweier spezieller Typen von Einheiten, die sich ebenfalls in allen untersuchten Systemen finden.

Zum einen sollen die Pausen, die Ehlich/Rehbein (1979b) unter die nicht-segmentalen, phonologisch erfassbaren Phänomene fassen, als eigene Kategorie behandelt werden. Sie sind nämlich erstens insofern besonders, als sie weniger in der Aufnahme Vorhandenes klassifizieren, sondern vielmehr die Abwesenheit von zu klassifizierendem Material beschreiben. Zweitens sind Pausen die einzigen Einheiten in den Transkriptionssystemen, die zumindest teilweise numerisch beschrieben werden, d.h. die eine symbolische Beschreibung erhalten, die als *Zahl* (ihre Dauer) zu interpretieren ist.

Zum anderen sollen auch die akustischen Mängel gesondert betrachtet werden. Ehlich/Rehbein (1976) ordnen diese unter die nicht phonologisch erfassbaren Phänomene ein. Während andere Vertreter dieser Kategorie wie non-verbale Kommunikation und Geräusche aber durchaus (akustisch oder visuell) erfassbar sind, aber eben nicht mit phonologischen Mitteln, handelt es sich bei nicht bzw. schwer Verständlichem eigentlich um phonologische Phänomene, die aber eben nicht so (und auch nicht auf andere Weise) erfassbar sind. Durch die Einordnung phonologisch nicht erfassbarer Phänomene unter die nicht-phonologisch erfassbaren Phänomene wird dieser Umstand verwischt, weshalb akustische Mängel hier als eigene Kategorie behandelt werden sollen.

Alle verbleibenden Einheiten (z.B. Übersetzungen, Wortklassen) lassen sich einem sechsten Supertypus zuordnen; ihnen ist gemein, dass sie segmentale Einheiten (insbesondere Wörter oder Wortfolgen) weiter klassifizieren bzw. beschreiben.

Damit ergibt sich als erstes Ordnungsprinzip für Typen von Einheiten ihre Zugehörigkeit zu einer der folgenden Gruppen:

(1) Phonologisch erfassbare segmentale Einheiten
(2) Phonologisch erfassbare nicht-segmentale Einheiten
(3) Nicht phonologisch erfassbare Einheiten
(4) Pausen
(5) akustische Mängel
(6) Zusätzliche Beschreibung / Klassifizierung segmentaler Einheiten

Eine zweite Unterscheidung folgt der im ersten Kapitel angesprochenen Differenzierung zwischen selbstständigen und nicht-selbstständigen Einheiten (regular and weak entitities) aus der Datenbanktheorie. Während Einheiten wie Wörter, Äußerungen, Geräusche etc. unabhängig von anderen Einheiten existieren, sind Akzente, Übersetzungen etc. nur im Bezug auf andere Einheiten sinnvoll zu begreifen. Zu einer vollständigen Charakterisierung solcher nicht-selbstständiger Einheiten gehört daher immer die Angabe einer Bezugseinheit.

3.2.1.2 Symbolische Beschreibungen

Wie in Abschnitt 2.2.4. behandelt, besteht ein Schritt einer Entity-Relationship-Modellierung in der symbolischen Beschreibung vorab identifizierter Einheiten der realen Welt. Bei der Transkription gesprochener Sprache sind dabei zunächst zwei grundlegende Prinzipien der symbolischen Beschreibung zu unterscheiden:

Die Transkription segmentaler Einheiten wie Wörter, Silben etc. erfolgt nach einem sprachlichen Symbolsystem, das in der oben beschriebenen Weise Beschreibungen kleiner Einheiten in die Beschreibung größerer Einheiten integriert. Details ergeben sich einerseits aus den orthographischen Regelwerken der transkribierten Sprachen, andererseits aus den Vorgaben der einzelnen Systeme, wann und wie von der Standardorthographie abzuweichen und nach dem Prinzip der literarischen Umschrift zu transkribieren ist. Dieses Vorgehen erlaubt bei aller ebenfalls bereits angesprochenen Inkonsequenz, bis zu einem gewissen Grad vorherzusagen, welche Einheiten mit welcher symbolischen Beschreibung versehen werden.

Anders verhält sich dies beispielsweise bei der Beschreibung non-verbaler Kommunikation, wie sie HIAT vorsieht. Ehlich/Rehbein (1979a: 312ff) verweisen zunächst auf die grundsätzliche Möglichkeit einer ikonischen Beschreibung solcher Einheiten. Weil ein solches Verfahren aber nicht nur zu aufwändig, sondern auch „zu weit entfernt von den handlungspraktischen Interpretationen der Interaktanten selbst" ist, erachten sie es als „für diskursanalytische Zwecke [...] nur von eingeschränkter Brauchbarkeit" und sagen weiter:

> Deshalb scheint es uns sinnvoll zu sein, nicht primär auf visuell-eikonische Analogisierungsversuche zurückzugreifen, sondern die NVK in eine *Beschreibungssprache*, also ihrerseits verbale Sprache, zu *transponieren*. Diese macht Gebrauch von *alltagssprachlichen Bezeichnungen*, die in kritisch reflektierter Form übernommen und weiterentwickelt werden. (Ehlich/Rehbein 1979a: 313)

Zweifelsohne stellt diese Auffassung den in Kapitel 2 entwickelten Gedanken, der computergestützte Transkription als das Anfertigen von digital/symbolischen Modellen begreifen möchte, vor Schwierigkeiten, die sich im Bereich der verbalen Kommunikation nicht oder nur in wesentlich geringerem Umfang stellen. Die gewählte Verfahrensweise ist zwar durchaus symbolisch und – wie auch Sager (2001b: 1077) feststellt – „modellhaft verkürzend". Allerdings kann von einer systematischen Beziehung zwischen modelliertem Phänomen und Symbol(en) im Modell hier keine Rede sein, zumindest nicht in einer für einen Computer formalisierbaren Art und Weise. Sager (2001b: 1072) exemplifiziert dies, indem er für HIAT feststellt:

> Die Schwierigkeit, die ein solches Verfahren impliziert, besteht darin, Bezeichnungen für nicht herkömmliche oder unbekannte Verhaltensformen zu finden. So ließe sich eine bestimmte Geste bspw. beschreiben als:
>
> „o---bewegt kreisförmig die Hand---o"
> „o---rührt mit der Hand in der Luft---o"
> „o---rührt nervös in der Luft herum---o"[40]

Der ausdrückliche Verzicht auf ein „vorheriges Bestimmen und Ausgrenzen der symbolisch zu beschreibenden Einheiten" (Ehlich/Rehbein 1979a: 313) und das stattdessen favorisierte „Transponieren ins Verbale" (s.o.) rücken mit anderen Worten genau den Gedanken der *Verschriftlichung* in den Vordergrund, der nach den Überlegungen aus Kapitel 2 für die computergestützte Transkription nur schwer anwendbar ist. Die Verwendung „kritisch reflektierter Alltagssprache" führt zu solchen Beschreibungen non-verbaler Phänomene, deren Verschiedenheit, Ähnlichkeit oder Gleichheit sich nur über sprachliches Wissen feststellen lässt. Einer vollständigen Formalisierung, die Voraussetzung für ihre computergestützte Analyse wäre, entziehen sie sich damit.

Da er aber in allen untersuchten Transkriptionssystemen zur Anwendung kommt und folglich bei den Betrachtungen dieser Systeme nicht übergangen werden kann, soll im Folgenden dieser zweite Typus symbolischer Beschreibung in Anlehnung an Kowal/O'Connor (1995a: 115) als *Deskription* bezeichnet werden:[41]

> Transkription [ist] von der Deskription eines Verhaltensaspektes zu unterscheiden; beispielsweise kann man das Lachen von Karl im Gespräch mit Susi unter Verwendung von Lachsilben als ‚hi hi ha' transkribieren oder aber als ‚Lachen' beschreiben.

Ein dritter Typus symbolischer Beschreibungen ist dadurch gekennzeichnet, dass er – im Gegensatz zu den beiden anderen – nicht zu potentiell unendlich vielen Werten führt. Die Unterscheidung verschiedener Äußerungstypen in HIAT oder die Transkription artikulatorischer Geräusche in Verbmobil haben gemein, dass sie eine geschlossene Liste möglicher Werte für diese Phänomene vorsehen. Zu ihrer symbolischen Beschreibung ist demnach jede Menge einer entsprechenden Anzahl von distinkten Symbolen oder Symbolketten geeignet, z.B. {Typ-A, Typ-B, ..., Typ-E} für die Äußerungstypen in HIAT, {Schmatzen,

[40] Ehlich/Rehbein (1979a: 313) weisen auch selbst auf diesen Umstand hin, indem sie feststellen, dass „der Verbindlichkeitsgrad von Transkriptionszeichen [im Falle der Transkription non-verbaler Kommunikation] noch wesentlich geringer, als ihn etwa ein System wie IPA [für die Transkription verbaler Kommunikation] bietet."

[41] Die Unterscheidung zwischen Transkription und Deskription wird auch für den in Kapitel 5 erarbeiteten Formalismus der Transkriptionsgraphen eine wichtige Rolle spielen.

Schlucken, Räuspern, Husten, Lachen, Geräusch} für die artikulatorischen Geräusche in Verbmobil.[42]

Wie bereits erwähnt, kann bei Pausen ein vierter Typus symbolischer Beschreibungen zum Einsatz kommen. Diese können durch *numerische* Werte, die ihre Dauer repräsentieren, beschrieben werden.

3.2.1.3 Diagramme

Die Unterscheidungen nach den bisher behandelten Ordnungsprinzipien für Typen von Einheiten und deren symbolische Beschreibungen werden in Abschnitt 3.3. in Form von Diagrammen veranschaulicht.[43] Dabei wird auf der obersten Ebene nach den genannten sechs Supertypen differenziert, die sich in der Regel dann in weitere Subtypen untergliedern. Auf der untersten Ebene stehen diejenigen Typen von Einheiten, die letztendlich symbolisch zu beschreiben sind. Verschiedene Beschreibungstypen werden durch verschiedene Umrahmungen kenntlich gemacht, nicht-selbstständigen Einheiten wird ein Verweis auf die Bezugseinheit hinzugefügt:

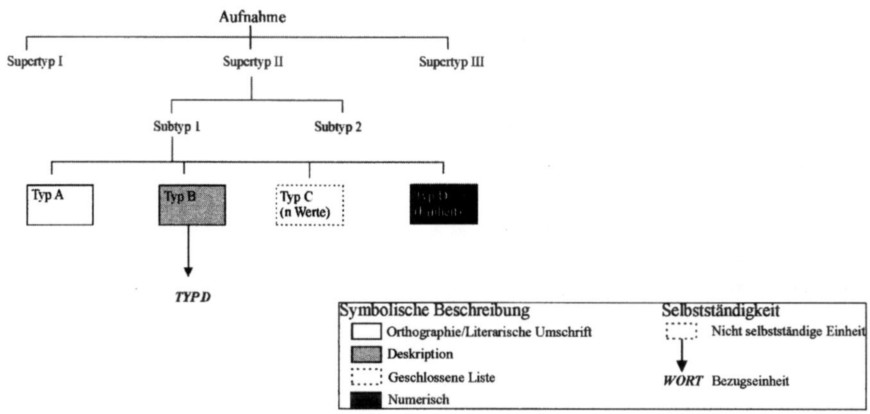

---

[42] Da die behandelten Systeme Modell und Visualisierung nicht trennen, kann die tatsächlich zu wählende symbolische Beschreibung solcher Phänomene nicht wirklich aus den jeweiligen Transkriptionsvorgaben rekonstruiert werden. Die Symbole, die beispielsweise HIAT im Transkript zur Unterscheidung von Äußerungstypen verwendet (vier verschiedene Interpunktionszeichen und ein „unsichtbares" Äußerungsendzeichen) sind der Ebene der Visualisierung zuzurechnen – als pure symbolische Beschreibungen der zugrunde liegenden Einheiten scheinen sie eher ungeeignet. Noch deutlicher wird dies bei solchen Phänomenen, die im Transkript durch Formatierungen (z.B. Unterstreichen) visualisiert werden.

[43] Es sei angemerkt, dass die z.B. in Date (1995: 355ff) beschriebenen sog. Entity-Relationship-Diagrams sich als nicht besonders gut geeignet erwiesen haben, um die aus den Transkriptionssystemen rekonstruierten Modelle graphisch übersichtlich zu repräsentieren.

3.2.1.4 Beziehungen zwischen Einheiten

Als einen weiteren Schritt einer Entity-Relationship-Modellierung gilt es, die identifizierten (und symbolisch beschriebenen) Einheiten, die die einzelnen Transkripitonssysteme festlegen, zueinander in Beziehung zu setzen. Drei Typen von Beziehungen sind dabei relevant.

Erstens kann zwischen bestimmten Einheiten eine *hierarchische Beziehung* bestehen. Diese besagt, dass eine Einheit A einer Einheit B übergeordnet ist, bzw. dass Einheit B in Einheit A enthalten ist. Hierarchische Beziehungen bestehen beispielsweise zwischen den Äußerungen eines Sprechers und den Wörtern, aus denen sich diese Äußerung zusammensetzt.

Zweitens können zwei Einheiten in einer *Einheit/Merkmals-Beziehung* zueinander stehen. Dies ist der Fall für alle nicht-selbstständigen Einheiten; ein Beispiel ist die Beziehung zwischen Äußerungen und zugehörigen Übersetzungen.

Der dritte und vielleicht wichtigste Typus von Beziehungen zwischen Einheiten ist der *zeitliche*. Ein Charakteristikum gesprochener Sprache sind zeitlich parallele Strukturen, z.B. zwischen Äußerungen verschiedener Sprecher („ins-Wort-Fallen") oder verschiedenen Modalitäten (redebegleitende Gesten oder Mimik). Prinzipiell sind damit drei Arten zeitlicher Beziehungen zwischen zwei Einheiten A und B denkbar:

(1) keine Überlappung – die Einheiten A und B folgen einander; Einheit B beginnt, nachdem Einheit A geendet hat.

(2) partielle Überlappung – die Einheiten A und B überschneiden sich teilweise; der Beginn von Einheit B liegt zwischen Beginn und Ende von Einheit A, ihr Ende nach dem Ende von Einheit A.

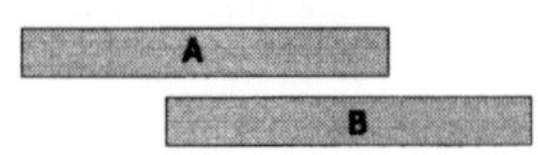

(3) totale Überlappung – die Einheiten A und B überschneiden sich vollständig; Einheit B beginnt nach Einheit A und endet vor dieser.

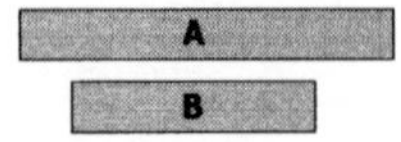

3.2.1.5 Integritätsregeln und formale Operationen

Eine vollständige Entity-Relationship-Modellierung einer Domäne beinhaltet auch die Festlegung formaler Integritätsregeln und Operationen auf den symbolisch beschriebenen Einheiten. Da die untersuchten Transkriptionssysteme jedoch nicht vor diesem Paradigma entworfen wurden, liefern sie wenig konkrete Anhaltspunkte für diese Schritte. Dennoch ist es für das Ziel dieser Arbeit natürlich nützlich, wenn nicht gar unerlässlich, solche Regeln, auf denen die computergestützte Verarbeitung von Transkriptionen letztendlich basieren muss, zu formulieren. Weil diese Aufgabe aber nur in loser Verbindung zur Charakterisierung der zu untersuchenden Transkriptionssysteme steht, und weil sie außerdem ein formales Verfahren voraussetzt, das erst in den beiden folgenden Kapiteln entwickelt werden wird, soll sie zunächst hintangestellt werden.

3.2.2 Ordnungsprinzipien für Visualisierungen

Neben der Beschreibung der aus den Transkriptionssystemen zu rekonstruierenden Modelle gesprochener Sprache ist das zweite Ziel dieses Kapitels, die zu diesen Modellen gehörigen Visualisierungen zu charakterisieren. Dies soll anhand zweier Parameter erfolgen.

Der erste dieser Parameter – der *Visualisierungsort* – ergibt sich aus den im vorigen Abschnitt betrachteten verschiedenen Layoutprinzipien. Je nachdem, ob das untersuchte Transkriptionssystem die Partitur- oder die Zeilennotation benutzt, stehen Positionen in einem zwei- oder eindimensionalen Koordinatensystem zur Verfügung, an denen Modelleinheiten in Abhängigkeit von ihrem Typ und ihrer zeitlichen Einordnung visualisiert werden können.

Der zweite Parameter betrifft die *Visualisierungsart*, d.h. die Art und Weise, wie Beschreibungen im symbolischen Modell auf graphische Einheiten im analogen Transkript abzubilden sind. Sechs mögliche Visualisierungsarten sind zu unterscheiden:[44]

(1) *Einfache Symbolübernahme*: Diese Visualisierungsart kommen überall dort zum Einsatz, wo Phänomene durch Deskription beschrieben werden, also z.B. bei non-verbalen Handlungen. Die symbolischen Beschreibungen dieser Phänomene werden unverändert aus dem Modell an den entsprechenden Ort im Transkript übernommen.

Modell		**Visualisierung**
Einheit	**Beschreibung**	tippt sich an die Stirn
NVK (eigenlinig)	*tippt sich an die Stirn*	
...	...	

(2) *Integrierte Symbolübernahme*: Dies ist die Visualisierungsart für all diejenigen Gesprächsbestandteile, die ausgehend von der Standardorthographie symbolisch beschrieben werden. Wie oben dargelegt, treten Silben, Wörter etc. im Transkript nicht als separate Einheiten auf, sondern werden integriert visualisiert – die Beschreibungen kleinerer Einheiten sind in der Visualisierung jeweils in den Beschreibungen größerer Einheiten enthalten.

[44] Vgl. dazu auch Schneider (2002b: 200), der eine Klassifikation von „Darstellungsmitteln zum Annotieren" vornimmt, die der hier vorgeschlagenen Unterscheidung nicht unähnlich ist.

Modell		**Visualisierung**
Einheit	**Beschreibung**	Hallo Karl
Wort	*Hallo*	
Wort	*Karl*	
Silbe	*Hal*	
Silbe	*lo*	
Silbe	*Karl*	
Phonem	*H*	
Phonem	*a*	
...	...	

(3) *Integrierte Visualisierung durch Einfügen von Symbolen*: Insbesondere nicht-selbstständige Einheiten, deren Beschreibung aus einem Wert einer geschlossen Liste besteht, werden oft über eine Einfügung von Symbolen in die Abfolge der Beschreibungen segmentaler Phänomene visualisiert. Typischerweise wird auf diese Art eine Annotation am Anfang und/oder am Ende der annotierten Einheit kenntlich gemacht. Beispiele sind die Kennzeichnung von Äußerungstypen in HIAT durch Interpunktionszeichen oder die Markierung von Neologismen in Verbmobil durch einen Asterisk.

Modell			**Visualisierung**
Einheit	**Beschreibung**	**Bezugseinheit**	Sag ich doch!
Äußerungstyp	*Typ E*	Äußerung *Sag ich doch*	
Wort	*Sag*	-	
...	...		

(4) *Integrierte Visualisierung durch Formatierung*: Diese Visualisierungsart kommt ebenfalls bei nicht-selbstständigen Einheiten zum Einsatz. Beispiele sind die Unterstreichung akzentuierter Silben in HIAT oder deren Kapitalisierung in GAT.

Modell			**Visualisierung**
Einheit	**Beschreibung**	**Bezugseinheit**	be<u>tont</u>
Akzent	*normal*	Silbe *tont*	
Silbe	*be*	-	
Silbe	*tont*	-	
Wort	*betont*	-	
...	...	.	

(5) *Symbolisierung*: Manche Phänomene werden im Transkript durch ein einzelnes Symbol oder eine Symbolkette repräsentiert, die von den Symbolen, die im Modell zur Beschreibung verwendet werden, verschieden sein mögen. Beispiele sind die Pausenpunkte in HIAT – sie repräsentieren im Modell numerisch beschriebene Einheiten symbolisch im Transkript – oder das von DuBois (1991) verwendete Zeichen @ für Lachen.

Modell		**Visualisierung**
Einheit	**Beschreibung**	Ja • genau
Pause	*0.23*	
Wort	*Ja*	
Wort	*genau*	
...	...	

(6) *Ikonisierung*: Nach der ursprünglichen Fassung von HIAT sind verschiedene Typen der dynamischen Modulation nicht durch Symbole, sondern durch Ikone, die z.B. der musikalischen Notationsform entlehnt sind, zu visualisieren. Beispielsweise wird eine zunehmende Lautstärke durch ein Crescendo-Zeichen, das in seiner Ausdehnung der annotierten Bezugseinheit entspricht, kenntlich gemacht. Die Umsetzung ikonischer Visualisierungen auf dem Computer ist problematisch, weil sie die technisch komplexe Integration von Graphiken oder deren Nachbildung durch Schriftsymbole nötig macht. Spätere Fassungen von HIAT, die für den Gebrauch des Systems mit dem SyncWriter oder HIAT-DOS konzipiert sind, machen daher Vorschläge, wodurch ikonische Visualisierungen im Einzelfall zu ersetzen sind.[45] In den anderen untersuchten Transkriptionssystemen wird von ikonischer Visualisierung grundsätzlich kein Gebrauch gemacht.

<table>
<tr><th colspan="3">Modell</th><th>Visualisierung</th></tr>
<tr><th>Einheit</th><th>Beschreibung</th><th>Bezugseinheit</th><td rowspan="5">ich werde laut</td></tr>
<tr><td>Lautstärke</td><td>lauter</td><td>Phonemkette werde laut</td></tr>
<tr><td>Wort</td><td>ich</td><td>-</td></tr>
<tr><td>Wort</td><td>werde</td><td>-</td></tr>
<tr><td>...</td><td>...</td><td></td></tr>
</table>

3.3 Transkriptionssysteme

3.3.1 HIAT

3.3.1.1 Vorbemerkungen zur Literatur

Das Transkriptionssystem der Halbinterpretativen Arbeitstranskriptionen (HIAT) wurde erstmals in Ehlich/Rehbein (1976) vorgestellt. Ursprünglich für das Projekt "Kommunikation in der Schule" konzipiert, ist es laut Dittmar (2002: 111) heute das „im deutschen Raum [...] verbreitetste System".[46] Es hat im Laufe der Jahre zahlreiche Weiterentwicklungen erfahren, die zum einen auf die technologische Entwicklung (sprich: den Einsatz des Computers als Transkriptionswerkzeug) und zum anderen auf eine Erweiterung seines Einsatzbereiches (z.B. mehrsprachige Kommunikation) zurückzuführen sind. Da diese Weiterentwicklungen an keiner Stelle zusammengefasst dargestellt sind und

[45] I.d.R. sind dies wiederum Symbole, die an den betreffenden Stellen in der Sprecher-Spur eingefügt werden (die Visualisierungsart der Ikonisierung wird also durch die der integrierten Visualisierung durch Einfügen von Zeichen ersetzt). Beispielsweise wird das Crescendo-Ikon nach Rehbein et al. (1993: 131) durch ein entsprechendes Diakritikon ersetzt, das dann mehrmals (über jedem Silbenkern) „zu notieren" ist.

[46] Diese Einschätzung ist sicherlich kritisch zu hinterfragen. In einer Diskussion der MAILINGLISTE GESPRÄCHSFORSCHUNG (13.09.2002) sagt zum Beispiel Arnulf Deppermann, dass GAT „inzwischen schulenübergreifend am verbreitetsten sein [dürfte]." Zahlen, die die eine oder andere dieser Einschätzungen belegen könnten, sucht man vergebens.

teilweise sogar zu divergenten Versionen des Systems geführt haben (insbesondere im Bezug auf seine computertechnische Umsetzung), soll hier zunächst eine Übersicht über die verwendete Literatur und die dort jeweils behandelten Aspekte von HIAT gegeben werden.

Ehlich/Rehbein (1976) stellen die hinsichtlich des anvisierten Analysezweckes wenig festgelegte Grundfassung des Systems dar. „Im Mittelpunkt [...] steht die Wiedergabe des akustisch-verbalen Materials; andere kommunikativ relevante Dimensionen werden rudimentär bezeichnet." (Ehlich/Rehbein 1979b: 174) In späteren Arbeiten werden diese Vorgaben *HIAT1* und die nach ihnen angefertigten Transkriptionen *einfache Arbeitstranskriptionen* genannt.

Ehlich/Rehbein (1979a, 1979b und 1981) beschreiben dann *HIAT2*, eine Erweiterung von HIAT1 zum Anfertigen von *spezifizierten Arbeitstranskriptionen*. Die Spezifikation besteht in einem detaillierteren Verfahren zur Transkription non-verbaler und aktionaler (Ehlich/Rehbein 1979a) bzw. intonatorischer (Ehlich/Rehbein 1979b) Phänomene.

HIAT1 und HIAT2 bauen aufeinander auf. Wie aus Ehlich/Rehbein (1976: 38ff) ersichtlich wird, sollen Transkripte nach diesen Verfahren zunächst handschriftlich angefertigt werden und nach Abschluss des Korrekturvorganges in eine maschinenschriftliche Fassung überführt werden. Mit der Entwicklung der Computer-Programme HIAT-DOS und SyncWriter und ihrem Einsatz zur Erstellung von HIAT-Transkripten hat sich das Verfahren zunächst insofern geändert, als dieser zweischrittige Arbeitsvorgang sich nicht mehr in zwei separaten Fassungen des Transkripts niederschlägt – Transkription und Korrektur erfolgen nun „on-screen" an einem einzigen Dokument. Darüber hinaus lässt sich jedoch auch feststellen, dass sich mit der Änderung seiner technischen Umsetzung das System selbst in einigen Punkten verändert hat, und dass insbesondere diese Änderungen für HIAT-DOS anders ausfallen als für den SyncWriter.[47]

Die Funktionalität von HIAT-DOS bleibt relativ nahe an den Möglichkeiten der Schreibmaschine. Das Programm lässt nur die Verwendung eines Festbreitenschriftsatzes zu und folgt auch mit der Einteilung der Eingabemaske in mehrere *Simultanflächen* Beschränkungen des maschinenschriftlichen Transkribierens. Ehlich (1992a und 1992b) stellt daher im Wesentlichen dar, wie das in vorherigen Arbeiten entwickelte System auf dem Computer zum Einsatz kommt, ohne es dabei grundlegend einzuschränken oder zu erweitern.

Wie die Anweisungen in Rehbein et al. (1993) deutlich machen, unterscheidet sich das Erstellen von HIAT-Transkripten mit dem SyncWriter dagegen in einigen Punkten wesentlich vom Anfertigen von Transkripten mit der Schreibmaschine. Zum einen treten – bedingt durch die vom Programm zur Verfügung gestellten Möglichkeiten – einige neue Festlegungen auf, die sich in dieser Form

[47] Für eine Betrachtung dieses Zusammenspiels technischer und theoretischer Weiterentwicklungen des HIAT-Systems siehe auch Grießhaber (2000).

nicht in vorhergehenden Arbeiten finden. Beispielweise wird eine externe Kommentarspur eingeführt, und es werden Anweisungen zum Verwenden verschiedener Schriftarten in bestimmten Spurtypen gegeben. Zum anderen werden gewisse Bestandteile des Systems ausgeklammert, weil sie sich mit dem Programm nicht ohne weiteres umsetzen lassen. So macht z.B. die Möglichkeit des SyncWriters zur Verwendung von Proportionalschriftsätzen die Umsetzung des in Ehlich/Rehbein (1979b) vorgeschlagenen Verfahrens zur Notation intonatorischer Phänomene zu einem technischen Problem, das bis heute nicht vollständig gelöst ist und daher auch in Rehbein et al. (1993) nur marginal angesprochen wird.

Während diese Änderungen weitestgehend auf der Ebene der praktischen Umsetzung des Systems anzusiedeln sind, stellen die in Rehbein (1995) angestellten Überlegungen zum Segmentieren gesprochener Sprache in Äußerungen auch eine Erweiterung der theoretischen Grundlagen von HIAT dar. Das Pendant dieser Theorie-Erweiterung auf der praktischen Ebene ist die vom SyncWriter zur Verfügung gestellte Funktion zum Export von Segmentlisten. Rehbein et al. (1993) und Rehbein (1995) beschreiben, wie das Transkriptionsverfahren zu modifizieren ist, damit die verwendete Interpunktion als Ausgangspunkt für die automatische Überführung eines in Partiturnotation angefertigten Transkripts in eine Liste von Äußerungen benutzt werden kann.

Schließlich werden in Rehbein et al. (1993) als weitere Neuerung auch Aspekte des Annotierens nicht-deutschsprachiger Transkripte besprochen. Zwar machen zahlreiche Beispiele in den vorhergehenden Arbeiten – besonders Ehlich (1992a), aber auch Ehlich/Rehbein (1979a: 55) – deutlich, dass HIAT von Vorneherein auch für das Transkribieren fremdsprachlichen Handelns konzipiert war. Viele Überlegungen beziehen sich jedoch ausdrücklich auf das Deutsche und sind daher nicht ohne weiteres auf andere Sprachen übertragbar.

Bezüglich des aus dem HIAT-System zu rekonstruierenden Modells, stellt sich die Literatur dennoch überschaubar dar. Ehlich/Rehbein (1976, 1979a, 1979b) formulieren die Grundzüge des Verfahrens, die sich seitdem kaum verändert haben. Rehbein (1995) stellt die einzige Erweiterung dar, die auf der Modellebene relevant erscheint; viele Aspekte dieser Erweiterung werden auch bereits in Rehbein et al. (1993) angesprochen. Ehlich/Switalla (1976) geben einen Überblick über damals gebräuchliche Transkriptionssysteme und berücksichtigen dabei auch HIAT. Redder (2001 und 2002) und Rehbein (2001) formulieren einige allgemeine Gedanken zum Transkribieren, liefern übersichtsartig die zum jetzigen Zeitpunkt aktuellste Gesamtdarstellung des Systems und stellen Vergleiche zu anderen Systemen an.

3.3.1.2 Transkriptionsverständnis in HIAT

Das Transkriptionsverständnis in HIAT wurde bereits in Abschnitt 2.1. skizziert. Es sei daher hier zunächst wiederholt, dass das System von Ehlich/Rehbein

(1976: 23) als „halbinterpretativ" charakterisiert wird, weil „der Transkribent einerseits [...] auf der Grundlage seiner reflektiert eingesetzten Alltagskenntnisse von Sprache eine Strukturierung des sprachlichen Materials bereits vornimmt; weil er aber andererseits keine darüber hinausgehenden Interpretationsraster über das Material legt." Auf eine präzise Definition dessen, was hier als „Alltagskenntnisse" bezeichnet wird, verzichten die Autoren; die Unterscheidung zwischen Alltagskenntnis und darüber hinaus gehenden Interpretationsrastern wird aber durch die folgende Aussage spezifiziert:

> Allgemein ergibt sich aus der reflektierten Einsetzung der Alltagskenntnisse des Transkribenten von Sprache, dass die Standardsprache als Ausgangspunkt und Raster verwendet wird. (Ehlich/Rehbein 1976: 23)

Im gleichen Sinne spricht Redder (2001: 1040) von einer „an das historisch-gesellschaftliche Wissen anknüpfende[n], insofern hermeneutische[n] Verschriftung". Unter Alltagskenntnissen von Sprache wären demnach Kenntnisse der Regeln der Standardsprache (also z.B. Standardorthographie, wohl auch Standardaussprache) sowie das Wissen um deren Einsatz zu verstehen.

Ebenso entscheidend für das Transkriptionsverständnis in HIAT sind die Überlegungen, die Ehlich/Rehbein (1979b: 52f) „zur Methodologie" des Systems anstellen. Die Autoren stellen dort zum Zwecke der Illustration ihrer eigenen Auffassung vom Transkribieren die Position der Phonetik, die ihres Erachtens von der Vorstellung ausgeht, „dass gesellschaftliche Handlungssysteme aus einer Reihe von kleinsten Einheiten bestehen, die rein quantitativ summierbar sind", die Position der Phonologie gegenüber:

> Demgegenüber geht es [der Phonologie] darum, die spezifischen *qualitativen* Kennzeichen von gesellschaftlichen Handlungssystemen und ihren Teilen herauszuarbeiten. [...] Vielmehr kommt es ihr darauf an, die qualitativen Sprünge analytisch-kategorial zu erfassen. [Entsprechend] kommt es unseres Erachtens darauf an, die *wesentlichen Kennzeichen* analysierter Wirklichkeitsausschnitte herauszuarbeiten. Dies geschieht in der Form der Rekonstruktion des Konkreten, der die Identifikation seiner charakteristischen Bestandteile analytisch vorausgeht. Die Rekonstruktion zeigt deren Zusammenhang und Strukturen im einzelnen auf. Die qualitativen Differenzen werden so theoretisch repräsentiert. (Ehlich/Rehbein 1979b: 53)

HIAT erweist sich demnach als ein Transkriptionssystem, in dem die sprachliche Wirklichkeit in qualitativer, nicht in quantitativer Weise erfasst wird. Redder (2002: 118) drückt dies wie folgt aus:

> Unter einem wissenschaftssystematischen Aspekt [...] kann die Frage nach der Authentizität des Transkribierten bloß im [...] „-emischen" Sinne gestellt werden und nicht im „-etischen".

Entscheidend für die Abbildung von Realität in der Transkription ist in HIAT also die Funktion, nicht die Form von sprachlichen Einheiten.[48] Wie im betreffenden Abschnitt noch einmal aufgegriffen werden wird, bestätigt Selting (2001: 1061) dies, indem sie GAT als *formbezogenes* Transkriptionssystem dem *funktionsbezogenen* HIAT gegenüberstellt. Dass die Funktion einzelner Elemente des Gespräches für ihre Transkription in HIAT eine grundlegende Rolle spielt, wird auch im folgenden Abschnitt an mehreren Stellen offensichtlich werden.
Vor dem Hintergrund der in Kapitel 2 angestellten Überlegungen kann dies als eine Charakterisierung des HIAT innewohnenden Verkürzungsmerkmals verstanden werden. Das Transkriptionssystem würde sich damit in der Tat – ganz im Sinne des für diese Arbeit gewählten Ansatz – als Ausdruck eines in der funktionalpragmatischen Diskursanalyse entwickelten Modells gesprochener Sprache darstellen.

3.3.1.3 Modell

Segmentale Einheiten

Folgendes Diagramm veranschaulicht die phonologisch erfassbaren segmentalen Bestandteile in HIAT:

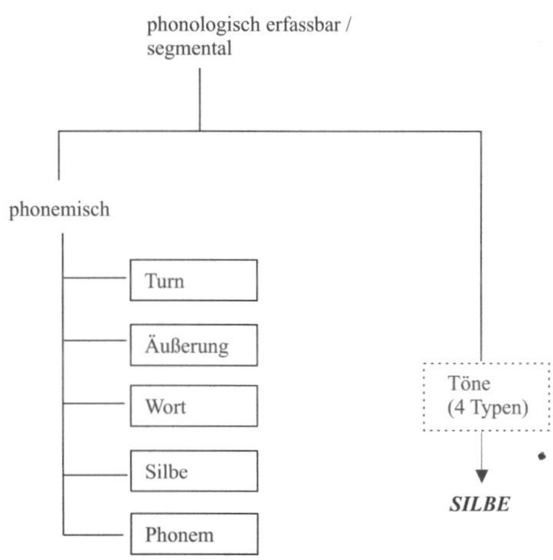

[48] Vergegenwärtigt man sich, dass das System in erster Linie für Untersuchungen im Rahmen der *Funktionalen* Pragmatik eingesetzt wird, so ist diese Beobachtung natürlich auch nahezu selbstverständlich.

Die Einheiten *Wort*, *Silbe* und *Phonem* werden kaum explizit erläutert – sie sind also weitestgehend nach den diesbezüglichen Regelmäßigkeiten der standardorthographischen Vorgaben zu verstehen. Speziell zur Einheit des Wortes heißt es in Rehbein et al. (1993: 99) „Wortgrenzen werden respektiert“ – d.h. die Einheit *Wort* in HIAT entspricht in der Tat der Einheit *Wort* in der Standardorthographie.

Auch bezüglich der Einheit des Turns finden sich in der berücksichtigten Literatur nur wenige explizite Erläuterungen. Nach Rehbein (1995: 25) wird der Turn jedoch immerhin eindeutig von der Äußerung abgegrenzt – er ist ihr übergeordnet; ein Turn kann aus einer oder mehreren Äußerungen bestehen:

> Ist ein aufgezeichneter Diskursabschnitt durch Sprecherwechsel gekennzeichnet, ist der für die Segmentierung scheinbar einfache Fall der, dass eine Äußerung von der vorherigen und von der nächsten durch einen Sprecher-(turn-)Wechsel abgegrenzt wird. Folgen jedoch mehrere Äußerungen einander ohne Sprecherwechsel, umfasst ein turn mehr als eine Äußerung, stellt sich die Frage nach anderen Kennzeichnungen als der des Sprecherwechsels.[49]

Weitgreifende theoretische Überlegungen fließen vor allem in die Definition der Äußerung ein. Nachdem in der ursprünglichen Fassung von HIAT nur recht vage festgelegt wurde, wie Äußerungen mittels Interpunktion kenntlich zu machen sind[50], präzisieren Rehbein et al. (1993) und Rehbein (1995) die Vorgehensweise zum Verwenden von Interpunktion in HIAT wesentlich. Dabei gehen sie von folgendem Gedanken aus:

> Die Interpunktion, die für die geschriebene Sprache entwickelt wurde, ist für die Segmentierung gesprochener Sprache fraglos nur dort verwendbar, wo es sich um ähnliche Struktureinheiten handelt. Der größte Teil der Äußerungen gesprochener Sprache ist jedoch unter der Perspektive geschriebener Sprache nicht annotierbar und die bekannten Interpunktionszeichen auch kaum automatisch applizierbar. Vielmehr sind sie erst *aufgrund einer Typologie der Äußerungsakte* am Äußerungsende anzubringen. (Rehbein 1995: 23)

[49] Eine an dieser Formulierung orientierte Definition des Turns müsste selbigen also etwa als „die Gesamtheit der (verbalen) Handlungen eines Sprechers von seinem Einsatz bis zum nächsten Sprecherwechsel“ begreifen. Dies entspräche der weiter unten im Kapitel über GAT diskutierten „naiven“ Lesart des Turn-Begriffs. In Rehbein et al. (1993: 34) wird dies unter der Überschrift „Segmentierung nach Beiträgen (~Turns)“ bestätigt, wobei das abmildernde Tilde-Zeichen wohl gleichzeitig die mit diesem Begriff verbundene Problematik andeuten soll.

[50] Nach Ehlich/Rehbein (1976:23 und 1979b:58) sind Interpunktionszeichen bei der Transkription „in ihrer üblichen Weise“, „relativ sparsam“ und „sorgfältig“ einzusetzen.

Die in Rehbein (1995) dann entwickelte Typologie der Äußerungsakte führt zu folgender Subklassifizierung der Äußerung:[51]

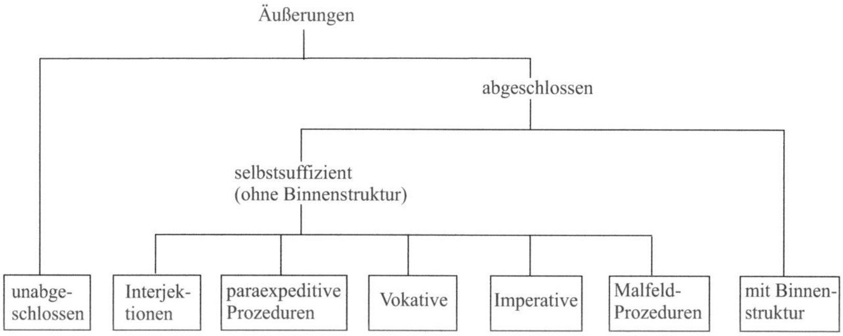

Neben den orthographisch zu beschreibenden Einheiten definiert HIAT als einziges der hier behandelten Systeme eine zusätzliche segmentale, phonologische Einheit – die Töne. Tonale Unterschiede in der lautlichen Realisierung identischer Phonemketten können mit alphabetischen Mitteln zunächst nicht abgebildet werden. Weil sie aber dennoch „besonders für diskurssteuernde Ausdrücke wie HM“ (Ehlich/Rehbein 1979b: 55f) eine bedeutungsunterscheidende Funktion haben, sind sie aus funktional-pragmatischer Perspektive relevant[52] und müssen dementsprechend in der Transkription berücksichtigt werden. Für den Ausdruck HM unterscheidet Ehlich (1979) beispielsweise vier verschiedene Tonbewegungen, die mit einer entsprechenden Anzahl von verschiedenen Bedeutungen korrespondieren. Für die Visualisierung solcher unterschiedlicher tonaler Phänomene sieht HIAT vier verschiedene Diakritika vor, die „über dem Silbenkern“ (Ehlich/Rehbein 1979b: 56) zu notieren sind; die Töne sind demnach nicht als selbstständige Einheiten, sondern als Eigenschaften von Silben aufzufassen.

Nicht-segmentale Einheiten

Phonologisch erfassbare nicht-segmentale Einheiten gesprochener Sprache werden teilweise bereits in HIAT1 definiert. Ehlich/Rehbein (1979b) liefern dann noch einmal genauere Angaben zur Transkription von Intonation. Das folgende Diagramm gibt einen Überblick über nicht-segmentale Einheiten in HIAT:

[51] Die in HIAT auf der Visualisierungsebene repräsentierte Subklassifizierung von Äußerungen folgt allerdings einer anderen Systematik. Dies wird weiter unten ausgeführt.

[52] Hinsichtlich des Modellgedankens bleibt also auch hier festzuhalten, dass auch für die Transkription tonaler segmentaler Erscheinungen funktional-pragmatisch motivierte Kriterien darüber entscheiden, ob und wie sie transkribiert werden.

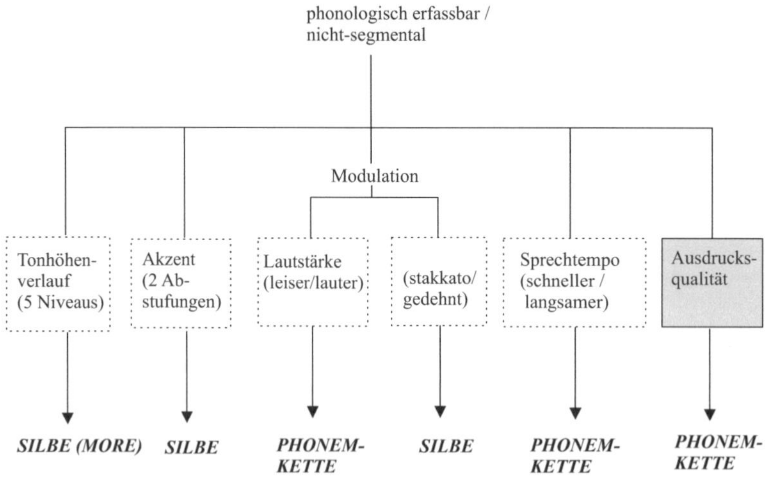

Für all diese Phänomene wird in HIAT wiederum eine konsequent an der theoretischen Grundlage orientierte Position eingenommen:

> Für halbinterpretative Arbeitstranskriptionen geht es bei all diesen Fragen um die *funktional* bezogenen Aspekte. Das heißt, nur solche Erscheinungen erfordern Beachtung bei der Transkription, die eine Rolle im kommunikativen Handeln als Verständigungshandeln wahrnehmen. (Ehlich/Rehbein 1979b: 57)

Diesem Grundprinzip folgend wird nach Ehlich/Rehbein (1979b: 70f) z.B. der Tonhöhenverlauf nur dort detaillierter transkribiert, wo

(1) es Alternativen zu geben scheint, die funktional differenziert sind, oder
(2) es Alternativen gibt, die nicht die Gesamtform der Struktur verändern, sondern lediglich die Niveauunterschiede vergrößern, oder
(3) Kontrast-Intonation und -Akzentuierung zur Erreichung spezieller Effekte eingesetzt wird oder
(4) der Tonhöhenverlauf sprechercharakteristisch oder dialektspezifisch ist („Bei kontinuierlichen Charakteristika empfiehlt sich eine allgemeine Bezeichnung zur Entlastung des Transkripts") oder
(5) Spielräume mit relativ freier Intonationsstruktur genutzt werden.[53]

[53] Zusammenfassend sagen Ehlich/Rehbein (1979b: 72):

> HIAT 2 wird nicht durchgehend angewendet; es werden lediglich Abweichungen von Normalverläufen angegeben. Selbstverständlich erfordert die Konkretisierung dieser Verfahrensweise tendenziell die Erstellung von Listen bzw. Regelsystemen der Intonationsgestaltung

Für diese Fälle schlagen die Autoren eine Differenzierung von vier oder fünf Tonhöhenniveaus vor, die den entsprechenden Phonemketten zugeordnet werden. Dabei ist zu beachten, dass diese Ketten nicht immer einzelnen Silben entsprechen, sondern dass „im Deutschen [...] eine Intonationsstruktur mit Tonhöhenverlauf über mehrere Niveaus innerhalb einer Silbe untergebracht" (Ehlich/Rehbein 1979b: 65) werden kann. Als diesbezüglich relevante Einheit wird demnach die *More* genannt (vgl. ebda.), die allerdings keine Entsprechung in der symbolischen Beschreibung der segmentalen Modellbestandteile hat.[54]

Für die übrigen nicht-segmentalen phonologischen Eigenschaften sieht HIAT entsprechende Verfahrensweisen vor; aus Platzgründen seien sie deshalb hier nur übersichtsartig behandelt:

- Akzent: auch hier wird konstatiert, dass dessen Transkription nicht durchgängig, sondern „lediglich bei Abweichungen von der Normalbetonung [...] angebracht" (Ehlich/Rehbein 1979b: 73) ist. Für den Fall, dass eine solche Abweichung kontinuierlich stattfindet, beispielsweise wenn die Akzentgesetze einer fremden Sprache transferiert werden, wird ein entsprechender Vermerk im Transkriptkopf empfohlen. Zu transkribierende Akzentsetzungen konzentrieren sich daher vor allem auf Hervorhebungen, besonders zu kontrastiven Zwecken. Die ursprüngliche Fassung von HIAT sieht eine zweistellige Unterscheidung bezüglich Abstufungen in der Akzentuierung vor. Als Bezugseinheit werden dabei Silben bzw. Wörter angegeben.
- Modulation: Hier unterscheiden Ehlich/Rehbein (1976: 25) fünf verschiedene Merkmale – *leiser werdend, lauter werdend, Stakkato, betont*[55] und *gedehnt.*

> im Deutschen. [...] Lässt der Zusammenhang klar erkennen, um welche Struktur es sich handelt, so ist eine Notierung auch hier nicht erforderlich. – Insgesamt scheint es sinnvoll zu sein, Intonationsmarkierungen möglichst sparsam zu verwenden.

[54] Das ist für den Blickwinkel dieser Arbeit interessant, denn es bedeutet konkret, dass per Modell zunächst eine Eigenschaft (nämlich ein Intonationsniveau) für eine Einheit (nämlich eine More) festgelegt wird, die im Modell gar nicht – oder zumindest nicht als eigenständige(s) Symbol(kette) – repräsentiert ist. In der Visualisierung von HIAT-Transkriptionen wird dieses Problem dadurch umgangen, dass z.B. „zwei der üblichen Zeichen hierfür [...] über *einer* Silbe notiert werden" (Ehlich/Rehbein 1979b: 65). Entsprechend ließe sich natürlich auch bei der getrennten Formulierung des Modells verfahren, d.h. man könnte das Intonationsniveau eben nicht als Eigenschaft einer More begreifen, sondern umgekehrt davon ausgehen, dass jeder Silbe eine *Folge von Intonationsniveaus* zugeordnet werden kann. Die Einheit der More wäre damit aber für die Formulierung des Modells hinfällig.

[55] Hier sind die verschiedenen Darstellungen nicht vollständig stimmig. Das hier als Betonung bezeichnete Merkmal fungiert in HIAT2 (Ehlich/Rehbein 1979b) unter dem gerade beschriebenen Terminus „Akzent", der dort deutlich von der (dynamischen) Modulation abgegrenzt wird.

Eine konkrete Bezugseinheit wird nicht angegeben. Naheliegende Bezugseinheiten für *Stakkato* und *gedehnt* wären Silben bzw. einzelne Phoneme, für *leiser werdend* und *lauter werdend* ist dies weniger eindeutig. Nicht nur aus diesem Grund, sondern auch, weil die Merkmale *Stakkato/gedehnt* einerseits und *leiser/lauter werdend* andererseits einander nicht ausschließen, wurde im obigen Diagramm eine weitere Unterteilung des Einheiten-Typs *Modulation* vorgenommen.

- Sprechtempo: Die ursprüngliche HIAT2-Konventionen differenziert dieses Merkmal nicht weiter, sondern schlägt vor, „Beschleunigungen, Verlangsamungen sowie allgemeine Sprechtempo-Charakteristika [...] durch Randkommentare" (Ehlich/Rehbein 1979b: 74) zu markieren. Rehbein et al. (1993: 131) sehen hingegen genau zwei mögliche Sprechtempo-Merkmale vor, nämlich *langsamer* und *schneller*. Als Bezugseinheit ist hier wiederum eine nicht näher einzugrenzende Einheit *Phonemkette* anzunehmen.
- Ausdrucksqualität: Ehlich/Rehbein (1979b: 74) liefern hierzu eine offene Liste von Beispielen „alltagssprachlicher Ausdrücke" und halten fest, dass „deren Systematik noch zu entwickeln" sei. Auch hier lässt sich die Bezugseinheit nicht genauer als durch den Terminus *Phonemkette* festlegen.

Nicht phonologisch erfassbare Einheiten

Die Auswahl der zu transkribierenden Phänomene dieser Gruppe orientiert sich wiederum an funktionalen Kriterien:

> Nicht alle Aspekte der nonverbalen Kommunikation sind für diskursanalytische Zwecke gleich wichtig. Entscheidend ist vielmehr, dass das NVK-Phänomen einen Stellenwert in der Gesamtkommunikation einnimmt. Er bestimmt sich, grob gesprochen, nach seiner Relevanz im Blick auf die verbale Kommunikation [...] Die Auswahl des zu Transkribierenden orientiert sich also an der Systematik der NVK [...]. NVK-Phänomene, die eine lediglich *neutrale* Stellung einnehmen, sind im Allgemeinen nicht in die Transkription aufzunehmen. (Ehlich/Rehbein 1979a: 315)

Die angesprochene Systematik wird in Ehlich/Rehbein (1979a) auch ausführlich entwickelt. Sie führt zu nachfolgend abgebildeten Subklassifizierung von nicht phonologisch erfassbaren Einheiten. Die Beschreibung all dieser Einheiten erfolgt – wie oben bereits angesprochen – ausnahmslos durch alltagssprachliche Deskriptionen.

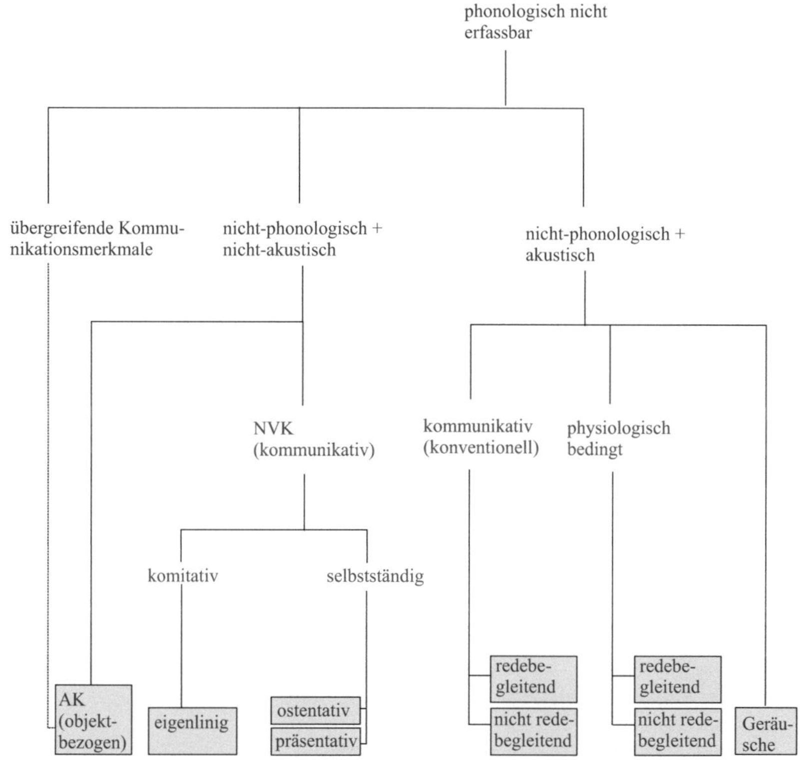
phonologisch nicht erfassbar
übergreifende Kommunikationsmerkmale
nicht-phonologisch + nicht-akustisch
nicht-phonologisch + akustisch
NVK (kommunikativ)
kommunikativ (konventionell)
physiologisch bedingt
komitativ
selbstständig
AK (objektbezogen)
eigenlinig
ostentativ
präsentativ
redebegleitend
nicht redebegleitend
redebegleitend
nicht redebegleitend
Geräusche

Pausen

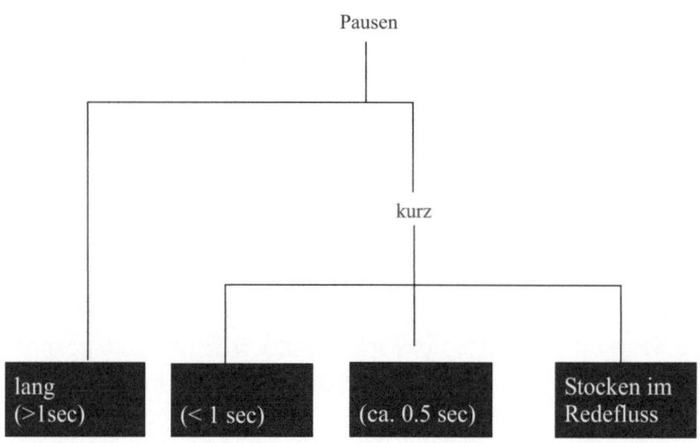
Pausen
kurz
lang (>1sec)
(< 1 sec)
(ca. 0.5 sec)
Stocken im Redefluss

Ehlich/Rehbein (1976: 24) unterscheiden *kurze Pausen* von *langen Pausen* und sehen für letztere die Option vor, ihre Dauer zu messen und im Transkript zu vermerken. In Rehbein et al. (1993: 94f) wird diese Unterscheidung präzisiert – die Grenze zwischen kurzen und langen Pausen liegt demnach bei einer Dauer von einer Sekunde. Kurze Pausen werden dort in weitere drei Subtypen differenziert:

Akustische Mängel

Die Vorgaben in Ehlich/Rehbein (1976: 30) sehen vor, *nicht* verständliches verbales Verhalten durch eine entsprechende Folge von Leerzeichen im Transkript kenntlich zu machen, während bei *schwer* Verständlichem durch eine Klammerung verdeutlicht werden soll, dass ein transkribierter Wortlaut nur *vermutet* wird. Nicht-verständliches ist demnach als selbstständige Einheit zu klassifizieren, deren symbolische Beschreibung in einer Folge von Leerzeichen besteht. Es ist allerdings schwierig, diese Art der symbolischen Beschreibung einem der vier vorgeschlagenen Typen zuzuordnen. Am ehesten ließen sich diese Leerzeichen (auch weil ihre Anzahl sich an der Länge des betreffenden Abschnittes orientiert) noch als Repräsentanten nicht-verstandener Phoneme interpretieren. Das spräche dafür, sie – wie hier – dem an der Standardorthographie bzw. der literarischen Umschrift orientierten Typus symbolischer Beschreibungen zuzuordnen. Eine schlechte Verständlichkeit hingegen ist als *Merkmal* aufzufassen, also als eine nicht-selbstständige Einheit, die sich auf eine Folge nicht näher bestimmter segmentaler Einheiten (also Phonemketten) bezieht:

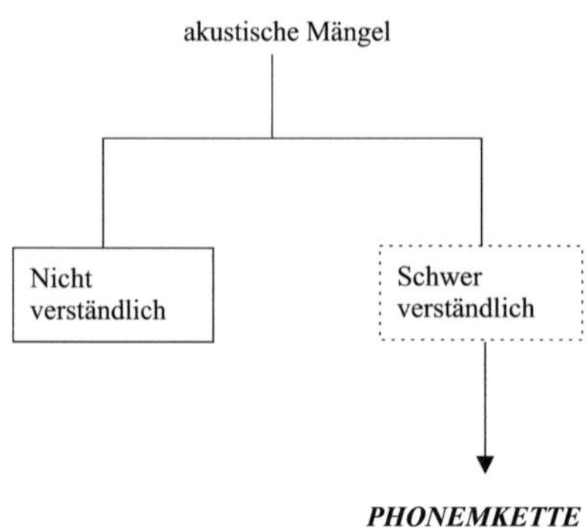

Klassifizierung / zusätzliche Beschreibung von segmentalen Einheiten

Das folgende Diagramm fasst die verbleibenden Einheiten gesprochener Sprache, die aus HIAT rekonstruiert werden können, zusammen:

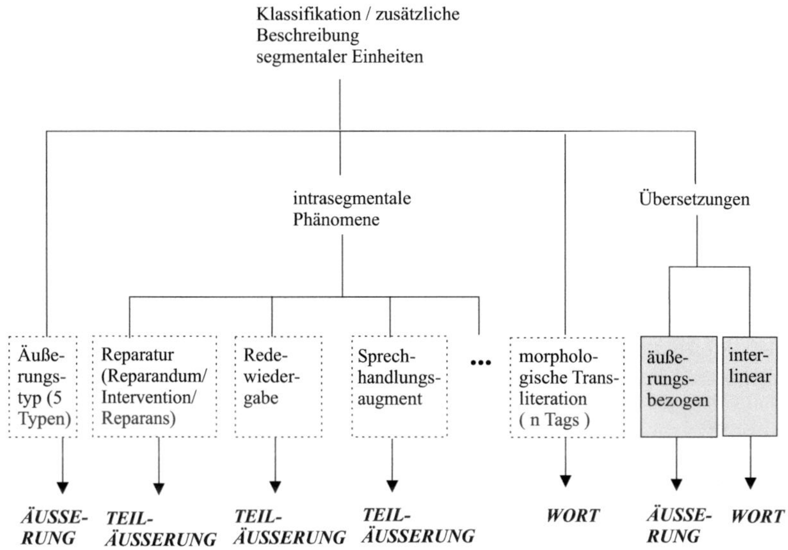

Die ausführlichste Besprechung erfahren dabei die verschiedenen Äußerungstypen. Wie oben bereits dargestellt, werden in Rehbein (1995) Äußerungen einerseits nach Kriterien wie Abgeschlossenheit und Selbstsuffizienz unterschieden. Die in HIAT letztendlich im Transkript in Form von Interpunktionszeichen ausgedrückte Kategorisierung folgt dieser Unterteilung jedoch nur teilweise: unabgeschlossene Äußerungen werden dort generell durch das Ellipsenzeichen („...") kenntlich gemacht. Für die Systematik der anderen vier möglichen Äußerungsendzeichen ist hingegen das Kriterium des *Modus* entscheidend, das partiell *quer*[56] durch die oben genannten Kategorien verläuft. Nach Rehbein (1995: 39) sind im Deutschen insgesamt sieben Modi zu differenzieren. Die Systematik von HIAT fasst diese in drei Gruppen zusammen und kennt zusätzlich noch solche Äußerungen, in denen „keine Moduskomponente realisiert" (ebda.: 36) ist. Damit ergeben sich entsprechend den fünf möglichen Äußerungsendzeichen insgesamt fünf Äußerungstypen. Die folgende Tabelle illustriert, wie diese mit den oben genannten Kategorien zusammenhängen (vgl. dazu auch Rehbein 1995: 63).[57]

[56] D.h. für einige Kategorien (z.B. Äußerungen mit Binnenstruktur) kommen mehrere Modi in Frage, während andere Kategorien (z.B. Vokative und Imperative) immer *genau einem* Modus zugeordnet werden können (deshalb: „Vokative werden herkömmlicherweise mit einem Ausrufezeichen abgeschlossen", Rehbein 1995: 35). Für unabgeschlossene Äußerungen und Interjektionen kann die Frage nach dem Modus hingegen gar nicht gestellt werden.

[57] Ein **x** bedeutet dabei: Dieser Äußerungstyp kann in dieser Kategorie realisiert sein.

		Unabgeschlossene Äußerungen	Interjektionen	Paraexpeditive Prozeduren	Vokative	Imperative	Malfeldprozeduren	Äußerungen mit Binnenstruktur
Typ A	*Abgebrochen*	x						
Typ B	*Modus nicht realisiert*		x	x			x	
Typ C	*Deklarativ-Modus*			x			x	x
Typ D	*Interrogativ-Modus*			x			x	x
Typ E	*Übrige Modi*			x	x	x	x	x

Weiterhin kennt HIAT auch noch solche Einheiten, die dem Wort ebenfalls über-, der Äußerung aber untergeordnet sind. Auf der Visualisierungsebene werden diese „intrasegmentalen Phänomene“ (Rehbein 1995: 38) durch die verbleibenden Interpunktionszeichen (z.B. Komma, Anführungszeichen, Schrägstrich, Doppelpunkt) kenntlich gemacht. Rehbein et al. (1993 : 56ff) legen detailliert dar, wie dabei zu verfahren ist. Es seien hier zunächst zwei Fälle exemplarisch angeführt:

- *Reparaturen* bestehen nach Rehbein (1995: 37ff) aus einer Abfolge von Reparandum und Reparans, denen optional eine Intervention zwischengeschaltet sein kann. Auf der Visualisierungsebene wird allerdings nur der Endpunkt des Reparandums mittels eines Schrägstriches kenntlich gemacht.
- Bei *Redewiedergaben* innerhalb von Äußerungen werden hingegen sowohl Anfangs- als auch Endpunkt des Phänomens durch Anführungszeichen kenntlich gemacht (vgl. Rehbein et al. 1993: 63ff).

Während in diesen beiden Fällen explizit angegeben wird, welches Interpunktionszeichen zur Kennzeichnung welches Phänomens gesprochener Sprache verwendet wird, und die verwendeten Interpunktionszeichen auch tatsächlich genau *ein* Phänomen markieren, stellen sich andere Bereiche weniger eindeutig dar. Insbesondere die Verwendung des Kommas ist in HIAT polyfunktional und nicht in einer Art und Weise geregelt, die eine vollständige Rekonstruktion eines zugrunde liegenden Modells gesprochener Sprache erlauben würde. Rehbein et al. (1993 : 56) sagen:

> Das Komma, ein Zeichen für die Binnenstrukturierung einer Äußerung, ist kein Äußerungsendzeichen [...]. Die Setzung des Kommas orientiert sich an den Kommaregeln des Duden zur deutschen Rechtschreibung (R 90-207).

Zwar geben sie in der Folge mehrere konkrete Beispiele für Phänomene gesprochener Sprache, die mittels Komma zu kennzeichnen sind (z.B. Reihung, Sprechhandlungsaugmente, Interjektionen in Äußerungen, Herausstellungen), diese decken aber bei Weitem nicht sämtliche der genannten Regeln aus dem

Duden ab. Da viele dieser Regeln jedoch auf dem Konzept des *Satzes* basieren[58], das an anderer Stelle ausdrücklich verworfen wurde, bedürfte es für eine vollständige Rekonstruktion des Modells eigentlich einer entsprechenden Reflexion dieser Regeln in den Konventionen.[59]

Die verbleibenden Einheiten kommen insbesondere bei der Transkription fremdsprachlichen Handelns zum Einsatz. Genauere Angaben zum äußerungsbezogenen und interlinearem Übersetzen finden sich vor allem in Durlanik et al. (1997) und Rehbein et al. (1993: 104ff). Hohenstein/Kameyama (2000: 28) liefern die einzigen mir bekannten Präzisierungen zum morphologischen Transliterieren von HIAT-Transkriptionen.

Verwendung von Orthographie und literarischer Umschrift

Rehbein et al. (1993: 99) nennen folgende Kriterien, um eine Wahl zwischen standardorthographischer und literarischer Umschrift zu treffen:

> Dialektale Einflüsse und ideolektale Varianten, die während des gesamten Gespräches auftreten, werden nicht einzeln notiert, sondern durch einen Hinweis am Transkriptanfang. [...]
> Von der Hochsprache abweichende Ausdrücke werden jeweils dann nachgebildet, wenn sie vereinzelt auftreten und bei der Interpretation des Transkripts eine Rolle spielen könnten. [...]
> Generelle, allgemein verbreitete Phänomene der Mündlichkeit, die von der schriftsprachlichen Form abweichen, werden nicht notiert
> Die unsaubere Artikulation einzelner Laute wird nicht transkribiert.

Damit sind zunächst drei Fälle zu unterscheiden:

(1) Ein sprachlicher Ausdruck wird gemäß der Standardsprache lautlich realisiert. In diesem Falle wird die Standardorthographie verwendet.
(2) Ein Sprecher weicht bzgl. der lautlichen Realisierung sprachlicher Ausdrücke (innerhalb einer Aufnahme) kontinuierlich von der Standardsprache ab, oder eine Abweichung lässt sich (sprecherunabhängig) als „allgemein verbreitetes Phänomen der Mündlichkeit" charakterisieren. Auch in diesem Falle wird die Standardorthographie verwendet, im ersten Fall aber mittels

[58] Zum Beispiel lautet die Duden-Regel K121: „Das Komma steht zwischen Haupt- und Nebensatz." Wie zahlreiche Transkriptbeispiele belegen, wird diese Regel auch tatsächlich beim Transkribieren angewandt, ihre Gesetzmäßigkeit also in irgendeiner Form auf die gesprochene Sprache übertragen.

[59] Dies entspräche auch der Zielsetzung von Rehbein (1995):

> Ziel der folgenden Überlegungen ist es [...], Präzisierungen für die Interpunktion vorzuschlagen, indem die dafür verwendeten Zeichen an den Gliederungsverfahren der gesprochenen Sprache rückorientiert werden. (Rehbein 1995: 3)

entsprechender Angaben im Transkriptkopf auf die veränderte (dialektale oder ideolektale) Regelmäßigkeit verwiesen.[60]

(3) Ein Sprecher weicht bzgl. der lautlichen Realisierung sprachlicher Ausdrücke vereinzelt (also nicht kontinuierlich) und in einer für die Kommunikation u.U. relevanten Weise von der Standardsprache ab. In diesem Falle wird die literarische Umschrift verwendet.

Ehlich/Rehbein (1979b: 55) nennen einen vierten Fall:

(4) Es besteht die „Notwendigkeit (z.B. bei der Transkription von Fremdsprachenunterricht), phonologisch/phonetische Angaben zu machen [...] Dies ist zum Beispiel dann der Fall, wenn [...] Ausspracherealisierungen nach relativ idiosynkratischen Regeln oder nahezu zufällig variieren." In diesem Falle wird der betreffende sprachliche Ausdruck zweimal transkribiert – einmal nach den Regeln der Standardorthographie und einmal unter Verwendung des IPA.[61]

Abgesehen von einer exemplarischen Liste in Rehbein et al. (1993: 100), die auch laut den Autoren „keinen Anspruch auf Vollständigkeit erhebt", existieren darüber hinaus in der hier berücksichtigten Literatur keine weiterführenden Spezifizierungen zum Gebrauch der literarischen Umschrift nach HIAT.

Beziehungen zwischen Einheiten

Zentral für die Betrachtung der Beziehungen zwischen Einheiten sind sicherlich die segmentalen, phonologisch erfassbaren Modellbestandteile. Wie oben darge-

[60] Ehlich/Rehbein (1979b: 55) merken weiter an, dass „die genauen Charakteristika [dieser veränderten Regelmäßigkeit] dann den Detailbeschreibungen z.B. der Dialekte zu entnehmen" seien. Für den menschlichen Leser eines Transkriptes ließe sich damit – sofern solche Detailbeschreibungen wirklich existieren – die abweichende Aussprache einer standardorthographisch transkribierten Form immer noch bis zu einem gewissen Grad rekonstruieren. Aus der Sicht des Computers bedeutet diese Vorgehensweise jedoch nicht weniger als eine „hochsprachliche Korrektur" der dialektalen Aussprache, denn die auf der formalisierbaren Symbolebene zugängliche Information enthält keinerlei Anhaltspunkt für eine Rekonstruktion der Dialektform.

[61] In der Visualisierung erscheinen diese beiden Transkriptionen dann übereinander – die phonologischen Angaben werden „supralinear in eckigen Klammern [...] vorgenommen." (Ehlich/Rehbein 1979b: 55). HIAT-DOS macht die Anwendung dieses Prinzips technisch unmöglich, weil es nicht alle notwendigen Zeichen des IPA zur Verfügung stellt, und auch bei der Transkription nach HIAT mit dem SyncWriter kommt es meines Wissens nicht zur Anwendung. Es findet dementsprechend in Rehbein et al. (1993) auch keine Erwähnung. Solche zusätzlichen IPA-Notationen könnten auch weiter oben unter die zusätzliche Beschreibung segmentaler Einheiten eingeordnet werden (als nicht-selbstständige Einheiten mit der Bezugseinheit des Wortes).

stellt, kennt HIAT die Einheiten des Turns, der Äußerung, des Wortes, der Silbe und des Phonems. Diese stehen in einer *hierarchisch-geordneten Beziehung* zueinander, d.h. Turns setzen sich aus einer oder mehren Äußerungen zusammen, Äußerungen aus einem oder mehreren Wörtern, Wörter aus einer oder mehreren Silben[62] und Silben aus einem oder mehreren Phonemen, wobei untergeordnete Einheiten sich innerhalb übergeordneter Einheiten in eine eindeutige lineare Abfolge bringen lassen.

Darüber hinaus sind aber auch Phonemketten als Bezugseinheit bestimmter nicht-segmentaler Merkmale und Wortketten als Bezugseinheiten der intrasegmentalen Phänomene relevante Modelleinheiten. Diese stehen in einer weniger einfachen Beziehung zu den bereits genannten: Phonemketten, also z.B. Redebestandteile, denen das Merkmal einer bestimmten dynamischen Modulation zugewiesen wird, lassen sich zwar immer genau einem Turn zuordnen. Sie können sich jedoch potentiell über Teile mehrerer Äußerungen oder nur über einen Teil eines Wortes erstrecken, so dass eine weitergehende hierarchische Einordnung nicht möglich ist. Außerdem ist denkbar, dass z.B. ein gekennzeichneter Bereich dynamischer Modulation sich ganz oder teilweise mit einem Bereich gekennzeichneter Ausdrucksqualität überlappt. Mehrere solcher Phonemketten lassen sich daher nicht unbedingt immer linear anordnen. Die für die Charakterisierung intra-segmentaler Phänomene relevanten Wortketten sind hingegen zwar immer einer Äußerung unter- und einem oder mehreren Wörtern übergeordnet. Auch hier kann aber nicht davon ausgegangen werden, dass mehrere relevante Wortketten sich nicht gegenseitig überlappen.[63]

---

[62] Hier ergibt sich allerdings ein weiterer Problemfall der orthographischen bzw. literarischen Umschrift: In der Schriftsprache sind Wörter ausnahmslos der Einheit der Silbe übergeordnet. Die Silbe ist in diesem Zusammenhang auch gar nicht als die phonologische Einheit zu verstehen, als die sie in HIAT (z.B. als Bezugseinheit von Akzenten) vornehmlich fungiert, sondern lediglich als eine (natürlich irgendwie phonologisch motivierte) Einheit, die das Trennen von Wörtern am Zeilenende ermöglicht. Der Fall, dass eine Silbe dabei mehr als ein Wort umfasst, ist in der Standardorthographie damit per Definition ausgeschlossen. Beim Transkribieren gesprochener Sprache hingegen ist dieser Fall denkbar. Wie der Widerspruch zwischen verschiedenen Beispielen belegt, legt HIAT nicht eindeutig fest, wie in diesen Fällen zu verfahren ist (vgl.: „mir *wär s* am liebsten", Rehbein et al. 1993: 78 vs. „Ich *habs* auch so gemacht", ebda.: 76). Aus diesem Grunde kann also eigentlich gerade nicht davon ausgegangen werden, dass Wörter und Silben in HIAT in einer hierarchischen Beziehung zueinander stehen. Weil HIAT nicht ausdrücklich feststellt, wie Silben und Wörter sich zueinander verhalten (und wegen der relativ geringen Häufigkeit der Ausnahmefälle), soll die Annahme jedoch zunächst beibehalten werden. Im in Kapitel 5 entwickelten Formalismus der Transkriptionsgraphen könnten beide möglichen Varianten ausgedrückt werden, insofern ist eine forcierte Entscheidung dieser Frage an dieser Stelle der Arbeit nicht notwendig. Siehe dazu auch Beispiel 18 in Abschnitt 5.3.

[63] Zumindest für *vollständige* Überlappungen solcher durch Interpunktion kenntlich gemachter Äußerungsbestandteile lassen sich auch leicht Beispiele finden; man denke an die Einbettung von Nebensätzen in andere Nebensätze. Beispiele für *partielle* Überlappungen sol-

Wie die obigen Diagramme bereits deutlich machen, sind die meisten der nicht-segmentalen, phonologisch erfassbaren Modellbestandteile hingegen weniger als eigenständige Einheiten, denn *als Merkmale anderer Einheiten* aufzufassen. Damit ist ihre wesentliche Beziehung zu den anderen Modellbestandteilen bereits hinreichend charakterisiert. Gleiches gilt für die (segmentalen) Töne, sowie für Übersetzungen, morphologische Glossen und akustische Mängel.

Die folgende Abbildung fasst die bisher behandelten Beziehungen zusammen:

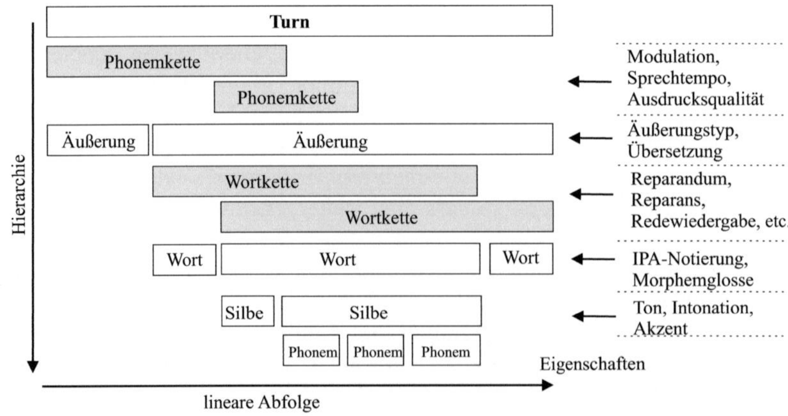

Die lineare Abfolge ist dabei bereits eine mögliche Ausprägung der *zeitlichen Beziehung*. Wie bereits festgestellt, ist sie für Turns, Äußerungen, Wörter, Silben und Phoneme *eines Sprechers* untereinander auch die einzig mögliche.

Verschiedene für die Transkription relevante Phonem- oder Wortketten eines Sprechers können hingegen auch in *zeitlich paralleler* Beziehung zueinander stehen.[64] Gleiches gilt sowohl für die Beziehungen zwischen segmentalen phonologischen Einheiten *verschiedener Sprecher*, sowie für die Beziehung zwischen phonologisch erfassbaren und nicht phonologisch erfassbaren Einheiten. Damit ist jedoch die Komplexität zeitlicher Beziehungen in HIAT noch nicht vollständig erfasst. Folgendes gilt es außerdem zu beachten:

- Zu transkribierende Pausen und sprecherspezifische nicht redebegleitende nicht-phonologische akustische Phänomene[65] (z.B. Niesen oder Lachen) sind

cher Wortketten sind hingegen weniger einfach auszumachen – u.U. existieren sie nicht. Um dies zu entscheiden, wären aber wiederum vollständig explizite und formalisierte Angaben zum Verwenden der Interpunktion notwendig, die HIAT nicht liefert (s.o.).

[64] Das bedeutet natürlich nicht, dass ein Sprecher verschiedene solcher Phonemketten gleichzeitig äußert. Die Gleichzeitigkeit bezieht sich vielmehr auf die an diesen Phonemketten „notierten“ Phänomene.

[65] Diese sollen im Folgenden kürzer als NPA-(Phänomene) bezeichnet werden.

per Definition niemals partiell oder vollständig parallel zu anderen segmentalen Einheiten (z.B. Wörtern oder Silben) des gleichen Sprechers. Nach Rehbein (1993: 86ff und 94ff) können sie daher auch in der gleichen Spur wie die segmentalen Einheiten transkribiert werden. Es stellt sich die Frage, ob Pausen und nicht redebegleitende NPA-Phänomene demnach als Bestandteile der Einheit *Äußerung* aufzufassen sind. Die Ausführungen in Rehbein (1995: 31f) machen deutlich, dass dies für Pausen in jedem Falle positiv beantwortet werden kann.[66] Für NPA-Phänomene liefert die Anweisung, sie in bestimmten Fällen sogar „als eigenes Segment" (Rehbein et al. 1993: 86) zu kennzeichnen, zumindest einen entsprechenden Anhaltspunkt.[67] Die obige Abbildung wäre daher dahingehend zu modifizieren, dass Pausen und NPA-Phänomene auf die gleiche (hierarchische) Stufe wie Wörter zu stellen sind und statt von Wortketten von Äußerungsteilen zu sprechen ist:

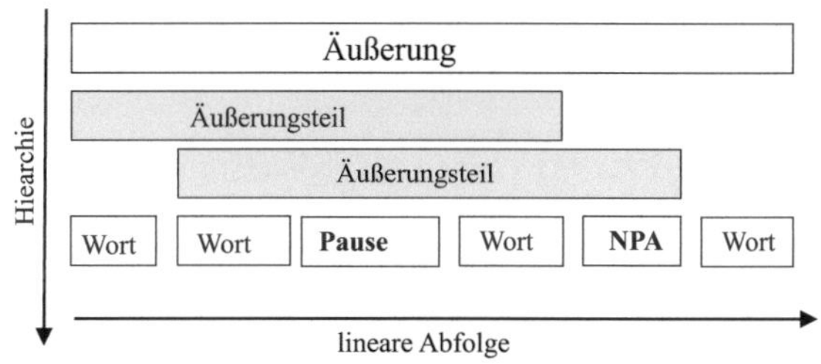

- Redebegleitende NPA-Phänomene eines Sprechers müssen nicht vollständig parallel zu anderen segmentalen Bestandteilen sein, die Überlappung kann auch nur partiell sein. Ebenso sind für die verschiedenen NVK- und AK-Phänomene alle drei der genannten zeitlichen Beziehungen untereinander und zu anderen Einheiten denkbar.
- Da HIAT vorschreibt, nur Beginn und Ende sich überlappender Äußerungsbestandteile verschiedener Sprecher zu transkribieren (vgl. z.B. Ehlich/Rehbein 1976: 27), kann es vorkommen, dass für einzelne segmentale Einheiten verschiedener Sprecher überhaupt keine zeitliche Ordnung festzustellen ist. Beispielsweise kann anhand des folgenden Transkriptausschnittes (ebda.) für die Wörter *es* und *Spiel* von Sprecher A bzw. B nicht entschieden

[66] Vgl. z.B. die Formulierung „Insbesondere bei einem Diskurs mit mehreren Sprechern erhebt sich häufig die Frage, welcher Äußerung die [...] Pause zuzurechnen ist." (Rehbein 1995: 32)

[67] Sofern ein NPA-Phänomen jedoch nicht in segmentale phonologische Einheiten eingebettet ist, würde es nach der HIAT-Terminologie zwar als *Segment*, nicht aber als *Äußerung* bezeichnet werden (ich danke Shinichi Kameyama für diesen Hinweis). Dennoch legt diese Anweisung die Vermutung nahe, dass eingebettete NPA-Phänomene als Bestandteil der Äußerung, in die sie eingebettet sind, aufzufassen sind.

werden, in welcher der oben angeführten möglichen zeitlichen Relationen sie zueinander stehen:[68]

A wann ist es denn
B Das Spiel ist um acht Uhr fertig.

3.3.1.4 Visualisierung

HIAT benutzt das Layoutprinzip der Partiturnotation. Dieses liefert ein zweidimensionales Koordinatensystem möglicher Visualisierungsorte, also Positionen auf dem Papier oder Bildschirm, an denen Modelleinheiten visualisiert werden können. Die horizontale Koordinate dieses Ortes ergibt sich dabei in der oben geschilderten Weise entweder unmittelbar aus der zeitlichen Einordnung der zu visualisierenden Einheit relativ zu anderen Einheiten oder mittelbar aus der Zuordnung von Merkmalen zu (ihrerseits unmittelbar zeitlich einzuordnenden) anderen Einheiten. Bezüglich der vertikalen Einordnung verfahren die verschiedenen Varianten von HIAT leicht unterschiedlich:

- Ehlich/Rehbein (1979a: 316) sehen für jeden Sprecher ein *Band* vor, das aus drei *Streifen* besteht – einem für die verbale Kommunikation (VK), einem für die nonverbale Kommunikation (NVK) und einem für die Aktion (AK). Als vierter und fünfter Visualisierungsort werden in Ehlich/Rehbein (1976: 25) die Orte „über der [VK-]Zeile" und „unter der [VK-]Zeile" genannt, Ehlich/Rehbein (1979b: 55) sprechen außerdem von einer „supralinearen" Notierung.[69] Das Verfahren zur detaillierten Transkription von Intonationsverläufen setzt schließlich eine weitere Position über der VK-Zeile voraus.
- In HIAT-DOS ist nicht von Bändern und Streifen, sondern von *Zeilen* die Rede. Pro Sprecher werden per Programm bis zu fünf mögliche Visualisierungsorte vorgesehen.

> In einer [Zeile] wird die gesprochene Sprache notiert und optional in einer darüber liegenden Zeile die Intonation. Darunter kann in bis zu drei NVK-Zeilen nicht-verbale Kommunikation festgehalten werden. (Schneider 2001: 30)

---

68 Dies ist wohlgemerkt kein Problem der Visualisierung. Das HIAT-Verfahren sieht nicht vor, jedes Wort zu jedem anderen in eine zeitliche Beziehung zu setzen, und es ist auch mehr als fraglich, ob ein Transkribent dies ohne zusätzliche technische Hilfsmittel überhaupt leisten könnte. Die betreffenden Informationen sind also auch im hier rekonstruierten Modell nicht vorhanden.

69 Es wird nicht gesagt, ob die Position „supralinear" identisch mit der Position „über der VK-Zeile" ist. Weil erstere zur IPA-Beschreibung einzelner Wörter, letztere z.B. zum Darstellen dynamischer Modulation vorgesehen ist, und diese Möglichkeiten potentiell gleichzeitig genutzt werden könnten, ist davon auszugehen, dass „supralinear" einen anderen Ort bezeichnet als „über der Zeile".

- Die Vorgaben für den SyncWriter weichen ebenfalls von der ursprünglichen Fassung ab. Das Programm als solches ist geeignet, eine beliebige Anzahl von *Spuren* (also Streifen nach der Terminologie von Ehlich/Rehbein 1979a) für jeden Sprecher anzulegen. Rehbein et al. (1993) nennen explizit eine Sprecherspur (ebda.: 86), die der VK-Zeile entspricht, eine „eigene NVK-Zeile“ (ebda.: 90f), sowie eine „partiturexterne Kommentarzeile“ (ebda.: 87), die keinem bestimmten Sprecher zugeordnet ist. Nach Durlanik et al. (1997) sind weiterhin Zeilen für morphologische Glossen und Übersetzungen möglich, Rehbein et al. (2001: 190) kennen eine „Bildspur“ zur Integration von Standbildern aus Videoaufnahmen.[70] Eine Spur zur Notierung von Intonationsverläufen wird in der zugänglichen Literatur nicht erwähnt und kommt (meines Wissens) beim Transkribieren mit dem SyncWriter auch in der Praxis nicht zum Einsatz.[71]

Weitere Unterschiede in den verschiedenen Versionen des Systems finden sich bei der Frage der Kennzeichnung von Simultangrenzen. In Ehlich/Rehbein (1976: 27) ist vorgesehen, „die Simultanzuordnung des Endes des turns eines Sprechers relativ zum turn eines anderen Sprechers“ darzustellen:

A [wann ist es denn
B [Das Spiel ist um acht Uhr fertig.

Bei der Transkription mit SyncWriter oder HIAT-DOS wird dies jedoch nicht umgesetzt. Auch die Verdeutlichung zusammenhängender Diskursstränge durch Pfeile (vgl. Ehlich/Rehbein 1976: 28) ist in den computergestützten Varianten von HIAT nicht berücksichtigt:

L [Bitte? Wie das heißt, ja. "der Feuervogel".
S_3 [heißt denn das? wie das hei/ . wie das Stü(ck)

Schließlich ersetzen – wie bereits angesprochen – die Vorgaben für das computergestützte Transkribieren verschiedene ikonische Visualisierungsarten durch die Einfügung entsprechender (diakritischer) Symbole.

Diese Heterogenität macht es einmal mehr schwierig, das hier gesteckte Ziel einer formalen Darstellung des Übergangs von Modell zu Visualisierung bis ins Detail konsequent zu verfolgen. Mit der folgenden Tabelle sollen also wiederum

70 Hier wird der Einfluss des Computer-Werkzeuges auf das Transkriptionsverfahren offensichtlich – die Integration von Bildern in das Transkript ergibt sich erst aus den technischen Möglichkeiten, die der SyncWriter als Programm zur Verfügung stellt.

71 Ursache dafür sind die bereits erwähnten Schwierigkeiten, das in Ehlich/Rehbein (1979b) vorgeschlagene Verfahren technisch umzusetzen, wenn – wie im SyncWriter möglich – kein Festbreiten- sondern ein Proportionalschriftsatz verwendet wird.

nur die Grundzüge einer solchen Systematik offengelegt, und nicht *die* vollständige und „richtige" Beschreibung der Visualisierung in HIAT vorgenommen werden.

	Typ	**Visualisierungsart**	**Visualisierungsort**
Segmental, phonologisch erfassbar	Turn	integrierte Symbolübernahme (+ Einfügen von Leerzeichen an Wortgrenzen)	VK-Spur
	Äußerung		
	Wort		
	Silbe		
	Phonem		
	Töne	Einfügen von Symbolen (Diakritika)	VK-Spur
Nicht-segmental, phonologisch erfassbar	Tonhöhenverlauf	Ikonisierung (Intionationskurven)	über der VK-Spur
	Akzent	Formatierung (Unterstreichung)	VK-Spur
	Lautstärke	Ikonisierung (Crescendo/Decrescendo-Zeichen)	supralinear
	Sprechtempo	Einfügen von Symbolen (Diakritika)	VK-Spur
	Ausdrucksqualität	einfache Symbolübernahme	externe Kommentarspur
Nicht phonologisch erfassbar	AK-Phänomene	einfache Symbolübernahme	NVK-Spur(en)
	NVK-Phänomene	einfache Symbolübernahme	NVK-Spur(en)
	redebegleitende NPA-Phänomene	einfache Symbolübernahme	externe Kommentarspur
	nicht-redebegleitende NPA-Phänomene	einfache Symbolübernahme (+ doppelte runde Klammern)	VK-Spur
	AK-Phänomene	einfache Symbolübernahme	NVK-Spur(en)
Pausen	lange Pause	einfache Symbolübernahme (+ doppelte runde Klammern)	VK-Spur
	kurze Pause	Symbolisierung (ein, zwei oder drei Pausenpunkte)	VK-Spur
Andere	Äußerungstyp	Einfügen von Symbolen (Äußerungsendzeichen)	VK-Spur
	Redewiedergabe	Einfügen von Symbolen (Anführungszeichen)	VK-Spur
	äußerungsbezogene Übersetzung	einfache Symbolübernahme	Übersetzungsspur
	IPA-Annotation	einfache Symbolübernahme (+eckige Klammern)	supralinear

Folgendes Beispiel (angelehnt an Ehlich/Rehbein 1979b: 55) illustriert dies:

```
                [souʃ]
L    Noch mal: soci...
                          [sousəl stadi:z]
S3                        Social studies
SS                                       ((Gelächter))
```

Dieses Transkript lässt sich als Visualisierung eines Modells auffassen, wobei unter anderem folgende Einheiten in der beschrieben Weise auf dem Papier abgebildet werden:

Modell			**Visualisierungart**
Einheit	**Beschreibung**	**Bezugseinheit**	
Außerung	*Noch mal soci*	-	integrierte Symbolübernahme: *Noch mal soci*
Wort	*Noch*	-	
Wort	*mal*	-	
Wort	*soci*	-	
Äußerungstyp	*Typ-A*	Äußerung: *Noch mal soci*	Einfügen von Symbolen: *Noch mal: soci...*
Intrasegmentales Phänomen	*Ankündigung*	Wortkette: *Noch mal*	
IPA-Notation	*sou*	Wort: *soci*	einfache Symbolübernahme (+ Klammern): *[sou]*
NPA (nicht redebegleitend)	*Gelächter*	-	einfache Symbolübernahme (+ Klammern) *((Gelächter))*
...	...	...	...

3.3.2 GAT

3.3.2.1 Vorbemerkungen zur Literatur

Die Gesprächsanalytischen Transkriptionskonventionen (GAT) werden in Selting et al. (1998) festgelegt. Dieser Aufsatz ist also zunächst als einzige Grundlage heranzuziehen, um aus GAT ein Modell gesprochener Sprache zu rekonstruieren. Wie dort (S. 92) jedoch betont wird, motiviert sich GAT aus dem „Versuch der Vereinheitlichung" einer „Reihe z.T. ähnlicher, im Detail jedoch unterschiedlicher Transkriptionsverfahren", die sich im deutschsprachigen Raum und anderswo entwickelt haben. Welche Verfahren dies im einzelnen sind, wird nicht ausgeführt, in einer Fußnote (S. 91) finden jedoch zumindest die Konventionen der Konversationsanalyse (CA), der interaktionalen Soziolinguistik (Gumperz/Berenz 1992) sowie HIAT und DIDA Erwähnung. Selting (2001: 1061) lässt deutlich werden, dass GAT mit seiner „Formbezogenheit" und „konversationsanalytischen Zielsetzung" besonders Gemeinsamkeiten mit den CA-Konventionen aufweist und zum eher „funktionsbezogenen" System HIAT, das auf „handlungstheoretische bzw. diskurstheoretische Ansätze" zielt, in Opposition steht. Da das in der Conversation Analysis entwickelte Verständnis von Transkription somit zumindest einen Einfluss auf die GAT-Konventionen ausgeübt hat, wird in diesem Abschnitt zusätzlich auf Sacks et al. (1978) zurückgegriffen, die die diesbezüglichen Grundlagen formulieren. Weiterhin werden in diesem Sinne auch ten Have (1990) und Ashmore/Reed (2000) hinzugezogen, da sie besonderen Wert auf methodologische Aspekte der CA legen. Es ist jedoch wichtig anzuerkennen, dass die GAT-Konventionen trotz ihrer Nähe zu den CA-Konventionen sich nicht etwa allein als deren „deutsche Variante" verstehen. Vielmehr betont Selting (2001: 1061), dass sie gerade *nicht* einer speziellen Schule zuzuordnen sind:

> GAT versteht sich als schulenübergreifender Vorschlag für die formbezogene Transkription von Gesprächen.

Speziell zum Verhältnis zu den CA-Konventionen heißt es vorher (ebda.):

> Gegenüber Jeffersons Transkriptionssystem wird im GAT mehr Gewicht auf die systematischere und linguistisch gerechtfertigte Art der Darstellung prosodischer Parameter gelegt.

Sucht man nach einem Charakteristikum, das in Analogie zum *funktional-pragmatischen* bei HIAT das Verkürzungsmerkmal des aus GAT zu rekonstruierenden Modells beschreibt, so dürften also dabei vor allem *prosodische* Kriterien eine wichtige Rolle spielen.

Weiterhin exemplifiziert Deppermann (1999) allgemeine Überlegungen zum Transkribieren anhand von GAT, weil dieses System nach seiner Einschätzung „derzeit am besten diese [praktischen und gegenstandsbezogen-theoretischen] Kriterien [vereinbart]“ (S.41), so dass davon ausgegangen werden kann, dass auch die allgemeineren Überlegungen in dieser Quelle Rückschlüsse auf das Transkriptionsverständnis von GAT erlauben.

Schließlich liefert Selting (2001) eine übersichtsartige Darstellung des Systems, die insbesondere Unterschiede zwischen GAT und HIAT thematisiert.

3.3.2.2 Transkriptionsverständnis in GAT

In der CA findet sich, anders als bei HIAT, wo die Rolle des Transkripts im analytischen Prozess recht eindeutig durch die Bezeichnung „halbinterpretativ“ umrissen wird, ein breiteres Spektrum an Einschätzungen. Ashmore/Reed (2000) stellen dieses dar. Am einen („transkript-freundlichen“) Ende des Spektrums steht die Auffassung, dass die Transkription einen eigenständigen, unerlässlichen Teil der Methode darstellt, weil nur sie die Aufnahme in einer Form zugänglich macht, die für eine angemessene Analyse geeignet ist. Am anderen („transkript-skeptischen“) Ende des Spektrums wird davor gewarnt, in der Analyse Transkriptionen an die Stelle der eigentlichen Aufnahme zu setzen. So sagt z.B. ten Have (1990: 2):

> Recordings are CA’s basic data. The transcriptions made after these are to be seen as a convenient form to represent the recorded material in written form, but not as a real substitute.

Die am transkript-skeptischen Ende des Spektrums stehende Auffassung verbietet eigentlich den hier entwickelten streng formalisierten Modellgedanken oder reduziert ihn zumindest wesentlich. Sofern überhaupt noch von einem Modell gesprochen werden kann, ist seine Rolle die eines bloßen Index in die Aufnahme („a convenient tool of reference“, Ashmore/Reed 2000: o.S.), und damit kaum noch ein selbstständiges Instrument des wissenschaftlichen Erkenntnisgewinns. Laut Ashmore/Reed (2000: o.S.) wird in der radikalsten Variante sogar eine „transcript-free, digital future of CA“ prognostiziert, d.h. in dieser Vision macht der Computer durch die Möglichkeit des kostengünstigen und verlustfreien Vervielfältigens und Verteilens von Aufnahmen eine Transkription hinfällig.

In den GAT-Konventionen selbst wird über die Rolle der Transkription in der gesprächsanalytischen Methode wenig gesagt, immerhin heißt es aber:

> Seit Beginn der modernen Gesprächsanalyse [...] ist die Transkription von Interaktion in natürlichen Situationskontexten eine ihrer grundlegenden Voraussetzungen. (Selting et al. 1998: 91)

Deppermann (1999: 46) gesteht der Transkription recht deutlich einen eigenständigen Stellenwert in der gesprächsanalytischen Methode zu, auch wenn er zu einer gleichberechtigten Berücksichtigung von Transkript und Aufnahme mahnt:

> Wir haben aber gesehen, dass Transkribieren in vielfältigen Hinsichten ein selektiver und konstruktiver Prozess ist. Dies stellt den Wert von Transkriptionen nur dann grundsätzlich in Frage, wenn man davon ausgeht, dass es eine „eigentliche Gesprächsrealität" gebe, die der einzig legitime Untersuchungsgegenstand sei. Die Einsicht in die Konstruktivität und Theoriehaltigkeit von Transkripten hat m.E. vielmehr zur Konsequenz, dass wir uns [...] einerseits über unsere Entscheidungen beim Transkribieren genaue Rechenschaft ablegen müssen, zum anderen, dass es nicht *das* perfekte Transkript gibt, sondern nur eines, das mit Blick auf unsere Erkenntnisinteressen und Repräsentationsziele möglichst gut ist [...]. Eine zweite Konsequenz besteht darin, Analysen nie nur auf das Transkript, sondern *immer auch* auf eine gründliche Analyse der AV-*Aufnahme* zu stützen.

Wenn hier von „Konstruktivität und Theoriehaltigkeit von Transkripten" die Rede ist, so ist die Parallele zu den oben aufgezeigten modellhaften Zügen der Transkription offensichtlich. Der Modellgedanke bleibt somit zwar – vielleicht noch mehr als bei HIAT – eine von außen an GAT herangetragene Perspektive, er ist aber auch hier nicht prinzipiell mit dem systemeigenen Transkriptionsverständnis unvereinbar.

Von offensichtlicher Bedeutung für diese Arbeit ist schließlich auch die Aussage:

> Die Konventionen richten sich an Transkribenten, nicht an Computer. (Selting et al. 1998: 92)

Die Optimierung des Systems bezüglich der Möglichkeiten einer computergestützten Verarbeitung gehört damit erklärtermaßen nicht zu den Kriterien, nach denen über die Konventionen entschieden wurde.

3.3.2.3 Modell

Da GAT sich ausdrücklich als ein Transkriptionssystem versteht, „das keine stark theoriegebundenen Vorannahmen macht“ (Selting et al. 1998: 92), ist eine ähnlich deutliche Orientierung der Konventionen an einer bestimmten linguistischen Theorie wie bei HIAT nicht zu erwarten. Wohl auch aus diesem Grunde erweisen sich die GAT-Konventionen als weniger terminologisch festgelegt, und komplexe Begriffstaxonomien, die wie im vorigen Abschnitt Typen von Einheiten gesprochener Sprache in ein hierarchisches System einordnen, lassen sich für GAT weniger eindeutig ausmachen. Die im Folgenden aufgeführten Diagramme stellen daher lediglich den Versuch dar, die aus GAT rekonstruierten Modellbestandteile in einer ähnlichen Weise zu organisieren wie für HIAT – sie sind weniger als gesprächstheoretische Festlegungen zu verstehen, denn als rein praktisch motivierter Versuch, das zu rekonstruierende Modell möglichst übersichtlich darzustellen.

Segmentale Einheiten

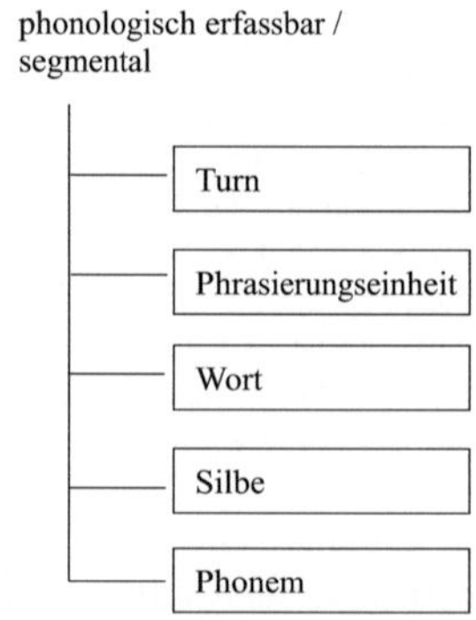

Unter dem Stichwort „Segmentale sprachliche Transkription“ behandeln Selting et al. (1998: 96) die „Verschriftlichung phonetischer und morphophonemischer Merkmale der gesprochenen Sprache“. Die Anlehnung an die Orthographie bzw. die literarische Umschrift wird dabei nur auf der Phonemebene genauer ausgeführt (s.u.) – über die Übernahme der Einheiten des Wortes und der Silbe werden keine expliziten Aussagen gemacht. Es ist also davon auszugehen, dass auch bei GAT die Einheit des Wortes der standardorthographischen Definition entspricht.

Auch die Einheit *Turn* wird in den Konventionen selbst nicht näher definiert, sondern lediglich mit dem Terminus des Sprecherbeitrags gleichgesetzt (Selting et al. 1998: 97). Selting (2001: 1061) macht jedoch deutlich, dass diese Einheit aus einer gesprächsanalytischen Sichtweise keineswegs einfach zu definieren ist:

> *Turns und andere Beiträge*: Scheinbar ist ein Redebeitrag einfach zu definieren: Ein Redebeitrag ist – wie oft locker gesagt wird – die Rede eines Gesprächsteilnehmers zwischen Sprecherwechseln. [...] Diese Analyse [eines Transkriptions-Beispiels] macht klar, dass unsere einfache Definition von Redebeitrag, die sich an einem scheinbar so objektiven Kriterium wie Sprecherwechsel aufhängt, nicht genau genug ist. Sie muss vielmehr ersetzt werden durch eine Definition, in der der Turnbegriff in Zusammenhang gebracht wird mit den interaktiven Verfahren der Projektion und Herstellung von Turns durch Sprecher und Rezipienten in bestimmten sequentiellen Kontexten.

Einer naiven Lesart des Turnbegriffes – etwa: „ein Turn ist das, was ein Sprecher tut zwischen zwei Abschnitten, in denen er nichts tut" – wird hier eine komplexe, gesprächsanalytisch elaborierte Lesart gegenüber gestellt, die sich dem Turn unter der Fragestellung nähert, der er seinen Namen verdankt – etwa: „Wer ist an der Reihe / Whose turn is it?". Da diese komplexe Lesart jedoch weit über das hinausgeht, was in den Transkriptionskonventionen festgehalten wird, soll hier und im Folgenden die Einheit des Turns in ihrer naiven Lesart begriffen werden, denn nur diese findet in den Transkriptionen einen Niederschlag auf der Visualisierungsebene.[72]

Ähnlich wie bei HIAT erfährt in den GAT-Konventionen diejenige segmentale Einheit die ausführlichste Besprechung, die hierarchisch zwischen Turn und Wort anzusiedeln ist: nach Selting et al. (1998: 100) und Selting (2001: 1064) können Turns nach prosodischen, syntaktischen und semantischen Kriterien in *Phrasierungseinheiten*[73] untergliedert werden.

Nicht-segmentale Einheiten

Da nach obigen Überlegungen ein aus GAT zu rekonstruierendes Modell gesprochener Sprache vor allem nach prosodischen Gesichtspunkten ausgerichtet ist, verwundert es nicht, dass sich besonders viele Modelleinheiten in den Bereich der phonologisch erfassbaren nicht-segmentalen Phänomene einordnen[74]:

---

[72] Genauer: Wenn in den Konventionen von „Sprecherbeiträgen" bzw. „Turns" die Rede ist, wird damit in der Regel das bezeichnet, was im GAT-Transkript als eine Folge von Transkriptzeilen mit *einem* einleitenden Sprecherkürzel erscheint.

[73] Stellenweise ist allerdings auch von „Intonationseinheiten" (Selting et al. 1998: 98 und 101) bzw. „prosodischen Einheiten" (ebda.: 100) die Rede. Es ist jedoch davon auszugehen, dass all diese Begriffe die gleiche Einheit beschreiben. Vgl. dazu auch Selting (2001: 1064).

[74] Selting (2001: 1064) sieht hierin auch einen wesentlichen Unterschied zu HIAT, weil durch die detaillierte, formbezogene Transkription solcher (vor allem prosodischer) Phänomene diejenigen Bestandteile gesprochener Sprache expliziert werden, anhand derer sich beispielsweise die genannten Phrasierungseinheiten konstituieren:

> In formbezogenen Transkriptionssystemen wie GAT wird versucht, die einheiten-signalisierenden Einzelparameter zu explizieren, wäh-

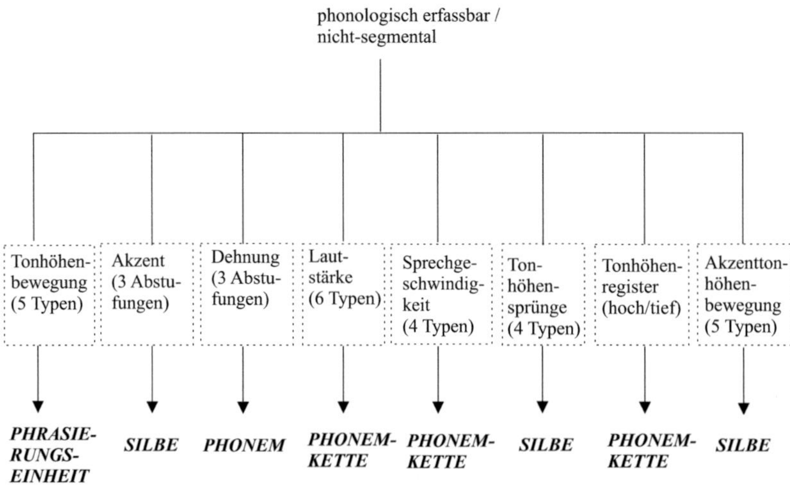

Erwähnenswert ist zunächst, dass nur drei dieser Einheiten (Tonhöhenbewegung, Dehnung und Akzent) im sogenannten Basistranskript, das „gesprächsanalytische Mindeststandards festschreibt“ (Selting et al. 1998: 96), zu berücksichtigen sind, während alle anderen nur im darauf aufbauenden Feintranskript, das „einer prosodischen Verfeinerung“ (ebda.: 102) dient, beachtet werden.[75] Im Folgenden werden aus Platzgründen wiederum nur übersichtsartig einige Erläuterungen zu den einzelnen Einheiten gegeben:

- Tonhöhenbewegung: Verweisend auf „die in der Konversationsanalyse übliche Notation“ unterscheiden Selting et al. (1998: 101) fünf verschiedene Tonhöhenbewegungen am Ende einer Phrasierungseinheit (hoch steigend, mittel steigend, gleichbleibend, mittel fallend und tief fallend), die in der Vi-

rend funktionsbezogene Transkriptionssysteme wie HIAT diese unexpliziert in ihre Segmentierungen eingehen lassen.

Auch an dieser Stelle wird wieder deutlich, wie verschiedene Transkriptionssysteme die Realität nach verschiedenen Kriterien auf das Transkript abbilden. Unter dem Aspekt des Modellgedankens liest sich die angesprochene „Unexpliziertheit“ in HIAT daher nicht als Mangel, sondern als zweckgebundene Verkürzung eines speziell funktional-pragmatischen Diskursmodells.

[75] In einem eigenen Kapitel werden „Vorschläge für die Darstellung komplexerer Phänomene in Sonderzeilen“ (Selting et al. 1998: 106ff) gemacht, darunter auch zur Transkription von Intonation und Rhythmus. Da diese jedoch ausdrücklich „nicht Teil der GAT-Konventionen sind“ (ebda.), sollen sie hier nicht berücksichtigt werden.

sualisierung durch entsprechende Interpunktionszeichen (Fragezeichen, Komma, Bindestrich, Semikolon, Punkt) wiedergegeben werden.

- Akzent: Das Basistranskript unterscheidet hier lediglich Haupt- oder Primärakzent und extra starken Akzent, das Feintranskript kennt zusätzlich einen Neben- oder Sekundärakzent (Selting et al. 1998: 100f und 103). Bezugseinheit ist jeweils die Akzentsilbe.
- Dehnung: Die Transkription der Dehnung wird eigentlich ausdrücklich unter den „Segmentalen Transkriptionskonventionen" (Selting et al. 1998: 99) aufgeführt – dass sie hier unter den nicht-segmentalen Einheiten erscheint, ist lediglich der Analogie zur Einteilung von Ehlich/Rehbein (1976 und 1979b) geschuldet. GAT unterscheidet drei Abstufungen, die relativ zu anderen Größen (Akzentuierung, Sprechgeschwindigkeit und Rhythmus) ermittelt werden. Wie aus einem Beispiel („un::d", Selting et al. 1998: 99) ersichtlich, ist die Bezugseinheit in diesem Falle nicht die Silbe, sondern ein einzelnes Phonem.
- Lautstärke: Auch hier werden nur „Veränderungen gegenüber zuvor gewählten oder etablierten Vergleichsnormen" (Selting et al. 1998: 105) transkribiert. GAT unterscheidet insgesamt sechs Typen solcher Veränderungen, die in Anlehnung an musikalische Notationssysteme als *forte*, *fortissimo*, *piano*, *pianissimo*, *crescendo* und *diminuendo* bezeichnet werden.
- Sprechgeschwindigkeit: Bei der Sprechgeschwindigkeit wird analog zur Lautstärke verfahren – die vier möglichen Werte sind hier *allegro*, *lento*, *accelerando* und *rallentando*.
- Tonhöhensprünge: Diese werden einmal nach ihrer Richtung (nach oben oder unten), einmal nach ihrer Stärke (kleinere oder größere Sprünge) unterschieden. Sie sind definiert als „plötzliche deutliche Veränderungen der Tonhöhe relativ zur Tonhöhe der vorherigen akzentuierten und unakzentuierten Silben." (Selting et al. 1998: 103). Als Bezugseinheit kann demnach die dem Sprung folgende Silbe angenommen werden.[76]
- Tonhöhenregister: Im Gegensatz zum lokalen Phänomen des Tonhöhensprungs treten Veränderungen des Tonhöhenregisters „für eine oder mehrere Phrasierungseinheiten oder für Teile einer Einheit" (Selting et al. 1998: 103) auf. Bezugseinheit ist in diesem Falle also eine nicht näher einzugrenzende Phonemkette. Es werden genau zwei Typen unterschieden: ein tiefes und ein hohes Register.
- Akzenttonhöhenbewegung: Die Notation dieser Einheit „bezieht sich auf die Tonhöhenbewegung in und nach der Akzentsilbe" (Selting et al.: 104), die

[76] Die Bezeichnung „Sprung" legt natürlich zunächst nahe, einen Tonhöhensprung als ein Ereignis auszulegen, das *eigenständig* an einem *Zeitpunkt* (und nicht über einen *Zeitraum* hinweg) auftritt. Allerdings manifestiert sich ein solcher Sprung nicht wirklich selbstständig, sondern nur beim Äußern einer Silbe. Die Annahme der Bezugseinheit der Silbe scheint vor dieser Beobachtung gerechtfertigt.

damit als Bezugseinheit gelten kann. Die fünf möglichen Werte sind: fallend, steigend, gleichbleibend, steigend-fallend und fallend-steigend.

Nicht phonologisch erfassbare Einheiten

Bzgl. nicht phonologisch erfassbarer Einheiten trifft GAT wesentlich weniger feine Unterscheidungen als HIAT:[77]

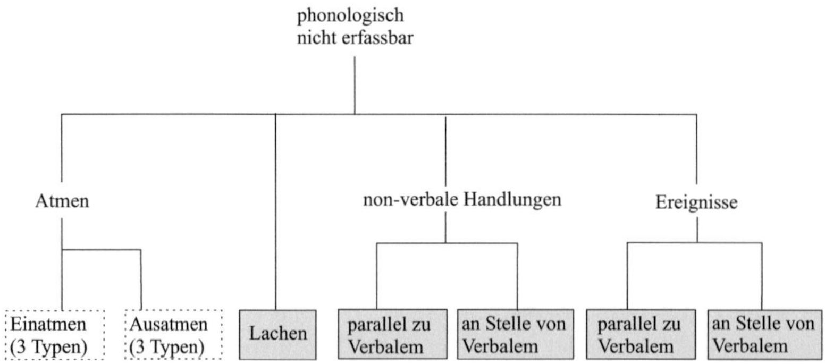

Die Transkription des Ein- und Ausatmens ist nur im Feintranskript vorgesehen. Es werden je nach Länge jeweils drei Typen unterschieden (vgl. Selting et al. 1998: 106), die mit einer entsprechenden Wiederholung des Graphems <*h*> zu transkribieren sind. Dies ist bezüglich der symbolischen Beschreibung sicherlich ein Grenzfall – es ließe sich argumentieren, dass das Graphem <*h*> wegen der Nähe des Phonems [h] zum mit dem Atmen verbundenen Laut ausgewählt wurde, die symbolische Beschreibung also im weitesten Sinne einer literarischen Umschrift zuzurechnen ist.[78] Andererseits sehen die GAT-Konventionen genau sechs mögliche Zeichenketten (*h*, *hh*, *hhh*, *.h*, *.hh* und *.hhh*) zum Beschreiben des Atmens vor, was es wiederum rechtfertigt, sie dem Typus der symbolischen Beschreibung durch geschlossene Listen zuzuordnen.

Für das Lachen unterscheidet GAT drei verschiedene Fälle, von denen nur einer den phonologisch nicht erfassbaren Phänomenen zuzurechnen ist.[79] Für die

[77] Auch hier werden in einem eigenen Abschnitt jedoch weitergehende Überlegungen angestellt, z.B. „sichtbare Anteile von Kommunikation" in Proxemik, Kinesik, Gestik, Mimik und Blickrichtung unterschieden (vgl. Selting et al. 1998: 109ff). Dies geschieht jedoch ebenfalls außerhalb der eigentlichen GAT-Konventionen, weshalb es hier unberücksichtigt bleiben soll.

[78] Zu Problematik der äußerst heterogenen Verwendungsweise des Graphems <*h*> in verschiedenen Transkriptionssystemen siehe auch O'Connell/Kowal (1994).

[79] Selting et al. (1998 : 100) liefern zu diesem Punkt nur eine Auflistung von Beispielen ohne weitere Erläuterung. Diese legen aber die hier vollzogene Einteilung in phonologisch beschreibbare und phonologisch nicht beschreibbare Formen des Lachens zumindest nahe.

beiden anderen – Lachpartikeln und silbisches Lachen – ist die vorgesehene Beschreibungsweise an der literarischen Umschrift orientiert (s.u.); die Phänomene werden also als phonologisch erfassbar gewertet.

Bei non-verbalen Handlungen und Ereignissen werden jeweils solche, die an Stelle einer verbalen Einheit auftreten, von solchen unterschieden, die parallel dazu verlaufen (vgl. Selting et al. 1998: 101f).

Pausen

GAT unterscheidet zum einen zwischen turn-internen Pausen und Pausen, die nicht eindeutig einem Sprecher zuzuschreiben sind (vgl. Selting et al. 1998: 98). Zum anderen werden sowohl im turnexternen als auch im turninternen Fall geschätzte von gemessenen Pausen abgegrenzt, wobei erstere gemäß ihrer ungefähren Länge in fünf Subtypen zerfallen:[80]

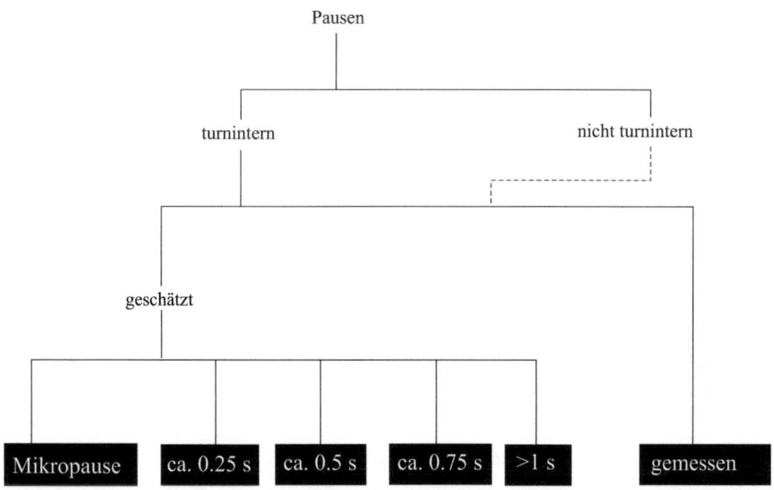

Akustische Mängel

Auch in GAT werden nicht verständliche Redepassagen „je nach Länge mit unterschiedlich viel Leerraum" beschrieben (Selting et al. 1998: 102) und aufgrund akustischer Mängel nur unsicher zu identifizierende Wörter, Silben oder Phoneme als solche gekennzeichnet. Zusätzlich ist für letztere die Möglichkeit vorgesehen, Alternativlautungen anzugeben:

[80] Über die ungefähre Dauer der sogenannten Mikropause wird dabei allerdings keine Angabe gemacht.

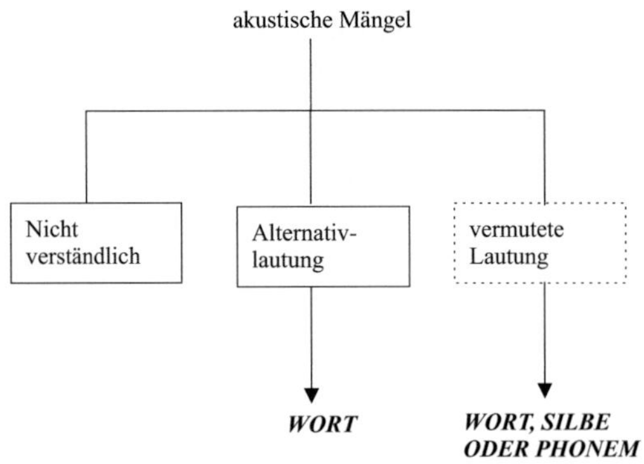

Klassifizierung / zusätzliche Beschreibung von segmentalen Einheiten

In diese Kategorie fällt bei GAT lediglich der interpretierende Kommentar, der für „Phänomene, die der Transkribierende nicht formbezogen beschreiben kann, die aber für die Transkription relevant sind“ (Selting et al. 1998: 102), vorgesehen ist. Die symbolische Beschreibung erfolgt alltagssprachlich, Bezugseinheit ist eine nicht näher einzugrenzende Phonemkette.

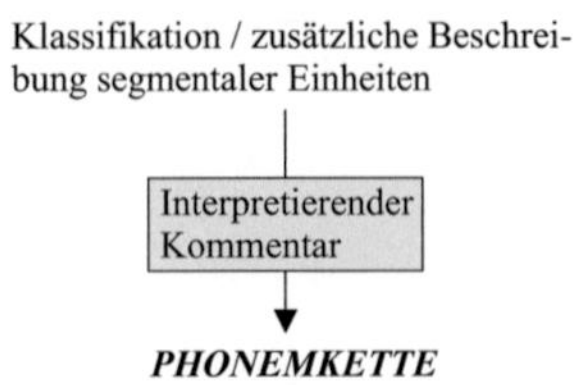

Verwendung von Orthographie und literarischer Umschrift

Die Entscheidung zwischen Standardorthographie und abweichenden Formen wird in GAT anhand einer Bezugsnorm getroffen:

> Normalerweise wird die bundesdeutsche standardsprachliche Realisierung als Bezugsnorm vorausgesetzt, sofern nicht im Transkriptionskopf oder in einem Kommentar eine regionale Norm explizit benannt wird (etwa: österr. Standard, norddt. Standard, etc.). (Selting et al. 1998 : 96)

Damit sind genau zwei Fälle zu unterscheiden :

(1) Eine lautliche Realisierung entspricht der Bezugsnorm. In diesem Falle wird standardorthographisch transkribiert.[81] Im Unterschied zu HIAT wird in GAT allerdings generell Kleinschreibung verwendet (vgl. Selting et al. 1998: 95), d.h. eine vollständig standardorthographische Schreibweise kommt nirgendwo zum Einsatz.
(2) Eine lautliche Realisierung entspricht nicht der Bezugsnorm. In diesem Fall wird die Abweichung mit den Mitteln der literarischen Umschrift beschrieben.

Spezifizierungen der literarischen Umschrift

In Selting et al. (1998: 97) werden einige genauere Vorgaben zur Anwendung der literarischen Umschrift gemacht. Zum Beispiel wird festgelegt, dass Schwa-Laute in der Regel nicht als Abweichungen von der Bezugsnorm zu behandeln, die zugehörigen Wortformen folglich mit standardorthographischen Formen zu beschreiben sind. Klitische Formen sollen hingegen möglichst genau wiedergegeben werden.

Darüber hinaus liefern die Transkriptionskonventionen mehrere Beispiele für die Beschreibung phonologischer Einheiten, die in der standardorthographischen Norm nicht berücksichtigt sind. Dazu gehören Verzögerungssignale, der Glottalverschluss beim Abbruch von Wörtern, Rezeptionssignale und – wie bereits angesprochen – Lachpartikeln und silbisches Lachen (vgl. Selting et al. 1998: 100).

Beziehungen zwischen Einheiten

Wie bei HIAT finden sich auch bei GAT wenig explizite Aussagen darüber, in welchen hierarchischen oder zeitlichen Beziehungen einzelne transkribierte Einheiten zueinander stehen können.

Sicher scheint zunächst zu sein, dass Turns, Phrasierungseinheiten, Wörter, Silben und Phoneme eines Sprechers hierarchisch geordnete Einheiten sind.[82] Phonemketten, die als Bezugseinheiten für die Markierung von Lautstärke, Sprechgeschwindigkeit usw. dienen, können prinzipiell die Grenzen von Phrasierungseinheiten überschreiten. Folgendes Beispiel (Selting et al. 1998: 119), in dem ein Bereich schneller Sprechgeschwindigkeit sich über zwei Phrasierungseinheiten erstreckt, belegt dies:

---

[81] Hier ergeben sich also die gleichen Probleme hinsichtlich der Repräsentation abweichender Lautungen wie bei HIAT (s.o.).

[82] Allerdings mit den selben – in der literarischen Umschrift begründeten – Unklarheiten bzgl. des Verhältnisses zwischen Wörtern und Silben wie bei HIAT. Im Transkriptbeispiel in Selting et al. (1998: 116) wird z.B. *GIBS*, das aus zwei standardorthographischen Wörtern (*gibt* + *es*), aber nur einer Silbe besteht, als ein Wort transkribiert. Ebenso wird bei *son* (*so* + *einen*) und *hats* (*hat* + *es*) verfahren. Nach diesen Beispielen ist die Einheit der Silbe der Einheit des Wortes untergeordnet. Gegenbeispiele finden sich in Selting et al. (1998) nicht.

```
64     von al↑`LEIne <<all> wär er `nIe wieder auf e `bEine gekommen;=
65     ='ne,> .h
```

Zusammen mit den (eindeutig bestimmbaren) Einheit/Merkmals-Beziehungen, die schon in den obigen Diagrammen berücksichtigt wurden, wäre folgendes also eine erste Approximation für die in GAT möglichen Beziehungen zwischen Einheiten:

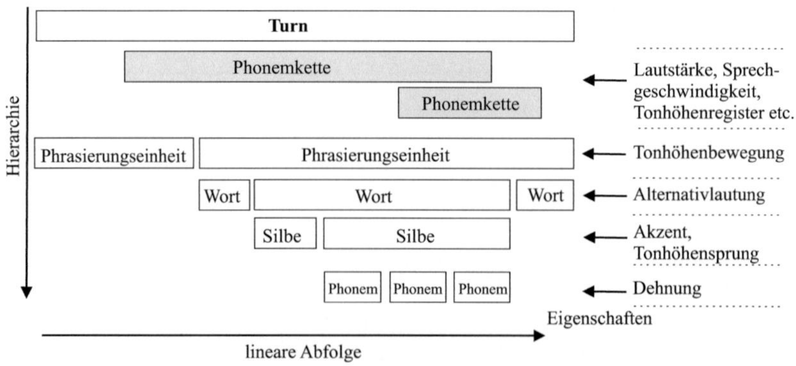

Für die Überlappung annotierter Phonemketten findet sich in Selting et al. (1998) kein Beispiel – grundsätzlich ist dieser Fall aber sicherlich denkbar:

```
01  S: ich <<all> spreche schnell <<cresc> und dann auch lauter>>-
```

Bezüglich der Einordnung von Pausen in die Hierarchie aus Turns und Phrasierungseinheiten stellt sich die Situation etwas komplexer dar als bei HIAT. Turnexterne Pausen sind per Definition nicht Bestandteile von Turns. Das Transkriptbeispiel in Selting et al. (1998: 116) belegt, dass turninterne Pausen sowohl Teil einer Phrasierungseinheit sein können (Zeile 21), als auch zwischen zwei Phrasierungseinheiten eingeordnet werden können (Zeilen 09-11[83]):

```
09    S1: heute noch-
10         (2.1)
11         s=is der Umbruch.
[...]
21         und (.) der KE::RL
```

Für Pausen sind also drei verschiedene Positionen innerhalb der genannten Hierarchie denkbar: turninterne Pausen (TIP) innerhalb von Phrasierungseinheiten,

[83] Wäre diese Pause turnextern, so müsste per Konvention Zeile 11 erneut ein Sprecherkürzel enthalten, um den Beginn eines neuen Turns zu signalisieren.

turninterne Pausen zwischen Phrasierungseinheiten und turnexterne Pausen (TEP):

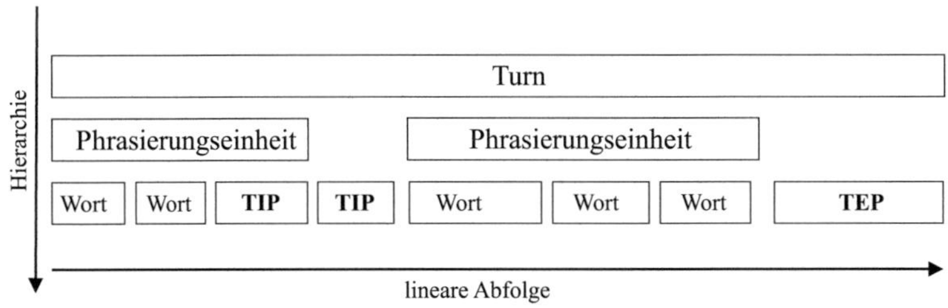

Ähnliche Überlegungen müssten für die verschiedenen Typen des Lachens und des Atmens angestellt werden, d.h. auch hier müsste gefragt werden, ob diese Einheiten innerhalb von und zwischen Phrasierungseinheiten auftreten können. Das Transkriptbeispiel in Selting et al. (1998: 116f) liefert dazu aber nur sehr wenige Anhaltspunkte.

Die zeitlichen Beziehungen zwischen Einheiten betreffend sind außerdem folgende Beobachtungen relevant:

- Auch in GAT werden nur der Anfang und (optional) das Ende von sich überlappenden Redebestandteilen markiert, so dass beispielsweise nicht jedes Wort eines Sprechers zu jedem Wort eines anderen Sprechers in zeitliche Beziehung gesetzt werden kann. Dies ist z.B. in folgendem Ausschnitt (vgl. Selting et al. 1998: 98) für die Wörter *noch* und *auch* der Fall:

```
01   A: [ich wollte noch was sagen
02   B: [ich bin auch mal dran
```

- Wie oben dargestellt, unterscheidet GAT non-verbale Handlungen und Ereignisse danach, ob sie parallel zu oder an Stelle von Verbalem stattfinden. Der Fall, dass eine non-verbale Handlung sich nur teilweise mit Verbalem überschneidet (also teilweise auch an Stelle von Verbalem stattfindet), ist dabei nicht berücksichtigt, und die Konventionen lassen auch unklar, wie solche Fälle im Transkript darzustellen wären.
- Desgleichen ist der Fall, dass non-verbale Handlungen eines Sprechers parallel zu verbalen Handlungen eines *anderen* Sprechers erfolgen, mit den in GAT vorgesehenen Mitteln kaum darstellbar und findet in Selting et al. (1998) auch keine Erwähnung. Dies ist konform mit der in Abschnitt 3.1.2. thematisierten Beobachtung, dass Transkriptionssysteme, die mit der Zeilennotation arbeiten, sprecherzentrierter sind und solche Hörerreaktionen daher stärker ausblenden.

3.3.2.4 Visualisierung

Die Möglichkeit, Transkripte durch „Hinzufügung weiterer Zeilen unter den Textzeilen“ (Selting et al. 1998: 95) zu erweitern, bzw. „die Darstellung komplexerer Phänomene in Sonderzeilen“ (ebda.: 106) vorzunehmen, ist ausdrücklich „nicht Teil der GAT-Konventionen“ (ebda.). Damit liegen alle Visualisierungsorte in GAT auf den genannten „Textzeilen“[84], deren vertikale Anordnung sich in der oben beschriebenen Weise aus der zeitlichen Abfolge der Sprecherbeiträge ergibt – „Neue Sprecherbeiträge (Turns) [...] beginnen mit einer neuen Transkriptzeile. Das Untereinander der Zeilen bildet ikonisch das Nacheinander der Sprecherbeiträge ab.“ (ebda.: 97). Teilweise ist aber auch der Beginn bzw. das Ende einer Phrasierungseinheit das Kriterium, nach dem eine neue Zeile begonnen wird:

> Eine Phrasierungseinheit lässt sich in der Regel eindeutig identifizieren, wenn dort eine prosodische, syntaktische und semantische Grenze erkennbar ist. In diesen Fällen kann der Beginn einer neuen Einheit durch einen Zeilensprung gekennzeichnet werden. (ebda.: 100)

Nach Selting et al. (1998: 120) „[...] garantiert dieses Verfahren, dass Zeilenangaben sich i.a. auf eine sinnvolle Einheit beziehen“. Allerdings belegen zahlreiche Beispiele, dass es nicht durchgehend angewendet wird, teilweise eine Zeile also auch mehr als eine Phrasierungseinheit enthält. Dies tritt insbesondere bei „unakzentuierten Anhängseln“ (ebda.: 101) auf:

```
01   A:   ja HIER fängt der transkripttext an;=ne?
```

Grundsätzlich scheint die Annahme, dass die Unterteilung des Transkripts in Zeilen die Unterteilung des Diskurses in Phrasierungseinheiten wiederspiegelt, aber dennoch vertretbar.[85]
Nachdem also in GAT nur ein Visualisierungsort zur Verfügung steht, macht sich eine Beschreibung der Visualisierung vor allem an der Unterscheidung verschiedener Visualisierungs*arten* fest. Eine Besonderheit von GAT ist dabei die

---

[84] Anders als z.B. bei Gumperz/Berenz (1992), wo jede Zeile aus einem „non-verbalen“ und einem „verbalen“ Teil besteht, wird bei GAT die Zeile auch nicht weiter unterteilt. Vgl. dazu auch die Ausführungen in Abschnitt 5.4.3.

[85] Damit Visualisierungen wirklich in systematischer Weise aus den Modellen *berechnet* werden können, bedürfte dieser Punkt allerdings einer verbindlichen Klärung. Um die in den Beispielen praktizierte Vorgehensweise im Rahmen des in Kapitel 5 erarbeiteten Modellierungs- und Visualisierungsverfahrens beibehalten zu können, müsste eine zusätzliche Einheit eingeführt werden, die hierarchisch zwischen Turn und Phrasierungseinheit angesiedelt ist und die Möglichkeit bietet, akzentuierte Phrasierungseinheiten und unakzentuierte Anhängsel als Grundlage einer Gruppierung zusammenzufassen.

Methode der Klammerung, die z.B. zur Visualisierung von Sprechgeschwindigkeit oder non-verbalem Verhalten vorgesehen ist:

```
57   S2:   <<all> daß er das verkauft hat;>                  (Selting et al. 1998: 117)

04   B:    <<sich erhebend> aber du hast es> so geSAGT       (Selting et al. 1998: 102)
```

Im ersten Fall lässt sich dies nach der hier vorgeschlagenen Typologie noch als einfaches Einfügen von Symbolen klassifizieren. Da hingegen Nonverbales auch in GAT nicht durch eine geschlossene Liste von Symbolen, sondern durch eine freie Deskription beschrieben wird, muss letzteres als eine Kombination von einfacher Symbolübernahme und Einfügen von Symbolen aufgefasst werden.

Die folgende Tabelle gibt einen Überblick über die in GAT vorgesehene Visualisierung einiger Modellbestandteile:

	Typ	Visualisierungsart	-ort
Segmental, phonologisch erfassbar	Turn	integrierte Symbolübernahme (+ Einfügen von Leerzeichen an Wortgrenzen)	Transkriptzeile
	Phrasierungseinheit (PE)		
	Wort		
	Silbe		
	Phonem		
Nicht-segmental, phonologisch erfassbar	Tonhöhenbewegung	Einfügen von Symbolen	
	Akzent	Formatierung (Kapitalisierung) bzw. Einfügen von Symbolen (Ausrufezeichen)	
	Dehnung	Einfügen von Symbolen (Doppelpunkt)	
	Sprechgeschwindigkeit	Einfügen von Symbolen	
	...	...	
Nicht phonologisch erfassbar	non-verbale Handlungen (parallel zu Verbalem)	einfache Symbolübernahme + Einfügen von Zeichen	
	non-verbale Handlungen (an Stelle von Verbalem)	einfache Symbolübernahme (+ doppelte runde Klammern)	
	...	...	
Pausen	gemessene Pause	einfache Symbolübernahme (+ einfache runde Klammern)	
	Mikropause	Symbolisierung (Punkt in Klammern)	
	geschätzte Pause (ca. 0.5 sec)	Symbolisierung (zwei Bindestriche in Klammern)	

Einige dieser Visualisierungsmethoden sind in folgendem Beispiel (angelehnt an Selting et al. 1998: 117) illustriert:

```
56   S2: musste das verKAUfen glaub ich, (1.0)
57       daß er das verKAUFT hat; (.)
```

Modell			**Visualisierungart**
Einheit	**Beschreibung**	**Bezugseinheit**	
Phrasierungseinheit	*daß er das verkauft hat*	-	integrierte Symbolübernahme: *daß er das verkauft hat*
Wort	*daß*	-	
Wort	*er*	-	
Silbe	*kauft*	-	
Tonhöhenbewegung	*mittel fallend*	PE: *daß er das...*	Einfügen von Symbolen: *daß er das verkauft hat;*
Akzent	*Primär*	Silbe: *kauft*	Formatierung: *KAUFT*
geschätzte Pause	*1.0*	-	einfache Symbolübernahme (+Klammern): *(1.0)*
geschätzte Pause	*Mikropause*	-	Symbolisierung: *(.)*
...	...	...	...

3.3.3 DIDA

3.3.3.1 Vorbemerkungen zur Literatur

Anders als HIAT und GAT, die sich ausdrücklich als allgemein verwendbare (wenn auch natürlich bestimmten Schulen nahestehende) Transkriptionsverfahren verstehen, sind die DIDA-Konventionen zunächst als projektgebunden anzusehen. (vgl. z.B. die Formulierung „Abweichungen [...] sind erst nach einer einvernehmlichen Klärung auf Abteilungsebene möglich.", Klein/Schütte 2001: 1).[86]

Klein/Schütte (2001) ist die Referenz für das eigentliche Transkriptionssystem. Bodmer et al. (2002) liefern darüber hinausgehende Informationen über die Datenstrukturen der Transkriptionen. Schmidt, R. (2001) und Kallmeyer (1997) befassen sich mit der Einbettung des Transkriptionssystems in die namensstiftende Diskursdatenbank am Institut für Deutsche Sprache (IDS) in Mannheim bzw. mit Überlegungen zu technischen Aspekten des Transkribierens und des computergestützten Zugriffs auf Transkriptionen im Allgemeinen.

3.3.3.2 Transkriptionsverständnis in DIDA

Die folgende Formulierung von Klein/Schütte (2001: 1) skizziert knapp das Transkriptionsverständnis in DIDA:

> Grundsätzlich gilt, dass ein Transkript immer nur ein Versuch ist, ein flüchtiges (akustisches) Gesprächsereignis zur besseren Vergegenwärtigung in schriftlicher Form abzubilden. Jedes Transkript stellt gegenüber dem abgebildeten Gesprächsereignis sowohl eine Reduktion als auch bereits eine Interpretation dar. [...] Allerdings darf

[86] Weil der DIDA-Transkriptionseditor nicht öffentlich verfügbar ist, ist das Transkriptions*verfahren*, das die DIDA-Konventionen mit Hilfe dieses Werkzeuges umsetzt, auch tatsächlich nur innerhalb des IDS praktisch anwendbar. Darüber, ob DIDA als Transkriptionssystem auch außerhalb des IDS (und mit anderen Werkzeugen) zur Anwendung kommt, liegen keine Informationen vor.

> keine analytische Arbeit letztlich darauf verzichten, sich stets anhand der Gesprächsaufnahme selbst der untersuchten Phänomene zu vergewissern.

Sinn des Transkribierens wäre demnach die Verdauerung der flüchtigen Aufnahme zum Zwecke einer besseren Vergegenwärtigung, wobei diesem Vorgang durchaus eine – auch im Sinne des Modellbegriffes zu verstehende – Verkürzungseigenschaft zugestanden wird. Allerdings macht die Mahnung zu einem Rückbezug auf die Original-Aufnahme auch deutlich, dass Analysen sich nicht ausschließlich auf Transkriptionen stützen sollten.

Weitergehende Überlegungen formulieren Bodmer et al. (2002: 231f). Dort wird dargestellt, wie DIDA-Transkriptionen in eine Form überführt werden, die für eine computergestützte Weiterverarbeitung geeignet ist, wie sie also z.B. für eine Anreicherung mit automatisch generierten Annotationen oder eine Recherche mit Datenbankwerkzeugen verfügbar gemacht werden. Es heißt dort:

> Diese Werkzeuge erfordern ein gemeinsames **Diskurs(transkript)-modell**. [...] Das Modell besteht aus einer Sammlung von Regeln, die sowohl beim Transkribieren als auch bei der Konversion der Transkripte [...] beachtet werden müssen. Durch die technische Umsetzung des Modells [...] wird ein diskursanalytisches Recherchieren, das über die Möglichkeiten herkömmlicher Volltextdatenbanken hinausführt, erst möglich.

Dort, wo es konkret um die computergestützte Verarbeitung von Transkriptionen geht, nähert sich das Transkriptionsverständnis in DIDA also nicht nur in der Wortwahl dem hier verfolgten Ansatz an.

3.3.3.3 Modell

Segmentale Einheiten

Im Gegensatz zu HIAT und GAT wird in den DIDA-Konventionen weder die Einheit des Turns erwähnt, noch eine andere Einheit, die hierarchisch über dem Wort steht, definiert. Zwar sagt Dittmar (2002: 131):

> Begrenzungen von Mehrworteinheiten werden [in DIDA] an terminalen Signalen im Tonhöhenverlauf festgemacht. Tonhöhenveränderungen werden am Ende solcher Einheiten gekennzeichnet.

Diese Mehrworteinheiten werden aber weder in Klein/Schütte (2001) noch in Bodmer et al. (2002) erwähnt.[87]

---

[87] Dafür, dass in DIDA dem Wort übergeordnete Einheiten eine Rolle spielen, spricht auch die Tatsache, dass DIDA-Transkripte zu einer Datenbankrecherche in ein „TEI konformes SGML"-Format (vgl. Bodmer et al. 2002: 217) überführt werden. Wie weiter unten darge-

Als sicher aus den Transkriptionskonventionen zu rekonstruierende segmentale Einheiten in DIDA sind demnach lediglich das auf der orthographischen Definition basierende Wort, sowie die Silbe[88] und das Phonem anzunehmen:

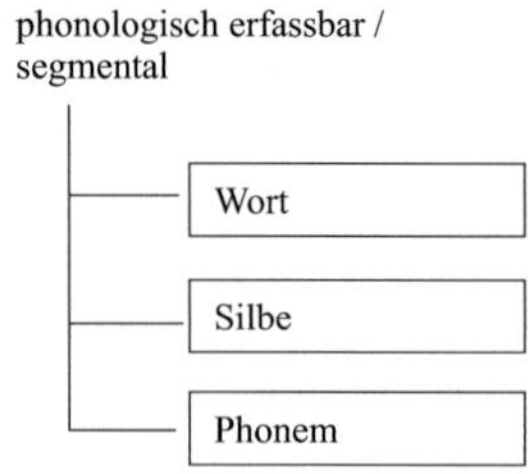

Nicht-segmentale Einheiten

Unter der Überschrift „Notierung von suprasegmentalen Äußerungsbesonderheiten" behandeln Klein/Schütte (2001: 12) verschiedene nicht-selbstständige Einheiten, deren Bezugseinheiten jeweils Phoneme oder Abfolgen von Phonemen sind. Im einzelnen sind dies:

- <u>Grenztonmuster</u>: Hier werden vier Typen (fallende, steigende und schwebende Intonation sowie Echofragen) unterschieden.
- <u>Akzent</u>: Eine auffällige Betonung ist „am betonten Silbenvokal" zu notieren, als Bezugseinheit kann also das Phonem angenommen werden.
- <u>Dehnung</u>: Die Formulierung „Dehnung von Vokalen und Konsonanten" (Klein/Schütte 2001: 13) macht deutlich, dass die Bezugseinheit einer Dehnung in DIDA ein einzelnes Phonem ist. Es werden dabei zwei Abstufungen („auffällige" und „sehr lange" Dehnung) unterschieden.
- <u>Sprechdynamik</u>: Auch hier werden zwei Werte (*leiser* und *lauter*) unterschieden. Bezugseinheit ist eine Phonemkette.
- <u>Sprechtempo</u>: Für das Sprechtempo sind ebenfalls zwei Werte (*langsamer* und *schneller*) vorgesehen. Bezugseinheit ist wiederum eine Phonemkette.

---

stellt, empfehlen die TEI-Richtlinien für die Strukturierung von Transkriptionen gesprochener Sprache das Element **<u>** (für *utterance*). Wie genau DIDA von diesem Element Gebrauch macht, was folglich das Konzept für die zugehörige Einheit ist, geht aus der verfügbaren Literatur jedoch nicht hervor. Auf eine persönliche Anfrage erhielt ich von Wilfried Schütte die Information, dass diese Einheit als „alle einem Sprecher zugeordneten Zeichenketten bis zum nächsten Sprecherwechsel" definiert ist. Dies entspräche in etwa dem, was andernorts (ebenfalls ohne präzise Definition) unter dem Terminus *turn* (in seiner „naiven" Lesart) fungiert.

[88] Die Silbe tauch allerdings in DIDA, anders als bei HIAT und GAT, nicht als Bezugseinheit für irgendwelche nicht selbstständigen Einheiten auf. Ihre einzige Erwähnung findet sich in einer Fußnote in Klein/Schütte (2001: 8): „Zuordnung der [...] Pause zu einer *Silbe* oder zu einem Wort des anderen Sprechers."

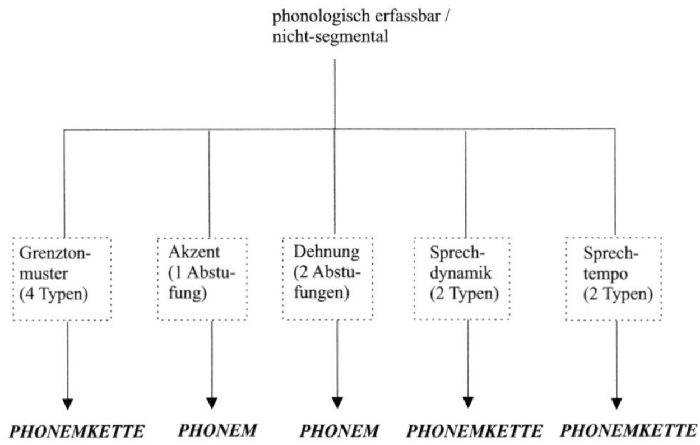

Nicht phonologisch erfassbare Einheiten

Als nicht phonologisch erfassbare Einheiten werden in Klein/Schütte (2001) nicht morphemisierte Äußerungen, nonverbale Handlungen, akustische Ereignisse und Hesitationsphänomene genannt.

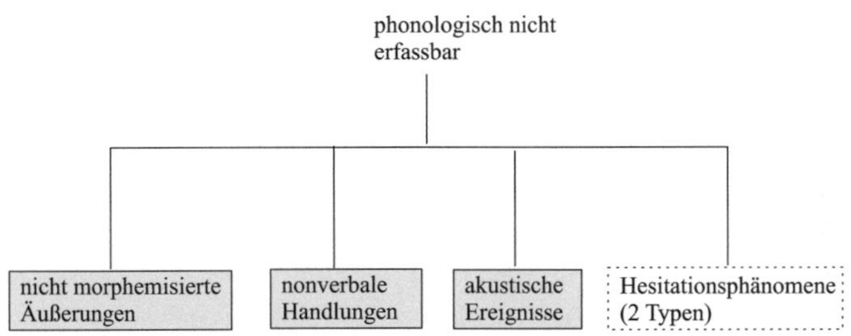

Nicht morphemisierte Äußerungen werden nur durch einige Beispiele illustriert (Klein/Schütte 2001: 7). Demnach sind darunter akustisch wahrnehmbare Phänomene zu verstehen, die von einem Sprecher produziert werden (z.B. „Husten", „Stöhnen"), sich aber nicht für eine phonologische Beschreibung eignen. Die im Diagramm als akustische Ereignisse aufgeführten Einheiten sind davon zu unterscheiden, weil sie sich keinem Sprecher zuordnen lassen (z.B. „Straßenlärm"). Sie erscheinen daher auch in der Visualisierung an einem anderen Ort als die nicht morphemisierten Äußerungen. Die non-verbalen Handlungen hingegen sind – den angeführten Beispielen nach – einem Sprecher zugeordnet, sie sind aber entweder gar nicht akustisch wahrnehmbar (z.B. „steht auf"), oder zumindest beruht das akustisch Wahrnehmbare der Handlung nicht auf einer artikulatorischen Tätigkeit eines Sprechers (z.B. „tippt auf der Schreibmaschine"). Im Gegensatz zu diesen drei Typen von Einheiten, deren symbolische Beschreibung jeweils mittels einer alltagssprachlichen Deskription vorgenommen wird, erfolgt die symbolische Beschreibung von Hesitationsphänomenen über eine geschlossene Liste – „Hesitationsphänomene [...] werden grundsätzlich ungeachtet ihrer phonetischen Realisierung mit äh oder ähm notiert“ (Klein/Schütte 2001: 11).[89]

Pausen

DIDA teilt Pausen entsprechend ihrer Länge in vier verschiedene Klassen (bis zu einer halben Sekunde, bis zu einer ganzen Sekunde, bis zu einer Minute, über eine Minute) ein (vgl. Klein/Schütte 2001:11):

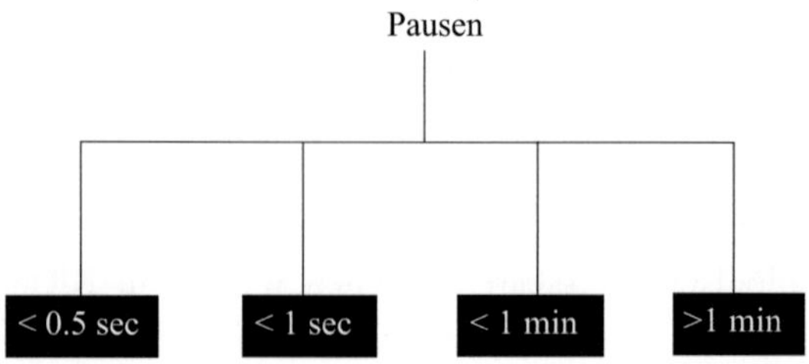

Akustische Mängel

Bezüglich der Transkription akustischer Mängel der Aufnahme verfährt DIDA analog zu GAT.

Nicht verständliche Passagen werden mit einer ihrer Länge entsprechenden Anzahl von Punkten transkribiert, „wobei nach Möglichkeit drei Punkte einer Silbe entsprechen sollten.“ (Klein/Schütte 2001: 10). DIDA ist an dieser Stelle also etwas expliziter als HIAT und GAT, indem es präzisere Vorgaben für die Anzahl der zu verwendenden Zeichen in Abhängigkeit von der Länge des nicht Verstandenen macht.

Eine vermutete Lautung wird als Merkmal des betroffenen Wortes bzw. einer Folge von Wörtern transkribiert. Ebenso sind Alternativlautungen als nichtselbstständige Einheiten aufzufassen, deren Bezugseinheit Wörter sind.

[89] Anhand welcher Kriterien einer dieser beiden Werte ausgewählt wird, bleibt jedoch unklar. Unter Umständen liegt diesen beiden Formen eine Unterscheidung zwischen rein-vokaler und vokal-nasaler Artikulation zugrunde (siehe auch den entsprechenden Abschnitt in den Ausführungen zu Verbmobil). Dies wäre allerdings dann doch wieder eine phonetisch/phonologische Unterscheidung.

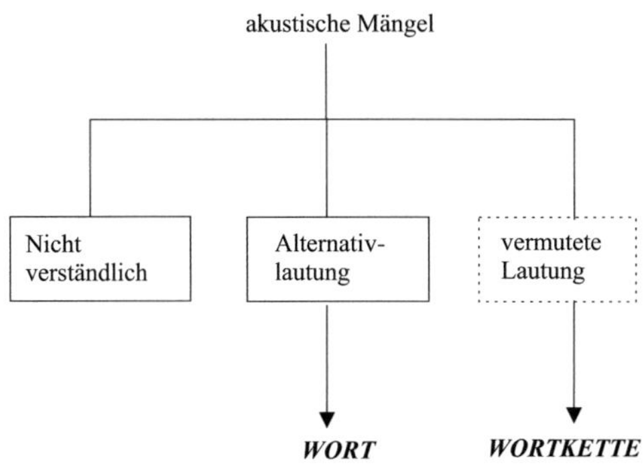

Klassifizierung / zusätzliche Beschreibung von segmentalen Einheiten

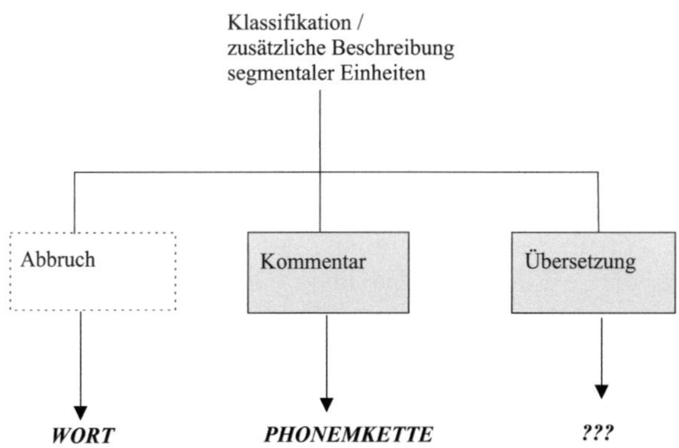

Der Wortabbruch ist die einzige ausführlicher diskutierte zusätzliche Beschreibung in DIDA. Bezugseinheit dieser nicht-selbstständigen Einheit ist das Wort. Zu den Kommentaren heißt es sehr allgemein (Klein/Schütte 2001: 5):

> Im Transkript sollen begleitende Kommentare dazu dienen, das Verständnis der transkribierten Äußerung zu sichern.

Die aufgeführten Beispiele zeigen, dass in solchen Kommentaren neben nonverbalen Handlungen (die hier bereits an anderer Stelle eingeordnet wurden) z.B. das vermerkt werden kann, was in HIAT unter dem Terminus der Äußerungsqualität fungiert (z.B. „ironisch"). Auch wenn im obigen Zitat die Rede von einer Äußerung ist, kann als Bezugseinheit für solche Kommentare nur eine nicht näher einzugrenzende Phonemkette angenommen werden, denn der Terminus „Äußerung" wird in DIDA wohl in genau diesem Sinne gebraucht, beschreibt also nicht wie z.B. bei HIAT eine fest umrissene illokutionäre Kategorie (insbesondere ist die Einheit der Äußerung nicht Teil des Modells).

Ebenfalls unter dem Stichwort „Kommentare“ werden Übersetzungen erwähnt. (ebda.). Was in diesem Falle die Bezugseinheit ist, geht aus den Konventionen nicht hervor.[90]

Verwendung von Orthographie und literarischer Umschrift

Die Standardorthographie ist in DIDA dann und nur dann zu verwenden, wenn die Lautung dem hochdeutschen Standard entspricht. Anders als in HIAT und GAT wird also auch eine regelmäßige dialektale Abweichung mit den Mitteln der literarischen Umschrift wiedergegeben:

> Wenn die Aussprache auffällig vom Standard abweicht, [...] gilt grundsätzlich: man schreibt’s wie man’s hört (und das in Anlehnung an die orthographischen Regeln). (Klein/Schütte 2001: 4)

Die oben beschriebenen Schwierigkeiten für die computergeeignete Repräsentation von dialektalen Abweichungen der Aussprache stellen sich demnach bei DIDA in geringerem Maße als bei den beiden vorher behandelten Systemen.

Spezifizierungen der literarischen Umschrift

Unter „Weitere Allgemeine Konventionen“ (Klein/Schütte 2001: 4f) werden einige präzisere Vorgaben zur Verwendung der literarischen Umschrift gemacht. Diese betreffen die „e-Elision in Endsilben“, die „Zusammenziehung innerhalb eines Wortes“ sowie „Verschmelzungen [und] Verschleifungen zwischen Wörtern“.

Beziehungen zwischen Einheiten

Die berücksichtigte Literatur zu DIDA erlaubt etwas präzisere Rückschlüsse über die Beziehung zwischen Einheiten als in den beiden bisher behandelten Systemen. Beispielsweise machen Klein/Schütte (2001: 13f) klar, dass Phonemketten, die Bezugseinheiten für nicht-segmentale Einheiten darstellen, sich teilweise zeitlich überschneiden können:

> Am Ende ist [die Reihenfolge der Notation von Lautstärke und Sprechgeschwindigkeit] wieder umgekehrt, sofern sich beides wieder gleichzeitig ändert; sonst werden die Zeichen in der Ereignisfolge gesetzt.

[90] Eine streng äußerungsbezogene Übersetzung wie bei HIAT scheidet aus, da keine entsprechende Einheit definiert wird. Übersetzungen können sich demzufolge entweder auf einzelne Wörter oder auf Wortketten beziehen.

Zusammen mit der unstrittigen hierarchischen Beziehung zwischen Wörtern, Silben[91] und Phonemen[92] und den verschiedenen nicht-selbstständigen Einheiten, die sich auf erstere beziehen, ergibt sich damit zunächst folgendes Bild:

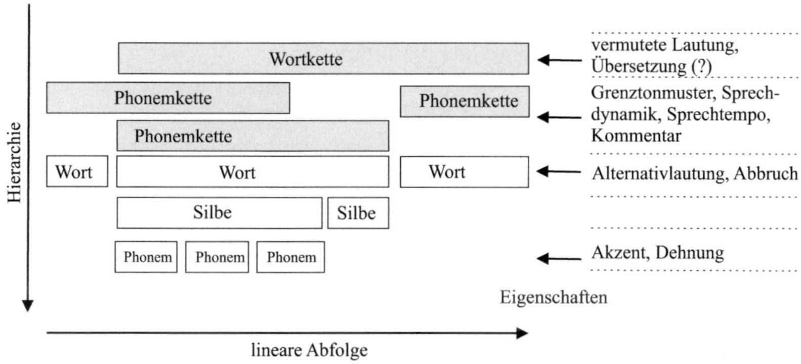

Pausen, nicht-morphemisierte Äußerungen (NMÄ) und Hesitationsphänomene ordnen sich zunächst auf der Wortebene ein. Klein/Schütte (2001:11) erwähnen jedoch außerdem ausdrücklich die Möglichkeit wortinterner Pausen. Diese wären folglich auf der selben Ebene anzusiedeln wie die Phoneme:

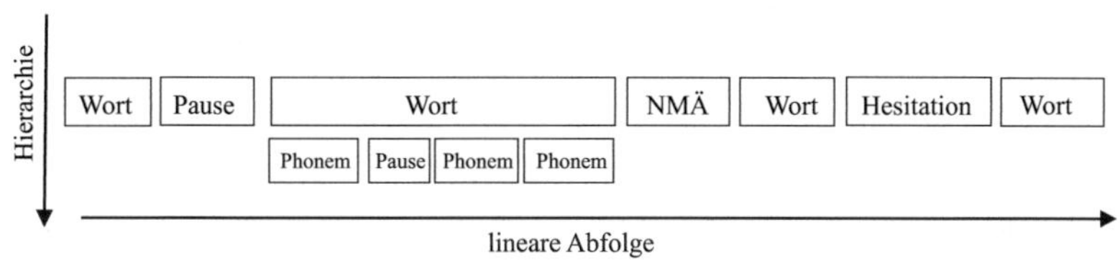

[91] Anders als in HIAT ist die hierarchische Beziehung zwischen Wörtern und Silben durch die Vorgaben zur Notation von „Verschmelzung/Verschleifung zwischen Wörtern" (Klein/ Schütte 2001: 5) geregelt. „Lexikalisierte Verschleifungen" werden demnach gemäß Duden ebenso als ein Wort transkribiert wie „freie" Verschleifungen.

[92] Bodmer et al. (2002: 232) sagen allerdings für ihr auch auf DIDA-Transkriptionen angewendetes „Modell für Diskurstranskripte":

> Die kleinste Einheit ist das Wortfragment. In der Regel fällt ein Wort mit einem Fragment zusammen, außer wenn ein Ereignis innerhalb des Wortes festgehalten wurde und das Wort dadurch in mehrere Fragmente zerfällt.

Demnach wären einzelne Phoneme, die für die Markierung von Akzent und Dehnung in den DIDA-Transkriptionen eine Rolle spielen, mit dem Begriff *Wortfragment* zu bezeichnen. In den eigentlichen DIDA-Konventionen taucht eine solche Einheit allerdings nicht auf.

Bezüglich der zeitlichen Relation von verbalen und non-verbalen Handlungen bzw. akustischen Ereignissen werden auch in DIDA keine gänzlich eindeutigen Angaben gemacht. In den angeführten Beispielen tauchen lediglich solche nonverbalen Handlungen auf, die sich vollständig mit Verbalem des gleichen Sprechers überschneiden. Wie zu verfahren wäre, wenn sich solche Einheiten nur partiell oder gar nicht überschneiden, bleibt unklar.

Zum zeitlichen Verhältnis von verbalen Einheiten verschiedener Sprecher findet sich hingegen in Bodmer et al. (2002: 24) eine explizite Angabe, die sich mit dem, was für die anderen Systemen aus Implizitem rekonstruiert wurde, deckt:

> Innerhalb einer Simultanpassage besteht nur noch unter den Wörtern eines einzelnen Sprechers eine zeitliche Relation. Wörter mehrerer an einer Simultanpassage Beteiligter hingegen können zeitlich nicht in Relation gebracht werden. Für sie gilt, dass sie (in diesem Modell) gleichzeitig gesprochen wurden. Eine zeitliche Relation wäre in der Regel nur schwer zu hören und oft im Hinblick auf eine Untersuchung sowieso nicht notwendig.

Diese Formulierung macht also deutlich, dass nicht für sämtliche Modellbestandteile eine vollständige zeitliche Ordnung angenommen wird, bzw. dass nach der vereinfachenden Annahme verfahren wird, dass gewisse Einheiten im Modell als zeitlich simultan behandelt werden können, obwohl sie es im modellierten Gespräch nicht unbedingt sind.

3.3.3.4 Visualisierung

DIDA benutzt die Partiturschreibweise. Für jeden Sprecher ist genau eine sogenannte Sprecherzeile vorgesehen, der eine nicht festgelegte Anzahl von sprecherspezifischen Kommentarzeilen folgen kann. Zusätzlich kann es eine oder mehrere Kommentarzeilen geben, die sich „auf den gesamten Partiturblock" beziehen, also sprecherunabhängig („global") sind (vgl. Klein/Schütte 2001: 6). Im Gegensatz zu den computergestützten Varianten von HIAT werden in DIDA die Grenzen von Simultanpassagen im Transkript durch vertikale Linien angezeigt (ebda.: 17):

```
31 SU:              | da hat sie   | gesacht is schon länger als
32 BA: hot se schun | oft erzählt  |
```

In ähnlicher Weise werden die Referenzbereiche für Kommentare visuell kenntlich gemacht (vgl. Klein Schütte 2001: 6):

```
HK: denk ich nicht * die rechtliche lage ist eindeutig
                    |
K                   BLÄTTERT IN UNTERLAGEN
```

Die allermeisten Phänomene werden in DIDA durch Einfügen von Symbolen auf der Sprecherspur visualisiert. Die folgende Tabelle gibt einen Überblick über Visualiserungsart und -ort ausgewählter Modellbestandteile:

	Typ	Visualisierungsart	Visualisierungsort
Segmental, phonologisch erfassbar	Wort	integrierte Symbolübernahme (+ Einfügen von Leerzeichen an Wortgrenzen)	Sprecherspur
	Silbe		
	Phonem		
Nicht-segmental, phonologisch erfassbar	Grenztonmuster	Einfügen von Symbolen	Sprecherspur
	Akzent	Einfügen von Symbolen (Anführungszeichen)	Sprecherspur
	Dehnung	Einfügen von Symbolen (Doppelpunkte)	Sprecherspur
	Sprechtempo	Einfügen von Symbolen (Pfeile)	Sprecherspur
	Sprechdynamik	Einfügen von Symbolen (spitze Klammern)	Sprecherspur
Nicht phonologisch erfassbar	nicht-morphemisierte Äußerungen	einfache Symbolübernahme (+Formatierung: Kapitalisierung)	Sprecherspur
	Hesitationsphänomene	einfache Symbolübernahme	Sprecherspur
	non-verbale Handlungen	einfache Symbolübernahme	Kommentarspur des Sprechers
	akustische Ereignisse	einfache Symbolübernahme	Globale Kommentarspur
Pausen	< 0.5 sec, < 1 sec	Symbolisierung (1 bzw. 2 Asteriske)	Sprecherspur
	<1 min, > 1 min	einfache Symbolübernahme (+Asteriske)	Sprecherspur
Andere	Abbruch	Einfügen von Symbolen (Schrägstrich)	Sprecherspur
	Kommentar	einfache Symbolübernahme	Kommentarspur des Sprechers
	Übersetzung	einfache Symbolübernahme	Kommentarspur des Sprechers

Folgendes Beispiel stammt aus Klein/Schütte (2001: 16):

```
13 BA: a"ch schon viel länger
14 WH:                       ach * ei her konn/ der konn
```

In ihm kommen unter anderem folgende Visualisierungsmethoden zum Einsatz:

Modell			Visualisierungart
Einheit	**Beschreibung**	**Bezugseinheit**	
Wort	*ach*	-	integrierte Symbolübernahme: `ach schon viel länger`
Phonem	*a*	-	
Wort	*schon*	-	
Wort	*viel*	-	
Wort	*länger*	-	
Dehnung	*gedehnt*	Phonem: *a*	Einfügen von Symbolen: `a"ch`
Abbruch	*abgebrochen*	Wort: *konn*	Einfügen von Symbolen: `konn/`
Pause	*<0.5*	-	Symbolisierung: *

3.3.4 Verbmobil

3.3.4.1 Vorbemerkungen zur Literatur

Auch die Verbmobil-Konventionen sind als projektspezifische, nicht unbedingt für allgemeinere Ziele konzipierte Vorgaben zu betrachten. Sie mögen eine für diese Arbeit gesteckte Grenze insofern berühren, als sie nicht vornehmlich auf gesprächsanalytische Analysen im herkömmlichen Sinne ausgerichtet sind, sondern innerhalb des Projektes als Rohdaten-Grundlage primär zu ganz anderen Zwecken, beispielsweise zum Trainieren von Spracherkennern, genutzt werden. Dennoch sind sie für diese Arbeit interessant, weil sie erstens sehr wohl natürliche Gespräche zum Gegenstand haben, und weil sie zweitens innerhalb des Verbmobil-Projektes teilweise in Konkurrenz zum HIAT-Verfahren (realisiert mit SyncWriter) getreten sind. Eissenhauer/Benecke (1995) dokumentieren dies im Rahmen der Sprachdatenbank HADAGES. Für die eigentliche Thematik dieses Abschnittes wurden jedoch nur Burger/Kachelrieß (1996) und Burger (1997) herangezogen.

3.3.4.2 Transkriptionsverständnis in Verbmobil

Was bei einer Betrachtung der Verbmobil-Konventionen wohl unmittelbar ins Auge springt, ist die Tatsache, dass der Begriff *Transkription* dort nicht verwendet wird, sondern von einer „*Transliteration* von Spontansprache“ (Burger 1997: o.S.[93]) gesprochen wird. In den Konventionen selbst wird dieser Terminus nicht definiert, vor dem Hintergrund andernorts vorgenommener Definitionen scheint es sich schlicht um einen terminologischen Fehlgriff zu handeln. So sagt Redder (2001: 1049):

> Von der Transkription zu unterscheiden ist die zielsprachunabhängige Transliteration, bei der fremde Schriftsysteme [...] in das lateinische Alphabet übertragen werden.

Ganz ähnlich definiert Bußmann (1990: 808):

> Transliteration [...] Im Unterschied zur Transkription Vorgang und Ergebnis der eineindeutigen Übertragung eines in alphabetischer oder syllabischer Schrift geschriebenen Textes in einen alphabetischen Text, der die Gestalt des transliterierten Textes zu rekonstruieren gestattet.

Nach beiden Definitionen bezeichnet der Terminus *Transliteration* also das Transferieren zwischen Schriftsystemen und ist auf eine Verschriftlichung ge-

[93] Alle Zitate aus Burger (1997) ohne Seitenangaben, da das Dokument in unterschiedlich paginierten Fassungen vorliegt.

sprochener Sprache nicht anwendbar. Es ist daher davon auszugehen, dass Burger (1997) mit *Transliteration* genau das bezeichnet, was andernorts (und auch in dieser Arbeit) *Transkription* genannt wird. Diese beiden Begriffe werden in diesem Abschnitt deshalb synonym verwendet.

Burger (1997) bezeichnet die orthographische Transliteration als einen „Verschriftungsschritt", der Dialogaufnahmen „symbolisch verfügbar" macht. Weiter nennt sie (u.a.) „einheitliche File-Struktur", „eindeutige Symbolisierungen" und „parsbare Transliterations-Konventionen"[94] als Grundanforderungen, die an die Transliterationen zu stellen sind. Nicht nur der Begriff der Symbolisierung weist dabei eine auffällige Nähe zum hier vertretenen Ansatz auf. Auch die Erwähnung einer File-Struktur und das Kriterium der Parsbarkeit machen deutlich, dass Verbmobil in höherem Maße als die anderen hier behandelten Systeme Wert auf die Möglichkeit legt, Transkriptionen computergestützt verarbeiten zu können. Die inhaltliche Anforderung „möglichst noch lesbare Textfiles" weist zwar darauf hin, dass Verbmobil-Transkriptionen nicht ausschließlich zum Zwecke der maschinellen Weiterverarbeitung angefertigt werden. Die Formulierung macht aber gleichzeitig klar, dass das Kriterium der Lesbarkeit im Vergleich zu den Vorgaben anderer Systeme bei Verbmobil eher im Hintergrund steht.

Darüber hinaus finden sich in der berücksichtigten Literatur kaum Hinweise, die Rückschlüsse auf die Einordnung der Transkription in die wissenschaftliche Methode zulassen würden.

3.3.4.3 Modell

Segmentale Einheiten

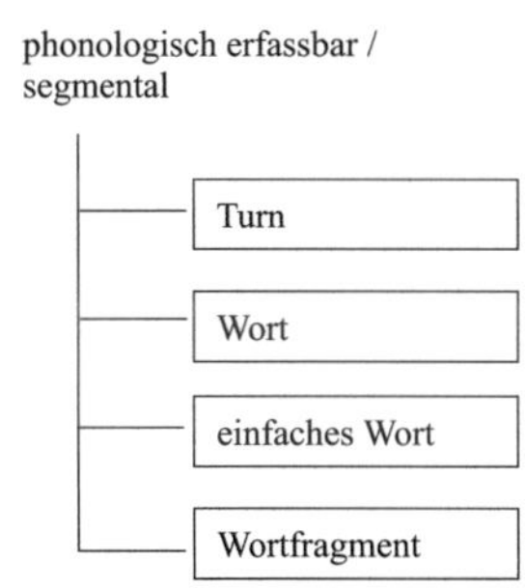

[94] Gemeint ist sicherlich nicht das Parsen der Konventionen, sondern der Dokumente, die gemäß dieser Konventionen erstellt wurden.

Oberste segmentale Struktureinheit in Verbmobil-Transkriptionen ist der Turn. Eine Einheit zwischen der Ebene des Turns und der des Wortes ist nicht vorgesehen. Eissenhauer/Benecke (1995: 36) sagen zum Verhältnis der Einheit *Turn* in Verbmobil und der Einheit *Äußerung* in HIAT:

> Dabei kann es nicht selten vorkommen, dass sich ein Turn [=Einheit in Verbmobil] aus mehreren illokutionären Einheiten [=Einheit der Äußerung in HIAT] zusammensetzt.

Die Einheit des Wortes wird aus der Orthographie übernommen. Komposita, die aus mehr als zwei Teilwörtern bestehen und („zusammengesetzte") Zahlen werden weiter in einfache Wörter zerlegt.[95] Diese wiederum können in Wortfragmente zerfallen. Anders als bei den bisher behandelten Systemen spielen in Verbmobil die Einheiten der Silbe und des Phonems keine Rolle. Zur letzteren heißt es:

> Die Orthographie kann keine lautliche Beschreibung der gesprochenen Äußerungen liefern [...] Die Annotation auf Ebene der breiten Verschriftung leistet keine phonologische Verschriftung [und] keine phonetische Verschriftung.

Dabei ist freilich ein gewisser Widerspruch nicht zu verkennen: Wenn die Orthographie tatsächlich nicht zur Beschreibung lautlicher Phänomene verwendet wird, sollte es z.B. prinzipiell nicht möglich sein, die „artikulatorische Unterbrechung von lexikalischen Einheiten" wie im folgenden Beispiel aus Burger (1997) an orthographischen Formen deutlich zu machen: *Ver_ _pflichtungen*. Die Unterteilung eines Wortes in solche Wortfragmente ist mit anderen Worten nur unter Ausnutzung des phonographischen Prinzips der Orthographie möglich; die Orthographie liefert also auch in Verbmobil durchaus eine lautliche Beschreibung der gesprochenen Äußerung.

Nicht-segmentale Einheiten

Anders als HIAT, GAT und DIDA sieht Verbmobil keine Transkription nichtsegmentaler oder suprasegmentaler Einheiten vor. Hier wird wie vielleicht an keiner anderen Stelle deutlich, dass Transkription als modellhafter Prozess die Realität *zweckgebunden* verkürzt. Angaben zur Intonation, zur Akzentuierung etc. scheinen für den Einsatzbereich der Verbmobiltranskriptionen keine Rolle

[95] Beispiel: *drei-und-zwanzig*. Der Bindestrich lässt sich dabei in der oben beschriebenen Weise als Bestandteil der Visualisierung erklären: so wie in der Standardorthographie Wortgrenzen durch Leerzeichen visualisiert werden, werden die Grenzen von Teilwörtern nach den Verbmobilvorgaben durch Bindestriche sichtbar gemacht.

zu spielen[96] und bleiben daher in den Konventionen mit der gleichen Selbstverständlichkeit unberücksichtigt, wie sie in HIAT und DIDA ausführlich besprochen werden, und in GAT gar die zentrale Aufmerksamkeit erhalten. Oppermann et al. (2001) schließen mit ihren Vorgaben zum „prosodischen Labeling" von Verbmobil-Transkriptionen diese Lücke teilweise. Da dies innerhalb eines anderen Projektes (SmartKom) erfolgte, soll es jedoch hier unberücksichtigt bleiben.

Nicht phonologisch erfassbare Einheiten

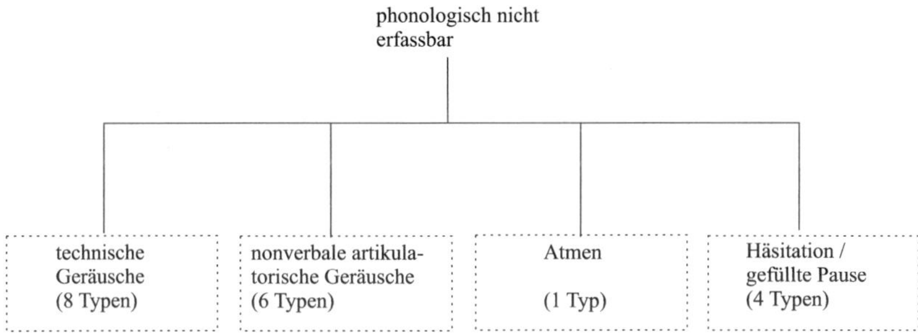

Nicht phonologisch erfassbare Phänomene werden in Verbmobil ausnahmslos durch geschlossene Listen beschrieben; von alltagssprachlicher Deskription wie in den anderen Systemen wird also kein Gebrauch gemacht. Im einzelnen werden folgende Einheiten unterschieden:

- Technische Geräusche: Diese sind definiert als „diejenigen hörbaren Turnelemente, die nicht durch die Artikulation eines Sprechers produziert wurden" (Burger 1997). Sieben Typen (Klicken, Klingeln, Klopfen, Mikrobewegung, Mikrowind, Rascheln und Quietschen) und eine Restkategorie („Geräusche, die in keine der anderen Kategorien passen") werden unterschieden.
- Nonverbale artikulatorische Geräusche: Mit diesem Terminus werden „artikulatorische Produktionen des Sprechers" bezeichnet. Hier werden fünf Typen (Schmatzen, Schlucken, Räuspern, Husten, Lachen) und wiederum eine Restkategorie (Geräusch) unterschieden.
- Atmen: Hörbares Atmen wird ohne weitere Unterscheidung (z.B. bzgl. Länge oder Ein-/ Ausatmen wie in GAT) transkribiert.
- Hesitation und gefüllte Pausen: Hesitiationsphänomene und gefüllte Pausen werden in vier „Hesitationsklassen" unterteilt. Diese Unterteilung erfolgt

[96] Der Spracherkenner, der mit solchen Transkriptionen trainiert wird, ordnet mittels statistischer Methoden (Hidden Markov Models) lediglich Teile der Aufnahme *Phonemen* zu und bildet auf dieser Basis Worthypothesengraphen. Prosodische Informationen bleiben dabei zunächst unberücksichtigt.

nach dem Kriterium des Artikulationortes (rein vokal, vokal und nasal, rein nasal, andere), wodurch diese Einheiten sicherlich zu einem Grenzfall zwischen den phonologisch erfassbaren und den phonologisch nicht erfassbaren werden. Burger (1997) sagt jedoch selbst, dass „die Vielzahl der möglichen Hesitationen mittels der Orthographie nicht entsprechend repräsentiert werden kann", d.h. auch wenn phonologische Kriterien eine Rolle bei der Unterscheidung verschiedener Typen von Hesitation spielen, so werden diese Phänomene doch gleichzeitig als ungeeignet für eine vollständige phonologische Beschreibung erachtet.

Pausen

In Verbmobil werden bei der Transkription nur Pausen *innerhalb* eines Turns berücksichtigt – „Sprechpausen am Anfang oder Ende eines Turns werden nicht transliteriert" (Burger 1997). Auch werden Pausen nicht bezüglich ihrer Länge unterschieden; eine numerische Beschreibung wie bei den anderen Systemen erübrigt sich damit – Verbmobil kennt genau einen Typus von Pause:

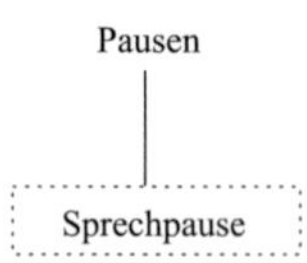

Akustische Mängel

Schwer verständliche Wörter werden in der Transkription als solche markiert, unverständliche Sprachproduktionen generell durch die Symbolkette <%> repräsentiert. Anders als bei HIAT, GAT und DIDA wird also durch die symbolische Beschreibung von nicht Verständlichem keine Angabe über dessen Länge gemacht.[97]

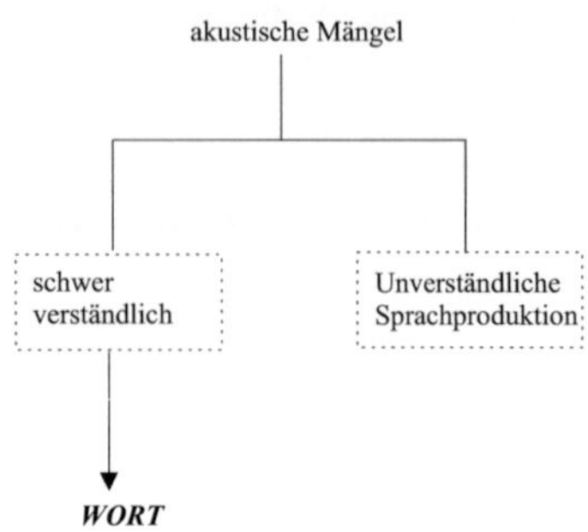

[97] Die symbolische Beschreibung ist daher in diesem Falle unzweifelhaft dem Typus „geschlossene Liste" zuzuordnen, denn es handelt sich eindeutig *nicht* um eine Symbolkette, die sich aus einer Folge von Repräsentationen nicht verstandener Phoneme o.Ä. zusammensetzt.

Klassifizierung / zusätzliche Beschreibung von segmentalen Einheiten
In diese Gruppe fällt eine Vielzahl der Einheiten in Verbmobil:

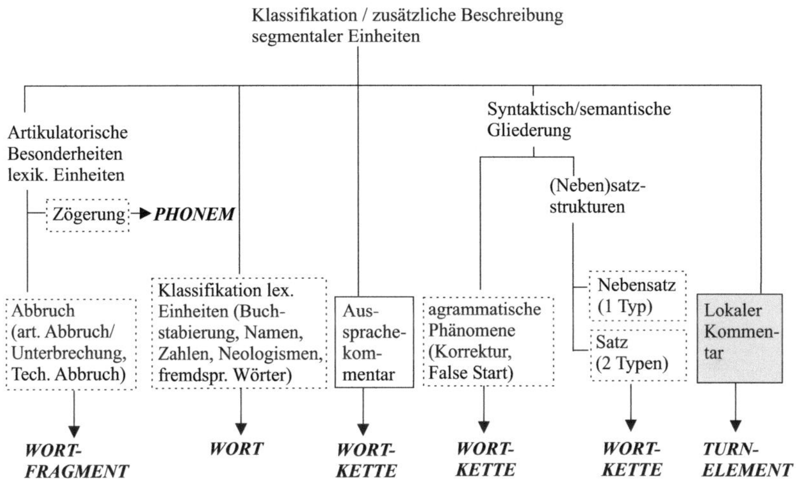

Im Einzelnen sind dies:

- Zögerung: Diese Einheit entspricht eigentlich im weitesten Sinne dem, was in anderen Systemen unter „Dehnung" (o.Ä.) fungiert, also dort als nicht-segmentale phonologische Eigenschaft begriffen wird. Sie wird in Verbmobil jedoch als „artikulatorische Besonderheit einer lexikalischen Einheit" behandelt. Die Konventionen schreiben vor, die Markierung für Zögerungen „direkt an den gedehnten Laut" anzuhängen. Dies steht abermals im Widerspruch zur andernorts gemachten Aussage, dass mittels der Orthographie keine lautliche Beschreibung des Gesprochenen geliefert werden kann (siehe oben). Die Bezugseinheit der Annotation (das Phonem) dürfte in diesem Falle also streng genommen im Modell gar nicht vorhanden sein.
- Abbruch: Es werden mit dem artikulatorischen Abbruch, der artikulatorischen Unterbrechung und dem technischen Abbruch drei Typen unterschieden. Die artikulatorische Unterbrechung von Wörtern wird dabei an beiden Teilfragmenten markiert.
- Klassifikation lexikalischer Einheiten: Buchstabierungen und buchstabierte Abkürzungen werden als solche gekennzeichnet. Als Namen sind diejenigen Elemente zu markieren, „die nicht in eine andere Sprache übersetzt werden sollen" (z.B. Personennamen). Ebenfalls klassifiziert werden Zahlen und Neologismen. Fremdsprachige Wörter (d.h. nicht-deutsche Wörter in deutschen Dialogen, nicht-englische Wörter in englischen Dialogen etc. sowie alle

Wörter in mehrsprachigen Dialogen[98]) werden durch einen dreistelligen Buchstabencode, der die jeweilige Fremdsprache repräsentiert, gekennzeichnet.

- Aussprachekommentare: Diese können sich auf ein oder mehrere Wörter beziehen. Ihre Form folgt den Prinzipien der literarischen Umschrift, einige Details sind in Burger/Kachelrieß (1996) festgelegt (s.u.).
- Agrammatische Phänomene: Darunter fallen Korrekturen und sogenannte False Starts. Bezugseinheit ist ebenfalls eine Kette von Wörtern.
- Satz- und Nebensatzstrukturen: Burger (1997) sagt:

> Soweit in der Spontansprache möglich, wird versucht, reguläre Satz und Nebensatzstrukturen mittels eines Subsets an Interpunktionszeichen zu markieren. [...] Generell ist aber die Zeichensetzung bei Spontansprache mit Schwierigkeiten verbunden, da grammatikalisch „richtige" Sätze häufig fehlen.

Frage- und Ausrufezeichen werden demnach verwendet, um Teile eines Turns als grammatische Aussage- bzw. Fragesätze zu kennzeichnen. Das Komma leistet Gleiches für Nebensätze.

- Lokaler Kommentar: Dies ist die einzige Einheit in Verbmobil, die als symbolische Beschreibung eine alltagssprachliche Deskription erhält. Burger sagt, dass „hinter jedem Turnelement im Prinzip ein lokaler Kommentar stehen [kann]". Neben Wörtern können also auch Hesitationsphänomene, Pausen usw. als Bezugseinheiten lokaler Kommentare fungieren.

Verwendung von Orthographie und literarischer Umschrift

Verbmobil unterscheidet sich von allen anderen hier behandelten Systemen dadurch, dass es zunächst nur eine standardorthographische Transkription vorsieht. D.h. auch solche Wörter, deren lautliche Realisierung vom Standard abweicht, werden zunächst grundsätzlich standardorthographisch transkribiert.[99]
Der Begriff der literarischen Umschrift wird in Verbmobil überhaupt nicht verwendet, die Systematik der sogenannten Aussprachekommentare entspricht aber im Grunde genau diesem Prinzip. Aussprachekommentare dienen nach Burger/Kachelrieß (1996: 4) als Ergänzung der „standardisierten Transliteration [...] hinsichtlich Dialektaussprachen, anderen Stilformen (als in der Rechtschreibung

[98] Wie genau mehrsprachige Dialoge von einsprachigen Dialogen mit fremdsprachigen Bestandteilen zu unterscheiden sind, geht aus den Konventionen nicht hervor.

[99] Auch damit wird dem Zweck des Modells Rechnung getragen: der mit den Transkriptionen zu trainierende Spracherkenner soll in der Lage sein, verschiedene Aussprachevarianten auf gleiche lexikalische Formen zurückzuführen, und diese lexikalischen Formen werden ungeachtet etwaiger dialektaler oder ideolektaler Besonderheiten ihrer Realisierung automatisch übersetzt. Weil also Aussprachevarianten für den angestrebten Nutzen des Systems eher hinderlich als interessant sind, werden sie per Modell ausgeblendet.

impliziert) oder sonstiger Abweichungen". Sie leisten also auch Vergleichbares wie die literarische Umschrift in HIAT, GAT und DIDA. Anders als dort kommen sie aber nicht *an Stelle* der Standardorthographie, sondern *zusätzlich* zu ihr zum Einsatz.

Spezifizierungen der literarischen Umschrift

Mit den „Regeln zur konsistenteren Verschriftung" von Aussprachevarianten zielen Burger/Kachelrieß (1996) auf eine Behebung der oben besprochenen Mängel der Systematik der literarischen Umschrift ab. Konkret betreffen die dort gemachten Vorgaben:

- den Einsatz des Apostroph zur Kenntlichmachung von (Laut)-Elisionen,
- die Beibehaltung von Wortgrenzen,
- die Verwendung von Konsonantenverdoppelung, Längungs-h und „Buchstabenkombinationen, für die eine spezielle Standardaussprache gilt" (Beispiel: <*st*>[100]), und
- die Zusammenschreibung enklitisierter Varianten (Beispiel: „haben wir" → „hammer").

Damit sind zwar zumindest einige der Problembereiche literarischer Umschriften angesprochen. Von einer vollständigen Formulierung einer systematischeren Verfahrensweise sind die Vorgaben aus Burger/Kachelrieß (1997) aber kaum weniger weit entfernt als die der anderen Systeme.

Beziehungen zwischen Einheiten

Turns und die darin enthaltenen Wörter, die ihrerseits in einfache Wörter und Wortfragmente zerfallen können, bilden in Verbmobil eine geordnete Hierarchie. Phoneme lassen sich auf eine unterste Ebene dieser Hierarchie einordnen, wenn man das bereits genannte Problem außer Acht lässt, dass an einer Stelle der Konventionen festgestellt wird, dass Phoneme streng genommen gar keinen

[100] „Buchstabenkombinationen, für die eine spezielle Standardaussprache gilt", sind im Sinne von Eisenberg (1998: 59) einfach als *Grapheme* zu bezeichnen:

> Als Grundeinheiten dieser Schrift sind aber nicht einfach die Buchstaben des lateinischen Alphabets anzusehen, sondern die Einheiten, aus denen das Deutsche im Geschriebenen tatsächlich größere Einheiten wie Morpheme oder Wortformen aufbaut. Diese Einheiten nennen wir – analog zu den Phonemen der gesprochenen Sprache – die *Grapheme* des Deutschen.

Die gängigen Zeichentabellen für den Computer (z.B. Unicode) kennen jedoch das Konzept des Graphems nicht – ihre kleinsten Einheiten sind tatsächlich die Buchstaben eines Alphabets. Wohl weil dieser Umstand für das Parsen von Transkription von erheblicher Bedeutung ist (während er im Kontext der Transkription als Verschriftlichung so selbstverständlich ist, dass er unerwähnt bleiben kann), wird er in Verbmobil explizit thematisiert.

Bestandteil des Modells bilden sollten. Die Wortketten, die reguläre Sätze und Nebensätze bilden, bzw. Bezugseinheit für die Markierung agrammatischer Phänomene oder von Aussprachekommentaren darstellen, sind hierarchisch dem Turn unter- und dem Wort übergeordnet. Sie bilden aber nicht in jedem Falle eine lineare Abfolge, was besonders beim Verhältnis von Sätzen und Nebensätzen evident ist. Die hierarchisch-geordneten Beziehungen der segmentalen Einheiten untereinander und ihre Einheit/Merkmals-Beziehungen mit anderen Einheiten sind in folgender Abbildung wiedergegeben:

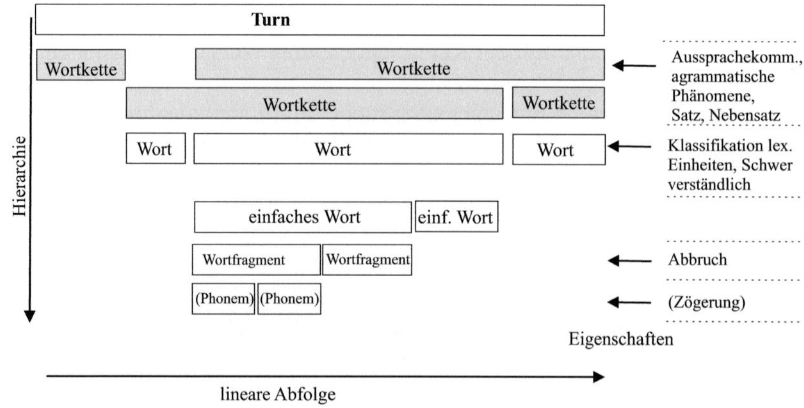

Zeitlich parallele Beziehungen werden in Burger (1997) unter der Überschrift „akustische Überlagerungen" behandelt. Sie unterscheidet dort einerseits „Sprecherüberlagerung", d.h. zeitlich parallele Beziehungen zwischen Einheiten, die verschiedenen Sprechern zugeordnet sind[101], von „Geräuschüberlagerung", d.h. zeitlich parallele Beziehungen zwischen lexikalischen Einheiten eines Sprechers und entweder Geräuschen, die dieser Sprecher selbst produziert oder Geräuschen, die nicht von einem Sprecher, sondern „im Hintergrund" verursacht werden. Andererseits werden – und hierin besteht ein Unterschied zu allen anderen hier behandelten Transkriptionssystemen – *aktive* und *passive* Überlagerungen differenziert. Allerdings bleibt diese Unterscheidung in den Konventionen weitestgehend unexpliziert – es lässt sich aus der folgenden Formulierung (Burger

[101] Bei einem Großteil der in Verbmobil transkribierten Dialoge wird eine solche Überlagerung aber durch eine Versuchsanordnung ausgeschlossen. Vgl. die Formulierung in Burger (1997): „Bei Dialogen, bei denen die Sprecher nicht durch technische Gegebenheiten dazu gezwungen sind, nur dann zu sprechen, wenn der Gesprächspartner gerade nicht spricht (z.B. bei Knopfdruckdialogen), kann es zur gegenseitigen Überlagerung von Gesprächsbeitragselementen kommen."

1997) lediglich ableiten, dass bei der Überlagerung zweier Sprecherbeiträge[102] jeweils einer als passiv, der andere als aktiv gilt:

> Aus der Darstellung wird klar, [...] dass passive (das Überlagerte) und aktive (das Überlagernde) Überlagerung durch gleichzeitiges Auftreten ein Paar bilden.

Die wenigen Beispiele in Burger (1997) legen außerdem nahe, dass die passive Überlagerung in der Regel von demjenigen Sprecher erfahren wird, dessen Turn bei Beginn der zeitlichen Parallelität bereits teilweise realisiert ist, während eine aktive Überlagerung oft am Beginn eines Turns steht. Dies gilt jedoch nicht ausnahmslos. In folgendem Beispiel (Burger 1997) etwa ist sowohl das von Sprecher B geäußerte „hallo" als auch das „grüß sie" als aktive Überlagerungen markiert, obwohl letzteres mitten im Turn steht:

A: hallo, ich1@ bin1@ der Herr Huber . wie2@ geht 's ?
B: @1hallo . <P> @2grüß' @2Sie .[103]

Weil die Differenzierung von aktiver und passiver Überlagerung also erstens recht unklar bleibt, und weil sie zweitens auch kaum auf andere als die in Verbmobil betrachteten Gesprächsituationen verallgemeinerbar ist, soll sie im Folgenden unberücksichtigt bleiben, bzw., wie in den anderen Systemen auch, einfach als *symmetrische* Beziehung der zeitlichen Parallelität zwischen zwei Einheiten begriffen werden.

Nach dieser Vereinfachung stellt sich die Situation für die zeitlichen Verhältnisse zwischen segmentalen Einheiten in Verbmobil nicht anders dar als in den bereits behandelten Transkriptionssystemen – es werden nur Anfang und Ende simultaner Redebestandteile berücksichtigt; Einheiten verschiedener Sprecher, die innerhalb solcher Simultanpassagen stehen, lassen sich deshalb nicht immer in eine eindeutige zeitliche Relation setzen.

Auch für die zeitliche Beziehung zwischen phonologisch erfassbaren und phonologisch nicht erfassbaren Phänomene gelten in Verbmobil ähnliche Regeln wie in HIAT, GAT und DIDA: Für Pausen, Atmen, Hesitationen und unverständliche Sprachproduktionen ist eine zeitliche Parallelität zu Wörtern, Wort-

---

[102] Da in Verbmobil hauptsächlich *Dia*loge, also Gespräche mit genau zwei Beteiligten transkribiert werden, ist der Fall, dass die Einheiten dreier oder mehrerer Sprecher zeitlich parallel sind, äußerst selten. Burger (1997) sagen dazu: „Bei Multiparty-Aufnahmen, bei denen theoretisch mehrere Sprecher gleichzeitig sprechen können, wird der überlagerte Beitrag eines Sprechers A als passiv überlagert gekennzeichnet. Die Überlagerungen der anderen Sprecher, auch wenn diese sich wieder gegenseitig überlagern, werden als aktiv überlagernd gekennzeichnet."

[103] Aktive Überlagerung ist durch ein vorangestelltes @, passive durch ein nachgestelltes @ markiert.

fragmenten etc. per Definition ausgeschlossen. Geräusche (sowohl artikulatorische als auch technisch bedingte) können hingegen an Stelle oder parallel zu verbalem Handeln auftreten.[104] Unabhängig von den zeitlichen Verhältnissen werden die phonologisch nicht erfassbaren Einheiten in Verbmobil ausnahmslos der Einheit des Turns untergeordnet (vgl. den Terminus „Turnelemente" in Burger 1997). Damit ergibt sich folgende Modifikation für die obige Abbildung:

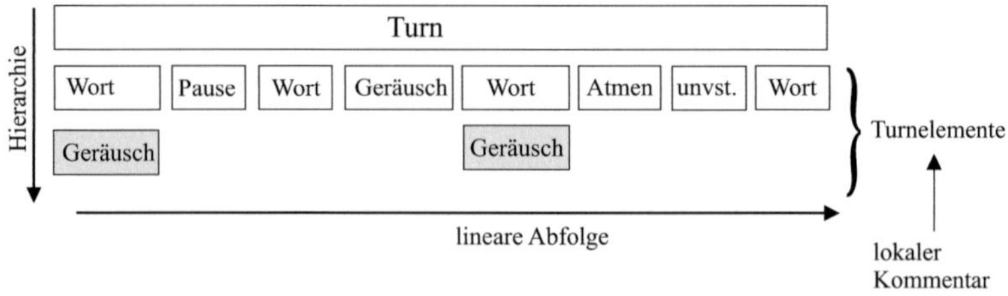

3.3.4.4 Visualisierung

Angesichts des geringeren Stellenwertes, den die Lesbarkeit des Transkriptes in Verbmobil einnimmt (s.o.), scheint es fraglich, ob dort überhaupt sinnvoll von einer Visualisierung zu sprechen ist. Die Textdateien, die den Konventionen folgend angefertigt werden, sollen in erster Linie dem Kriterium der Parsbarkeit (also der Lesbarkeit für einen Computer) genügen und erst in zweiter Linie auch für den Menschen (visuell) erfassbar bleiben.[105]

Fasst man Verbmobil-Transkripte dennoch als Visualisierungen auf, so ist eindeutig, dass sie dem Prinzip der Zeilennotation folgen. Die Einheit der Zeile bildet dabei die Einheit des Turns ab. Außer diesen Transkriptzeilen, deren vertikale Ordnung sich wiederum aus der zeitlichen Ordnung der repräsentierten Turns ergibt, sieht Verbmobil keinen weiteren Visualisierungsort vor. Turns, Wörter, Wortfragmente usw. werden durch integrierte Symbolübernahme auf diesen Zeilen visualisiert, die anderen Modellbestandteile ebenfalls dort, teilweise durch einfache Symbolübernahme (Aussprachekommentare und lokale Kommentare), größtenteils jedoch durch Einfügen von Symbolen (z.B. die Klassifikation lexikalischer Einheiten, die Markierung von Sätzen und Nebensätzen usw.). Eine integrierte Visualisierung durch Formatierung kommt in Verbmobil generell nicht zum Einsatz.

---

[104] Auch in Verbmobil wird der Fall, dass ein Geräusch partiell parallel zu Verbalem und partiell eigenständig auftritt, nicht berücksichtigt.

[105] Würde Verbmobil im Sinne einer Drei-Ebenenarchitektur zwischen logischer und physikalischer und Anwendungsebene unterscheiden (vgl. Abschnitt 5.1.), so wären diese Textdateien eher auf der physikalischen Ebene anzusiedeln als auf der Anwendungsebene. Sie wären also auch in diesem Sinne keine Visualisierungen.

3.4 Diskussion

Anknüpfend an die einleitenden Bemerkungen zu Abschnitt 3.2. ist einer Diskussion der Ergebnisse dieses Kapitels zunächst die Frage voranzustellen, ob die gewählte Herangehensweise sich überhaupt als praktikabel erwiesen hat, ob also die berücksichtigten Transkriptionssysteme sich prinzipiell für eine Betrachtung eignen, die vom Gedanken von Modell und Visualisierung ausgeht. Die Antwort auf diese Frage muss sicherlich die Form eines „Ja, aber..." annehmen:

Wie erwartet, geht es einerseits nicht ohne eine gewisse allgemeine Unsicherheit ab, wenn Transkriptionssysteme, die nach dem Paradigma der Verschriftlichung entworfen wurden, nach einer streng formalisierten Methode wie der des Entity-Relationship-Modelling beschrieben und geordnet werden sollen. So wie sie sind, verstehen sich die Systeme in erster Linie als Vorgaben, nach denen *Menschen* Transkripte erstellen und lesen können sollen. Sie sind deshalb oft nur so präzise, wie es vor diesem Hintergrund notwendig ist, und lassen viele Angaben zu Einheiten der Transkription oder zu Beziehungen zwischen solchen Einheiten aufgrund ihrer tatsächlichen oder vermeintlichen Selbstverständlichkeit implizit. Expliziter und insofern besser geeignet für den hier vertretenen Ansatz werden sie bemerkenswerterweise oft genau dort, wo beabsichtigt ist, gewisse Verarbeitungsschritte der Transkription automatisch, d.h. computergestützt, vorzunehmen. Die detaillierten Ausführungen in HIAT zum Setzen von Äußerungsgrenzen (als Basis der *computergestützten* Erstellung von Äußerungslisten[106]) sind dafür ebenso ein Beispiel wie die Ausführungen von Bodmer et al. (2002) zu einem DIDA entsprechenden „Diskurs(transkript)-Modell" (ebenfalls als Basis einer *computergestützten* Weiterverarbeitung).[107]

Ein weiteres grundsätzliches Problem für den hier vertretenen Ansatz ergibt sich andererseits aus den geschilderten Unschärfen der Orthographie bzw. der literarischen Umschrift sowie aus der mangelnden Formalisierbarkeit von alltagssprachlichen Beschreibungen. Beides sind prinzipielle Hindernisse, die einer vollständig kontrollierbaren computergestützten Verarbeitung von Transkriptionen im Wege stehen, denn beide laufen bis zu einem gewissen Grade der Annahme zuwider, dass es beim Transkribieren darum gehe, vorab bestimmte und genau definierte Einheiten gesprochener Sprache nach einer eindeutigen Systematik symbolisch zu beschreiben.

Dennoch ist es durchaus möglich, aus den Vorgaben der einzelnen Transkriptionssysteme verschiedene Modelle gesprochener Sprache zu rekonstruieren, und die genannten Unsicherheiten sind dabei auch nicht so schwerwiegend, dass sich

[106] Rehbein (1995:4) spricht in diesem Zusammenhang auch selbst von einer „empirisch basierte[n] Diskurs*modellierung*".

[107] Wie oben ausgeführt, steht Verbmobil mit seiner Ausrichtung auf computerlesbare „Symbolisierungen" dem hier vertretenen Ansatz generell etwas näher als die anderen Systeme.

anhand dieser Rekonstruktion nicht doch sichere Aussagen über Gemeinsamkeiten und Unterschiede der einzelnen Systeme gewinnen ließen. Die einheitliche Herangehensweise und die Trennung von Modell und Visualisierung lassen diese Gemeinsamkeiten und Unterschiede u.U. sogar deutlicher als andere Vergleichsmethoden zu Tage treten.[108] Die folgende tabellarische Übersicht über die Modellbestandteile der verschiedenen Transkriptionssysteme mag dies belegen.

Übersicht über Modellbestandteile in HIAT, GAT, DIDA und Verbmobil[109]

	HIAT	GAT	DIDA	Verbmobil
Segmentale Einheiten	"Turn"[110] Äußerung Wort Silbe Phonem Ton: 4 Typen	"Turn" Phrasierungseinheit Wort Silbe Phonem	("Turn")[111] Wort Silbe Phonem	Turn Wort einfaches Wort Wortfragment
Nicht-segmentale Einheiten	Tonhöhenverlauf: 5 Niveaus Akzent: 2 Abstufungen : Stakkato, gedehnt Lautstärke: leiser, lauter Sprechtempo: schneller, langsamer Ausdrucksqualität: Deskription	Tonhöhenbewegung: 5 Typen Akzent: 3 Abstufungen Dehnung: 3 Abstufungen Lautstärke: 6 Typen Sprechgeschwindigkeit: 4 Typen Tonhöhensprünge: 4 Typen Tonhöhenregister: hoch/tief Akzenttonhöhenbewegung: 5 Typen	(Grenz-)Tonmuster: 4 Typen Akzent: 1 Abstufung Dehnung: 2 Abstufungen Sprechdynamik: leiser, lauter Sprechtempo: schneller, langsamer	*keine nicht-segmentalen Einheiten*
Pausen	Stocken im Redefluß ca 0.5 sec < 1 sec > 1 sec (immer äußerungsintern)	Mikropause ca. 0.25 sec (geschätzt) ca. 0.5 sec (geschätzt) ca. 0.75 sec (geschätzt) > 1 sec (geschätzt) gemessene Pausen turnintern vs. keinem Sprecher zuweisbar	< 0.5 sec < 1 sec < 1 min > 1 min	Sprechpause (immer turnintern)

[108] Für anders organisierte Gegenüberstellungen verschiedener Transkriptionssysteme vgl. vor allem Ehlich/Switalla (1976) und Dittmar (2002), zu letzterem allerdings auch wiederum die kritischen Rezensionen in Brünner (2002), Selting (2002) und Schneider (2002a).

[109] Die Einteilung der Tabelle in Zeilen folgt der Einteilung der entsprechenden Abschnitte. Soweit möglich, stehen innerhalb einer Tabellenzeile vergleichbare (aber nicht unbedingt gleiche!) Einheiten auf der selben Höhe.

[110] Die Anführungszeichen signalisieren jeweils, dass mit der Einheit des Turns in HIAT und GAT und DIDA die oben diskutierte „naive" Lesart dieses Terminus gemeint ist.

[111] Gemeint ist das Element, das in der konvertierten TEI-konformen SGML-Fassung eines DIDA-Transkripts mit <u> ausgezeichnet wird. Wie oben dargestellt, taucht es in den Transkriptionskonventionen selbst nicht auf und wurde daher in dieser Tabelle nur in Parenthesen eingefügt.

Übersicht über Modellbestandteile in HIAT, GAT, DIDA und Verbmobil[109]				
	HIAT	**GAT**	**DIDA**	**Verbmobil**
Verständlichkeit	Schwer Verständliches Nicht Verständliches	Vermutete Lautung Nicht Verständliches Alternativlautung	Vermutete Lautung Nicht Verständliches Alternativlautung	Schwerverständlich Unverständliche Sprachproduktionen
Nicht-phonologisch	Nicht-phonologische akustische Phänomene (kommunikativ vs. physiologisch, redebegleitend vs. nicht redebegleitend) NVK (eigenlinig, ostentativ, präsentativ) AK (objektbezogen)	Ein- / Ausatmen Lachen Non-verbale Handlungen Ereignisse	nicht-morphemisierte Äußerungen Hesitationsphänomene Non-verbale Handlungen Akustische Ereignisse	artikulatorische Geräusche Atmen Hesitation technische Geräusche
Klassifizierung / zusätzliche Beschreibung von segmentalen Einheiten	Intrasegmentale Phänomene (z.B. Reparatur, Redewiedergabe) Äußerungstyp Äußerungsbezogene Übersetzung Interlinearübersetzung Morphemglossen IPA-Notation	Interpretierender Kommentar	Wortabbruch Kommentare, z.B. interpretierende Übersetzungen	Artikulatorische Besonderheiten (Zögerung/Abbruch) Lokaler Kommentar Syntaktisch / semantische Gliederung Klassifikation lexikalischer Einheiten (Namen, Zahlen, Neologismen etc.) Aussprachekommentar
Orthographie / Literarische Umschrift[112]	1) standardsprachliche Realisierung → OT 2) kontinuierlich abweichend → OT 3) nicht kontinuierlich abweichend → LU 4) unsystematisch abweichend → OT + IPA	1) der Bezugsnorm entsprechend → OT 2) der Bezugsnorm nicht entsprechend → LU	1) Standardlautung → OT 2) abweichende Lautung → LU	1) Standardlautung → OT 2) abweichende Lautung → OT + LU (Aussprachekommentare)
Spezifizierung literarische Umschrift	Einige Beispiele in Rehbein et al. 1993 : 99f	Verzögerungssignale, Glottalverschluss, Lachen, Rezeptionssignale	Einiges unter „Weitere allgemeine Konventionen" (Klein/Schütte 2001) Rezeptionssignale	Genauere Vorgaben zu Aussprachekommentaren in Burger/Kachelrieß (1996)

Einige Gemeinsamkeiten zwischen den verschiedenen Systemen werden aus dieser Übersicht auf Anhieb deutlich: Turns und Wörter tauchen in allen Systemen auf, und es kann trotz bzw. gerade wegen[113] der kaum vorhandenen Explikation dieser Einheiten in der berücksichtigten Literatur davon ausgegangen werden, dass sie dort auch jeweils gleiche oder ähnliche Einheiten bezeichnen. Auch die Transkription von Pausen und nicht verständlichen Redepassagen und die Markierung von schwer Verständlichem gehören zu denjenigen Elementen, die – trotz Unterschieden im Detail (s.u.) – eine Gemeinsamkeit zwischen den Systemen darstellen. Aus den obigen Betrachtungen wird weiterhin deutlich, dass die Systeme sich bezüglich der möglichen Beziehungen zwischen Einheiten

[112] OT steht in dieser Zeile für Standardorthographische Transkription, LU für Literarische Umschrift.

[113] D.h. gerade weil diese Termini offenbar keiner präzisen Definition bedürfen, kann davon ausgegangen werden, dass verschiedene Forscher darunter jeweils die gleichen Konzepte fassen.

nicht grundsätzlich unterscheiden: die möglichen zeitlichen Beziehungen sind in allen vier Systemen ähnlich komplex. Sie umfassen einerseits jeweils lineare Abfolge sowie partielle und totale Überlappung, andererseits tauchen aber auch überall Paare von Einheiten auf, für die sich keine eindeutige zeitliche Ordnung festlegen lässt. Auch Hierarchie- und Einheit/Merkmals-Beziehungen spielen in allen betrachteten Systemen eine wichtige Rolle. Die vielleicht wichtigste Gemeinsamkeit schließlich besteht in der Wahl der Standardorthographie als Ausgangspunkt für die Beschreibung segmentaler Einheiten.

Angesichts dieser Gemeinsamkeiten lassen sich die verschiedenen Systeme damit – aus einer hinreichend verallgemeinernden Entfernung besehen – gar weniger als Ausdruck von vier grundverschiedenen Modellen gesprochener Sprache verstehen, sondern eher als verschieden spezifizierte Ausprägungen ein und desselben Kern-Modells. Vor diesem Hintergrund erscheint eine integrierte Beschreibung verschiedener Systeme mittels eines gemeinsamen Modellierungsverfahrens, wie sie in Kapitel 5 angestrebt wird, umso erfolgversprechender.

Dennoch legen die Betrachtungen in diesem Kapitel natürlich auch Unterschiede zwischen den Systemen offen. Diese betreffen zunächst die eingangs gestellte Frage, inwieweit sie sich überhaupt nach dem hier gewählten Ansatz der Trennung von Modell und Visualisierung verstehen lassen. HIAT ist demnach deutlicher als ein auf einer linguistischen Theorie basierendes Modell gesprochener Sprache zu begreifen als GAT und DIDA, die jeweils den Gedanken einer „weitestgehenden Theorieneutralität" verfolgen. Infolgedessen finden sich in HIAT mehr konkrete Hinweise auf die Ausprägung des pragmatischen Merkmals – zu transkribieren ist dort jeweils das, was „funktional" relevant oder interessant ist. In Verbmobil lässt sich das pragmatische Merkmal weniger an einer theoretischen Basis denn an praktischen Bedürfnissen festmachen – es werden dort genau diejenigen Phänomene transkribiert, die für die Konstruktion eines Systems zur Spracherkennung und automatischen Übersetzung relevant sind.

Weitere Unterschiede treten in den Detail-Betrachtungen der Systeme zu Tage und lassen sich mit Hilfe der in Abschnitt 3.2. entwickelten Begriffe erklären.

So finden sich zunächst mehrere Fälle, in denen eine bestimmte Einheit in einem System keine (auch keine ungefähre) Entsprechung in einem anderen System hat. Darunter fällt beispielsweise die generelle Abwesenheit von nichtsegmentalen Einheiten in Verbmobil-Transkriptionen. Ebenso fehlt das, was in HIAT unter den Begriff des „Tons" gefasst wird, in allen anderen Systemen. Desgleichen kennen weder DIDA noch Verbmobil eine Einheit zur Unterteilung von Turns oberhalb der Wortebene, während HIAT und GAT hierfür die Einheit der Äußerung bzw. der Phrasierungseinheit definieren.

Weiterhin kommt es vor, dass ähnliche Einheiten in verschiedenen Systemen durch verschiedene Typen symbolischer Beschreibungen erfasst werden. Beispielsweise werden Hesitationsphänomene in HIAT phonologisch, d.h. nach dem Prinzip der literarischen Umschrift beschrieben, während DIDA hierfür eine geschlossene Liste von genau zwei möglichen Werten vorsieht. Pausen werden in HIAT, GAT und DIDA zumindest teilweise numerisch beschrieben, in Verbmobil jedoch nicht. Desgleichen sieht Verbmobil für verschiedene Typen von Geräuschen jeweils geschlossene Listen von Werten vor, während die anderen Systeme diese Phänomene alltagssprachlich beschreiben, also gerade nicht auf eine festgelegte Menge von Beschreibungen eingrenzen.

Teilweise werden ähnlich Einheiten zwar durch den gleichen Typus symbolischer Beschreibungen charakterisiert, unterscheiden sich aber in der konkreten Ausprägung dieser Beschreibung. Ein Beispiel hierfür ist die Transkription des Akzents, für den HIAT zwei, GAT drei und DIDA lediglich eine Abstufung vorsieht. Ähnliche Unterschiede finden sich auch bei der Transkription von Lautstärke und Sprechgeschwindigkeit (jeweils zwei Werte in HIAT und DIDA gegenüber sechs bzw. vier Werten in GAT).

Schließlich gibt es solche Fälle, in denen untereinander vergleichbare Einheiten sich in verschiedenen Systemen in unterschiedlicher Beziehung zu anderen Einheiten befinden. So mögen beispielsweise Pausen als isolierte Einheiten in HIAT und GAT miteinander vergleichbar sein. Die turnexterne Pause aus GAT hat jedoch bezüglich ihres Verhältnisses zu anderen Einheiten kein Pendant in HIAT, da Pausen dort immer einer Äußerung zugerechnet werden, also grundsätzlich turnintern sind.

Während die bisher genannten Unterschiede auf der Modellebene anzusiedeln sind, finden sich weitere Differenzen in den Visualisierungen der einzelnen Systeme. Allgemein besteht natürlich ein grundlegender solcher Unterschied in der Wahl des Layoutprinzips. In HIAT wird die Entscheidung für eine Partiturnotation theoretisch motiviert und im gleichen Zuge die Zeilennotation als für ein *funktional-pragmatisches* Modell gesprochener Sprache ungeeignete Visualisierungsform dargestellt. Auch bei GAT liegt es zumindest nahe, die Wahl der Zeilennotation auf eine *konversationsanalytische* Grundannahme – nämlich die Annahme, dass sich Gespräche als ein Nacheinander von einander abwechselnden Sprecherbeiträgen entfalten – zurückzuführen. In beiden Fällen beruht also die Wahl des Layoutprinzips auf theoretischen Erwägungen, die einmal mehr bestätigen, dass sich Transkription als modellhafter Prozess begreifen lässt. Auch die Tatsache, dass Aspekte der Visualisierung in Verbmobil eine eher untergeordnete Rolle spielen, lässt sich auf die in Kapitel 2 angestellten grundsätzlichen Überlegungen zur wissenschaftlichen Modellbildung zurückführen: Weil Verbmobil-Transkriptionen in erster Linie auf den Zweck der maschinellen Verarbeitung ausgerichtet sind, räumen sie der präziseren symbolisch/digitalen Modellierungsmethode Vorrang gegenüber einer analogen Modellierung ein, die ihrerseits für eine Verarbeitung durch den Menschen besser geeignet sein mag.

Sieht man von diesen grundlegenden Unterschieden bezüglich der Layoutprinzipien ab, zeichnen sich die Visualisierungsformen der einzelnen Systeme wiederum durch mindestens ebenso viele Gemeinsamkeiten aus, wie sie Unterschiede aufweisen. Allen Systemen ist gemein, dass sie segmentale Einheiten integriert visualisieren[114] und Merkmale dieser Einheiten oft durch ein Einfügen von Symbolen kenntlich machen. Sie verfahren damit analog zur Schriftsprache, in der Interpunktion ebenfalls nicht als eigenständige Einheit fungiert, sondern zur Abgrenzung und Charakterisierung anderer Bestandteile verwendet wird. Die Korrespondenzen zwischen markierten Phänomenen und eingefügten Zeichen unterscheiden sich in den verschiedenen Systemen allerdings erheblich. Als Beispiel mag das Komma dienen, das in HIAT und Verbmobil analog zur Schriftsprache Teiläußerungen bzw. -sätze markiert, während es in GAT für ein intonatorisches Phänomen steht und in DIDA überhaupt nicht eingesetzt wird.

Ähnlich divers werden in den Systemen Pausen mittels Symbolisierungen visualisiert. Aufgrund der fehlenden Analogie zur Schriftsprache erfolgt die Auswahl des Pausenzeichens jeweils mehr oder weniger willkürlich – jedes System benutzt sein „eigenes“ Symbol für Pausen (Punkte in HIAT, Bindestriche in GAT, Asteriske in DIDA und die Symbolkette „<P>“ in Verbmobil). Gleiches lässt sich für die Markierung von Akzenten konstatieren: HIAT und GAT visualisieren diese durch Formatierung (Unterstreichung bzw. Kapitalisierung), während sie in DIDA durch Einfügen eines Zeichens kenntlich gemacht werden.

Bezüglich des Zusammenhangs zwischen Modell und Visualisierung lässt sich schließlich für alle Systeme feststellen, dass gewisse Unterscheidungen, die im Modell getroffen werden, auf der Visualisierungsebene keinen Niederschlag finden. Vielleicht am augenfälligsten wird dies bei den nicht-phonologisch erfassbaren Phänomenen in HIAT. Die elaborierte Taxonomie, die in Ehlich/Rehbein (1979a) entwickelt wird, wird im konkreten HIAT-Transkript nur teilweise wiedergegeben. Zwar erscheinen beispielsweise die Beschreibungen redebegleitender und nicht-redebegleitender akustischer Phänomene an verschiedenen Visualisierungsorten, die Unterscheidung zwischen komitativen und selbstständigen NVK-Phänomenen, die der Transkribent durchaus getroffen haben mag, wird im Transkript jedoch nicht visualisiert. Die in Kapitel 2 diskutierte Beobachtung, dass symbolisch/digitale Modelle präziser sein können als ihre analogen Visualisierungen, findet also darin eine Bestätigung.

Zusammenfassend lässt sich festhalten, dass die bestehenden Transkriptionssysteme als Ausgangspunkt dienen können, um im hier angestrebten Sinne symbolische Modelle gesprochener Sprache zu formulieren. Die gewählten Ord-

[114] D.h. keines der Systeme modelliert oder visualisiert beispielsweise Wörter und Phoneme unabhängig voneinander. Vgl. dazu wiederum die Darstellung des TIMIT-Korpus in Abschnitt 4.3.4.1., das eine solche Trennung der Ebenen vollzieht.

nungskategorien, die sich am Paradigma des Entity/Relationship-Modelling orientierten, sind geeignet, sowohl auf einer abstrakten Ebene zu belegen, dass die Systeme grundlegende strukturelle Gemeinsamkeiten aufweisen, als auch auf einer konkreten Ebene zu zeigen, wo spezifische Unterschiede zwischen den Systemen liegen. Auch wenn dabei Unsicherheiten bestehen bleiben, kann die so entwickelte Darstellung der Systeme als Basis angesehen werden, um in den folgenden Kapiteln verschiedene generische Ansätze bezüglich ihrer Anwendbarkeit und ihrem Nutzen für gesprächsanalytische Transkripionssysteme zu prüfen (Kapitel 4), und darauf aufbauend ein für diesen Zweck angepasstes Modellierungsverfahren zu formulieren (Kapitel 5).

Kapitel 4

Generische Ansätze zur Beschreibung computergestützter Transkription

Nachdem im vorigen Kapitel mehrere bestehende Transkriptionssysteme nach dem Ansatz der Trennung von Modell und Visualisierung vergleichend nebeneinander gestellt wurden, sollen in diesem Kapitel die derzeit wichtigsten generischen Ansätze zur Beschreibung von computergestützter Transkription vorgestellt werden. „Generisch" bedeutet in diesem Zusammenhang, dass diese Ansätze – anders als die im vorigen Kapitel behandelten Systeme – gerade nicht darauf abzielen, *eine* geeignete Beschreibungsmethode für Aufnahmen gesprochene Sprache zur Verfügung zu stellen, sondern dass sie – eine Abstraktionsstufe höher – Vorschläge machen, wie solche Beschreibungen prinzipiell zu organisieren sind, damit sie einer computergestützten Verarbeitung möglichst gut zugänglich werden. In diesem Sinne formulieren die generischen Ansätze also nicht etwa ihrerseits eigenständige Modelle gesprochener Sprache. Sie gehen vielmehr von der Annahme aus, dass es möglich und sinnvoll ist, verschiedene solcher Modelle nach einer vereinheitlichten Vorgehensweise zu beschreiben. An die Stelle konkreter Modelle gesprochener Sprache treten damit *Modellierungsverfahren*. Diese reflektieren auf einer theoretischen Ebene einen gemeinsamen strukturellen Kern verschiedener Transkriptionsverfahren. Auf einer praktischen Ebene wollen sie dazu beitragen, Transkriptionsdaten besser austauschbar und wieder verwendbar zu machen. Beides sind entscheidende Motivationen für die kommenden Ausführungen, d.h. in den folgenden Abschnitten sollen sowohl diese generischen Ansätze auf ihre theoretische Vereinbarkeit mit den Ergebnissen des vorangehenden Kapitels überprüft werden, als auch ihre Umsetzbarkeit und ihr Nutzen in der Praxis analysiert werden.

4.1 Text Encoding Initiative (TEI)

4.1.1 Allgemeines

Die Text Encoding Initiative (TEI) formierte sich auf einer 1987 in Vassar abgehaltenen Konferenz der US-amerikanischen *Association for Computers and the Humanities* (ACH[1]). Sie ist ein Zusammenschluss von amerikanischen und europäischen Forschern, die mit der Erstellung, Verarbeitung und Archivierung textueller Daten in der geisteswissenschaftlichen Forschung befasst sind. Als ihre primäre Aufgabe sieht sie die Erarbeitung von Richtlinien und Empfehlun-

[1] siehe http://www.ach.org/

gen an, die den Austausch solcher Daten in elektronischer Form ermöglichen bzw. vereinfachen sollen.[2] Wichtigstes Resultat dieser Bemühungen sind die „Guidelines for Electronic Text Encoding and Interchange“, die mittlerweile in einer vierten überarbeiteten Fassung vorliegen (Sperberg-McQueen/Burnard 2001).

Bezogen auf Zeitdimensionen der computertechnologischen Entwicklung kann die TEI damit auf eine verhältnismäßig lange Geschichte zurückblicken. Mit ihrer Hinwendung zu Markup-Technologien (ursprünglich SGML, mittlerweile werden die Richtlinien mehr und mehr am XML-Standard ausgerichtet) hat sie bereits sehr früh eine Schnittstelle zwischen Sprach- und Computerwissenschaften hergestellt, die sich mittlerweile als richtungsweisend herausgestellt hat. Ihre Erwähnung in zahlreichen sprach- und texttechnologischen Arbeiten[3] bezeugen diese Vorreiterrolle ebenso wie ihre Berücksichtigung in vielen neueren Standardisierungsbemühungen[4].

Wichtig für die Belange dieser Arbeit ist jedoch auch die Tatsache, dass die TEI sich keineswegs ausschließlich mit den Bedürfnissen *linguistischer* Datenverarbeitung auseinandersetzt, geschweige denn auf solche linguistische Daten spezialisiert ist, die zur Untersuchung *gesprochener* Sprache verwendet werden. Große Teile der TEI-Richtlinien betreffen Vorschläge zur elektronischen Kodierung *literarischer Texte* und sind eher an den Bedürfnissen eines Philologen, der beispielsweise eine digitalisierte Edition eines Werkes erstellen möchte, ausgerichtet, denn an den Bedürfnissen eines Linguisten, dessen Ziel die elektronische Kodierung von sprachlichem Material nach gesprächsanalytischen Kategorien ist. Aus diesem Umstand erklärt sich, dass für die folgenden Ausführungen nur eine Untermenge der in Sperberg/McQueen (2001) dargelegten Richtlinien als relevant erachtet wurde, genauer:

- Kapitel 6 „Elements available in all TEI documents“
- Kapitel 11 „Transcriptions of Speech“
- Kapitel 14 „Linking, Segmentation and Alignment“ und
- Kapitel 15 „Simple Analytic Mechanisms“

[2] Das erste von neun Prinzipien der TEI lautet: „The [TEI] guidelines are intended to provide a standard format for data interchange in humanities research.“ (Sperberg-McQueen/Burnard 2001, Abschnitt 1.3.)

[3] Mit Bird/Liberman 2001, Witt 2002 und Carletta et al. 2000 seien stellvertretend drei Beispiele aus der für dieses Kapitel herangezogenen Literatur genannt, die jeweils Abhandlungen über Teile der TEI-Richtlinien enthalten.

[4] Als vielleicht wichtigste solcher Standardisierungsbemühungen ist der „Corpus Encoding Standard“ (Ide/Priest-Dorman 2000) zu erwähnen. Aber auch TUSNELDA (Wagner/Kallmeyer 2001) und – wie oben kurz erwähnt – das Institut für Deutsche Sprache in Mannheim orientieren sich teilweise an den TEI-Richtlinien.

Neben den Richtlinien selbst wurden für die folgenden Ausführungen vor allem Witt (2002), sowie Burnard (1995), Johannson (1995) und Sinclair (1995) als zusätzliche Literatur herangezogen.

4.1.2 Modellierung gesprochener Sprache nach den TEI-Richtlinien

4.1.2.1 Texttechnologisches Grundverständnis der TEI

Es mag für das Verständnis des TEI-Ansatzes zur Beschreibung von Transkriptionen gesprochener Sprache hilfreich sein, zunächst einen Blick auf die allgemeine Zielsetzung der Initiative zu werfen. In der Einleitung zu Sperberg-McQueen/Burnard (2001) wird diese wie folgt charakterisiert:

> [The TEI Guidelines] provide means of representing those features of a text which need to be identified explicitly in order to facilitate processing of the text by computer programs. In particular, they specify a set of markers (or tags) which may be inserted in the electronic representation of the text, in order to mark the text structure and other textual features of interest.

Die Richtlinien der TEI formieren sich demnach um den Begriff des Textes. Dessen „elektronischer Repräsentation" werden Markup-Elemente hinzugefügt, die die computergestützte Weiterverarbeitung ermöglichen bzw. erleichtern sollen. Die TEI folgt also zweifelsohne einer im oben beschriebenen Sinne dokumentzentrischen Herangehensweise, die – wie das folgende Zitat von Burnard (1995: 70) zeigt – auch für Transkriptionen gesprochener Sprache beibehalten wird:

> Transcriptions of spoken language are texts of a very special kind, [...], yet their effective handling in electronic form turns out to pose very similar problems [...] to those derived from a written original. (Burnard 1995: 70)

Der Besonderheit solcher „Transkriptionstexte" wird vor allem im Kapitel 11 „Transcriptions of Speech" Rechnung getragen. Dort werden die in Kapitel 6 eingeführten „Elements available in all TEI documents" um solche erweitert, die speziell für die Transkription gesprochener Sprache notwendig und sinnvoll sind. Die im nächsten Abschnitt behandelten Einheiten einer TEI-konformen Transkription setzen sich daher im Wesentlichen aus denjenigen Elementen zusammen, die in diesen beiden Kapiteln definiert werden.

4.1.2.2 Einheiten einer TEI-Transkription

Die grundlegenden Einheiten einer TEI-Transkription bilden eine strenge geordnete Hierarchie (vgl. Johansson 1995: 86[5]):

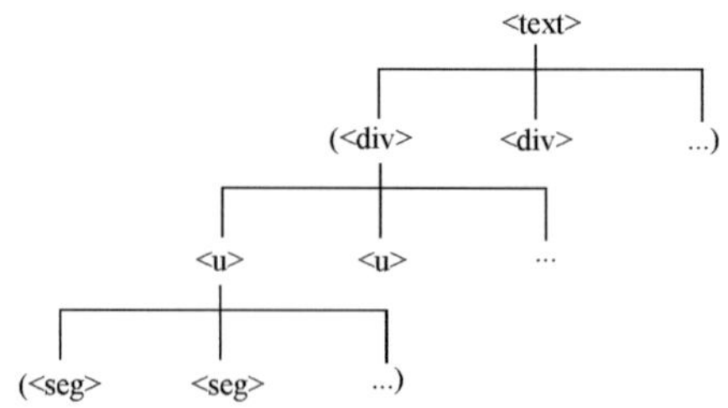

Wie bei allen anderen TEI-Dokumenten (also auch solchen, die nicht Transkriptionen gesprochener Sprache sind), ist die oberste Einheit der Hierarchie ein Element `<text>`[6], das in diesem Falle einfach die Gesamtheit der Transkription bezeichnet. Optional kann eine solche Einheit in mehrere Einheiten des Typs `<div>` unterteilt werden, wobei die TEI-Richtlinien die Semantik dieser Einheit unspezifiziert lassen (sie könnte beispielsweise der Unterteilung einer Transkription in verschiedene Abschnitte dienen, die ihrerseits Gesprächsphasen repräsentieren). Zentral für Transkriptionen gesprochener Sprache ist die auf der nächstniedrigeren Stufe der Hierarchie angesiedelte Einheit `<u>`. Johansson (1995: 87) definiert diese als

> [...] an utterance, i.e. a stretch of speech usually preceded and followed by silence or a change of speaker;

Sie kommt damit semantisch derjenigen Einheit sehr nahe, die in Kapitel 3 in den verschiedenen Systemen jeweils als *Turn* (in der „naiven" Lesart des Begriffes) bezeichnet wurde. Einem Element des Typs `<u>` wird in der Regel über ein Attribut `who` ein Sprecher zugewiesen. Zusätzlich kann über ein Attribut `tran` die Art des Überganges von der vorherigen Einheit charakterisiert werden (mögliche Werte sind z.B. `latching` für einen unmittelbaren Anschluss, `pause` für einen Übergang mit Mikropause). Bei Bedarf kann diese Einheit mit Hilfe des Elementes `<seg>` weiter unterteilt werden. Dieses ist wiederum zunächst semantisch

[5] Dort werden allerdings die Elemente der untersten Ebene mit `<s>` bezeichnet. Die aktuellste Version der Richtlinien belegt jedoch eindeutig, dass an dieser Stelle der Hierarchie eigentlich allgemein Elemente der Klasse `<seg>` stehen, von denen `<s>` (für „a sentence-like division of a text") nur ein Spezialfall ist (siehe weiter unten).

[6] Da die TEI-Richtlinien untrennbar mit den Markup-Sprachen XML und SGML verbunden sind, wird im Folgenden auch eine XML-konforme Notation für die einzelnen Einheiten verwendet. Die Begriffe *Einheit* und *Element* werden in diesem Zusammenhang weitestgehend austauschbar.

unspezifiziert – an der entsprechenden Stelle der Richtlinien (Sperberg-McQueen/Burnard 2001: Kapitel 14.3.) wird es definiert als „any arbitrary phrase-level unit of text (including other seg elements)", deren Typ durch ein Attribut näher bestimmt werden kann. Einheiten wie die der Äußerung in HIAT oder der Phrasierungseinheit in GAT könnten also nach den TEI-Richtlinien als `<seg type="Äußerung">` bzw. `<seg type="Phrasierungseinheit">` berücksichtigt werden. Da `<seg>`-Elemente geschachtelt werden dürfen, könnte auch eine weitere Unterteilung des Diskurses in Wörter, Silben, etc. auf diese Weise wiedergegeben werden.

Neben diesen vier Einheiten, die das Grundgerüst einer TEI-Transkription bilden, werden in Kapitel 11 (vgl. auch Johansson 1995: 87ff) der Richtlinien eine Reihe weiterer Einheiten definiert, die spezifisch für die Transkription gesprochener Sprache sind. Im einzelnen sind dies:

- das Element `<pause>`, das für eine Pause steht. Über Attribute kann optional die Länge der Pause entweder relativ (z.B. `long`, `short`) oder absolut (über eine numerische Zeitangabe) angegeben werden.
- das Element `<vocal>`, das für ein vokalisiertes, aber nicht unbedingt lexikalisiertes Phänomen steht, beispielsweise ein Husten oder eine gefüllte Pause. Die genaue Beschreibung eines solchen Phänomens wird wiederum über ein Attribut vorgenommen, z.B. bezeichnet `<vocal desc="cough">` ein Husten.
- das Element `<kinesic>`, das für ein kommunikatives, aber nicht unbedingt vokalisiertes Phänomen steht, beispielsweise gestische oder mimische Handlungen. Auch hier wird die genauere Beschreibung über ein Attribut vorgenommen, z.B. bezeichnet `<kinesic desc="nod">` ein Nicken.
- das Element `<event>`, das für ein beliebiges Phänomen steht, das nicht unbedingt kommunikativ oder vokalisiert sein muss. Beispielsweise bezeichnet `<event desc="telephone rings">` das Klingeln des Telefons.
- das Element `<shift>`, das einen Zeitpunkt[7] markiert, in dem sich gewisse paralinguistische Merkmale (wie Lautstärke, Sprechgeschwindigkeit etc.) eines Sprechers gegenüber dem vorangehenden und folgenden Kontext ändern. Beispielsweise bezeichnet `<shift feature="loud" new="f">` den Beginn eines Abschnittes, in dem der aktive Sprecher zu einer hohen Lautstärke (forte) übergeht. Bezüglich der dabei zu benutzenden Attribute machen Sperberg-McQueen/Burnard (2001) ebenfalls präzise Vorschläge. Die nachfolgende Tabelle fasst zusammen, welche Merkmale (`feature`) welche Werte (`new`) annehmen können:

[7] Es unterscheidet sich in dieser Beziehung also von den anderen Einheiten, die jeweils Phänomene bezeichnen, die sich über ein Zeit*intervall* erstrecken. Mit dieser Methode wird es auch möglich, sich überlappende Umgebungen (z.B. einen Bereich steigender Lautstärke, der sich über die zweite Hälfte einer Äußerung und die erste Hälfte der folgenden Äußerung erstreckt) in XML oder SGML trotz deren OHCO-Beschränkungen auszudrücken. Witt (2002: 52ff) behandelt dies unter der Überschrift „Meilensteine".

Merkmal	Mögliche Werte
tempo	fast, very fast, getting faster, slow, very slow, getting slower
loudness	loud, very loud, getting louder, soft, very soft, getting softer
pitch range	high, low, wide, narrow, ascending, descending, monotonous, scandent
tension	slurred, lax, tense, very precise, staccato, legato
rhythm	beatable, arrhythmic, spiky rising, spiky falling, glissando rising, glissando falling
voice quality	whisper, breath, husk, creak, falsetto, resonant, giggle, laugh, tremolous, sobbing, yawning, sighing

Mit der Gesamtheit dieser von der TEI vorgeschlagenen Einheiten wird sicherlich ein großes Spektrum an beobachtbaren Gesprächsphänomenen abgedeckt und klassifiziert. Gleichzeitig wird jedoch an verschiedenen Stellen betont, dass eine TEI-konforme Transkription weder all diese Elemente benutzen muss, noch auf sie festgelegt ist. Insbesondere besteht die Möglichkeit, Elemente, die in anderen Abschnitten der Richtlinien definiert sind, auf Transkriptionen gesprochener Sprache anzuwenden. Von besonderem Interesse sind dabei die in Kapitel 15 („Simple Analytic Mechanisms") vorgeschlagenen Einheiten. Statt diese hier vollständig aufzuführen, seien aus Platzgründen lediglich einige Beispiele gegeben:

- Das Element `<w>` (als Spezialfall eines `<seg>`-Elementes) kann zur Markierung einzelner Wörter verwendet werden. Dabei kann über ein Attribut das zum Wort gehörige Lemma vermerkt werden, z.B. `<w lemma="go">went</w>`.
- In ähnlicher Weise kann ein Morphem als Element `<m>` (ebenfalls als Spezialfall eines `<seg>`-Elementes) markiert und mittels eines Attributes zu seiner Grundform in Bezug gesetzt werden, z.B. `<w><m>Ein</m><m baseform="steig">stieg</m></w>`.
- Über die Elemente `<interp>` oder `<interpGroup>` können ausgewählten Abschnitten der Transkription ein oder mehrere interpretierende Kommentare hinzugefügt werden.

4.1.2.3 Beziehungen zwischen Einheiten

Wie bereits festgestellt, bilden die grundlegenden Elemente einer TEI-Transkription (`<text>`, `(<div>)`, `<u>` und `<seg>`) eine strenge geordnete Hierarchie. Die Elemente `<pause>`, `<vocal>`, `<kinesic>` und `<event>` können sich auf jeder der drei unteren Stufen dieser Hierarchie einordnen. Dies bedeutet, dass z.B. Pausen als Bestandteile von `<u>`-Elementen fungieren können, und damit einem Sprecher zugeordnet sind, aber auch – eine Hierarchiestufe höher – zwischen den Äußerungen zweier Sprecher stehen können und damit keine Sprecherzuweisung erfahren müssen. Gleiches gilt für Elemente des Typs `<shift>`.

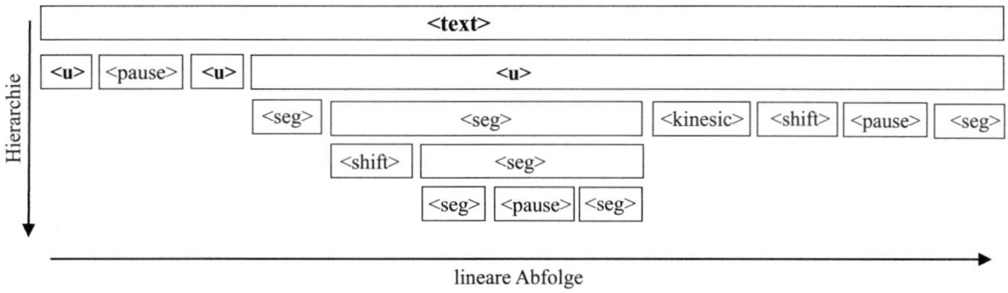

Mit der Möglichkeit, die genannten Elemente an jeder geeigneten Stelle einer solchen Hierarchie einordnen zu können, ist einerseits der Beziehungstyp der strukturellen *Zugehörigkeit* einzelner Elemente zu anderen Elementen abgedeckt, d.h. beispielsweise kann jede Pause der Äußerung, dem Wort oder der Phrasierungseinheit zugeordnet werden, in der sie auftritt. Andererseits lässt sich – da es sich um eine *geordnete* Hierarchie handelt – so auch der Beziehungstyp der linearen Abfolge solcher Elemente erfassen.

Nicht ausdrücken lässt sich damit jedoch die für gesprochene Sprache so charakteristische partielle oder totale zeitliche Parallelität von Phänomenen und Ereignissen, also z.B. das Überlappen der `<u>`-Elemente zweier Sprecher (also ein „ins-Wort-Fallen"), die Simultaneität eines `<kinesic>`- und eines `<vocalic>`-Elementes (z.B. gleichzeitiges Nicken und Husten) oder das gleichzeitige Auftreten zweier verschiedener paralinguistischer Veränderungen in Form eines `<shift>`-Elementes (z.B. „lauter und schneller werdend"). Die TEI-Richtlinien sehen jedoch eine Vielzahl von Mechanismen vor, um zusätzlich zu den hierarchisch geordneten auch solche zeitlichen Beziehungen ausdrücken zu können (vgl. Sperberg-McQueen/Burnard 2001, Abschnitt 14.5. „Synchronization"):

- Der einfachste Mechanismus ist die Möglichkeit, zwei sich überlappende `<u>`-Elemente mit einem Attribut zu versehen, das den Übergang zwischen ihnen als Überlappung charakterisiert, also etwa:

```
<u who="A">I say something. </u>
<u who="B" trans="overlap">And I interrupt you. </u>
```

  Damit wird allerdings lediglich ausgedrückt, *dass* die beiden Elemente sich überlappen. Über die genaue Art (ob also partiell oder total) und (bei partiellen Überlappungen) die genaue Reichweite der zeitlichen Parallelität wird damit keine Aussage gemacht.

- Die nächst-mächtigere Methode, um die Simultaneität eines beliebigen Elementes mit einem anderen auszudrücken, ist die Verwendung des Attributs `synch`. Der Wert dieses Attributes verweist dabei auf ein `id`-Attribut des überlappenden Elementes. So wird im folgenden Beispiel ausgedrückt, dass der als <seg> markierte Teil der Äußerung von Sprecher A sich mit der (gesamten) Äußerung von Sprecher B überlappt, deren Attribut id den Wert u23 aufweist:

```
<u who="A">I say <seg synch="u23">something. </seg></u>
<u who="B" id="u23">And I interrupt you. </u>
```

- Die gleiche Beziehung kann alternativ ausgedrückt werden durch Verwendung von (leeren) <anchor>-Elementen, die innerhalb anderer Elemente an geeigneten Stellen Zeitpunkte repräsentieren. Über ein id-Attribut und das Attribut synch kann so die Simultaneität zweier disparater Abschnitte dargestellt werden:

```
<u who="A">
        I say
        <anchor id="a1" synch="b1"/>
        something.
        <anchor id="a2" synch="b2"/>
</u>
<u who="B">
        <anchor id="b1"/>
        And I interrupt you.
        </anchor id="b2"/>
</u>
```

- Eine weitere Methode besteht in der Verwendung eines <timeline>-Elementes, das eine geordnete Abfolge von <when>-Elementen zusammenfasst, die ihrerseits Zeitpunkte repräsentieren. Einzelne Elemente können über start- und end-Attribute auf diese Zeitachse Bezug nehmen und so auch zeitliche Parallelität von Einheiten ausdrücken:

```
<timeline>
        <when id="t2"/>
        <when id="t3"/>
</timeline>
[...]
<u who="A">
        I say
        <seg start="t2" end="t3">
                something.
        </seg>
</u>
<u who="B" start="t2" end="t3">
        And I interrupt you.
</u>
```

Zahlreiche weitere Möglichkeiten ergeben sich aus der Kombination dieser Methoden, beispielsweise durch Verwendung des synch-Attributes innerhalb eines <when>-Elementes oder durch Verweis von einem <anchor>-Element in eine <timeline>.

All diesen Lösungen (außer der ersten) ist gemein, dass sie die Referenzmechanismen (also die Möglichkeit, innerhalb eines Dokumentes mittels eines Verweises eine Beziehung zwischen zwei disparaten Elementen herzustellen) der Markupsprachen verwenden, um deren aus der OHCO-Annahme resultierende Beschränkung bezüglich paralleler Strukturen zu überwinden.

4.1.3 Bewertung

Bei der Erstellung der TEI-Richtlinien wurde und wird konsequent nach einer texttechnologischen Verfahrensweise vorgegangen, die Johansson (1995: 82) so beschreibt:

> There is an important distinction in the encoding of electronic texts between underlying representation and display. The TEI approach focuses on an underlying representation, while acknowledging that this can be transformed for particular processing purposes or for display. In focussing on an underlying representation it is possible to reduce a great deal of the variety in the transcription of speech.

In dieser Trennung zwischen „underlying representation“ und „display“ gehen sie über das etablierte Transkriptionsverständnis der im vorigen Kapitel behandelten Transkriptionssysteme hinaus und nähern sich weitestgehend dem hier verfolgten Ansatz der Trennung zwischen Modell und Visualisierung an. Dadurch schaffen sie das Potential, Transkriptionen nach Vorgaben verschiedener Systeme in einer vereinheitlichten, computerlesbaren Form zu repräsentieren. Dies kommt wohlgemerkt nicht zwangsläufig einer „Einebnung“ der gesprächstheoretisch und methodologisch motivierten Differenzen zwischen den Systemen gleich, bedeutet also keine Standardisierung in einem *normativen* Sinne: Vereinheitlicht werden dadurch nur solche Einheiten, die per Modell semantisch gleich, in der Visualisierung aber verschieden sind. So können beispielsweise kurze, nicht gemessene Pausen die in HIAT, GAT, DIDA und Verbmobil durch unterschiedliche Symbole visualisiert werden (vgl. Abschnitt 3.4.), in einer TEI-Transkription uniform auf ein Element `<pause type="short">` abgebildet werden. Für semantisch verschiedene Einheiten verschiedener Transkriptionssysteme sehen die TEI-Richtlinien parametrisierbare Einheiten vor, die es in angemessener Weise ermöglichen, die Diversität verschiedener Systeme beizubehalten. Ein Beispiel hierfür ist die oben bereits erwähnte Möglichkeit, mittels eines `<seg>`-Elementes mit entsprechender Typisierung verschiedene Unterteilungen unterhalb des `<u>`-Elementes vorzunehmen, beispielsweise eine Äußerung gemäß HIAT und eine Phrasierungseinheit gemäß GAT als `<seg type="Äußerung">` bzw. `<seg type="Phrasierungseinheit">` zu repräsentieren. Die folgende Tabelle, die ausgewählte TEI-Elemente nach dem in Kapitel 3 verwendeten Raster ordnet und zu etwaigen Entsprechungen in HIAT, GAT, DIDA und Verbmobil (VMO) in Beziehung setzt, illustriert diese und einige weitere solcher Entsprechungen:

	TEI	**„Nicht-generische" Transkriptionssysteme**
Segmentale Einheiten	(beliebige **<div>**-Elemente) **<u>** beliebige **<seg>**-Elemente **<w>**	 „Turn" in HIAT, GAT, DIDA und VMO Äußerung in HIAT, Phrasierungseinheit in GAT Wort in HIAT, GAT, DIDA und VMO
Nicht-segmentale Einheiten	**<shift>** mit Attributen: **tempo** **loudness** **pitch range** **tension** **rhythm** **voice quality**	 Sprechtempo/-geschwindigkeit in HIAT, GAT und DIDA Lautstärke/Sprechdynamik in HIAT, GAT und DIDA Stakkato in HIAT Ausdrucksqualität in HIAT
Pausen	**<pause>** ohne Längenangabe mit relativer Längenangabe mit absoluter Längenangabe	Pausen in HIAT, GAT, DIDA und VMO
Nicht-phonologische Einheiten	**<vocalic>** **<kinesic>** **<event>**	Diverse nicht-phonologisch erfassbare Einheiten in HIAT, GAT, DIDA und VMO

Die texttechnologische Herangehensweise der TEI wird weiterhin auch dadurch reflektiert, dass Formen von und Beziehungen zwischen Einheiten eine formale Spezifizierung in Form einer Document Type Definition (DTD) erhalten. Bei einem in dieser Weise formulierten Modell treten Unsicherheiten wie bei den Analysen in Kapitel 3 kaum auf – ob beispielsweise Elemente des Typs **<vocalic>** nur innerhalb oder auch außerhalb Elementen des Typs **<u>** auftreten können, ist durch die DTD in eindeutiger Weise geregelt.

Wenn also die Richtlinien der TEI in dieser Hinsicht für eine computergestützte Transkription sicherlich mehr leisten als die im vorigen Kapitel behandelten Transkriptionssysteme, so fallen sie jedoch in anderer Hinsicht hinter diese zurück.

Dies äußert sich zum einen darin, dass sie die Trennung zwischen Inhalt und Darstellung bzw. Modell und Visualisierung zwar vollziehen, sich dann aber einseitig auf ersteres konzentrieren und angemessene Visualisierungsmethoden weitestgehend außer Acht lassen.[8] Das bereits in Abschnitt 2.5. angeführte Zitat

[8] Für nicht in SGML, sondern in XML kodierte TEI-Transkriptionen existieren zwar mittlerweile eine Vielzahl von XSLT-Stylesheets, die eine darstellungsorientierte Präsentation aus der inhaltsbezogenen Kodierung berechnen – diese sind aber wenig ausgereift; ein Stylesheet für eine nach den Prinzipien der Partiturnotation visualisierte Transkription existiert beispielsweise nicht.

von Sinclair (1995: 107) deutet bereits an, dass sich dadurch ein nicht unerhebliches Akzeptanzproblem in der Forschergemeinschaft ergibt. Bird/Liberman (2001: 26) bestätigen dies, indem sie feststellen, dass die TEI-Vorgaben zur Transkription gesprochener Sprache in der Praxis bislang kaum Anwendung gefunden haben:

> The TEI guidelines for 'Transcriptions of Speech' [...] offer access to a very broad range of representational techniques drawn from other aspects of the TEI specification. The TEI report sketches or alludes to a correspondingly wide range of possible issues in speech annotation. All of these seem to be encompassed within our proposed framework [i.e. Annotation Graphs, T.S.], but it does not seem appropriate to speculate at much greater length about this, given that this portion of the TEI guidelines does not seem to have been used in any published transcriptions to date.

Ein Beweis für den praktischen Nutzen der TEI-Richtlinien stünde also – trotz ihrer bereits recht langen Lebensdauer – noch aus. Darüber hinaus sind jedoch auch aus einer theoretischen Perspektive zwei Kritikpunkte zu vermerken, die insbesondere für den Ansatz dieser Arbeit relevant erscheinen:

Der erste betrifft den in den einleitenden Bemerkungen zu diesem Kapitel charakterisierten Unterschied zwischen konkreten Transkriptionssystemen wie HIAT, GAT, DIDA oder Verbmobil und generischen Ansätzen, wie sie in diesem Kapitel behandelt werden. Die höhere Abstraktionsebene, die demgemäß letztere auszeichnen sollte, wird in den TEI-Richtlinien nur teilweise eingehalten. Einige Vorgaben – wie z.B. diejenigen, die eine Kodierung zeitlicher Zusammenhänge oder eine Unterteilung des Diskurses unterhalb der <u>-Ebene betreffen – sind zwar tatsächlich weitestgehend unabhängig von zugrunde liegenden sprachlichen Theorien und damit eher Bestandteil eines Modellierungs-*Verfahrens* denn eines konkreten Modells. Anderen Vorgaben hingegen liegt eine relativ enge linguistisch motivierte Definition zugrunde. Diese ist dementsprechend anfechtbar und macht die TEI-Richtlinien für solche Forscher, deren Modelle mit der Definition nicht übereinstimmen, im ungünstigsten Falle unbrauchbar. Exemplarisch für einen solchen Fall steht folgendes Zitat von Sinclair (1995: 108), in dem er die oben angeführte Definition der Einheit <u> kritisiert:

> I don't have utterances as units in my descriptive system, and indeed many transcription systems don't have rigorously defined utterances. [...] I will personally not accept TEI if it requires me to have an utterance under the definition that Lou Burnard was using, because that is far too rigorous for me and it doesn't represent the world, as far as I'm concerned.

Vor diesem Hintergrund ist also fraglich, ob die TEI-Richtlinien tatsächlich „generischer“ sind als die in Kapitel 3 behandelten Systeme, oder ob sie diesen nicht eher als ein weiteres konkretes Modell gesprochener Sprache (in diesem Falle jedoch ohne zugehörige Visualisierung) nebengeordnet werden müssten. Der Anspruch der TEI, einen inhaltsbezogenen Überbau für *verschiedene* darstellungsorientierte Transkriptionsverfahren zu bilden, verbietet dies jedoch eigentlich.

Der zweite Kritikpunkt ergibt sich als Folge des oben dargelegten texttechnologischen Grundverständnisses der TEI. Weil die TEI sich dem Problem der Kodierung von Transkriptionen mit einem dokumentzentrischen Verständnis nähert, diese also primär als eine Sonderform von Texten behandelt, leitet sie eine Grundstruktur von Transkriptionen her, die der Grundstruktur geschriebener Texte ähnelt. Einfache hierarchisch/sequentielle Zusammenhänge lassen sich deshalb mit den vorgeschlagenen Mitteln auch sehr gut abbilden. Nicht hierarchisch/sequentiellen Beziehungen wird zwar – wie die obigen Ausführungen zeigen –ausführliche Aufmerksamkeit geschenkt. Die Vielzahl der vorgeschlagenen Lösungen, die sich durch ihre gegenseitige Kombinierbarkeit noch potenziert, verhindert jedoch gerade einen einheitlichen Blick auf solche Strukturen. Praktisch ist das beispielsweise insofern von Nachteil, als ein und dieselbe parallele Beziehung zwischen zwei Paaren von Einheiten innerhalb eines TEI-konformen Dokumentes auf unterschiedliche Weise repräsentiert sein kann, was die computergestützte Verarbeitung eines solchen Dokumentes sicherlich erschwert. Aus einer theoretischen Perspektive betrachtet fehlt den TEI-Richtlinien in dieser Hinsicht ein theoretisch fundierter und formalisierter Blick auf genau diejenigen strukturellen Merkmale, die gesprochene von geschriebener Sprache unterscheiden. Sie stoßen damit an genau dieselben Grenzen, die in Abschnitt 2.4.2. unter dem Stichwort der OHCO-These für Markup-Sprachen im Allgemeinen diskutiert wurden.[9]

Zusammenfassend lassen sich die TEI-Richtlinien daher als ein generischer Ansatz beurteilen, der nützliche Schritte auf einem Weg zu einem besseren Verständnis computergestützter Transkription erarbeitet. Die fehlende Berücksichti-

[9] Weil die TEI-Richtlinien also insofern nicht wesentlich mehr leisten als XML- oder SGML-kodierte Dokumente im Allgemeinen, weist Adam Kilgarriff auf einer Diskussion der MAILINGLISTE CORPORA unter dem Topic „Is the TEI a waste of time?“ (01.07. – 09.07.2003) auch darauf hin, dass der Nutzen der TEI-Richtlinien schwerer zu beurteilen ist, seit die Verwendung dieser Markupsprachen weite Verbreitung gefunden hat:

> It is interesting to note that TEI's 1980s origins go back to the dark ages *before* SGML (XML's predecessor, for the really young) had taken hold as a standard. So the original conception of TEI was to address issues that are now non-issues because XML handles them. TEI's role, in a world with XML in it, is much harder to delineate than would have been the case had SGML and XML not taken hold.

gung von Visualisierungsmethoden und der nicht vollständig zu klärende Grad der Theorieabhängigkeit führen jedoch zu mangelnder Akzeptanz in der Praxis, und die uneinheitliche und theoretisch wenig fundierte Behandlung nicht-hierarchischer Strukturen lässt sie auch aus einer theoretischen Perspektive unzulänglich erscheinen.

4.2 Standoff-Annotation / NITE Object Model

4.2.1 Allgemeines

Der hier unter der Überschrift „Standoff-Annotation / NITE Object Model" zusammengefasste generische Ansatz hat seinen Ursprung in Forschungsarbeiten der Language Technology Group (LTG) des Human Communication Research Centre (HCRC) an der University of Edinburgh. In dem von der Europäischen Union finanzierten Projekt MATE (Multilevel Annotation Tools Engineering) und seinem aktuellen Nachfolge-Projekt NITE (Natural Interactivity Tools Engineering) kooperierte die LTG dann unter anderem mit Forschern des Instituts für Maschinelle Sprachverarbeitung (IMS) in Stuttgart, des Deutschen Forschungszentrums für Künstliche Intelligenz (DFKI) in Saarbrücken, des Natural Interactive Systems Laboratory (NISLab) in Odense/Dänemark, des Istituto Linguistica Computazionale (ILC) in Pisa sowie mit einem Partner aus der Industrie, der Firma Noldus Information Technology aus den Niederlanden. Als übergeordnetes Ziel steht dabei die Entwicklung von Standards und Werkzeugen, die die Erstellung, Pflege und (Wieder-)Verwendung von Sprachkorpora ermöglichen bzw. erleichtern sollen. So wird beispielsweise das Ziel des MATE-Projektes auf dessen Website (MATE HOMEPAGE) wie folgt definiert:

> The MATE project aims to facilitate re-use of language resources by addressing the problems of creating, acquiring, and maintaining language corpora. The problems are addressed along two lines:
> 1. through the development of a standard for annotating resources;
> 2. through the provision of tools which will make the processes of knowledge acquisition and extraction more efficient.

In gewisser Hinsicht ähneln diese Zielsetzungen also denen der TEI. Allerdings findet sich hier das Zielpublikum weniger unter Philologen und anderen Geisteswissenschaftlern als in Anwendern aus dem Bereich der Sprachtechnologie[10].

---

[10] Als wahrscheinlich wichtigstes Anwendungsfeld wird wiederholt die Erstellung von Korpora zur Erforschung, Konstruktion und zum Trainieren von Mensch-Maschine-Interaktionssystemen genannt.

Die Gesprächsforschung im engeren Sinne ist damit zwar nicht explizit ausgeschlossen, findet aber auch keine besondere Beachtung.[11]
Als Ausgangspunkt der in der LTG und den beiden europäischen Projekten entwickelten Technologie kann das Map Task Corpus (Anderson et al. 1991) gelten. Dabei handelt es sich um ein Korpus von 128 so genannten „aufgabenorientierten" Dialogen, in denen jeweils zwei einander gegenübersitzende Sprecher anhand zweier Landkarten gemeinsam eine Wegbeschreibung erarbeiten (vgl. Isard 2001: 2).[12]
Dieses Korpus hat im Laufe der Jahre zahlreiche Wiederverwendungen erfahren und wurde dabei einerseits um immer neue Annotationen erweitert, die das jeweils verfolgte Forschungsinteresse widerspiegeln. Andererseits wurde es mehrfach an aktuelle texttechnologische Standards angepasst – so beschreiben Isard et al. (1998) zunächst eine „new SGML architecture for the HCRC Map Task Corpus" und Isard (2001) dann dessen Anpassung an den XML-Standard.[13]

Das eigentlich Interessante an dieser andauernden Arbeit sind jedoch die Mechanismen, die in der LTG und in MATE und NITE entwickelt wurden, um die inhärenten Beschränkungen dieser Markup-Sprachen bezüglich nicht-hierarchischer Strukturen und sich überlappender Hierarchien zu überwinden. Das hierzu entwickelte Verfahren ist allgemein unter dem Terminus der „Standoff-Annotation" bekannt geworden und soll im nächsten Abschnitt skizziert werden.

[11] In der direkt mit Standoff-Annotation und dem NITE Object Model befassten Literatur finden sich daher auch nur spärliche Bezugnahmen auf gesprächsanalytisch ausgerichtete Transkriptionssysteme. Immerhin erfährt aber in Serenari et al. (2002: 18) HIAT eine kurze Besprechung als „Multi-level Framework/scheme for the annotation of verbal and nonverbal conversations". An gleicher Stelle wird auch HIAT-DOS als „probably the earliest tool of its kind" erwähnt. In Bernsen et al. (2002: 5) wird der SyncWriter knapp als „a commercial tool for transcription and annotation of synchronous 'events' such as speech and video data" charakterisiert.

[12] Der Unterschied zu typischen gesprächsanalytischen Daten ist offensichtlich: es handelt sich nicht um individuelle natürliche Gespräche, sondern um ein experimentelles Setting, mit dem der Gesprächsablauf zu einem hohen Grad kontrolliert wird. Auf diese Weise lassen sich größere Mengen ähnlicher Diskursdaten erwerben, die als Grundlage statistischer Verfahren dienen können. An gesprächsanalytisch interessanten Phänomenen sind solche Daten aber natürlich ärmer als Aufnahmen und Transkriptionen „unkontrollierter" Gespräche.

[13] Tatsächlich war und ist die LTG in der Person von Henry Thompson sogar an der Entwicklung dieser Standards durch das W3C-Konsortium selbst beteiligt. Teilweise enthalten verschiedene Versionen des Korpus daher Vorgriffe auf bestimmte periphere XML-Technologien (wie z.B. XLink und XPath), die sich erst im Nachhinein zu Empfehlungen oder Standards des W3C-Konsortiums weiterentwickelt haben.

4.2.2 Standoff-Annotation

Das Konzept der Standoff-Annotation schlägt eine Lösung vor, um überlappende Hierachien, die bei der Transkription und Annotation von sprachlichem Material auftreten, durch eine Erweiterung des XML-Datenmodells in digitaler Form repräsentieren zu können. Um zu illustrieren, was mit solchen überlappenden Hierarchien gemeint ist, sei zunächst folgendes Beispiel aus Carletta et al. (2002: o.S.[14]) gegeben:

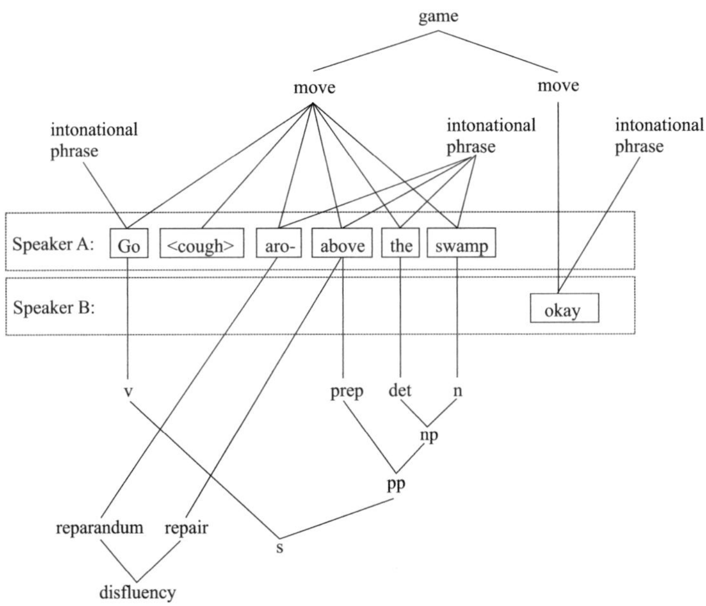

Grundlage dieses dem Map-Task-Corpus entnommenen Beispiels ist eine orthographische Transkription der von den beiden Sprechern geäußerten Wörter sowie einer nicht-phonologischen Einheit (Husten). Überlappende Hierarchien entstehen, wenn diese Basis-Transkription mit Annotationen bezüglich diverser linguistischer Eigenschaften angereichert wird. Im Einzelnen sind in diesem Beispiel annotiert:

- die Phrasenstruktur der Äußerung von Sprecher A:
  $[\,[\text{Go}]_{V}\,[\,[\text{above}]_{PREP}\,[\,[\text{the}]_{DET}\,[\text{swamp}]_{N}\,]_{NP}\,]_{PP}\,]_{S}$,
- eine Reparatur („disfluency“) von Sprecher A, bestehend aus einem Reparandum und einem Reparans („repair“),

[14] Alle Zitate aus Carletta et al. (2000 und 2002) ohne Seitenangabe, da die Dokumente in unterschiedlich paginierten Fassungen vorliegen.

- drei Intonationseinheiten („intonational phrase") und
- eine interaktionelle Einheit („game") die aus je einem Beitrag („move") von Sprecher A und Sprecher B besteht.

An der obigen graphischen Darstellung wird offensichtlich, dass und wie sich diese jeweils in sich hierarchisch organisierten Annotationsstrukturen überlappen: die einzelnen „Bäume" kreuzen einander mehrfach. Die grundlegende Idee der Standoff-Annotation besteht nun darin, diese verschiedenen Hierarchien (wie auch die Einheiten, auf die sie sich beziehen) in separaten XML-Dateien[15] zu kodieren und über einen Referenzmechanismus – die Basis-Einheiten werden mit eindeutigen IDs versehen, auf die die annotierenden Einheiten verweisen[16] – die Beziehungen zwischen diesen Dateien herzustellen:

Basis-Einheiten

ID	
a1	Go
a2	<cough>
a3	aro-
a4	above
a5	the
a6	swamp
b1	okay

Phrasenstruktur

```
<s>
  <v id="a1"/>
  <pp>
    <prep id="a4"/>
    <np>
      <det id="a5"/>
      <n id="a6"/>
    </np>
  </pp>
</s>
```

Reparatur

```
<disfluency>
  <reparandum id="a3"/>
  <repair id="a4"/>
</disfluency>
```

Interaktion

```
<game>
  <move ids="a1-a6"/>
  <move id="b1"
</game>
```

Die Vorteile einer solchen Vorgehensweise liegen auf der Hand: zum einen wird XML-Technologie damit immer noch in der Weise genutzt, die ihre eigentliche Stärke ausmacht, nämlich zur effizienten Kodierung baumförmiger Strukturen. Wie Carletta et al. (2000) bestätigen, bleiben also Hierarchien auch in der Standoff-Annotation das privilegierte Datenmodell:

> We propose that since most XML use privileges element hierarchies by making hierarchical structures easy and fast to navigate, element hierarchies should be used to represent the most important relations in an XML data set.

Zum anderen werden durch den Einsatz von Verweisen die XML-inhärenten Beschränkungen aufgehoben, und es wird möglich, auch überlappende Hierarchien zu beschreiben. Da die konkrete Form solcher Verweise dabei ebenso Ge-

[15] Daraus erklärt sich auch der Begriff „standoff" – die Annotationen lassen die Basisdaten unberührt, die Annotation erfolgt „mit Abstand".

[16] Dabei kann dieser Mechanismus auf die Annotationen ausgeweitet werden, d.h. auch diese können mit IDs versehen werden und dann ihrerseits die Basiseinheit für eine Annotation darstellen. Im obigen Beispiel könnte so etwa eine Annotation von `<move>`-Elementen bzgl. weiterer Kriterien vorgenommen werden, ohne dass dabei ein direkter Bezug auf die Wörter, aus denen sich diese Elemente zusammensetzen, nötig wäre.

genstand kontrollierter Standards (XLink, XPath und XPointer) ist, wie die XML-Spezifikation selbst, bewegt sich die Gesamtheit einer nach dem Prinzip der Standoff-Annotation annotierten Datenmenge außerdem immer noch im Rahmen einer standardisierten Technologie.

Bird/Liberman (2001:37) sehen jedoch genau in der Tatsache, dass MATE hierarchische gegenüber anderen Relationen privilegiert, eine potentielle Schwäche dieses Ansatzes:

> While these three models [i.e. Emu, Festival und MATE, T.S.] have important differences, all treat the dominance relation as fundamental. We believe this leads to problems of non-trivial nature.

Genauer kritisieren sie, dass gerade die Technik des Verweisens zwischen disparaten XML-Dateien zu Datenstrukturen führen kann, deren formale Eigenschaften unbekannt und damit nicht in effizienter Form nutzbar sind:

> In order to represent intersecting hierarchies, these three systems employ pointer structures [...]. Yet this opens the door to virtually any data structure [...]. This means that there are no general properties of the model which can be exploited for efficient computation. (ebda.)

Mit dem NITE Object Model, das Gegenstand des nächsten Abschnitts ist, soll eine solche formale Grundlage geschaffen werden.

4.2.3 NITE Object Model

Evert et al. (2003: 2) charakterisieren das NITE Object Model (NOM) als

> a mathematical formalisation of the data structures needed for the representation of richly annotated multi-modal language data.

Die Namensgebung erfolgt dabei in Analogie zum XML Document Object Model (DOM), das – als weiterer Teil der vom W3C-Konsortium verwalteten XML-bezogenen Standards – eine mathematisch formalisierte Beschreibung von hierarchisch-sequentiell organisierten Dokumenten darstellt.[17] Das NOM erweitert das DOM um genau diejenigen Komponenten, die der Erweiterung der Basis-XML-Technologie durch die Standoff-Annotation entsprechen.

Die Beschreibung eines Korpus nach dem NOM setzt sich aus folgenden Komponenten zusammen (vgl. Evert et al. 2003: 4f):

---

[17] vgl. DOM. In der Praxis ist dieser Formalismus z.B. Basis für die Implementierung von Programmier-Schnittstellen zum Einlesen, Bearbeiten und Schreiben von XML-Daten, beispielsweise also für die „JAVA-API for XML Processing“ (http://java.sun.com/xml/).

(1) Atomare Informationseinheiten in Form von **Attributen**, die zu **Elementen** gruppiert werden. Über zwei spezielle Attribute können solche Elemente zu einer **Zeitachse** in Bezug gesetzt werden.
(2) Strukturelle Beziehungen zwischen solchen Elementen. Mögliche Beziehungen sind hierarchische **Dominanz** und sequentielle **Abfolge**.
(3) Weitere **Verweise** zwischen Elementen, die keiner formalen Beschränkung unterliegen („unconstrained pointers").
(4) So genannte **Schichten** („layers"), die eine Zerlegung des Korpus in einzelne Hierarchien darstellen.
(5) **Meta-Daten**, in denen Informationen über Element-Typen, mögliche Attribute, Verweisrollen etc. vermerkt und möglicherweise zusätzliche strukturelle Einschränkungen bzgl. dieser Komponenten formuliert werden können.

Formal ist ein **NOM-Korpus** definiert als ein 10-Tupel $(E, A, \Uparrow, <, \rightarrow, T, \tau, R, N, \lambda)$, wobei
- E eine Menge von **Elementen** ist.
- A eine Menge von Funktionen ist, von denen jede einzelne gewisse Elemente aus E auf Strings über einem zugrunde liegenden Alphabet abbildet. Die Elemente von A heißen **Attribute**.
- $\Uparrow$ eine zweistellige Relation auf $E \times E$ ist. $\Uparrow(e_1,e_2)$ beschreibt, dass Element e_1 Element e_2 (hierarchisch) **dominiert**.
- $<$ eine dreistellige Relation auf $E \times E \times E$ ist. $<(e_1, e_2, e_3)$ beschreibt, dass – bezogen auf das übergeordnete Element e_1 – das Element e_2 dem Element e_3 **vorausgeht**.
- $\rightarrow$ eine dreistellige Relation auf $R \times E \times E$ ist. $\rightarrow(r, e_1, e_2)$ beschreibt, dass Element e_1 auf Element e_2 **verweist**, und dass r die Rolle dieses Verweises ist.
- T eine Menge von **Element-Typen** ist.
- τ eine Funktion ist, die jedem Element aus E einen Element-Typ zuordnet.
- R eine Menge von **Rollen** ist.
- N eine Menge von **Schicht-Namen** ist.
- λ eine Funktion ist, die jedes Element aus E genau einer Schicht (d.h. einem Element aus N) zuweist.

Die genauere mathematische Definition dieser Komponenten soll hier nicht in ihrem vollen Umfang wiedergegeben werden.[18] Stattdessen seien ihre entscheidenden Aspekte hier in weniger formaler Weise rephrasiert:

- Die Mengen E, A und T sowie die Relationen $\Uparrow$ und $<$ und die Abbildung τ betreffen zunächst die oben unter Punkt (1) und (2) angesprochenen Komponenten. Sie bilden die formale Grundlage dessen, was auch typischerweise in einer XML-Datei kodiert wird: eine Menge von Elementen mit Attributen, zwischen denen hierarchische und sequentielle Beziehungen bestehen. Ent-

[18] Da es sich tatsächlich in erster Linie um eine Sammlung mathematischer Definitionen und Beweise handelt, könnte eine solche Wiedergabe auch kaum weniger umfangreich werden als das Original.

gegen dem XML-Document Object Model wird im NOM jedoch nicht die einschränkende Bedingung gestellt, dass all diese Elemente sich in *eine einzige* Baumstruktur fügen lassen müssen – überlappende Hierarchien werden somit möglich.

- Die Menge N und die Abbildung λ betreffen die oben unter Punkt (4) angesprochene Komponente. Durch sie wird sichergestellt, dass die Gesamtheit der Elemente und Attribute sich vollständig auf verschiedene Einzel-Hierarchien verteilen lassen. In einer Implementierung können diese einzelnen Hierarchien dann – wie im obigen Beispiel – als separate XML-Dateien abgelegt werden.
- Die Menge R und die Relation → schließlich betreffen die oben unter Punkt (3) angesprochene Komponente. Sie ermöglichen eine Art der Verknüpfung von Elementen, die sich nicht in die unter den anderen Punkten abgedeckten Baumstrukturen fügt.

Zur genaueren Beschreibung der Eigenschaften dieses Datenmodells machen Evert et al. (2003) von Begriffen aus der Graphentheorie Gebrauch. Als Abgrenzung zu den gerichteten, azyklischen Graphen (Directed Acyclic Graphs), die die Grundlage des AG-Formalismus bilden, dient dabei das „Unique Path Criterion" (vgl. Evert et al. 2003: 6):

> [...] the fundamental difference between dominance in the NITE object model and DAGs lies in the unique path criterion. DAGs allow multiple paths between nodes, whereas the UP guarantees that P(a,b,) (if it exists) is the unique path between a and b.

Das im NOM formulierte Datenmodell ist also in dieser Hinsicht ein weniger mächtiges Modell als DAGs im Allgemeinen. Es kommt damit einer von Carletta et al. (2002) aufgestellten Forderung nach, die in erster Linie darauf abzielt, linguistische Datenverarbeitung mit solchen formalen Mitteln zu bewältigen, für die bereits ein fundiertes wissenschaftliches Verständnis vorhanden ist:

> Efficient algorithms for working with flat lists and for tree traversal, for instance, are well understood; general graph traversal is not. [...] The question, then, is whether there is any data model which suffices for most or all linguistic annotation and is less complex than supporting general graph operations.

Wie Evert et al. (2003: 9) selbst anmerken, wird diese Einschränkung, die sich vor allem positiv auf die Effizienz von Such-Algorithmen auswirken sollte[19],

[19] Carletta et al. (2000) sagen deutlicher, warum sie die Formulierung effizienter Suchanfragen auf XML-Daten, die dem Annotationsgraphen-Formalismus folgen, für problematisch halten:

jedoch nicht vollständig eingehalten. Genauer führen die unter Punkt (3) eingeführten „unbeschränkten" (d.h. nicht durch zusätzliche formale Bedingungen spezifizierten) Verweise wiederum zu Strukturen, die sich nur über allgemeine Graphenstrukturen erfassen lassen, sich also nicht der durch das Unique Path Criterion eingeschränkten Menge von Graphen unterordnen:

> [...] the NITE object model allows additional pointers to express arbitrary connections between elements. Each [pointer] is interpreted as a directed graph [...] so that the pointer relation defines a set of overlayed [sic] graph structures. [...] there are no constraints on the graph structures [...] which may therefore contain both loops and multiple paths. This great expressive power comes at a price: we cannot connect the pointer graphs with the hierarchical or sequential structure of the corpus (in the form of the dominance and precedence relations).

In diesem Sinne wurde durch die Formulierung des NITE Object Models die oben erwähnte Kritik von Bird/Liberman also nicht etwa ausgeräumt, sondern hat eine formale Bestätigung erfahren.

4.2.4 Bewertung

Anders als für die TEI-Richtlinien kann für das Konzept der Standoff-Annotation und des NITE Object Models eindeutig festgestellt werden, dass es sich um einen im oben definierten Sinne *generischen* Ansatz handelt. Die Ausführungen betreffen ausnahmslos abstrakte formale Eigenschaften linguistischer Modelle im Allgemeinen und beinhalten keinerlei semantische Festlegungen, die als Bestandteile spezifischer Modelle die allgemeine Anwendbarkeit des Ansatzes in Frage stellen könnten.

Für die Bewertung im Hinblick auf die in dieser Arbeit verfolgten Ziele ergeben sich dennoch die folgenden drei Kritikpunkte:

Der erste betrifft die Grundannahme, auf denen die erarbeiteten Konzepte basieren, und die Carletta et al. (2002) prägnant so formulieren:

> […] the prototypical annotation structure […] is the tree.

Im Lichte der in Kapitel 3 vorgenommenen Analysen darf jedoch bezweifelt werden, dass sich diese Grundannahme ohne weiteres auf den Fall gesprächs-

---

> [Eine XML-Suchanfrage auf AG-Daten, T.S.] would doubtless be complicated, since it would require one to trace through pointers for each of the different annotation types; XML query languages tend to make navigation through element hierarchies easy but other kinds of navigation more difficult. It would also be very slow in any straightforward implementation; because implementers assume element hierarchies are the paramount concern, optimisation concentrates on them.

analytischer Transkriptionssysteme übertragen lässt. Wie dort gezeigt wurde, sind geordnete Hierarchien (also „Trees") zwar sehr wohl ein essentieller Bestandteil jeden Modells gesprochener Sprache. Sie fungieren dabei aber nur als einer von mehreren Typen struktureller Beziehungen zwischen Einheiten, und es ist nicht ersichtlich, warum sie diesen gegenüber eine Sonderrolle einnehmen, mithin also im Sinne des obigen Zitats als „prototypisch" angesehen werden sollten. Für das „klassische" nicht-hierarchische Problem bei der Transkription gesprochener Sprache – die partielle oder totale Überlappung von Beiträgen verschiedener Sprecher – liefert die Standoff-Annotation daher auch keinen konkreten Lösungsansatz, der wesentlich über die beispielsweise in den TEI-Richtlinien vorgeschlagenen Verweistechniken hinausginge.[20] Der Grund für die Vernachlässigung solcher Aspekte liegt wahrscheinlich einerseits darin begründet, dass – wie oben dargestellt – das Zielpublikum dieses Ansatzes eher bei Anwendern aus der Sprachtechnologie zu suchen ist, die naturgemäß ein anderes Transkriptionsverständnis pflegen als Gesprächsforscher. Beispielsweise setzt das Verwenden von Korpora zum Trainieren von Spracherkennern nahezu zwingend voraus, dass die Einheiten einer Transkription ausgiebig mit absoluten zeitlichen Informationen (sprich: zeitlichen Verweisen in eine digitalisierte Audio- oder Video-Datei) versehen sind. Zeitliche Parallelität ist dann (implizit) auf diese Weise repräsentiert und bedarf keiner eigenständigen (expliziten) texttechnologischen Lösung mehr. Andererseits macht der Begriff der Standoff-*Annotation* ja auch klar, dass die entwickelten Methoden weniger auf die Erstellung einer Transkription selbst abzielen, sondern eher auf den darauf folgenden Arbeitsschritt – der Anreicherung solcher Transkriptionen mit zusätzlicher analytischer Information. Wie das oben angeführte Beispiel zeigt, kann bei solchen Annotationen dann unter Umständen tatsächlich die Hierarchie als der vorherrschende Strukturtyp angesehen werden und ein entsprechender generischer Ansatz sich zunächst auf ihn konzentrieren. Für gesprächsanalytische Transkriptionssysteme gilt dies jedoch nicht.

Der zweite Kritikpunkt ergibt sich aus den Darstellungen des vorangehenden Abschnittes: das NITE Object Model liefert zwar eine mathematisch formalisierte Sichtweise auf Datenstrukturen, die sich durch Standoff-Annotation ergeben. Mit den unbeschränkten Verweisen enthält es jedoch nach wie vor einen Bestandteil, dessen mathematische Formalisierung gerade deutlich macht, dass ein NOM-Korpus als Gesamtheit keine hinreichend einschränkbare formale Grundlage besitzt. Effiziente Verarbeitungsmechanismen lassen sich daher nur für solche Modell-Bestandteile formulieren, die sich in eine Menge überlappen-

[20] In allen verfügbaren Beispielen (z.B. in den Transkriptionen des Map Task-Corpus) werden überlappende Sprecherbeiträge gar nur über den absoluten Bezug der betreffenden Einheiten auf eine Zeitachse repräsentiert. Diese Lösung ist offensichtlich im Allgemeinen nicht auf gesprächsanalytische Transkriptionen anwendbar, denn deren zugehörigen Modelle beinhalten zunächst überhaupt keine absolute zeitliche Information.

der Hierarchien fügen. Alles, was darüber hinausgeht, kann zwar als unbeschränkter Verweis realisiert werden, ist aber nicht mehr durch formale Methoden abgesichert und dementsprechend wenig kontrollierbar. Da aber gemäß dem ersten Kritikpunkt Hierarchien für die Transkription natürlicher Gespräche nach gesprächsanalytischen Verfahrensweisen unter Umständen gar keine vorrangige Bedeutung haben, fallen möglicherweise viele der interessanten Phänomene in diesen nicht kontrollierbaren Bestandteil des Ansatzes.

Schließlich ist als dritter Kritikpunkt auch bei diesem Ansatz die mangelnde Berücksichtigung geeigneter Visualisierungsmethoden zu nennen. Zwar zeigt vor allem die Website des Map Task Corpus (vgl. MAP TASK CORPUS), dass sich für Daten, die nach dem Prinzip der Standoff-Annotation kodiert wurden, zahlreiche interessante Visualisierungen erstellen lassen. Diese sind jedoch zunächst auf den speziellen Fall dieses Korpus beschränkt. In der verwendeten Literatur konzentrieren sich allgemeinere Überlegungen zur Visualisierung hingegen zunächst auf die Verwendung von XSLT-Stylesheets. Carletta et al. (2002) erkennen jedoch an, dass diese Technologie alleine den Bedarfen linguistischer Datenverarbeitung nicht gerecht wird, und schlagen eine „Erweiterung der Stylesheet-Metapher“ auf die in der Standoff-Annotation erarbeiteten Datenstrukturen vor:

> If all we needed were simple display for flat or rigidly hierarchical codes, XML and XSLT would already provide a basic engine for processing linguistic annotation. [...] Therefore our proposal is to support the remaining linguistic annotation needs by extension of the stylesheet processing metaphor. [...] For this approach to work, further development is required in two areas: data modelling, and display and interface techniques.

Diese ausstehende Arbeit ist aber bisher höchstens ansatzweise in Angriff genommen worden, beispielsweise im Konzept der „NITE display objects“ (vgl. NITE STYLESHEET GUIDE), und hat auch eher den Charakter einer praktischen Anweisung, wie geeignete Visualisierungen für einzelne Korpora auf einer Fall-für-Fall-Basis zu erstellen sind. Theoretisch weiterreichende Überlegungen, insbesondere eine formalisierte Visualisierungsmethode auf der Basis des NOM, fehlen hingegen zum jetzigen Zeitpunkt. Angesichts des im vorigen Punkt angesprochenen unvollständigen formalen Verständnisses des NOM bleibt allerdings auch unklar, auf welcher Grundlage solche Überlegungen formuliert werden müssten.

4.3 Annotationsgraphen (AG)

4.3.1 Allgemeines

Institutionell ist der Ansatz des Annotationsgraphenformalismus vor allem in die Arbeit des Linguistic Data Consortiums (LDC) in Philadelphia einzuordnen, einer Organisation, die – vergleichbar der European Language Resource Association (ELRA) in Paris – eine Infrastruktur für die Erstellung und Distribution von Sprachressourcen für industrielle und akademische Anwendungen zur Verfügung stellt. Darüber hinaus ist er in die Arbeit des Projekts ATLAS (Architecture and Tools for Linguistic Analysis Systems) eingebunden, in dem das LDC mit dem National Institute of Standards and Technology (NIST) und der MITRE-Gesellschaft zusammenarbeitet. Das Ziel dieses Projektes ähnelt dem der europäischen MATE- und NITE-Projekte und wird auf der Website (ATLAS-PROJEKT) wie folgt beschrieben:

> ATLAS (Architecture and Tools for Linguistic Analysis Systems) is issued from an initiative involving NIST, LDC and MITRE. ATLAS addresses an array of applications needs spanning corpus construction, evaluation infrastructure, and multi-modal visualization.
> The ATLAS framework provides an architecture targeted at facilitating the development of linguistic applications. The principal goal of ATLAS is to provide an abstraction over the diversity of linguistic annotations.

Für die Zwecke dieser Arbeit kann das ATLAS-Projekt als solches jedoch weitestgehend ausgeblendet werden, und die folgenden Ausführungen stützen sich im Wesentlichen auf diverse Veröffentlichungen zum Annotationsgraphen-Formalismus selbst. Zentral ist dabei der Aufsatz „A formal framework for linguistic annotation“ (Bird/Liberman 2001), in dem die Grundzüge des Ansatzes formal beschrieben und exemplarische Überlegungen zu seiner Anwendbarkeit auf diverse bestehende Systeme angestellt werden. In mehreren weiteren Aufsätzen werden letztere Überlegungen konkretisiert und spezielle Lösungsvorschläge für Teilbereiche linguistischer Datenverarbeitung erarbeitet. Genauer:

- Bird/Cassidy (2000) stellen Überlegungen zu Such-Algorithmen auf Annotationsgraphen an.
- Bird et al. (2002), Geoffrois et al. (2000) und Maeda et al. (2002) befassen sich mit Software-Werkzeugen zur Eingabe und zum Bearbeiten von AG-Daten.

- Maeda/Bird (2000) und Bow et al. (2003) widmen sich der Verarbeitung von Interlinearem Text[21] mittels des AG-Frameworks.
- Cotton/Bird (2002) beschreiben, wie sich mit Annotationsgraphen baumförmige Datenstrukturen („Treebanks") ausdrücken lassen.
- Ma et al. (2002) behandeln das Problem der „Collaborative Annotation", d.h. des auf mehrere Personen (und u.U. mehrere Orte) verteilten Erstellens von Sprachressourcen.
- Schließlich formulieren Bird/Simons (2002) allgemeinere Empfehlungen, wie – weitestgehend unabhängig vom AG-Framework selbst – die Portabilität (d.h. der technische Austausch) von Sprachressourcen langfristig sichergestellt werden kann.

4.3.2 Grundprinzip der Annotationsgraphen

Das Prinzip, das der Entwicklung des Annotationsgraphenformalismus zugrunde liegt, beschreiben Bird/Liberman (2001: 24) so:

> As we survey speech transcription and annotation across many existing 'communities of practice', we observe a rich variety of concrete format. Various attempts to standardize practice have focussed on these file formats and on the tags and attributes for describing content. However, we contend that file formats and content specifications are secondary. Instead, we focus on the logical structure of linguistic annotations, since it is here that we observe a striking commonality.

Mit der Trennung von „physikalischer" und „logischer"[22] Struktur von Transkriptionsdaten wird also auch hier die Hoffnung verbunden, auf einer höheren Abstraktionsstufe eine gemeinsame Basis für verschiedene Systeme zu

[21] Der Begriff „Interlinearer Text" bezeichnet hier allerdings die vor allem im Bereich der „Field linguistics" angewandte Methode der morphologischen und semantischen Annotation von Sprach-Stichproben, insbesondere „undokumentierter" und bedrohter (oft indigener) Sprachen. Diese Methode weist zwar Parallelen zur Visualisierungsmethode der Partiturnotation auf, ist jedoch strukturell weniger komplex (vgl. dazu Schmidt, Th. 2003a). Die vielleicht nahe liegende Annahme, dass die genannten Papiere sich mit Transkriptionssystemen auseinandersetzen, die mit der Partiturnotation arbeiten, ist daher nicht gerechtfertigt.

[22] Dies ist streng genommen jedoch eine andere Unterscheidung als die, die beispielsweise in der TEI als Trennung zwischen „underlying representation and display" (s.o.) bezeichnet wird. Logische und physikalische Struktur sind zwei Ebenen einer *Drei*-Ebenen-Architektur, von denen die Visualisierung („display") im hier vertretenen Sinne des Wortes die dritte wäre (siehe dazu Abschnitt 5.1.). Entscheidend jedoch ist, dass überhaupt eine logische Ebene („underlying representation") angenommen wird. Dass Bird/Liberman diese vor allem von der physikalischen Struktur (also z.B. einem konkreten Datei-Format) abgrenzen, liegt darin begründet, dass die von ihnen betrachteten Systeme sich zum größten Teil über eine solche definieren und nicht – wie die in Kapitel 3 diskutierten Systeme – vornehmlich über eine Visualisierung.

finden – der Ansatz ist damit in einem texttechnologischen Sinne mit dem hier vertretenen vereinbar, wenn nicht sogar identisch. Dass Annotationsgraphen der Idee der Transkription als symbolischer Modellierung nahe stehen, wird weiterhin auch durch die Formulierung deutlich, die Bird/Liberman (2001:26) zur Definition von *Annotation*[23] verwenden:

> [We think] of annotation as the provision of any symbolic description of particular portions of a pre-existing linguistic object.

Schließlich wird in obigem Zitat auch deutlich gemacht, dass Annotationsgraphen ein im eingangs beschriebenen Sinne *generischer* Ansatz sind – „content specifications", also die Verbindung struktureller Einheiten mit semantischem Inhalt, werden ausdrücklich *nicht* als Gegenstand des Formalismus angesehen.

Ausgangspunkt der angestrebten logischen Beschreibung von Transkriptionsdaten ist dann die folgende einfache Beobachtung (Bird/Liberman 2001: 47):

> All annotations of recorded linguistic signals require one unavoidable basic action: to associate a label, or an ordered set of labels, with a stretch of time in the recording(s). Such annotations also typically distinguish labels of different types, such as spoken words versus non-speech noises. Different types of annotation often span different-sized stretches of recorded time, without necessarily forming a strict hierarchy: thus, a conversation contains (perhaps overlapping) conversational turns, turns contain (perhaps interrupted) words, and words contain (perhaps shared) phonetic segments.

In Analogie zum in Kapitel 2 angesprochenen universellen Raumbezug kartographischer Daten wird also hier festgestellt, dass sich linguistische Annotationen – unabhängig von allen anderen strukturellen Eigenschaften – durch einen gemeinsamen Zeitbezug auszeichnen. Die weitere semantische Spezifizierung dieses invarianten Bestandteils einer Annotationseinheit erfolgt in Form „typisierter Label", also als ein Paar <Typ; Beschreibung>. Das Zitat betont dabei ausdrücklich, dass Hierarchien – anders als bei den Ansätzen der TEI und der Standoff-Annotation – nicht als primäres Organisationsprinzip linguistischer Daten angesehen werden; und die genannten Beispiele, die diese Sichtweise motivieren sollen, erweisen sich nach den Betrachtungen aus Kapitel 3 auch als unmittelbar relevant für den Gegenstand dieser Arbeit.

Die Formalisierung dieser Überlegungen führt zum Konzept der Annotationsgraphen:

[23] Nach dieser Definition umfasst der Begriff *Annotation* wohlgemerkt auch die Transkription selbst (siehe auch Kapitel 1). Die beiden Termini werden daher in diesem Abschnitt synonym benutzt.

> A minimal formalization of this basic set of practices is a directed graph with fielded records on the arcs and optional time references on the nodes. We call these annotation graphs (AGs). We believe that this minimal formalization in fact has sufficient expressive capacity to encode, in a reasonably intuitive way, all of the kinds of linguistic annotation in use today. We also believe that this minimal formalization has good properties with respect to creation, maintenance and searching of annotation. (ebda.)

In der Sichtweise der AG lässt sich die primäre Organisation eines linguistischen Modells demnach also immer als gerichteter azyklischer Graph formulieren, dessen Knoten den gemeinsamen Zeitbezug aller Bestandteile repräsentieren, und dessen Kanten die nicht-zeitliche Information in Gestalt von Paaren der Form <Typ; Beschreibung> tragen. Nach der Auffassung der Autoren sind diese Graphen einerseits allgemein genug, um alle bestehenden Modelle abzudecken, andererseits aber auch hinreichend eingeschränkt, um eine Basis für effiziente Verarbeitungsmechanismen zu bilden.

4.3.3 Formale Definition von Annotationsgraphen

Weil die formalen Eigenschaften von Annotationsgraphen in offensichtlicher Weise grundlegend für den im nächsten Kapitel entwickelten Formalismus der Transkriptionsgraphen sind, soll die Definition ersterer hier in etwas detaillierterer Form wiedergegeben werden, als dies im vorigen Abschnitt für das NITE Object Model der Fall war.

Zu diesem Zwecke wird von den wichtigsten Definitionen aus Bird/Liberman (2001) jeweils zunächst eine deutsche Übersetzung gegeben und diese anschließend durch eine weniger stark formalisierte Erläuterung ergänzt.

Definition 1:

Ein **Annotationsgraph** G über einer Menge von Beschreibungen L und Zeitachsen $< T_i, \leq_i>$ ist ein Triple $<N, A, \tau>$ bestehend aus

- einer Menge N von Knoten,
- einer Menge A von Kanten, denen Elemente aus L zugeordnet sind, und
- einer (partiellen) Zeitfunktion $\tau: N \rightarrow \cup T_i$,

für das die folgenden Bedingungen gelten:

1. $<N, A>$ ist ein beschrifteter, azyklischer Graph ohne Knoten vom Grad 0.
2. Für alle Wege in A von Knoten n_1 nach Knoten n_2 gilt: Wenn $\tau(n_1)$ und $\tau(n_2)$ definiert sind, dann gibt es eine Zeitachse i, für die gilt: $\tau(n_1) \leq_i \tau(n_1)$.

(Bird/Liberman 2001: 48)

Ein solchermaßen algebraisch definiertes Gebilde kann graphisch folgendermaßen dargestellt werden:

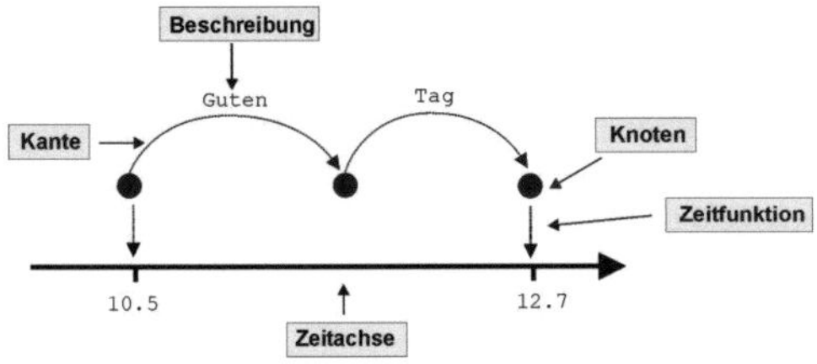

Die erste Bedingung der Definition stellt dabei sicher, dass der Graph *azyklisch* ist, d.h. dass alle Kanten nur „in eine Richtung" verlaufen, und dass es keine Knoten vom Grad 0 gibt, d.h. keine Knoten, in denen weder eine Kante beginnt noch eine Kante endet. Die zweite Bedingung garantiert, dass die Zuordnung von Knoten zu absoluten Zeitwerten nicht der inhärenten Ordnung der Knoten zuwiderläuft. Darüber hinaus hat ein derart definierter Graph folgende Eigenschaften:

- Die Zeitfunktion, die Knoten absolute Zeitwerte zuordnet (in der Praxis also in der Regel einen Verweis von der Transkription in eine Stelle der Aufnahme darstellt), ist *partiell*, d.h. nicht für jeden Knoten muss diese Information vorhanden sein.
- Es sind ausdrücklich *mehrere* Zeitachsen erlaubt. In der Praxis reflektiert dies den Umstand, dass eine Transkription sich auf mehrere Aufnahmen beziehen kann (z.B. eine Audio- und eine Videoaufnahme oder mehrere Videoaufnahmen aus verschiedenen Perspektiven), die nicht notwendigerweise miteinander synchronisiert sein müssen.
- Annotationsgraphen müssen *nicht zusammenhängend* sein, d.h. Gebilde der folgenden Form sind ausdrücklich erlaubt:

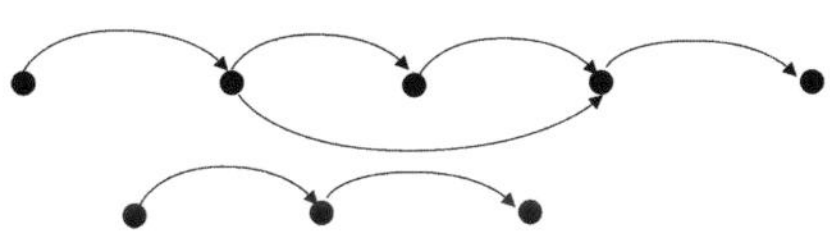

Definition 2:

Ein Annotationsgraph <***N'***, ***A'***, ***τ'***> ist ein **Teilgraph** eines Annotationsgraphen <***N***, ***A***, ***τ***>, genau dann, wenn gilt:

1. $A' \subseteq A$
2. ***N'*** und ***τ'*** sind die Restriktionen von ***N'*** und ***τ'*** auf diejenigen Knoten, die in ***A'*** verwendet werden.

Wenn ***G'*** ein Teilgraph von ***G*** ist, schreiben wir $G' \subseteq G$.

(Bird/Liberman 2001: 48)

Mit dieser Definition wird das Konzept des *Teilgraphen* definiert. Dieses ist in offensichtlicher Weise für die formale Manipulation von Annotationsgraphen relevant, insbesondere für die Auswahl bestimmter Teile eines Graphen, die einer formalen Bedingung genügen (sprich: einer *Suche* nach bestimmten Phänomenen oder Phänomenklassen entsprechen). Die Definition erfolgt ausgehend von der Menge der Kanten – ein Teilgraph über einer Teilmenge der Kanten ergibt sich einfach durch Restriktion der Knotenmenge und der Zeitfunktion auf diese Teilmenge:

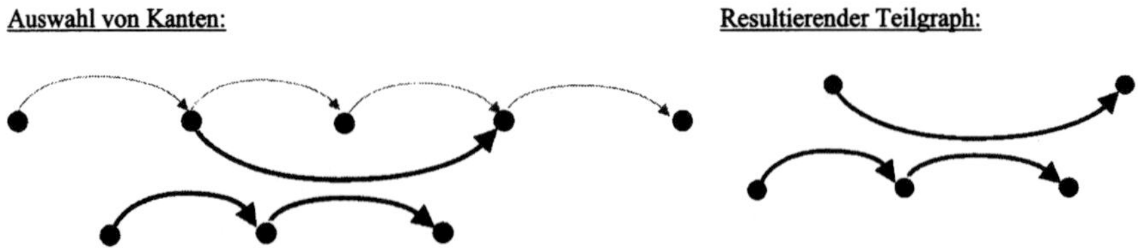

Definition 5:

Ein **verankerter Annotationsgraph** ist ein Annotationsgraph, in dem für jeden Knoten ***n***, der nicht sowohl Start- als auch Endpunkt einer Kante ist, die Zeitfunktion τ definiert ist, also $\tau : n \rightarrow t$ für eine Zeit ***t*** existiert.

(Bird/Liberman 2001: 50)

Mit dieser Definition werden solche AGs ausgezeichnet, deren „Randknoten" absolute Zeitinformationen tragen:

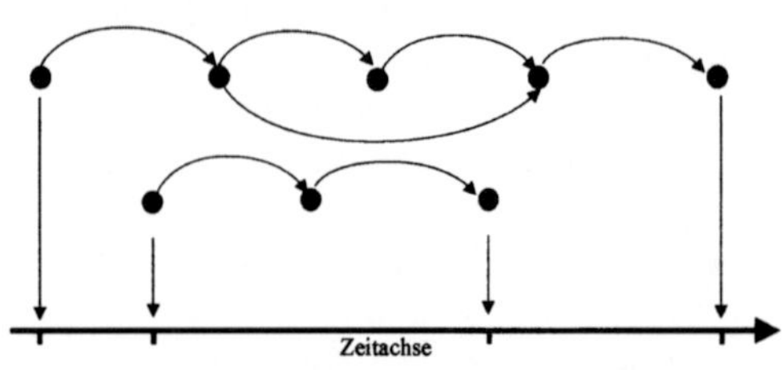

Wie Bird/Liberman (2001: 50) anmerken, kann diese Eigenschaft sowohl für den Rückbezug auf die Aufnahme als auch für die Visualisierung des AG nützlich sein:

> It is convenient for annotated speech corpora to be anchored, since this greatly facilitates speech playback and visual display.

Definition 6:

Ein **vollständig verankerter Annotationsgraph** $G = \langle N, A, \tau \rangle$ ist ein Annotationsgraph, bei dem die Zeitfunktion τ für alle Knoten definiert ist.

(Bird/Liberman 2001: 50)

Vollständig verankerte AGs sind demnach solche AGs, bei denen nicht nur den Randknoten, sondern *allen* Knoten Punkte auf einer Zeitachse zugeordnet werden können:

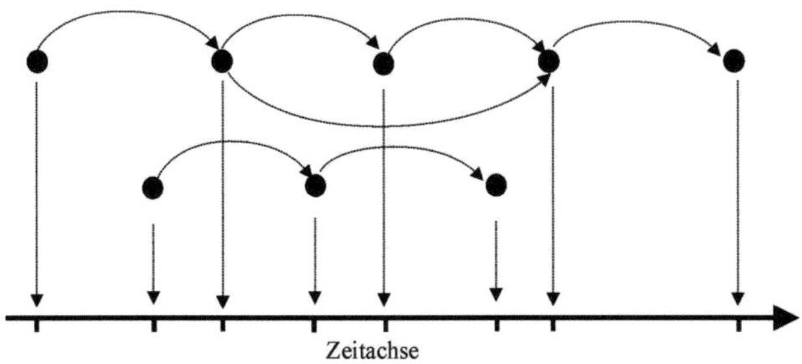

Definition 7:

Die Knoten $\boldsymbol{n_1}$und $\boldsymbol{n_2}$ stehen in **relativer Abfolge** (geschrieben $\boldsymbol{n_1} <_S \boldsymbol{n_2}$), wenn es einen Pfad von $\boldsymbol{n_1}$ nach $\boldsymbol{n_2}$ gibt.[24]

Die Knoten $\boldsymbol{n_1}$ und $\boldsymbol{n_2}$ stehen in **absoluter Abfolge** (geschrieben $\boldsymbol{n_1} <_T \boldsymbol{n_2}$), wenn gilt: $\tau(\boldsymbol{n_1}) < \tau(\boldsymbol{n_2})$

(Bird/Liberman 2001: 51)

Diese Definition beschreibt die relative und absolute Ordnung von Knoten. Erstere ergibt sich durch die Richtung der Kanten im Graphen, letztere durch Vergleich etwaiger absoluter Zeitwerte, die den Knoten zugeordnet sind. Dabei kann für ein gegebenes Paar von Knoten nur eine (oder auch keine) dieser beiden Ordnungsrelationen bestehen. Wenn jedoch beide bestehen, ist durch die in Definition 1 formulierte Bedingung sichergestellt, dass diese beiden Ordnungen einander nicht widersprechen (dass also nicht $\boldsymbol{a} <_S \boldsymbol{b}$ und $\boldsymbol{b} <_T \boldsymbol{a}$ gleichzeitig gelten können). Aufbauend auf der Definition der Abfolgerelation von Knoten kann dann eine Inklusionsrelation auf Kanten definiert werden:

Definition 9:

Die Kante $\boldsymbol{a_1} = \langle \boldsymbol{n_1}, \boldsymbol{n_4} \rangle$ **enthält** die Kante $\boldsymbol{a_2} = \langle \boldsymbol{n_2}, \boldsymbol{n_3} \rangle$ **relativ** (geschrieben $\boldsymbol{a_1} \supset_S \boldsymbol{a_2}$), wenn gilt: $\boldsymbol{n_1} <_S \boldsymbol{n_2}$ und $\boldsymbol{n_3} <_S \boldsymbol{n_4}$.[25]

Die Kante $\boldsymbol{a_1} = \langle \boldsymbol{n_1}, \boldsymbol{n_4} \rangle$ **enthält** die Kante $\boldsymbol{a_2} = \langle \boldsymbol{n_2}, \boldsymbol{n_3} \rangle$ **absolut** (geschrieben $\boldsymbol{a_1} \supset_T \boldsymbol{a_2}$), wenn gilt: $\boldsymbol{n_1} <_T \boldsymbol{n_2}$ und $\boldsymbol{n_3} <_T \boldsymbol{n_4}$.

(Bird/Liberman 2001: 51)

[24] Da es per Definition immer einen Pfad von einem Knoten in sich selbst gibt (vgl. z.B. Diestel 2000: 7f), gilt übrigens für jeden Knoten $\boldsymbol{n}$, dass $\boldsymbol{n} <_S \boldsymbol{n}$.

Auf der Grundlage dieser Inklusionsbeziehung beschreiben Bird/Liberman (2001: 42), wie in einem AG Hierarchie-Beziehungen – die ja per Ansatz zunächst nicht in die primäre Datenorganisation eingehen – auf Beziehungen zwischen Kanten und damit letztlich auf zeitliche Strukturen abgebildet werden:

> [...] we will require that, for annotation graphs, if the substring spanned by arc $\boldsymbol{a}_i$ properly contains the substring spanned by arc $\boldsymbol{a}_j$, then the constituent corresponding to $\boldsymbol{a}_i$ must dominate the constituent corresponding to $\boldsymbol{a}_j$ (though of course other structures may intervene). Hierarchical relationships are encoded only to the extent that they are implied by this graph-wise inclusion.

Die hierarchische Phrasenstruktur eines Satzes wie

$$[[[\textit{John}]_{\mathrm{N}}]_{\mathrm{NP}}\ [[\textit{loves}]_{\mathrm{V}}\ [\textit{Mary}]_{\mathrm{N}}]_{\mathrm{VP}}]_{\mathrm{S}}$$

könnte also in folgender Weise in einem AG indirekt über die Inklusionsbeziehungen der Kanten repräsentiert sein[26]:

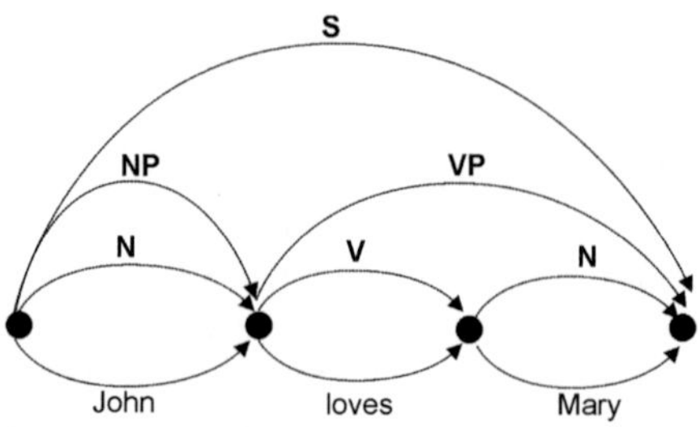

4.3.4 Anwendungsbeispiele für Annotationsgraphen

Neben der formalen Definition von Annotationsgraphen liefern Bird/Liberman (2001) auch zahlreiche Beispiele, die die breite Anwendbarkeit ihres Ansatzes unter Beweis stellen sollen. Den größten Teil machen dabei (meist phonetisch

---

[25] Da nach voriger Definition $\boldsymbol{n} <_S \boldsymbol{n}$ für jeden Knoten n gilt, gilt auch, dass Kanten mit identischen Start- und Endknoten einander relativ enthalten. Dies wird weiter unten bei den Betrachtungen zur Hierarchie relevant.

[26] Ein Problem bei dieser Form der Repräsentation ist, dass sich bei Kanten mit identischen Start- und Endknoten, die ja per Definition einander enthalten, die Richtung der daraus abgeleiteten Dominanzbeziehung nicht erkennbar ist. Beispielsweise ist im gegebenen AG nicht klar, ob die mit „V“ beschriftete Kante die mit „loves“ beschriftete Kante dominiert oder umgekehrt. Eine Möglichkeit, dieses Problem zu beheben, ist die zusätzliche Zuordnung der Kanten zu Hierarchieebenen (vgl. z.B. Cotton/Bird 2002: 1673).

orientierte) Anwendungen aus der Sprachtechnologie aus[27], aber mit LACITO (vgl. Jacobson et al. 2000) wird auch eine Anwendung aus der linguistischen Sprachdokumentation und mit CHAT (MacWhinney 2000) ein Transkriptionssystem zum kindlichen Spracherwerb berücksichtigt und damit der für diese Arbeit gesetzte Fokus zumindest gestreift.[28] Weil diese Beispiele sich sehr gut eignen, die Möglichkeiten und potentielle Problembereiche des AG-Formalismus auch im Hinblick auf den Gegenstand dieser Arbeit zu illustrieren, seien einige von ihnen hier wiederum in detaillierter Form wiedergegeben und erläutert.

4.3.4.1 TIMIT Corpus

Das TIMIT Corpus (Garofolo et al. 1986) ist ein Korpus gelesener (englischer) Sprache, das in erster Linie der Erforschung akustisch-phonetischer Fragestellungen sowie der Evaluation von Spracherkennungstechnologie dient. Die Aufnahmen sind unter anderem einmal auf der Wortebene und einmal auf der Phonemebene transkribiert[29] und alle transkribierten Einheiten mit absoluter Zeitinformation versehen. Ein Ausschnitt aus einer solchen Transkription sieht auf der Dateiebene in etwa so aus:

Wörter (W)[30]			Phoneme (P)		
2360	**5200**	**she**	**0**	**2360**	**h#**
5200	**9680**	**had**	**2360**	**3720**	**sh**
9680	**11077**	**your**	**3720**	**5200**	**iy**
11077	16626	dark	**5200**	**6160**	**hv**
16626	22179	suit	**6160**	**8720**	**ae**
22179	24400	in	**8720**	**9680**	**dcl**
24400	30161	greasy	**9680**	**10173**	**y**
30161	36150	wash	**10173**	**11077**	**axr**
36720	41839	water	11077	12019	dcl
			12019	12257	d
			...		

[27] Auch MATE und die Standoff-Annotation werden kurz unter der Überschrift „general purpose models" (Bird/Liberman 2001: 37) besprochen (vgl. dazu das betreffende Zitat in Abschnitt 4.2.). Die TEI-Richtlinien finden in der Einleitung (Bird/Liberman 2001: 26) eine knappe Erwähnung (vgl. wiederum das betreffende Zitat in Abschnitt 4.1.).

[28] Auch wenn LACITO und CHAT keine gesprächsanalytischen Transkriptionssysteme im engen Sinne des Wortes sind, so stehen sie den hier in den Vordergrund gerückten Systemen konzeptionell doch wesentlich näher als eine typische Anwendung aus der Sprachtechnologie.

[29] Im TIMIT Corpus werden Einheiten verschiedener sprachlicher Ebenen also *nicht* in der in Abschnitt 3.1.1.2. beschriebenen Weise nach dem Prinzip der doppelten Gliederung transkribiert!

[30] Die Einträge in den einzelnen Zeilen sind jeweils als „Startzeit (in ms)" – „Endzeit (in ms)" – „Beschreibung" zu lesen. Aus Platzgründen enthält der nachfolgende AG nur diejenigen Informationen, die in den fettgedruckten Zeilen stehen.

Diese Informationen – Bird/Liberman (2001: 27) sprechen von einer „especially clear and simple [...] structure“ – lassen sich in intuitiver Weise auch als Annotationsgraph formulieren:

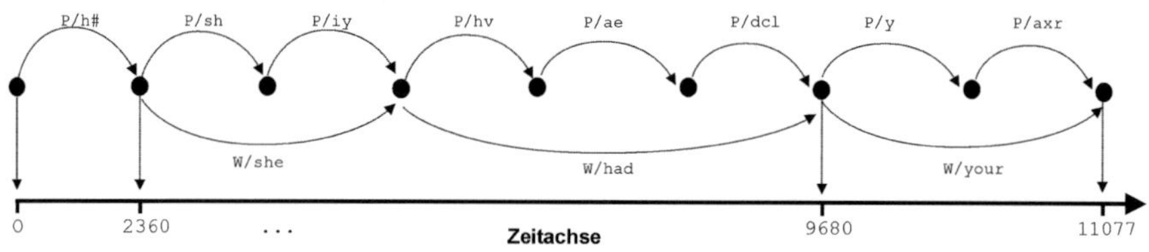

Während dies also ein Beispiel für eine völlig problemlose Anwendung des AG-Formalismus ist, ist die Entsprechung zwischen Ausgangsstruktur und Ziel-Graph in den folgenden beiden Beispielen weniger eindeutig.

4.3.4.2 CHAT

Das folgende Beispiel ist ein Ausschnitt aus einer nach den CHAT-Konventionen (MacWhinney 2000) verfassten Transkription, die einen Teil der CHILDES-Datenbank zum kindlichen Spracherwerb bildet:

```
*FAT: you got a lot more to do # don't you?
```

Bird/Liberman (2001: 29) schlagen vor, diese Äußerung wie folgt als AG zu repräsentieren:

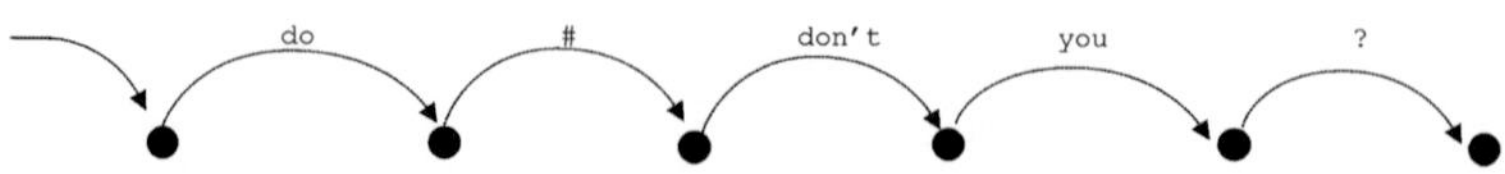

Dabei enthält dieser AG zunächst eine Kante für jedes geäußerte Wort, d.h. an jeder Wortgrenze befindet sich ein Knoten. Gleichermaßen wird auch für die im Transkript durch das Zeichen ‚#‘ symbolisierte Pause verfahren, und auch für das Fragezeichen, das die Äußerung abschließt, wird eine „eigene“ Kante vorgesehen und ihr Endknoten der Folge der übrigen Knoten nachgeordnet. Insbesondere letzteres ist jedoch nicht unproblematisch, denn das Fragezeichen ordnet sich nicht ohne weiteres in die zeitliche Logik ein, der die Sequenz der einzelnen Wörter zweifelsohne folgt. Bird/Liberman (2001: 29) sagen dazu:

> Some of the tokens of the transcript, i.e. the punctuation marks, do not reference stretches of time in the same way that orthographic words

> do. Accordingly, they may be given a different type, and/or assigned to an instant rather than a period.

Sie verkennen in diesem Falle jedoch, dass die CHAT-Transkription Elemente einer Visualisierung enthält[31], bei der die räumliche Abfolge der Zeichen nicht vollständig einer zeitlichen Abfolge der durch sie beschriebenen Einheiten entspricht. Semantisch steht das Fragezeichen für eine Eigenschaft der *gesamten* Äußerung – die zeitliche Einordnung der betreffenden Modelleinheit (etwa eine Annotation der Form „Äußerungstyp=Frage“) sollte deshalb konsequenterweise nicht an einem Zeitpunkt am Ende der Äußerung erfolgen sondern der zeitlichen Erstreckung der Gesamt-Äußerung entsprechen. Folgendes wäre demnach eine adäquatere AG-Repräsentation des Beispiels:[32]

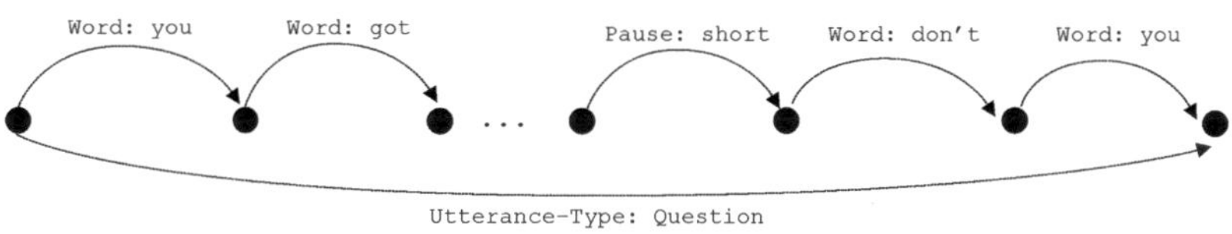

Weiterhin geht im obigen Beispiel dadurch, dass die Abbildung auf einen AG zunächst Wort für Wort erfolgt, die Information verloren, dass die Gesamtheit dieser Wörter (inklusive der Pause) ihrerseits eine eigenständige Modelleinheit (nämlich eine Äußerung) bilden. Aus dem modifizierten AG ist diese Information bereits wieder indirekt abzulesen: Abschnitte, denen eine Annotation der Kategorie „Utterance-Type“ zugeordnet ist, müssen zwangsläufig eine Einheit vom Typ „Utterance“ darstellen. Durch eine zusätzliche Kante des Typs „Utterance“ könnte diese Information auch explizit repräsentiert werden. Dabei stellt sich jedoch die Frage, welche Beschreibung diese Kante dann erhalten müsste. Zwei Lösungen sind denkbar – die Beschreibung könnte einerseits leer bleiben und für die Verarbeitung (algorithmisch) aus den Beschreibungen der übrigen Einheiten (also Pausen, Wörter und Äußerungstyp) abgeleitet werden. Andererseits

[31] CHAT-Transkriptionen sind ebenso Hybride aus symbolischem Modell und analoger Visualisierung wie die in Kapitel 3 besprochenen Systeme, auch wenn sie eindeutig größeres Gewicht auf eine computergeeignete Repräsentation legen, als dies beispielsweise für GAT der Fall ist. Auch bei CHAT wird also nicht im texttechnologischen Sinne streng zwischen Inhalt und Darstellung getrennt, die inhaltsbezogene Kodierung erfolgt jedoch in einer Form, die auch darstellungstechnischen Anforderungen bis zu einem gewissen Grade genügt, m.a.W.: „Nackte“ CHAT-Transkriptionen sind sowohl für einen Computer als auch für einen Menschen hinreichend „lesbar“.

[32] Dabei wurde auch das Pausensymbol #, das eher aus visualisierungstechnischen Gründen (es unterscheidet sich hinreichend von alphabetischen Symbolen und nimmt wenig Platz im Transkript ein) denn aus modelltechnischen zu erklären ist, durch eine explizitere Beschreibung ersetzt.

könnte diese abzuleitende Beschreibung etwa folgendermaßen auch direkt in den AG eingehen:

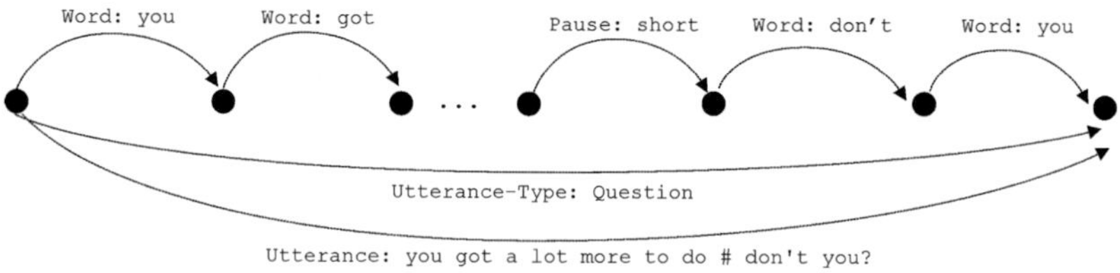

Keine dieser beiden Lösungen ist jedoch vollkommen befriedigend: die erste „privilegiert" unbegründet die Einheit des Wortes über die der Äußerung, indem sie nur der ersteren direkt, der letzteren hingegen nur indirekt symbolische Beschreibungen zuweist. Die zweite Lösung hingegen repräsentiert die Information in einer Form, die einerseits hochgradig redundant ist (die Beschreibungen der Wörter werden vollständig in der Beschreibung der Äußerung wiederholt), andererseits Elemente einer Visualisierung (z.B. die als Worttrenner fungierenden Leerzeichen) in die logische Beschreibung der Daten einbringen muss. Das grundsätzliche Problem, das sich hier äußert, liegt in der in Abschnitt 3.1. diskutierten doppelten Gliederung sprachlicher Zeichensysteme begründet. Bird/Liberman (2001) sprechen dieses Problem jedoch nicht an, und der von ihnen definierte Formalismus liefert daher auch zunächst keine eindeutige diesbezügliche Lösung.[33]

4.3.4.3 NIST Universal Transcription Format

Die bislang gegebenen Beispiele waren insofern nicht repräsentativ für gesprächsanalytische Daten, als in ihnen jeweils nur *ein* Sprecher auftrat. An einem Beispiel, das gemäß dem vom NIST vorgeschlagenen Universal Transcription Format (vgl. UTF98) verfasst ist, zeigen Bird/Liberman (2001: 31ff), wie sich Gespräche, an denen mehrere Sprecher beteiligt sind, als AG formulieren lassen.

---

[33] Auch in den anderen oben besprochenen generischen Ansätzen wird dies nicht thematisiert. Anders als im AG-Formalismus lässt es sich im Ansatz der TEI und bis zu einem gewissen Grad auch in dem der Standoff-Annotation jedoch in trivialer Weise lösen. Da diese jeweils mit Datenmodellen arbeiten, die sehr nahe an der XML-Metapher bleiben und XML (zumindest in seinem dokumentzentrischen Verständnis) gerade auf das Markup von Texten (d.h. sprachlichen Zeichensystemen) ausgelegt ist, lassen sich damit mehrere Gliederungsebenen auf den selben Grundeinheiten einfach ausdrücken. In der konkreten Form einer XML-Datei geschieht dies, indem die (dem Prinzip der doppelten Gliederung folgenden) „eigentlichen" Textdaten als „Parsed Character Data" (PCDATA), die übrige Information als Elemente kodiert werden, etwa:

```
<u><w>you</w> <w>got</w> [...] <w>don't</w> <w>you</w></u>
```

Die kanonische Interpretation einer solchen XML-Datei entspricht dann genau der, die durch das Prinzip der doppelten Gliederung vorgegeben ist.

Insbesondere gehen sie dabei auch auf das Problem der zeitlichen Überlappung von Beiträgen verschiedener Gesprächsteilnehmer ein.

Eine vereinfachte Version dieses Beispiels sei zunächst in einer Visualisierung in Zeilennotation gegeben:

```
RH:   that's a real problem [in this country]
GA:                         [well i        ] think the real problem
```

Das UTF selbst ist ein SGML-Format, in dem dieser Ausschnitt – wiederum stark vereinfacht – etwa wie folgt kodiert würde:

```
<turn speaker="RH" startTime="2348.81" endTime="2391.60">
   that's a real problem
   <overlap startTime="2391.11" endTime="2391.60>
   in this country
   </overlap>
</turn>
<turn speaker="GA" startTime="2391.11" endTime="2439.82">
   <overlap startTime="2391.11" endTime="2391.60>
   well i
   </overlap>
   think the real problem
</turn>
```

Neben einer expliziten Markierung der Überlappung enthält das Beispiel sowohl für den gesamten `<turn>` als auch für die darin enthaltenen überlappenden Abschnitte absolute Zeitangaben (`startTime` und `endTime`). Bird/Liberman (2001: 33) schlagen vor, diese Information folgendermaßen in einem AG zu repräsentieren:

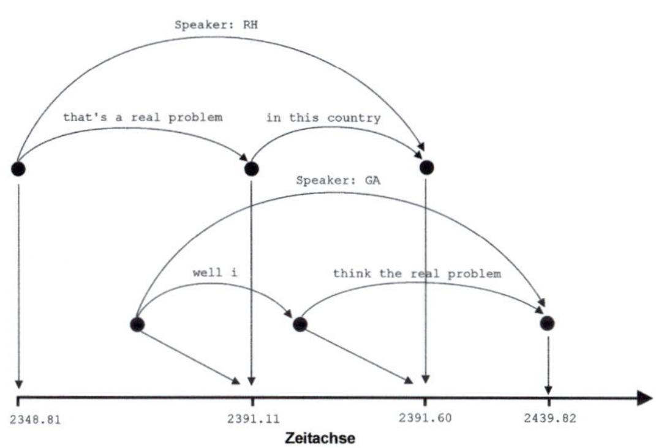

Weiterhin sagen sie (S. 31):

> The structure of overlapping turns can be represented using an annotation graph as shown in Figure 7 [i.e. der oben reproduzierten Abbildung]. Each speaker turn is a separate connected subgraph, discon-

> nected from other speaker turns. The time courses of independent utterances are logically asynchronous, and so we prefer not to convolve them into a single stream, as the SGML representation [von UTF-Dateien] does. Observe that the observation about overlap is now implicit in the time references. [...] This seems like the best choice in general, since there is no necessary logical structure to conversational overlaps – at base, they are just two different actions unfolding over the same time period. The cited annotation graph structure is thus less explicit about word overlaps than the UTF file.

Die Zuordnung einzelner Einheiten zu einem bestimmten Sprecher erfolgt also, indem die entsprechenden Abschnitte mit einer Kante des Typs „Speaker" versehen werden. Äußerungen verschiedener Sprecher müssen dabei jedoch in separaten (d.h. unverbundenen) Teilgraphen kodiert werden, da sonst Mehrdeutigkeiten bei zeitlichen Überlappungen entstehen würden[34]. So wäre in folgendem AG nicht klar, welchem Sprecher die Kanten zwischen dem zweiten und dritten Knoten (beschriftet mit „in this country" bzw. „well i") zuzuordnen sind:

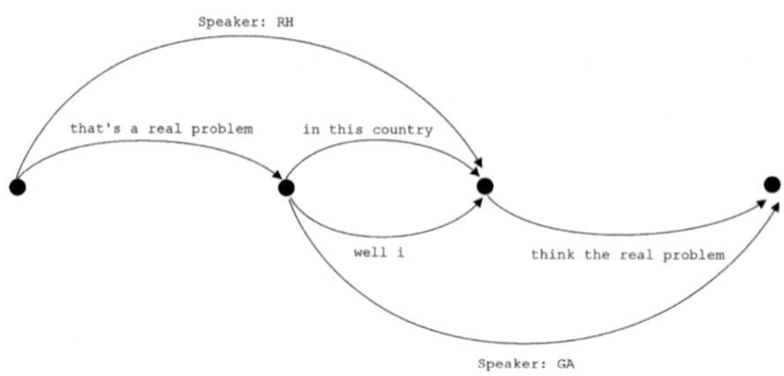

Weiterhin ergibt sich in der vorgeschlagenen Lösung die zeitliche Überlappung nur noch implizit durch die Zuordnung verschiedener Knoten zu gleichen absoluten Zeitpunkten. Fehlt eine solche Zuordnung (was ja per Definition eines AG durchaus erlaubt ist), ist der resultierende AG daher defektiv – die Information über die Gleichzeitigkeit der betreffenden Äußerungsteile geht verloren:

---

[34] Genauer heißt es (ebda.):

> [...] We have chosen [...] to attribute material to speakers using the 'speaker'-type on an arc spanning an entire turn. The disconnectedness of the graph structure means there can be no ambiguity about the attribution of each component arc to a speaker.

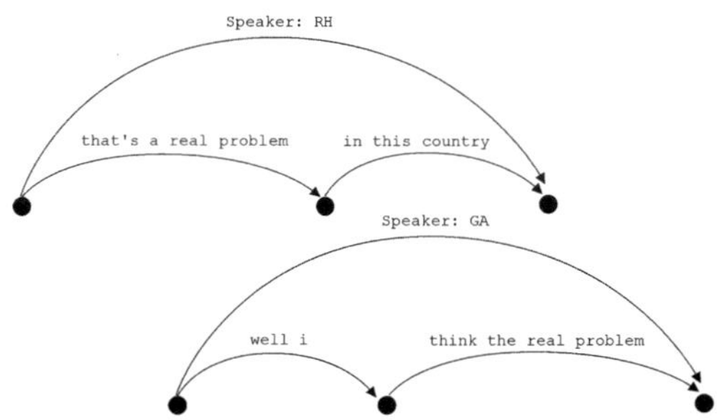

Wie aus den Ausführungen von Kapitel 3 deutlich geworden sein sollte, kann bei typischen gesprächsanalytischen Transkriptionen jedoch keineswegs davon ausgegangen werden, dass Einheiten durchgängig mit einer Zuordnung zu absoluten Zeitwerten versehen sind. Gleichzeitig ist die Möglichkeit, überlappende Sprecherbeiträge kodieren zu können, dort von großer Bedeutung. Die von Bird/Liberman vorgeschlagene Lösung für die Repräsentation der Sprecherzuweisung in AGs ist also im Hinblick auf die Ziele dieser Arbeit ungeeignet. Auch für dieses Problem wird im folgenden Kapitel ein Lösungsvorschlag formuliert werden.

4.3.5 Bewertung

Der Formalismus der Annotationsgraphen stellt einen Ansatz dar, der sowohl im oben definierten Sinne eindeutig generisch, als auch von seinen Grundprinzipien her mit dem Verständnis der Transkription als Modellierung und Visualisierung problemlos vereinbar ist. Indem er konsequent von den Strukturen von Transkriptionen und damit den Strukturen gesprochener Sprache selbst ausgeht, unterscheidet er sich von den beiden vorher behandelten Ansätzen. Denn diese weiten jeweils Technologien, die vornehmlich zur Beschreibung geschriebener Sprache entwickelt wurden, auf den Bereich der Transkription gesprochener Sprache aus bzw. ergänzen sie. Ebenfalls im Unterschied zu TEI und NITE Object Model ist auch die formale Grundlage des AG-Formalismus einheitlich und vollständig, d.h. sie enthält keine Konstrukte, die über die eigentlich angenommene Datenstruktur (sprich: gerichtete Graphen) hinausgehen und damit Teile des Formalismus einer formalisierten Kontrolle entziehen würden.

Ein erster Kritikpunkt leitet sich aus den Betrachtungen des vorigen Abschnittes ab: einige der in Bird/Liberman (2001) vorgeschlagenen Lösungen zur Repräsentation spezifischer Phänomene in AGs erscheinen für gesprächsanalytische Transkriptionssysteme ungeeignet – dies ist der Fall für die Abbildung von Interpunktion im Transkript auf einen AG, sowie für die Sprecherzuweisung und (damit verbunden) die Repräsentation von Überlappungen. Zu einer weiteren wichtigen strukturellen Eigenschaft – der doppelten Gliederung sprachlicher Zeichensysteme – machen Bird/Liberman (2001) gar überhaupt keine Aussage.

Es bliebe zu prüfen, ob diese Einwände prinzipieller Natur sind (ob sie sich also aus grundsätzlichen Beschränkungen des AG-Formalismus ergeben), oder ob sich die betreffenden Problemen nicht *innerhalb* des vorgeschlagenen Ansatzes lösen lassen.
Ein weiterer Kritikpunkt wurde schon in Abschnitt 4.2. angesprochen. Er betrifft den auch von Carletta et al. (2000 und 2002) vorgebrachten Einwand, dass die Annahme einer recht allgemeinen Struktur wie der azyklischer, gerichteter Graphen unter Umständen unnötig komplex ist, sprich: die allgemeine Struktur linguistischer Daten eventuell auch mit einem einfacheren und damit leichter verarbeitbaren Formalismus abgedeckt werden könnte. In der Tat finden sich bereits in der Ausgangs-Definition (Definition 1 oben) einige Annahmen, die – zumindest bei der Anwendung auf gesprächsanalytische Transkriptionssysteme – wesentlich eingeschränkt werden könnten. Beispielsweise scheinen weder das Konzept mehrerer Zeitachsen und die daraus resultierende mehrfache Ordnung von Knoten, noch die Möglichkeit, unverbundene Teilgraphen ausdrücken zu können, für den Gegenstand dieser Arbeit von größerer Bedeutung zu sein. Ein gesprächsanalytischen Zwecken angepasster AG-Formalismus könnte sich dieser Konstrukte daher entledigen und die Verarbeitbarkeit in dieser Weise vereinfachen.

Neben einer Einschränkung des Formalismus könnte auch eine Ausdifferenzierung einiger seiner Bestandteile dazu beitragen, eine klarere Vorstellung von Möglichkeiten und Grenzen seiner computergestützten Verarbeitbarkeit zu bekommen. Insbesondere das Konzept der Typisierung und Beschreibung von Kanten bietet dazu einen Ansatzpunkt, der in Bird/Liberman (2001) kaum ausgearbeitet wird.[35] Durch spezifischere Annahmen darüber, welche Typen von Kanten denkbar sind und welche formalen Eigenschaften diese und die zugehörigen Beschreibungen auszeichnen, würde der praktische und theoretische Nutzen von AGs sicherlich besser greifbar.

[35] Es muss jedoch der Vollständigkeit halber gesagt werden, dass Bird/Liberman *bewusst* auf eine solche Spezifizierung verzichten:

> Our strategy is to see how far this simple conception can go, resisting where possible the temptation to enrich its ontology of formal devices, or to establish label types with special syntax or semantics as part of the formalism. (S.47)

In den abschließenden Bemerkungen betonen sie noch einmal, dass ihr Aufsatz absichtlich mit ontologischen Überlegungen „geizt“:

> We have tried to demonstrate generality, and to provide an adequate formal foundation, which is also ontologically parsimonious (if not positively miserly!). (S. 55)

Schließlich ist als letzter Kritikpunkt anzumerken, dass auch im AG-Formalismus weiterreichende Überlegungen zu möglichen Methoden der Visualisierung fehlen. Zwar wird darauf hingewiesen, dass diverse bestehende und in der Entwicklung befindliche Software-Werkzeuge (vgl. dazu Bird et al. 2002, Geoffrois et al. 2000 und Maeda et al. 2002) auf AG-konformen Datei-Formaten operieren und die graphischen Benutzerschnittstellen dieser Werkzeuge bereits Visualisierungen von AGs darstellen. Dies ist jedoch im Hinblick auf die Ziele dieser Arbeit aus dreierlei Gründen nicht ausreichend:

Erstens sind diese Visualisierungen von wesentlich geringerem Komplexitätsgrad als diejenigen, die in der gesprächsanalytischen Praxis tatsächlich verwendet werden. Sie leisten jeweils nicht mehr, als die in einem AG kodierten Informationen 1:1 auf einfache graphische Strukturen zu projizieren. Beispielsweise bildet das Werkzeug TableTrans (Bird et al. 2002) die Kanten eines AG einfach zeilenweise in eine Tabelle ab. Entsprechend visualisiert TreeTrans (ebda.) die hierarchischen Zusammenhänge in einem AG (und nur diese) als baumförmige Graphen. Mit diesen Methoden wird der eigentliche Zweck einer Visualisierung – nämlich die Übersetzung von verschiedenartiger symbolischer Information in eine komprimierte, teilweise analoge Form, die die Gesamtheit der Informationen besser „lesbar" macht – jedoch höchstens ansatzweise erreicht.

Darüber hinaus ist zweitens keines der derzeit verfügbaren AG-Werkzeuge in der Lage, die in einem beliebigen Annotationsgraphen kodierten Informationen *in ihrer Gesamtheit* graphisch darzustellen. Sie operieren jeweils nur auf eingeschränkten Teilmengen von Annotationsgraphen, beispielsweise solchen, bei denen sich alle Knoten in eine gemeinsame Abfolge bringen lassen (TableTrans), oder solchen, die sich in disjunkte Teilmengen zerlegen lassen, von denen jede einzelne eine Interpretation als hierarchische Abfolge besitzt (TreeTrans). Unter Umständen ist dies ein weiterer Hinweis darauf, dass es für wichtige Verarbeitungsschritte (sprich: die Visualisierung) in der Tat notwendig sein kann, eingeschränkte Versionen des AG-Formalismus zu definieren.

Um dies entscheiden zu können, müsste jedoch drittens die erfolgte formale Beschreibung der logischen Struktur von Annotationsdaten um eine formale Beschreibung möglicher Visualisierungsformen ergänzt und diese beiden Größen zueinander in Bezug gesetzt werden. Bislang enthalten die Veröffentlichung aus dem AG-Umfeld aber fast keine diesbezüglichen Überlegungen.

4.4 Diskussion

Da eine ausführliche Bewertung der einzelnen Ansätze bereits am Ende der jeweiligen Unterkapitel vorgenommen wurde, sollen diese Beobachtungen hier lediglich noch einmal zusammengefasst und abschließend miteinander verglichen werden.

Allen Ansätzen ist gemein, dass sie in irgendeiner Form dem texttechnologischen Prinzip der Trennung von Inhalt und Darstellung folgen. In dieser Beziehung nähern sie sich also dem hier vertretenen Ansatz der Trennung von Modell und Visualisierung weitestgehend an.

Der TEI-Ansatz bleibt sehr nahe an einem dokumentzentrischen Verständnis von Transkriptionsdaten und erarbeitet folglich Datenstrukturen, die sich primär der OHCO-Annahme unterordnen. Für damit nicht abgedeckte Strukturtypen stellt er praktische Lösungsvorschläge, aber keine theoretisch fundierte und einheitliche Sichtweise zur Verfügung. Er löst sich weiterhin auch nicht vollständig von inhaltlichen Festlegungen, bleibt also auf einer Abstraktionsstufe zwischen konkretem Modell und generischem Modellierungsverfahren.

Auch in der Standoff-Annotation werden hierarchische Datenstrukturen privilegiert, in diesem Falle jedoch im Sinne eines genuin generischen Ansatzes, d.h. ohne dabei inhaltliche Festlegungen für spezifische Bestandteile vorzunehmen. Davon ausgehend formuliert das NITE Object Model eine formale Grundlage für Datenstrukturen, die sich als einander überlappende Hierarchien begreifen lassen. Für die Aufnahme von Einheiten und Beziehungen, die sich nicht in solche Strukturen fügen, wird ebenfalls ein Mechanismus vorgesehen. Dieser geht jedoch über den formal kontrollierbaren Teil des Modells hinaus.

Der Ansatz der Annotationsgraphen schließlich, der ebenfalls zweifelsfrei als generisch bezeichnet werden kann, löst sich von der Privilegierung von Hierarchien und rückt stattdessen den universellen Zeitbezug von Annotationsdaten in den Vordergrund.[36] Der daraus resultierende Formalismus ist allgemein genug, um die betreffenden Datenstrukturen vollständig abzudecken. Allerdings stellt sich die Frage, ob für eine Anwendung in der Praxis diese allgemeine Struktur nicht doch wieder eingeschränkt werden müsste, um bestimmte Verarbeitungsmechanismen zu ermöglichen.

Zusammenfassend lässt sich sagen, dass der Ansatz der Annotationsgraphen am besten für eine Weiterentwicklung geeignet scheint, weil seine Grundannahme am ehesten mit den Ergebnissen der vorigen Kapitel zur vereinbaren ist und seine formale Grundlage keine prinzipiellen Unzulänglichkeiten aufweist.

---

[36] Vgl. dazu auch Carletta et al. (2002):

> The ‘annotation graph’ data model […] sees temporal ordering as the primary structure in the interests of efficiency. […] The data handling in MATE takes the opposite approach, privileging traversal and manipulation of hierarchies.

Die Weiterentwicklung muss zum einen darin bestehen, die oben angesprochenen unterspezifizierten Bestandteile (vor allem Kantentypen und -beschreibungen) detaillierter zu beschreiben. Damit würde einer von Bird/Liberman (2001: 25) selbst formulierten Erwartung nachgekommen:

> The formalization presented here is targeted at the most abstract level: we want to get the annotation formalism right. We assume that system implementations will add all kinds of special-case data types (i.e. types of labels with specialized syntax and semantics).

Weiterhin muss geprüft werden, ob die Komplexität des Formalismus für den hier anvisierten Anwendungszweck reduziert werden kann, ohne dabei seine Allgemeingültigkeit wesentlich einzuschränken. Dies entspricht der Idee, die auch im bereits oben angeführten Zitat aus Carletta et al. (2002), ausgedrückt ist:

> The question, then, is whether there is any data model which suffices for most or all linguistic annotation and is less complex than supporting general graph operations.

Schließlich muss die Weiterentwicklung auch bezüglich eines Aspektes erfolgen, der von allen in diesem Kapitel untersuchten Ansätzen gleichermaßen in den Hintergrund gedrängt wird: es müssen Methoden gefunden werden, um aus der formalisiert und symbolisch repräsentierten logischen Struktur der Modelle in ebenso systematischer Weise analoge Visualisierungen zu berechnen. Nur damit kann gemäß der Zielsetzung aus Kapitel 2 sichergestellt werden, dass gleichberechtigt zu einer für den Computer optimierten eine auf den menschlichen Betrachter ausgerichtete Sicht der Daten ermöglicht wird.

Kapitel 5

Ein gesprächsanalytisches Modellierungs- und Visualisierungsverfahren

5.1 Vorbemerkung: Drei-Ebenen-Architektur

In diesem Kapitel sollen nun die Untersuchungen aus den beiden vorangehenden Kapiteln zusammengeführt werden: Die in Kapitel 3 erarbeiteten Modelle gesprochener Sprache, die in bestehenden Transkriptionssystemen ihren Ausdruck finden, sollen aufbauend auf den in Kapitel 4 untersuchten Ansätzen als Instanzen eines zu entwickelnden generischen Modellierungsverfahrens formuliert werden. Selbiges orientiert sich am Annotationsgraphen-Formalismus, muss diesen jedoch aus genannten Gründen strukturell einschränken und einige seiner Bestandteile semantisch näher spezifizieren. Insbesondere ist es auch das Ziel dieses Kapitels, dem zu entwickelnden Modellierungsverfahren ein geeignetes Visualisierungsverfahren an die Seite zu stellen, mittels dessen aus den symbolisch formulierten Zusammenhängen im Modell analoge Visualisierungen generiert werden können.

Diese Vorgehensweise geht von einer *Drei-Ebenen-Architektur* der Datenverarbeitung aus, die in den vorangehenden Kapiteln bereits mehrfach kurz erwähnt wurde und hier der besseren Verständlichkeit der folgenden Ausführungen zuliebe noch einmal vorgestellt werden soll. Date (1995: 28f) benennt und beschreibt die drei Ebenen einer solchen Architektur wie folgt:

> The **internal level** is the one closest to physical storage – i.e., it is the one concerned with the way the data is physically stored;
> The **external level** is the one closest to the users – i.e., it is the one concerned with the way the data is viewed by individual users; and
> The **conceptual level** is a „level of indirection" between the other two.

Statt von einer „internen", einer „externen" und einer „konzeptuellen" Ebene sprechen Bird/Liberman (2001:25) von einer physikalischen Ebene („physical level"), einer Anwendungsebene („application level") und einer logischen Ebene („logical Level"). Eine an den Gegenstand dieser Arbeit angepasste Version ihrer graphischen Darstellung (ebda.) könnte einzelne Komponenten eines computergestützten Transkriptionsverfahrens etwa wie folgt diesen drei Ebenen zurodnen:

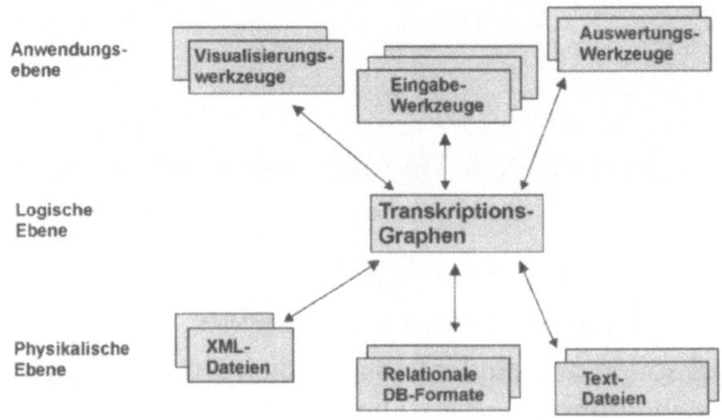

Die im folgenden Abschnitt entwickelten Transkriptionsgraphen sind also der logischen bzw. konzeptuellen Ebene zuzurechnen. Diese abstrahiert sowohl über das konkrete Speicherungsformat der Daten, als auch über konkrete Anwendungen wie Software-Werkzeuge oder Präsentationsformen. Der praktische Zweck, dem diese Abstraktion dient, ist die Unabhängigkeit der Daten von spezifischen technischen Umgebungen. Wie Bird/Liberman (2001: 25) sagen, ist eine solche Unabhängigkeit letztendlich Voraussetzung für eine umfassende Austauschbarkeit von linguistischen Daten:

> By adopting [the three level architecture], the volatile nature of formats and the open-ended issues associated with user interfaces no longer present barriers on the road towards standardization. In fact, a large number of tools will be able to comprehend a large number of formats, so tools can interoperate and formats are translatable.

Das in Abschnitt 5.4. vorgeschlagene Visualisierungsverfahren für Transkriptionsgraphen beschreibt dann einen Übergang von der logischen in die Anwendungsebene. Indem es wiederum keinerlei Annahmen über konkrete physikalische Dateistrukturen oder Ähnliches macht, sondern ausschließlich von den Zusammenhängen auf der logischen Ebene ausgeht, sollte es den Ausführungen von Date (1995: 35) zufolge ebenfalls „data-independent", also unabhängig von spezifischen technischen Umgebungen, sein:

> There must be no reference in the conceptual schema to [...] any [...] storage and access details. If the conceptual schema is made truly data-independent in this way, then the external schemas, which are defined in terms of the conceptual schema [...], will *a fortiori* be data-independent too.

Wie auch Bird/Liberman (2001: 24) in einem bereits an anderer Stelle angeführten Zitat konstatieren, ist die physikalische Ebene, also z.B. das XML-Format, in dem ein Transkriptionsgraph auf einem Datenträger gespeichert wird, nach diesem Verständnis eher sekundär:

> […] we contend that file formats [...] are secondary. Instead, we focus on the logical structure of linguistic annotations since it is here that we observe a striking commonality.

Überlegungen zur physikalische Ebene werden daher nicht in diesem Kapitel angestellt, sondern im folgenden Kapitel als „Aspekt der Anwendung" behandelt.

5.2 Transkriptionsgraphen

5.2.1 Grundstruktur

Die Grundstruktur, mit der im Folgenden gearbeitet werden soll, ist ein *Transkriptionsgraph.* Dieser stellt eine Einschränkung und Spezifizierung des Bird/Libermanschen Annotationsgraphen dar, die wie folgt definiert ist:

Definition 1

Ein Transkriptionsgraph TG über einer Menge von Beschreibungen $\boldsymbol{L}$, einer Menge von Sprechern $\boldsymbol{S}$ und einer Menge von Kategorien $\boldsymbol{K}$ ist ein Triple $\langle N, A, \tau \rangle$ bestehend aus

- einer Menge N von Knoten,
- einer Menge A von Kanten,
- einer partiellen Zeitfunktion $\tau: N \rightarrow Q$, die Knoten (positive) rationale Zahlen zuordnet,

für das die folgenden Bedingungen gelten:

1. $\langle N, A \rangle$ ist ein zusammenhängender, azyklischer Graph (ohne Knoten vom Grad 0[1]).

1a. Die Kanten in A sind beschriftet mit
   - genau einem Element aus $\boldsymbol{L}$,
   - genau einem Element aus $\boldsymbol{K}$,
   - genau einem Element aus $\boldsymbol{S}$.

   Eine Kante kann demnach immer als ein Quintupel $\langle n_0, n_1, l, k, s \rangle$ mit $n_0, n_1 \in N, l \in L, k \in K$ und $s \in S$ aufgefasst werden.

2. Für alle Wege in A von Knoten n_1 nach Knoten n_2 gilt: Wenn $\tau(n_1)$ und $\tau(n_2)$ definiert sind, dann gilt für die Zeitfunktion: $\tau(n_1) \leq \tau(n_1)$.

3a. Es gibt genau einen Startknoten $n_S \in N$, für den gilt: es gibt keine Kante $a \in A$ mit $a = \langle n_i, n_S, l, k, s \rangle$,
d.h. es gibt keine Kante, die in n_S endet, und n_S ist der einzige Knoten, in dem keine Kante endet.

3b. Es gibt genau einen Endknoten $n_E \in N$, für den gilt: es gibt keine Kante $a \in A$ mit $a = \langle n_E, n_i, l, k, s \rangle$,
d.h. es gibt keine Kante, die in n_E beginnt, und n_E ist der einzige Knoten, in dem keine Kante beginnt.

4. Die Elemente aus $\boldsymbol{L}$ sind Strings über dem UNICODE-Zeicheninventar[2].

5. Die Elemente aus $\boldsymbol{S}$ sind Strings über dem UNICODE-Zeicheninventar[3].

6. Die Elemente aus $\boldsymbol{K}$ sind nicht-leere Strings über dem UNICODE-Zeicheninventar.

---

[1] Da gefordert wird, dass der Graph zusammenhängend sein muss, ergibt sich eigentlich zwangsläufig, dass er – sofern er mehr als einen Knoten enthält – keine Knoten vom Grad 0 besitzt.

Die Einschränkungen gegenüber allgemeinen Annotationsgraphen betreffen dabei zunächst die Graphenstruktur selbst: es wird erstens gefordert, dass der Graph *zusammenhängend* sein muss, d.h. dass er sich nicht aus unverbundenen Teilgraphen zusammensetzen darf[4], und dass es *genau einen Start- und genau einen Endknoten* geben muss. Zweitens wird auch das Zeitachsenkonzept vereinfacht, indem nur noch *eine Zeitachse* angenommen wird.
Beides lässt sich vor dem Hintergrund der Analysen in Kapitel 3 gut rechtfertigen: die Notwendigkeit mehrerer unverbundener Teilgraphen und mehrerer Zeitachsen soll im AG-Formalismus vor allem sicherstellen, dass Informationen in *einer* Struktur zusammengefasst werden können, die sich auf nicht zusammenhängende Teile von Primärdaten beziehen – dies ist für *sprachtechnologisch* orientierte Transkriptionsverfahren, bei deren Modellen oft absolute, physikalische Zeit eine vorherrschende Rolle spielt, auch unabdingbar. *Gesprächsanalytische* Transkriptionssysteme hingegen modellieren Gespräche grundsätzlich als zusammenhängende Gebilde und betrachten absolute Zeitangaben, wenn überhaupt, als optionale Zusatz-Information, die sich der relativen Ordnung von Modelleinheiten unterordnet. An der Transkription (bzw. Nicht-Transkription) von Pausen lässt sich dieser Unterschied gut illustrieren. Als Beispiel soll eine Äußerung dienen, die nach den GAT-Konventionen etwa wie folgt transkribiert würde:

```
001   A: so (-) was
```

Die Annotationsgraphen, die einem sprachtechnologischen und einem gesprächsanalytischen Modell der zugrunde liegenden Aufnahme entsprechen, können durchaus unterschiedlich ausfallen:

Sprachtechnologisches Transkriptionssystem:

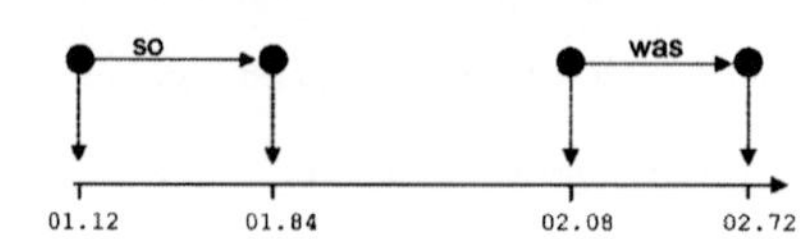

Abb. 1

Gesprächsanalytisches Transkriptionssystem:

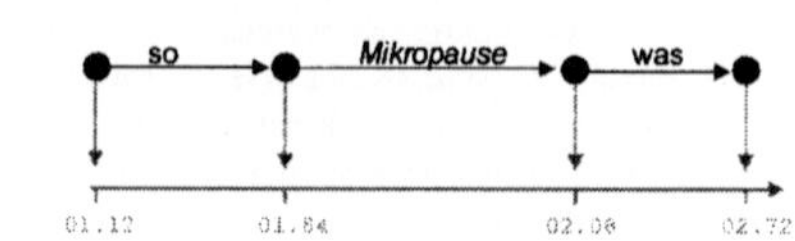

Abb. 2

Ein typisch sprachtechnologisches Transkriptionssystem, das alle Modelleinheiten obligatorisch mit absoluter Zeitinformation versieht, kann die Transkription

[2] Diese Strings, die die „eigentliche" symbolische Repräsentation der betreffenden Modelleinheit enthalten, können leer sein, was für die weiter unten definierten Segmentkanten von Bedeutung ist.

[3] Auch diese Strings, die der Sprecherzordnung entsprechen, dürfen leer sein. Auf diese Weise können auch solche Modelleinheiten, die sich keinem Sprecher zuordnen lassen (z.B. turnexterne Pausen in GAT), repräsentiert werden.

[4] Für eine formale Definition des Zusammenhangs von Graphen siehe Diestel 2000: 10f.

von Pausen – sofern diese für den anvisierten Anwendungszweck nicht von spezieller Bedeutung sind – unterlassen, da sich die entsprechende Information ohnehin implizit aus der Abwesenheit modellierter Einheiten an der betreffenden (zeitlichen) Position ergibt. Ein gesprächsanalytisches Transkriptionssystem, das in der Regel *nicht* mit absoluten Zeitinformationen arbeitet, muss hingegen Pausen alleine schon deshalb als eigenständige Modelleinheiten behandeln, weil in ihm diese Möglichkeit der Rekonstruktion aus Implizitem nicht gegeben ist, bei einer Nicht-Transkription also relevante Information verloren ginge. Darüber hinaus ist ein solches „Schließen von Lücken" natürlich auch aus gegenstandstheoretischen Motiven zu erklären: gesprächsanalytische Theorien sind gerade darauf angelegt, Gespräche als verbundene Gesamtheit zu betrachten. Die Modelle, die sich in den zugehörigen Transkriptionssystemen äußern, werden daher in aller Regel diese Sichtweise reflektieren[5] – speziell Pausen sind nach diesem Verständnis natürlich auch wesentlich mehr als nur die Abwesenheit von zu modellierenden Objekten; sie haben den Stellenwert einer eigenständigen analytischen Einheit.

Der zweite wichtige Unterschied zwischen allgemeinen Annotationsgraphen und den eingeschränkten Transkriptionsgraphen besteht in der Zuordnung von Kanten zu *Sprechern*. Diese erscheint einerseits aus rein praktischen Gründen notwendig, weil – wie oben dargelegt – die diesbezüglich von Bird/Liberman (2001) vorgeschlagene Lösung wiederum zwingend absolute Zeitinformationen voraussetzt, für gesprächsanalytische Transkriptionen also oft nicht umsetzbar wäre. Andererseits kann auch hier aus gegenstands-theoretischer Perspektive argumentiert werden, dass für gesprächsanalytische Transkriptionssysteme die Zuordnung von Modelleinheiten zu bestimmten Sprechern mindestens ebenso zentral ist wie ihre Zuordnung zu verschiedenen Typen.[6] Dass – wie im AG-Framework – nur letztere eine explizite formale Repräsentation erhält, erstere

---

[5] Vgl. dazu z.B. Rehbein et al. (1993: 96):

> Die Binnenstruktur der Gespräche soll anhand der Transkription deutlich werden, so dass es sich verbietet, eine Kontinuität des Diskurses zu konstruieren, wo diese faktisch nicht bestanden hat. Störungen, Unterbrechungen u.ä. werden also entweder vollständig mittranskribiert oder sind zu beschreiben.

Mit anderen Worten wird hier gefordert, überall dort, wo die Möglichkeit bestünde, die Transkription eines Gespräches in zwei unverbundene Einheiten zu teilen, diese mögliche Lücke durch adäquate Einheiten zu schließen.

[6] Auch in dieser Hinsicht unterscheiden sich gesprächsanalytische Daten von sprachtechnologischen. Der interaktionale Charakter ersterer ist für letztere keineswegs typisch – sprachtechnologische Korpora bestehen oft aus Aufnahmen, an denen jeweils nur *ein* Sprecher beteiligt ist (vgl. z.B. das TIMIT-Corpus, siehe oben), und die Sprecherzuordnung kann in ihnen daher in der Tat von weniger zentraler Bedeutung sein.

hingegen implizit durch geeignete Graphenstrukturen ausgedrückt werden muss, scheint daher für den hier gewählten Untersuchungsgegenstand nicht sinnvoll. Die durch diese Spezifizierung unter Umständen eingebüßte Universalität sollte durch eine wesentlich intuitivere Handhabung typisch gesprächsanalytischer Transkriptionen aufgewogen werden.

Schließlich werden in obiger Definition noch einige Spezifizierungen gegenüber allgemeinen AG vorgenommen, die weniger theoretischen Überlegungen entspringen, sondern praktische Gegebenheiten reflektieren: So wird die Wertemenge der Zeitfunktionen auf positive rationale Zahlen festgelegt, da es kaum denkbar scheint, dass absolute Zeitangaben auf dem Computer in anderer Form repräsentiert sein können.[7] In gleicher Weise soll die Annahme, dass alle Sprecher, Kategorien und Beschreibungen als Zeichenketten über dem Unicode-Zeicheninventar ausgedrückt werden, für eine konkretere Festlegung der symbolischen Modellierungsmethode sorgen. Diese Konkretisierung dient vor allem auch dazu, für die Praxis sinnvolle Annahmen darüber machen zu können, welche symbolischen Mittel Teil des Modells sein können und welche nicht. Beispielsweise verbietet die Beschränkung auf das Unicode-Zeicheninventar eine Unterscheidung zwischen nicht-unterstrichenen und unterstrichenen Alphabetzeichen auf der Modellebene und gibt so eindeutig vor, dass Unterstreichungen als Teil der Visualisierung zu behandeln sind.

Natürlich sind die derart eingeschränkten und spezifizierten Transkriptionsgraphen immer noch Annotationsgraphen, d.h. die Menge der Transkriptionsgraphen ist als echte Teilmenge in der Menge der Annotationsgraphen enthalten. Dies ist von offensichtlichem Vorteil, denn es bedeutet, dass der Formalismus, der hier für gesprächsanalytische Transkriptionen optimiert wird, sich immer noch ohne weiteres in den universelleren AG-Formalismus einfügt. Methoden und Werkzeuge, die für letzteren entwickelt werden, können daher immer auch auf Transkriptionsgraphen angewendet werden.

5.2.2 Ordnungsrelationen

Auch die Definition von Ordnungsrelationen auf den Knoten eines Transkriptionsgraphen folgt den entsprechenden Definitionen aus Bird/Liberman (2001). Die relative Ordnungsrelation ist dabei für Transkriptionsgraphen die unbedingt wichtigere, denn absolute Zeitinformationen gehen – wie bereits angesprochen – in gesprächsanalytische Transkriptionen höchstens als Zusatzinformation ein.[8]

---

[7] Über die Interpretation dieser rationalen Zahlen wird dabei wohlgemerkt vorerst keine Annahme gemacht. Typischerweise werden sie einer Zeitangabe in Millisekunden o.Ä. entsprechen. Möglich wäre aber auch, sie als Zuordnung zu Frames in digitalisierten Videodaten oder als Verweis auf ein Bandzählwerk eines Tonbandgerätes zu interpretieren.

[8] Insbesondere spielen absolute Zeitinformationen für die in der Praxis verwendeten Visualisierungsmethoden keine Rolle. Aus dem unwahrscheinlichen, aber denkbaren Fall, dass

Definition 2

Die Knoten n_1 und n_2 stehen in <u>relativer Abfolge</u> (geschrieben $n_1 <_S n_2$), wenn es einen Pfad von n_1 nach n_2 gibt. Die Knoten n_1 und n_2 stehen in <u>absoluter Abfolge</u> (geschrieben $n_1 <_T n_2$), wenn gilt: $\tau(n_1) < \tau(n_2)$.

Wie bei AG ist auch die Ordnungsrelation bei Transkriptionsgraphen eine partielle, d.h. es kann vorkommen, dass für zwei gegebene Knoten *keine* Reihenfolge definiert ist. Beispielsweise können im folgenden Transkriptionsgraphen die Knoten n_2 und n_3 nicht (relativ) zueinander angeordnet werden:

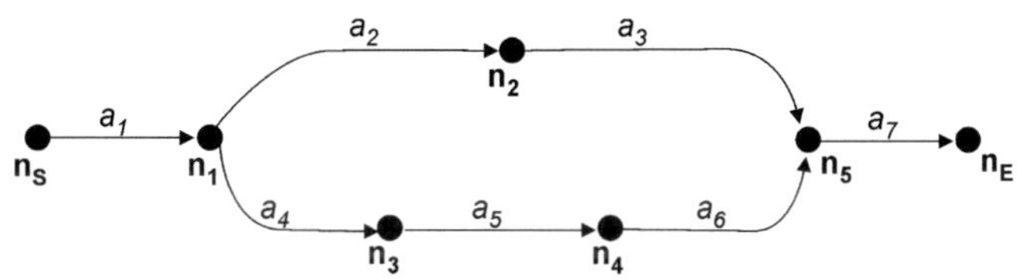

Abb. 3

Dies reflektiert die in Kapitel 3 mehrfach bestätigte Beobachtung, dass gesprächsanalytische Transkriptionssysteme für gewisse Paare von Modelleinheiten (insbesondere Wörter verschiedener Sprecher in simultanen Abschnitten) keine Ordnung festlegen.

Ein Transkriptionsgraph, in dem kein ungeordnetes Paar von Knoten existiert, heißt *vollständig zeitlich geordnet*:

Definition 3

Ein Transkriptionsgraph heißt <u>vollständig zeitlich geordnet</u>, wenn die relative Ordnungsrelation auf N total ist, d.h. wenn es zwischen zwei beliebigen Knoten $n_i, n_j \in N$ immer einen Weg in A gibt.

Folgendes ist ein Beispiel für einen vollständig zeitlich geordneten Transkriptionsgraphen:

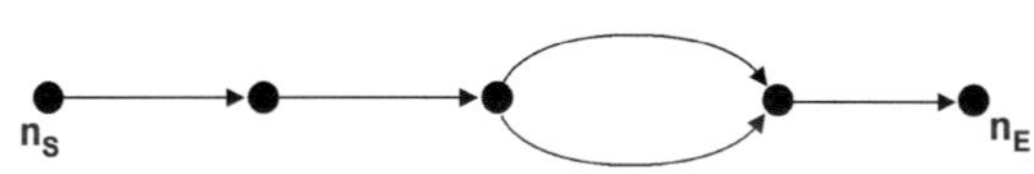

Abb. 4

Wie später noch einmal aufgegriffen wird, kann die vollständige zeitliche Ordnung (ähnlich der vollständigen Verankerung von AG, siehe oben) vor allem für die Visualisierung von Transkriptionsgraphen nützlich sein. Gleiches gilt für das Konzept des *gemeinsamen Knotens*:

zwei Knoten sich nicht relativ, aber absolut zueinander anordnen lassen, ließe sich also zunächst auch kein direkter Nutzen ziehen.

Definition 4

Ein Knoten $n \in N$ heißt gemeinsamer Knoten, wenn für jeden beliebigen anderen Knoten $n_i \in N$ entweder $n < n_i$ oder $n_i < n$ gilt, d.h. wenn er sich zu einem beliebigen anderen Knoten zeitlich anordnen lässt.

Beispielsweise sind in dem Graphen aus Abb. 3 neben dem Start- und Endknoten (die per Definition *immer* gemeinsame Knoten sind) die Knoten n_1 und n_5 gemeinsame Knoten.

5.2.3 Teilgraphen

Auch die Definition des Teilgraphen kann aus dem AG-Formalismus übernommen werden:

Definition 5

Ein Transkriptionsgraph TG' = <*N', A', τ'*> ist ein Teilgraph eines Transkriptionsgraphen TG = <*N, A, τ*>, wenn gilt:

1. $A' \subseteq A$
2. *N'* und *τ'* sind die Restriktionen von *N'* und *τ'* auf diejenigen Knoten, die in *A'* vorkommen.

Dass TG' ein Teilgraph von TG ist, wird durch die Notation TG' $\subseteq$ TG beschrieben.

Anders als bei allgemeinen AG kann bei einem Transkriptionsgraphen allerdings die Teilgraphenbildung nicht einfach als Auswahl einer Teilmenge der Kantenmenge *A* mit entsprechend restringierten *N* und *τ* begriffen werden. Mit anderen Worten: nicht jeder beliebige „Ausschnitt" aus einem Transkriptionsgraphen ist seinerseits wieder ein Transkriptionsgraph. Nimmt man wiederum das Beispiel aus Abb. 3 als Ausgangspunkt, so entsteht z.B. durch die Auswahl der Kanten a_1 und a_7 mit den zugehörigen Knoten ein nicht-zusammenhängender Graph, der per Definition kein Transkriptionsgraph ist:

Abb. 5

Gleiches gilt für den Graphen, der sich ausgehend von der Kantenteilmenge $\{a_3, a_5, a_6, a_7\}$ ergibt. Dieser besitzt mehr als einen Startknoten und erfüllt daher ebenfalls nicht die Definition eines Transkriptionsgraphen:

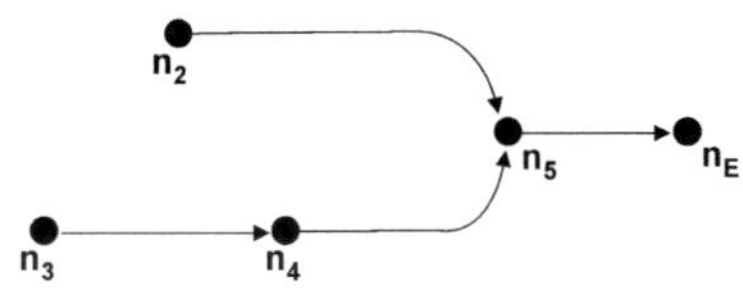

Abb. 6

Um dem fundamentalen Kriterium der Abgeschlossenheit zu genügen, müssten daher formale Operatoren auf Transkriptionsgraphen, die z.B. Suchanfragen dienen, sicherstellen, dass die resultierenden Strukturen ihrerseits wieder Transkriptionsgraphen sind – Strukturen wie in Abb. 5 und Abb. 6 müssten von solchen Operatoren „geschlossen" werden. Überlegungen zu dieser sicher nicht trivialen Anforderung sollen hier nicht weiter ausgeführt werden, da in dieser Arbeit mit der Visualisierung eine andere Form der formalen Manipulation im Vordergrund steht, für die das Abgeschlossenheitskriterium keine weitere Bedeutung hat.[9]

5.2.4 Kanteneigenschaften und -typen

Nachdem nun die formalen Grundzüge von Transkriptionsgraphen und deren einschränkende Abgrenzung zu den universelleren Annotationsgraphen beschrieben wurden, soll in diesem Abschnitt der zweite im vorigen Kapitel angekündigte Schritt in Angriff genommen werden: die detailliertere Untersuchung der im AG-Formalismus nur ansatzweise spezifizierten Kantentypen und deren Eigenschaften.

Ein zentraler Aspekt ist dabei die in Abschnitt 3.2.1.2. getroffene Unterscheidung zwischen solchen symbolischen Beschreibungen, die von den Mitteln der Standardorthographie Gebrauch machen, also dem Prinzip der doppelten Gliederung sprachlicher Zeichensysteme folgen, und solchen, die lediglich *Deskriptionen* von Gesprächsphänomenen darstellen. Übertragen auf die graphenalgebraische Logik lässt sich dieser Unterschied wie folgt als Kombinierbarkeit, Segmentierbarkeit, Vereinbarkeit und Spaltbarkeit von Kanten formulieren:

[9] Denn anders als beim Suchen, wo Suchergebnisse ihrerseits oft wieder den Ausgangspunkt einer (weiter einschränkenden) Suche darstellen, ist der Übergang von Modell zu Visualisierung ein nicht-rekursiver Prozess. Eine Visualisierung ist ein Endprodukt, das in der Regel keine weitere formale Manipulation erfährt.

Definition 6

1. Zwei Kanten $a_1 = <s, k, l_1, n_1, n_2>$ und $a_2 = <s, k, l_2, n_2, n_3>$, die zwei im Gespräch auftretende Phänomene adäquat beschreiben, heißen <u>kombinierbar</u>, wenn die Kante $<s, k, l_1 \oplus l_2, n_1, n_3>$ ebenfalls ein im Gespräch auftretendes Phänomen adäquat beschreibt. $l_1 \oplus l_2$ ist dabei die Konkatenation der Kantenbeschreibungen.

Abb. 7

2. Eine Kante $a = <s, k, l, n_1, n_3>$, die ein im Gespräch auftretendes Phänomen adäquat beschreibt heißt <u>segmentierbar</u>, wenn es einen Knoten n_2 und eine Unterteilung $l = l_1 \oplus l_2$ gibt, so dass die Kanten $a_1 = <s, k, l_1, n_1, n_2>$ und $a_2 = <s, k, l_2, n_2, n_3>$ ebenfalls zwei im Gespräch auftretende Phänomene adäquat beschreiben.[10]

Abb. 8

3. Zwei Kanten $a_1 = <s, k, l, n_1, n_2>$ und $a_2 = <s, k, l, n_2, n_3>$, die zwei im Gespräch auftretende Phänomene adäquat beschreiben, heißen <u>vereinbar</u>, wenn die Kante $a = <s, k, l, n_1, n_3>$ ebenfalls ein im Gespräch auftretendes Ereignis adäquat beschreibt.

Abb. 9

4. Eine Kante $a = <s, k, l, n_1, n_3>$, die ein im Gespräch auftretendes Phänomen adäquat beschreibt, heißt <u>spaltbar</u>, wenn es einen Knoten n_2 gibt, so dass die Kanten $a_1 = <s, k, l, n_1, n_2>$ und $a_2 = <s, k, l, n_2, n_3>$ ebenfalls zwei im Gespräch auftretende Phänomene adäquat beschreiben.

Abb. 10

[10] Diese Eigenschaft wurde im Hinblick auf die (Un)regelmäßigkeiten der Standardorthographie bewusst vorsichtig formuliert. In der gegebenen Definition bedeutet die Segmentierbarkeit einer Kante mit Beschreibung l nur, dass es (mindestens) eine Unterteilung von l gibt, die der Bedingung genügt, und nicht, dass dies für *jede* Unterteilung von l der Fall ist. Beispielsweise lässt sich l = *schick* sinnvoll in *sch* + *i* + *ck* segmentieren, während bei einer Unterteilung *s* + *chic* + *k* die einzelnen Bestandteile keine adäquate Beschreibung von Gesprächsphänomenen darstellen würde, da sie nicht der Einteilung der Zeichenkette in Grapheme des Deutschen folgen.

Zwei Beispiele mögen verdeutlichen, dass und wie diese Eigenschaften für das Verständnis der formalen Eigenschaften gesprächsanalytischer Transkriptionssysteme von Bedeutung sind. Das erste Beispiel zeigt eine in Partiturnotation visualisierte Transkription, in der ein Sprecher „mitten im Wort“ unterbrochen wird. Um dies auf Modellebene mittels eines Transkriptionsgraphen auszudrücken, muss dieser einerseits die betreffenden Wortbestandteile auf zwei Kanten verteilen[11], so dass der Einsatzpunkt des zweiten Sprechers durch einen geeigneten Knoten repräsentiert werden kann. Andererseits soll aber auch die Information, dass es sich bei der Gesamtheit dieser beiden Kanten um ein Wort handelt, Eingang in den Graphen finden. Die Beschreibung dieser Wortkante entsteht dabei durch Kombination der Beschreibungen der anderen Kanten.[12]

A	Unglaublich!
B	Ja.

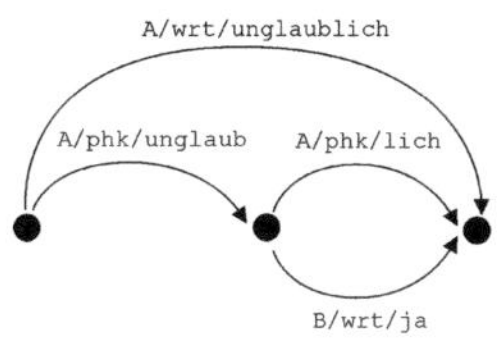

Abb. 11

Dass die Vereinbarkeit und Spaltbarkeit von Kanten, die eine deskriptive Beschreibung tragen, für gesprächsanalytische Transkriptionssysteme eine Rolle spielt, lässt sich gut an einer Transkriptionsanweisung aus Klein/Schütte (2001: 9) demonstrieren:

> Wenn eine nichtmorphemisierte Äußerung [...] teilweise mit verbalen Äußerungen eines anderen Sprechers überlappt ist, wird diese Passage in Folgen von Simultanpassagen und Nicht-Simultanpassagen notiert. Dabei wird die Kennzeichnung der nichtmorphemisierten Äußerung wiederholt in der Passage notiert.

Das zugehörige Transkriptionsbeispiel (ebda.: 10) sieht (vereinfacht) wie folgt aus:

```
AA: danke
WH:       |LACHT|LACHT|LACHT
SM:       |also |     |fuffzehn
```

[11] Diese sind in der Abbildung mit der Kategorie „phk“ für „Phonemkette“ versehen.

[12] Dabei dominiert nach der entsprechenden Definition aus dem AG-Formalismus (siehe Abschnitt 4.3.) die Wortkante die beiden Phonemketten-Kanten hierarchisch.

Dem könnte etwa folgender Transkriptionsgraph entsprechen:

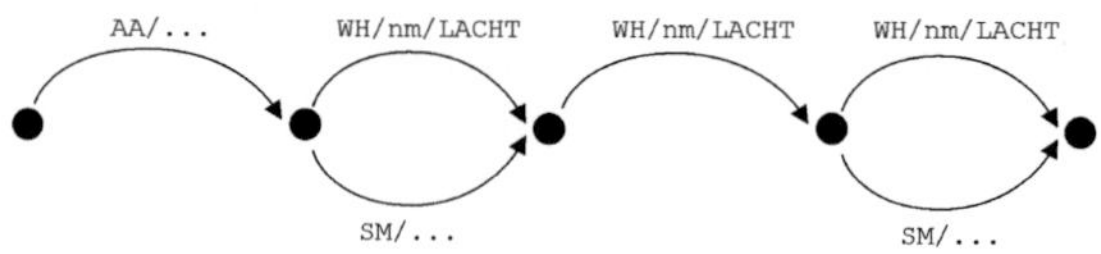

Abb. 12

Die angewendete „Wiederholung der Kennzeichnung der nicht-morphemisierten Äußerung" kommt dabei dem Spalten einer Kante mit deskriptiver symbolischer Beschreibung gleich. Betrachtet man diesen Vorgang aus der umgekehrten Richtung, so ergibt sich folgender Ausgangsgraph, in dem die einzelnen, mit identischen Beschreibungen versehenen Kanten des Typs „nm" (für: nicht-morphemisierte Äußerung) zu einer einzigen Kante vereint sind:[13]

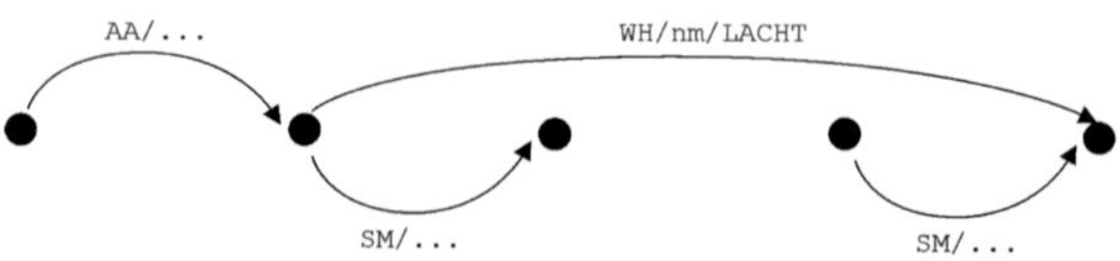

Abb. 13

Ähnlich wie Kanten mit deskriptiver Beschreibung verhalten sich Kanten, deren Beschreibungen numerische Werte sind:

[13] Der Graph in Abb. 13 ist – für sich genommen – kein Transkriptionsgraph, denn er enthält jeweils mehr als einen Start- und Endknoten. Dies mag auf den ersten Blick ein Argument dafür sein, die Start- und Endknotenbedingung aus Definition 1 zurückzunehmen. Die dem Beispiel zugrunde liegende Transkriptionskonvention belegt jedoch andererseits genau, dass gesprächsanalytische Transkriptionssysteme bemüht sind, solche Strukturen zu vermeiden. Der Grund hierfür ist in der angestrebten Visualisierung zu suchen: Der Graph aus Abb. 13 erlaubt zunächst keine angemessene Visualisierung in Partiturnotation. Weil keine absoluten Zeitinformationen gegeben sind, bleibt unklar, in welcher Form und Ausdehnung die Lücke zwischen den beiden Äußerungen von Sprecher SM zu visualisieren wäre. Das Spalten der betreffenden Kante wie in Abb. 12 behebt diesen Mangel. In den kommenden Ausführungen wird daher auch weniger die Eigenschaft der Vereinbarkeit als ihre Inversion – die Spaltbarkeit – eine wichtige Rolle spielen. Da sich durch die Operation des Spaltens die Kantenzahl im Gesamtgraphen erhöht und nicht verringert, ist davon auszugehen, dass sie aus einem gegebenen Transkriptionsgraphen keine Graphenstruktur erzeugt, die der Definition 1 nicht genügt.

5. Zwei Kanten $a_1 = \langle s, k, l_1, n_1, n_2 \rangle$ und $a_2 = \langle s, k, l_2, n_2, n_3 \rangle$, die zwei im Gespräch auftretende Phänomene adäquat beschreiben, heißen <u>addierbar</u>, wenn l_1 und l_2 eine numerische Interpretation besitzen und die Kante $\langle s, k, l_1 + l_2, n_1, n_3 \rangle$ ebenfalls ein im Gespräch auftretendes Ereignis adäquat beschreibt. $l_1 + l_2$ ist dabei die arithmetische Addition der durch l_1 und l_2 bezeichneten Zahlen.

Abb. 14

6. Eine Kante $a = \langle s, k, l, n_1, n_3 \rangle$, die ein im Gespräch auftretendes Phänomen adäquat beschreibt heißt <u>zerlegbar</u>, wenn l eine numerische Interpretation besitzt, sich als $l = l_1 + l_2$ zerlegen lässt und es einen Knoten n_2 gibt, so dass die Kanten $a_1 = \langle s, k, l_1, n_1, n_2 \rangle$ und $a_2 = \langle s, k, l_2, n_2, n_3 \rangle$ ebenfalls zwei im Gespräch auftretende Phänomene adäquat beschreiben.

Abb. 15

Mit diesen sechs Definitionen sind – wie im vorigen Kapitel gefordert – bereits einige mögliche Charakteristika von Kanten eines Transkriptionsgraphen beschrieben. Insbesondere hat die doppelte Gliederung als besondere Eigenschaft sprachlicher Zeichensysteme eine Berücksichtigung im Formalismus erfahren. Eine damit zusammenhängende weitere semantische Spezifizierung erfahren die Kanten in Form der im Folgenden definierten Typisierung:

<u>Definition 7</u>

In einem Transkriptionsgraphen kann jede Kategorie $k \in K$ genau einem von fünf <u>Typen</u> zugeordnet werden. Diese Typen werden mit **T**, **Anti-T**, **D**, **A** und **S** bezeichnet, und es gelten folgende Bedingungen:

1. Kanten, die Kategorien des Typs **T** zugeordnet sind[14], sind kombinierbar und können segmentierbar sein[15]. Zwei beliebige Kanten des Typs **T**, die dem selben Sprecher zugeordnet sind, überschneiden sich nicht.
2. Kanten des Typs **Anti-T** sind entweder spaltbar und vereinbar oder addierbar und zerlegbar. Zwei beliebige Kanten des Typs **Anti-T**, die dem selben Sprecher zugeordnet sind, überschneiden sich nicht.
3. Eine beliebige Kante des Typs **T** und eine beliebige Kante des Typs **Anti-T**, die dem selben Sprecher zugeordnet sind, überschneiden sich ebenfalls nicht.
4. Kanten des Typs **D** sind spaltbar und vereinbar oder addierbar und zerlegbar.
5. Für jede Kante *a* des Typs **A** , die einem Sprecher *s* zugeordnet ist gibt es eine zusammenhängende Folge von Kanten des Typs **T** und **Anti-T**, die alle ebenfalls dem Sprecher *s* zugeordnet sind, und deren Start- und Endknoten mit denen von *a* identisch sind.
6. Für Kanten des Typs **S** gelten die selben Bedingungen wie für Kanten des Typs **A**. Zusätzlich wird gefordert, dass die Beschreibungen dieser Kanten *leere Strings* sind.

[14] Ab hier kürzer: „Kanten des Typs T“.

Anhand der Beispiele, die im folgenden Abschnitt gegeben werden, wird deutlicher werden, wie genau diese Typen bei der Formulierung konkreter Modelle als Transkriptionsgraphen zum Einsatz kommen. Hier soll die Definition zunächst nur übersichtsartig durch einige weniger formale Erläuterungen ergänzt werden:

- Kanten des Typs **T** repräsentieren die „primären" sprachlichen Einheiten einer gesprächsanalytischen Transkription, d.h. sie beinhalten – vereinfacht gesprochen – die orthographischen Transkriptionen der geäußerten Phonemketten.
- Kanten des Typs **Anti-T** repräsentieren diejenigen nicht-phonologischen Einheiten und Pausen, die als „nicht redebegleitende" Phänomene Bestandteile segmentaler Einheiten sein können. Beispiele hierfür sind äußerungsinterne Pausen in HIAT oder ein gemäß GAT transkribiertes Ein- oder Ausatmen.
- Kanten des Typs **D** repräsentieren hingegen solche mittels Deskription beschriebene Einheiten, die *nicht* als Bestandteile segmentaler Einheiten aufgefasst werden, also beispielsweise eine redebegleitende Geste.
- Kanten des Typs **A** repräsentieren Annotationen, d.h. solche Einheiten, die primär als Merkmale anderer Einheiten aufgefasst werden. Die diesbezüglich formulierte Bedingung in obiger Definition stellt sicher, dass zu jeder Annotation eine Bezugseinheit existiert. Strukturen wie die folgende, in der zu einer Übersetzung die übersetzte Einheit fehlt, werden dadurch also ausgeschlossen:

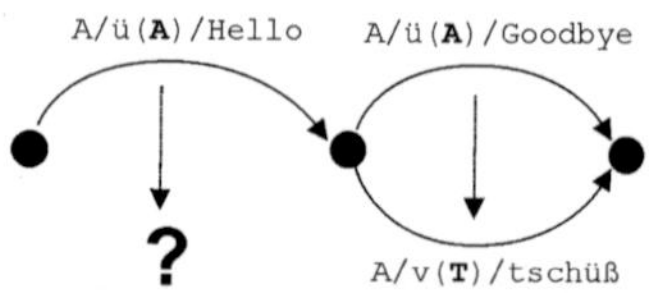

Abb. 16[16]

- Kanten des Typs **S** schließlich sind *Segmentkanten* und stellen einen Spezialfall von Annotationskanten dar: auch für sie muss es korrespondierende Bezugskanten geben. Da sich die Beschreibungen für Segmentkanten aber durch Kombination der Beschreibungen der annotierten Einheiten ergeben sollen, wird gefordert, dass sie für die Formulierung des Graphen leer bleiben. Sie können also keine über die zu rekonstruierende Information hinausgehende Beschreibung tragen. Dem Graphen aus Abb. 11 würde demnach

[15] Diese Formulierung nimmt wiederum Rücksicht auf die bereits angesprochenen Eigenschaften orthographischer Beschreibungen, die überall dort nicht sinnvoll segmentierbar sind, wo Grapheme aus mehr als einem (Unicode-)Zeichen bestehen.

[16] Hier und im Folgenden werden in den Abbildungen der Graphen Kanten in der Form **s/k(T)/l** beschriftet. Dabei steht **s** für den Sprecher, **k** für die Kategorie, **T** für den Typ, dem diese Kategorie zugeordnet ist, und **l** für die eigentliche Beschreibung der Kante.

folgender Transkriptionsgraph entsprechen, der zur Repräsentation der Einheit des Wortes Segmentkanten benutzt und die Bestandteile der Wörter als Kanten des Typs **T** repräsentiert:

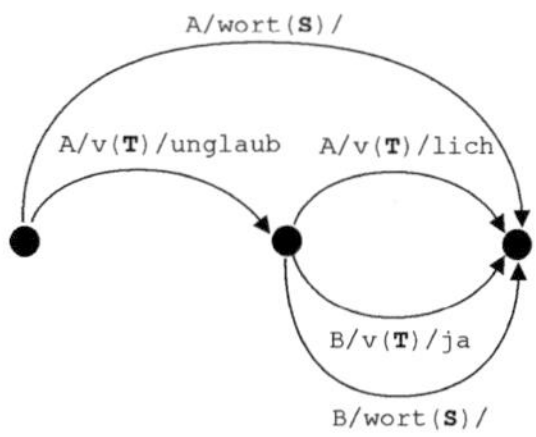

5.2.5 Weitere strukturelle Vereinfachungen und semantische Spezifizierungen

Wie bereits mehrfach erwähnt, muss die relative Ordnung der Knoten eines Transkriptionsgraphen eine partielle bleiben, denn in gesprächsanalytischen Transkriptionen lassen sich insbesondere die Wörter zweier Sprecher in zeitlich parallelen Abschnitten nicht immer eindeutig ordnen.[17] Dies sei zunächst an einem bereits zitierten Beispiel aus Ehlich/Rehbein (1976: 27) noch einmal verdeutlicht:

A wann ist es denn
B Das Spiel ist um acht Uhr fertig.

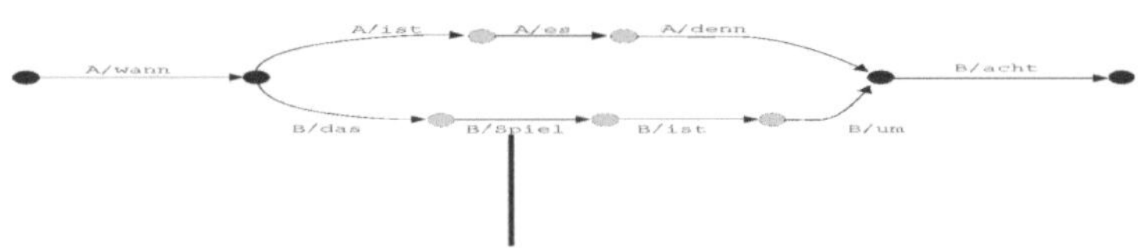

Abb. 17[18]

Bei eingehender Betrachtung verschiedener solcher Fälle (siehe den nächsten Abschnitt) stellt sich aber die Frage, ob die Ordnung der Knoten eines Transkriptionsgraphen nicht doch weiteren Gesetzmäßigkeiten unterliegt. Die gewählten Visualisierungsformen – egal ob Partitur- oder Zeilennotation – setzen nämlich in gewisser Weise voraus, dass sich jedes transkribierte Gesprächsphänomen zeitlich zu den Phonemketten der verschiedenen Sprecher anordnen

[17] Gleiches gilt selbstverständlich auch für Einheiten, die dem Wort untergeordnet sind (also z.B. Silben oder Phoneme), und kann auch bei dem Wort übergeordneten Einheiten (z.B. Äußerungen gemäß HIAT) auftreten.

[18] Schwarz unterlegte Knoten sind dabei gemeinsame Knoten im oben definierten Sinne. Grau unterlegte Knoten sind solche, die sich nicht zu jedem anderen Knoten anordnen lassen.

lässt – Beginn und Ende eines jeden Eintrags werden visuell immer zu denjenigen Symbolen in Beziehung gesetzt, die solche Phonemketten repräsentieren. Die so entstehenden Strukturen führen zwar in der Tat zu einer nicht vollständig zu ordnenden Knotenmenge im entsprechenden Transkriptionsgraphen; diese unvollständige Ordnung lässt sich aber wahrscheinlich dennoch durch die Eigenschaften der Sprecherverzweigung und Sprecherordnung näher charakterisieren:

Definition 8

Ein sprecherverzweigender Transkriptionsgraph ist ein Transkriptionsgraph, in dem für jeden Knoten $\boldsymbol{n} \in N$ gilt

- Entweder ist $\boldsymbol{n}$ ein gemeinsamer Knoten
- oder es gilt: alle in $\boldsymbol{n}$ endenden und alle in n beginnenden Kanten sind dem selben Sprecher zugeordnet

Ein sprechergeordneter Transkriptionsgraph ist ein sprecherverzweigender Transkriptionsgraph, in dem zusätzlich für jedes Paar von Knoten $\boldsymbol{m}, \boldsymbol{n} \in N$ gilt

- Entweder ist die Ordnungsrelation $\leq_N$ für $\boldsymbol{m}$ und $\boldsymbol{n}$ definiert, d.h. es gilt $\boldsymbol{m} \leq_N \boldsymbol{n}$ oder $\boldsymbol{n} \leq_N \boldsymbol{m}$.
- oder für jede Kante $\boldsymbol{a}$, die in $\boldsymbol{m}$ endet oder beginnt und jede Kante $\boldsymbol{b}$, die in $\boldsymbol{n}$ endet oder beginnt, gilt, dass $\boldsymbol{a}$ und $\boldsymbol{b}$ verschiedenen Sprechern zugeordnet sind.

Was mit diesen Eigenschaften beschrieben wird, lässt sich am besten durch zwei exemplarische Transkriptionsgraphen illustrieren, die die betreffenden Bedingungen *nicht* erfüllen:

Ein nicht sprecherverzweigender Transkriptionsgraph würde beispielsweise entstehen, wenn bei zwei sich überlappenden Redebeiträgen eine non-verbale Handlung von Sprecher A nur relativ zu verbalen Handlungen von Sprecher B angeordnet werden könnte:

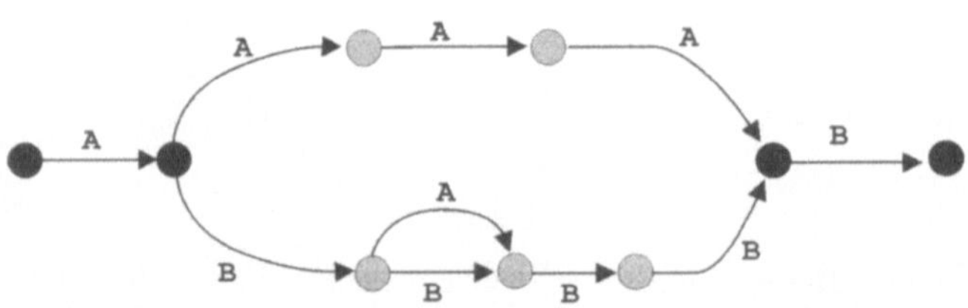

Abb. 18

Ein zwar sprecherverzweigender, aber nicht sprechergeordneter Transkriptionsgraph würde sich beispielsweise ergeben, wenn von zwei aufeinander folgenden non-verbalen Handlungen nur der Beginn der ersten und das Ende der zweiten relativ zu verbalen Handlungen des selben Sprechers angeordnet werden könnten:

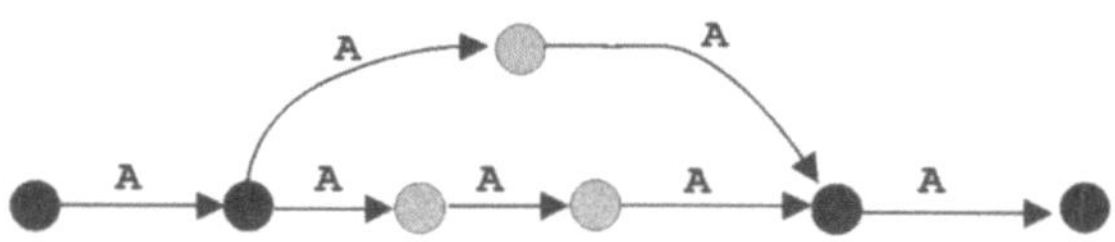

Abb. 19

Ob solche Fälle in der gesprächsanalytischen Transkriptionspraxis auftreten, lässt sich nicht eindeutig entscheiden, da sie in den Konventionen erstens nicht explizit angesprochen werden und sich zweitens z.B. der Unterschied zwischen sprechergeordneten und nicht-sprechergeordneten Strukturen auch kaum an gegebenen Visualisierungen ablesen ließe. So könnte beispielsweise die folgende Partitur, die sich an den HIAT-Konventionen orientiert, sowohl für eine sprechergeordnete als auch für eine nicht sprechergeordnete Struktur stehen:[19]

X	Ich möchte jetzt aber auch endlich mal was sagen!
	- hebt die Hand --- legt den Kopf schief --

Abb. 20

Wenn – wie die deutliche Mehrzahl der Beispiele im nächsten Abschnitt nahe legt – in der Praxis auftretende gesprächsanalytische Transkriptionsgraphen immer sprecherverzweigend und sprechergeordnet sein sollten, so könnte dies eine weitere nützliche strukturelle Vereinfachung des Annotationsgraphen-Formalismus darstellen.

Eine weitere semantische Spezifizierung stellt der Begriff des *Sprecherbeitrags* dar. Dieser nimmt Bezug auf die oben definierten Kantentypen **T** und **Anti-T**.

Definition 9

Eine maximale zusammenhängende Folge von Kanten des Typs **T** und **Anti-T**, die ein und demselben Sprecher zugeordnet sind, heißt Sprecherbeitrag. „Maximal" bedeutet dabei, dass es keine größere zusammenhängende Folge von Kanten gibt, die den denselben Bedingungen genügt und diese Folge von Kanten enthält.

Im folgenden Beispiel würde also die Gesamtheit der zu Sprecher A gehörigen Kanten des Typs **T** und **Anti-T** einen Sprecherbeitrag bilden, während die zu Sprecher B gehörigen Kanten in zwei Sprecherbeiträge zerfallen:

[19] Die „Default"-Interpretation eines Lesers dieser Darstellung wäre aber sehr wahrscheinlich die sprechergeordnete, d.h. man würde in diesem Falle davon ausgehen, dass die erste nonverbale Handlung („hebt die Hand") mit der Äußerung des Wortes „auch" endet, und die zweite („legt den Kopf schief") an diesem Punkt beginnt.

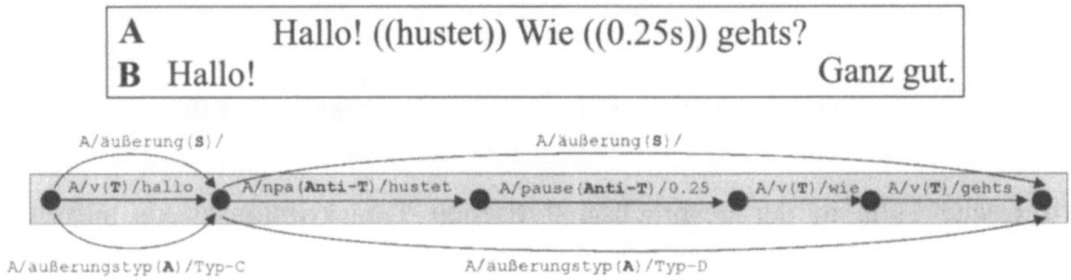

Abb. 21

Offensichtlich entspricht der so definierte Sprecherbeitrag genau der Einheit, die in Kapitel 3 für die jeweiligen Systeme mit dem Begriff „Turn“ (in der „naiven“ Lesart) bezeichnet wurde. Eine solche semantische Festlegung ist damit allerdings nicht beabsichtigt[20] – das Konzept des Sprecherbeitrags soll nur als nahe liegende Hilfestellung für die Unterteilung eines Transkriptionsgraphen in sinnvolle kleinere Einheiten dienen, deren strukturelle Eigenschaft sich gut ausnutzen lassen. So ist ein Sprecherbeitrag per Definition immer ein vollständig geordneter Transkriptionsgraph. Gleiches gilt für den Teilgraphen, der sich aus einem Sprecherbeitrag und zugehörigen (d.h. dem gleichen Sprecher zugeordneten) Annotations- und Segmentkanten ergibt.[21] Das Konzept des Sprecherbeitrags könnte also beispielsweise einen geeigneten Ausgangspunkt darstellen, wenn es – wie in Abschnitt 5.2.3. angesprochen – darum geht, die Abgeschlossenheit formaler Operationen auf Transkriptionsgraphen sicherzustellen.

Die letzte Spezifikation schließlich betrifft ebenfalls eine Unterteilung des Transkriptionsgraphen in kleinere Einheiten. Sie reflektiert die auch von Bird/Liberman (2001: 39) festgehaltene Beobachtung, dass sich die einzelnen Einheiten einer Transkription meist auf eine endliche Zahl verschiedener Ebenen aufteilen lassen:

> [A]nnotations are often stratified, where each layer describes a different property of a signal.

Eine solche Aufteilung soll *Schichtung* genannt werden:

[20] Wenn die Einheit des „Turns“ explizit Bestandteil eines als Transkriptionsgraph zu formulierenden Modells ist, so sollte dies durch eine entsprechende Segmentkante zum Ausdruck gebracht werden und nicht implizit in der Einheit des Sprecherbeitrages belassen werden.

[21] Denn diese können – ebenfalls per Definition – die Randpunkte eines Sprecherbeitrages nicht überschreiten und sich auch nicht auf Knoten beziehen, die nicht Teil des Sprecherbeitrages sind.

Definition 10

Eine Partition $A = A_1 \cup A_2 \cup \ldots \cup A_n$ der Menge der Kanten eines Transkriptionsgraphen heißt Schichtung, die Teilmengen $A_1, A_2, \ldots, A_n$ heißen Schichten.
Wenn zusätzlich für jede Teilmenge A_k der Schichtung gilt

$$a_i, a_j \in A_k \rightarrow a_i \text{ und } a_j \text{ überlappen sich nicht,}$$

heißt die Schichtung sequentielle Schichtung.

Dabei werden sich solche Schichtungen in der Regel zwar in irgendeiner Weise nach der Sprecher- und Kategorienzuordnung von Kanten richten, dies ist jedoch nicht zwingend, und es handelt sich dabei auch nicht unbedingt um eine Eins-zu-eins-Zuordnung.[22]

5.3 Beispiele

In diesem Abschnitt soll nun der Formalismus der Transkriptionsgraphen an einigen Beispielen aus der Praxis illustriert werden. Die Transkriptionsausschnitte sind dabei bewusst so gewählt, dass eine möglichst große Bandbreite an Phänomenen abgedeckt wird. Insbesondere wird nach Möglichkeit darauf verzichtet, konstruierte Beispiele zu verwenden, und statt dessen auf „echte" veröffentlichte Transkriptionsausschnitte zurückgegriffen.[23] Trotzdem kann auf diese Weise nicht endgültig belegt werden, dass der vorgeschlagene Formalismus tatsächlich in der Lage ist, *alle* gemäß HIAT, GAT, DIDA oder Verbmobil zu transkribierenden Phänomene abzudecken. Dies hat mindestens zwei Gründe: Erstens setzt eine solche Anwendung zwingend voraus, dass bereits vollständig formalisierte Modelle zu den jeweiligen Transkriptionssystemen formuliert wurden. Da dies nicht der Fall ist, wird hier auf die in Kapitel 3 entwickelten Vorschläge zurückgegriffen, die jedoch aus bereits genannten Gründen keineswegs unstrittig sind – unter Umständen setzen sich also dort getroffene Fehlinterpretationen hier in ihrer Anwendung auf den Transkriptionsgraphen-Formalismus fort. Zweitens gilt selbstverständlich auch in diesem Falle, dass ein einziges Transkriptionsbeispiel, das nicht mittels Transkriptionsgraphen ausgedrückt werden kann, genügen würde, um die im vorigen Abschnitt formulierten Annahmen zu falsifizie-

[22] Wie zu zeigen sein wird, muss der Prozess der Visualisierung z.B. immer eine sequentielle Schichtung der Kanten beinhalten. Beispielsweise entspricht – vereinfacht gesprochen – jede „Spur" einer in Partiturnotation visualisierten Transkription einer Schicht. Die „externe Kommentarspur" in HIAT (vgl. Rehbein et al. 1993: 87f) enthält aber beispielsweise Einheiten, die verschiedenen Sprechern und möglicherweise auch verschiedenen Kategorien zugeordnet sind.

[23] Die Beispiele 10 und 15 allerdings sind zwar veröffentlicht, aber – wie Selting et al. (1998: 120, Fußnote 3) selbst sagen – nicht authentisch.

ren. Insofern kann die Anzahl der gegebenen Beispiele also prinzipiell nicht für einen endgültigen Beleg ausreichend sein.

Zu jedem Beispiel wird zunächst das Original wiedergegeben. In manchen Fällen werden an diesem dann Modifikationen vorgenommen, die entweder dazu dienen, weitere Phänomene illustrieren zu können, oder dazu, die Beispiele weniger umfangreich zu machen. In letzterem Falle wird darauf geachtet, nach Möglichkeit die strukturelle Komplexität bezüglich des jeweils im Vordergrund stehenden Aspektes nicht zu reduzieren. Die eigentlichen Transkriptionsgraphen werden in kanonischer Weise graphisch repräsentiert: Punkte stehen für Knoten, Verbindungslinien zwischen Punkten für Kanten, Zeichenketten über Kanten für deren Beschriftungen. Der besseren Lesbarkeit zuliebe wird nicht an jedem Graphen die vollständige Information eingetragen – auf Knotenbezeichner wird ebenso generell verzichtet wie auf die Angabe der Kantenrichtung (Kanten verlaufen immer von links nach rechts). Ebenso werden Sprecher- und Kategorienzuordnungen größtenteils weggelassen. Die verschiedenen Kantentypen werden wie folgt dargestellt:

Kantentyp	Beschriftung	Kante	Beispiel
T	**Courier fett größer**	schwarz	**und**
Anti-T und D	***Courier fett & kursiv kleiner***	schwarz	***blättert in Unterlagen***
S	Courier normal größer	grau	W/
A	*Arial kursiv größer*	schwarz	*Neologismus*

Wie oben in Abb. 17 werden gemeinsame Knoten schwarz, nicht-gemeinsame Knoten grau eingefärbt.

5.3.1 Segmentale Einheiten und Annotationen

Beispiel 1: HIAT

Original (Rehbein et al. 1993: 82):

Aeg	Und beim zweiten Mal ham Sie so sch/ heftig darauf reagiert, jă.

Modifiziertes Beispiel:

Aeg	(Und) beim <u>zwei</u>ten Mal ham Sie so sch/ heftig reagiert, jă.

Transkriptionsgraph:

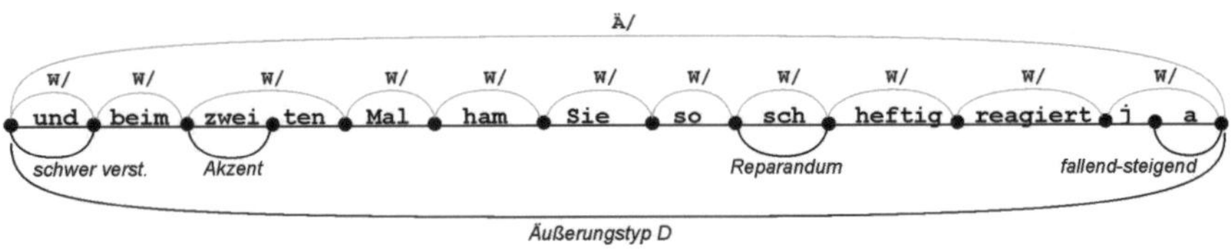

Erläuterung:

Der Transkriptionsgraph beinhaltet zunächst die orthographische Transkription der segmentalen Einheiten als Kanten des Typs **T**. Segmentkanten fassen diese zu Wörtern (**W/**) und zu einer Äußerung (**Ä/**) zusammen. Dabei lässt sich über die entsprechende Definition aus Bird/Liberman (2001) ableiten, dass die Äußerungskante die Wortkanten hierarchisch dominiert. In gleicher Weise könnten auch Silben und Phoneme explizit bezeichnet werden. Gemäß den Überlegungen aus Abschnitt 3.1.1.4 ist das einleitende „und" im Modell in Kleinschreibung zu repräsentieren – die Großschreibung erfolgt erst auf der Visualisierungsebene.[24] Zusätzlich enthält der Graph fünf Annotationskanten:

- Das Wort „und" wird als schwer verständlich gekennzeichnet.
- Die Silbe „zwei" trägt einen Akzent.
- Das Wort (bzw. das Teilwort) „sch" ist als Reparandum gekennzeichnet. Möglicherweise wäre es an dieser Stelle wünschenswert, auch die gesamte Reparatur und das zugehörige Reparans (wahrscheinlich „heftig") als solche zu kennzeichnen. Diese sind aus der Visualisierung allerdings nicht eindeutig abzulesen.
- Dem Phonem „a" wird ein fallend-steigender Ton zugewiesen.

[24] Bei „Mal" und „Sie" hingegen ist die Großschreibung Teil des Modells.

- Die gesamte Äußerung wird dem Äußerungstyp D (visualisiert durch ein Fragezeichen, vgl. Abschnitt 3.3.1.3) zugewiesen.

Beispiel 2: GAT-Basistranskript

Original (Selting et al. 1998: 116):

```
23 S2: der hat (.) äh sein GARten wie (.) !PIK! AS (--) gePFLEGT,=
```

Modifiziertes Beispiel:

```
23 S2: der hat sein GARten wie !PIK! AS gePFLEGT,
```

Transkriptionsgraph:

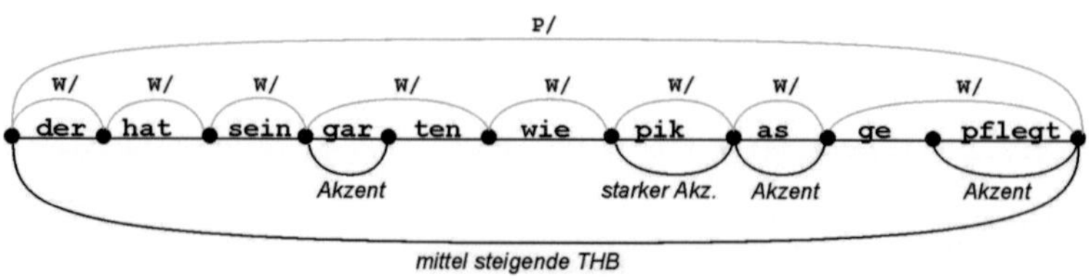

Erläuterung:

Auch hier wird die orthographische Transkription der segmentalen Einheiten durch Kanten des Typs **T** repräsentiert und mittels Segmentkanten in Wörter unterteilt und zu einer Phrasierungseinheit (**P/**) zusammengefasst. Die verschiedenen Akzente werden ebenso wie die Tonhöhenbewegung (THB) der gesamten Einheit auf Annotationskanten abgebildet.

Beispiel 3: HIAT

Original (Rehbein et al. 1993: 64):

Erw Mein Junge sagt: "Ne Frau, die Zigaretten geraucht hätt, hätt ich nie genommen."

Modifiziertes Beispiel:

Erw Er sagt: "Ne Frau, die raucht, hätt ich nie genommen."

Transkriptionsgraph:

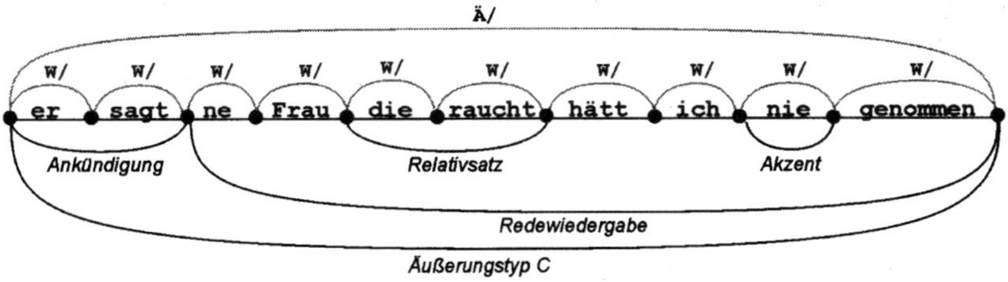

Erläuterung:

Neben den bereits in den vorigen Beispielen illustrierten Aspekten beinhaltet dieser Transkriptionsgraph drei Annotationskanten, die diejenigen intrasegmentalen Phänomene repräsentieren, die in der Visualisierung als *Interpunktion* erscheinen: die durch einen Doppelpunkt abgetrennte Ankündigung am Beginn, der in zwei Kommata eingefasste Relativsatz, sowie die durch Anführungszeichen visualisierte Redewiedergabe.

Beispiel 4: GAT-Feintranskript

Original (Selting et al. 1998: 119):

```
61 S2: =<<all> irgendwie so richtig> ↑`FÖRMlich `zEr: `FALlen.=´ne,
```

Modifiziertes Beispiel:

```
61 S2: <<all> so richtig> ↑`FÖRMlich `zEr: `FALlen.
```

Transkriptionsgraph:

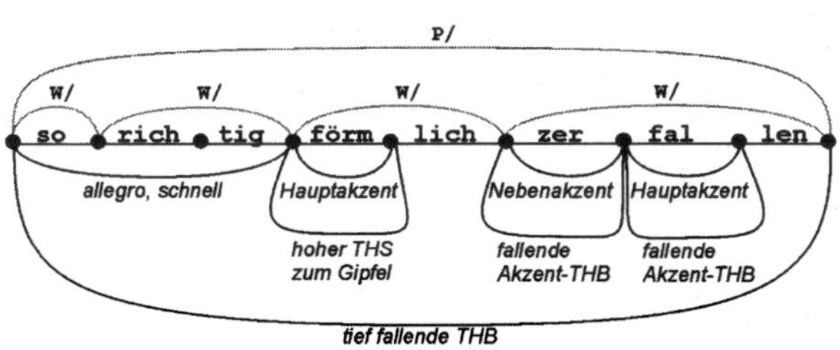

Erläuterung:

Zur Verwendung von **T**-, **S**- und **A**-Kanten zur Repräsentation von Wörtern und Phrasierungseinheiten, die bereits oben erläutert wurde, kommen in diesem

Transkriptionsgraphen einige Annotationskanten hinzu, die Einheiten aus einem GAT-Feintranskript repräsentieren: Tonhöhensprünge (THS) und Tonhöhenbewegungen (THB) werden wie Akzente an den betreffenden Silben markiert. Die Annotationskante, an der die Sprechgeschwindigkeit vermerkt ist, erstreckt sich über den entsprechenden Abschnitt von Phonemketten.

Beispiel 5: HIAT2

Original (Ehlich/Rehbein 1979b: 69):

```
-                                      o
-              o   o
-
-   o o   o            o  o  o    o         o o
    Aber ein Flugzeug hätte doch mehr Lärm gemacht.
```

Transkriptionsgraph:

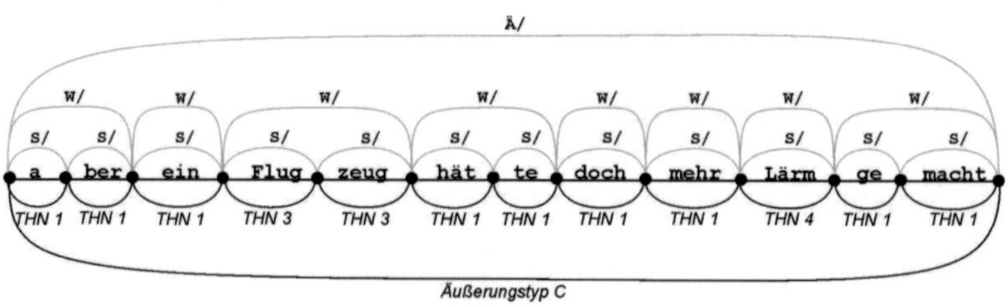

Erläuterung:

Die in der Visualisierung durch Punkte an vier verschiedenen vertikalen Positionen wiedergegebenen Tonhöhenniveaus (THN) werden im Transkriptionsgraphen als Annotationskanten repräsentiert, die sich jeweils über den Bereich einer Silbe erstrecken. Im Gegensatz zu den vorherigen Beispielen wurden hier auch die Silben selbst durch Segmentkanten (**S/**) explizit kenntlich gemacht.

Beispiel 6: DIDA

Original (Klein/Schütte 2001: 16):

```
12 KU: ah:" so: sin=s siwwe johr schun her↑
```

Modifiziertes Beispiel:

```
12 KU: ah:" so: sin=s siw/ siwwe johr (schun) her↑
```

Transkriptionsgraph:

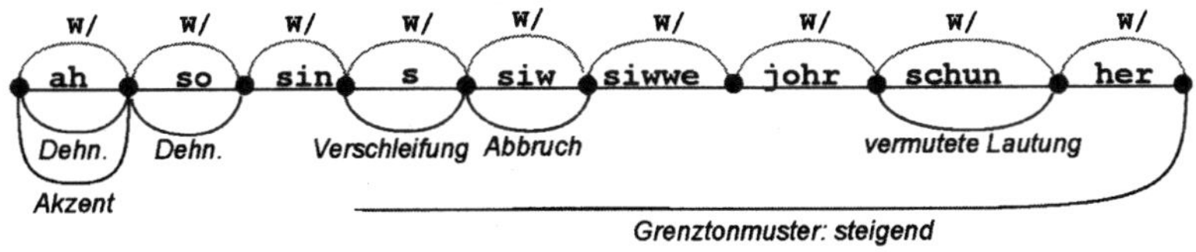

Erläuterung:

Wie in den vorangegangenen Beispielen wird hier die orthographische Transkription der segmentalen Einheiten auf **T**-Kanten repräsentiert. Segmentkanten markieren die einzelnen Wörter, eine dem Wort übergeordnete Einheit existiert jedoch gemäß den Überlegungen aus Abschnitt 3.3.3.3. nicht. Verschiedene Annotationskanten repräsentieren Dehnung, Verschleifung[25], Abbruch und vermutete Lautung. Für das in der Visualisierung durch einen Pfeil dargestellte steigende Grenztonmuster lässt sich lediglich der Endpunkt der entsprechenden Kante festlegen. Es ist davon auszugehen, dass der Transkribent den Beginn der annotierten Einheit zwar wahrgenommen hat, dies ist jedoch anhand des gegebenen Transkripts nicht zu rekonstruieren.

Beispiel 7: Verbmobil

Original (Burger 1997):

```
AAP000: so , guten Tag , mein Name ist <! is'> J"ansch .
```

Modifiziertes Beispiel:

```
AAP000: so , *hallöchen , %mein Name ist <! is'> Jänsch .
```
[26]

[25] Die Verschleifung wird hier als Eigenschaft der klitischen Form 's' behandelt. Ob dies dem DIDA-Verständnis einer solchen Annotation entspricht, müsste geklärt werden.

[26] Die Verbmobil-Konvention verbietet eigentlich die Verwendung der Zeichen ä und ö und schreibt statt ihrer die Ersatzzeichen "a bzw. "o vor. Dies hat jedoch weder mit Aspekten der Visualisierung zu tun, noch lässt es sich auf der Modellebene erklären, sondern ist einer Anforderung an die physikalische Ebene (sprich: das verwendete Dateiformat) geschuldet. Im modifizierten Beispiele wurden daher Umlaute verwendet.

Transkriptionsgraph:

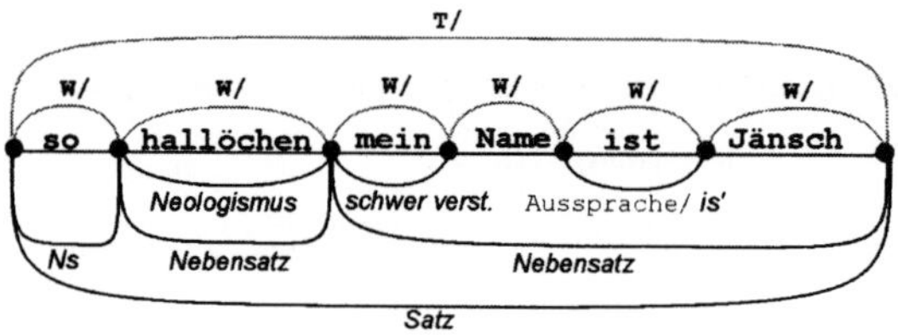

Erläuterung:

Auch hier wird die orthographische Transkription segmentaler Einheiten auf geeignete **T**-Kanten verteilt. Einzelne Wörter sowie der gesamte Turn (**T/**) sind als Segmentkanten repräsentiert. Die Annotationskanten beinhalten die Kennzeichnung des Wortes „hallöchen" als Neologismus, die Markierung des Wortes „mein" als schwer verständlich und den Aussprachekommentar zum Wort „ist". Die Satz- und Nebensatzstruktur des Turns ist gleichfalls auf Annotationskanten repräsentiert.

5.3.2 Nicht-phonologische Einheiten und Pausen

Beispiel 8: DIDA

Original (Klein/Schütte 2001: 6):

```
HK: denk ich nicht * die rechtliche lage ist eindeutig

K                    BLÄTTERT IN UNTERLAGEN
```

Transkriptionsgraph:

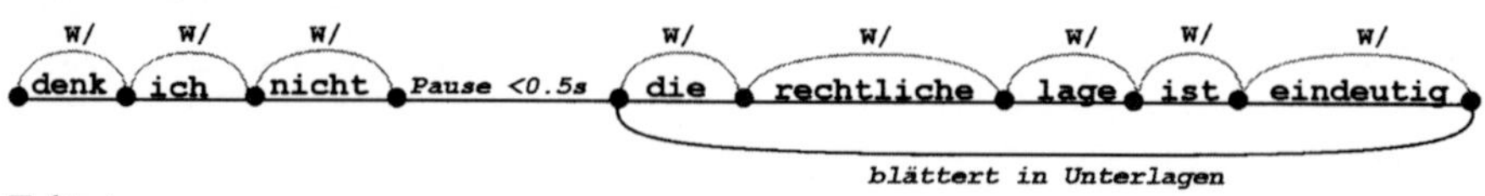

Erläuterung:

Die im Transkript als Asterisk angezeigte kurze Pause wird im Transkriptionsgraphen mittels einer Kante des Typs **Anti-T** dargestellt – sie erfüllt die diesbezügliche Bedingung, da sie sich mit keiner **T**-Kante des selben Sprechers überschneidet. Für die mit „blättert in Unterlagen"[27] bezeichnete nicht-

---

27 Ob diese Deskription auf Modellebene groß oder klein zu schreiben ist, lässt sich anhand der Konventionen nicht entscheiden, ist letztendlich aber auch nicht weiter relevant. Bei der

phonologische Einheit gilt dies nicht – die entsprechende Kante muss daher vom Typ **D** sein.

Beispiel 9: HIAT

Original (Rehbein et al. 1993: 62[28]):

Aeg	Ormond-Syndrom macht keine vergrößerten Lymphknoten. ((blättert)) [G,H, • • L, M, N]. ((blättert))
	[weiterhin suchend, blätternd

Modifiziertes Beispiel:

Aeg	Das macht keine. ((blättert)) G, • • L, M.

Transkriptionsgraph:

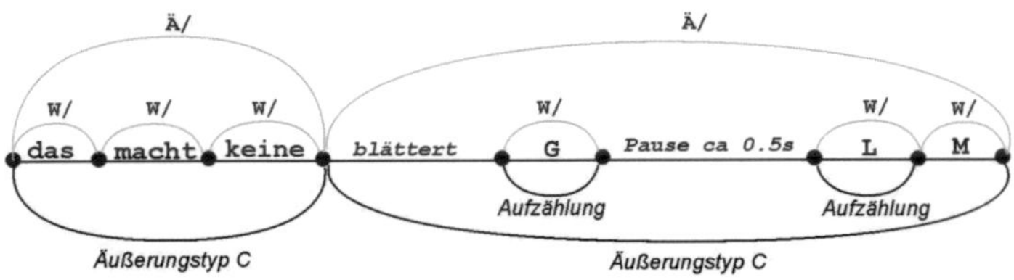

Erläuterung:

Sowohl die mit „blättert" beschriebene nicht-phonologische Einheit als auch die im Transkript durch zwei Pausenpunkte visualisierte ca. halbsekündige Pause können im Transkriptionsgraphen als Kanten des Typs **Anti-T** repräsentiert werden, da sie sich nicht mit **T**-Kanten des selben Sprechers überschneiden. Beide Einheiten werden über eine entsprechende Segmentkante (**Ä/**) als zur Äußerung gehörig gekennzeichnet.

Visualisierung ist die hier gewählte Kleinschreibung auf jeden Fall in eine Großschreibung umzuwandeln, da sie im Transkript dazu dient, die verschiedenen Informationstypen graphisch voneinander abzugrenzen.

[28] Die Pausenpunkte sind im Original nicht konventionsgemäß. Es ist davon auszugehen, dass es sich dabei um einen Druckfehler handelt, der für die Wiedergabe des Beispiels an dieser Stelle korrigiert wurde.

Beispiel 10: GAT

Original (Selting et al. 1998: 102):

```
01   A:   ich hab << weinend > das gar nicht so geMEINT->
02   B:   ((seufzt))
03        (.)
04        << sich erhebend > aber du hast es > so geSAGT.
```

Modifiziertes Beispiel:

```
01   A:   hab << weinend > ich nicht >
02   B:   ((seufzt))
03        (.)
04        << sich erhebend> hast du > doch
```

Transkriptionsgraph:

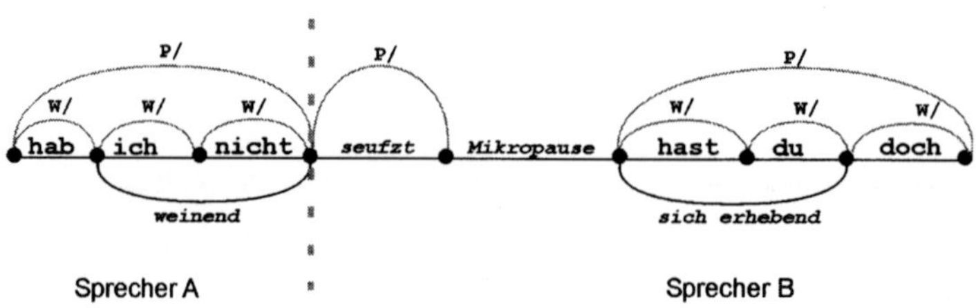

Erläuterung:

Da die mit „seufzt“ beschriebene Einheit im Transkript als eigene Zeile wiedergegeben ist, korrespondiert die entsprechende Kante im Transkriptionsgraphen mit einer Segmentkante, die für eine Phrasierungseinheit steht. Erstere ist ebenso eine Kante des Typs **Anti-T** wie die Kante, die die anschließende Mikropause repräsentiert. Nach den Überlegungen aus Abschnitt 3.3.2. handelt es sich um eine turninterne Pause *zwischen* zwei Phrasierungseinheiten; sie ist daher nicht mit einer zugehörigen Segmentkante als Phrasierungseinheit gekennzeichnet. Die beiden verbleibenden nicht-phonologischen Einheiten sind parallel zu Verbalem. Da die korrespondierenden Kanten parallel zu **T**-Kanten der selben Sprecher verlaufen, müssen sie Kanten des Typs **D** sein.[29]

[29] Die Darstellung im Transkript mag es nahe liegend erscheinen lassen, diese Einheiten gar nicht als Deskriptionen, sondern als Annotationen der parallelen verbalen Handlungen aufzufassen. Während „weinend“ sich jedoch intuitiv tatsächlich auch als *Merkmal* der geäußerten Phonemketten verstehen lässt, erscheint eine solche Interpretation für „sich erhebend“ eher problematisch. Sollten diese Einheiten wirklich keine Deskriptionen, sondern Annotationen darstellen, so ließe sich dies im Transkriptionsgraphen einfach dadurch repräsentieren, dass die betreffenden Kanten dem Typ **A** statt dem Typ **D** zugeordnet werden.

5.3.3 Mehrere Sprecher und Überlappungen

Beispiel 11: HIAT

Original (Rehbein et al. 1993: 13):

Ehl	**Oktober. Jă, das <u>paßt</u> mir.**
Kor	**Zweiter Oktober. Jă, fünfzehn bis sechzehn Uhr.**

Modifiziertes Beispiel:

Ehl	**Oktober. Ja, das paßt mir.**
Kor	**Zweiter Oktober. Ja, fünfzehn bis sechzehn Uhr.**

Transkriptionsgraph:

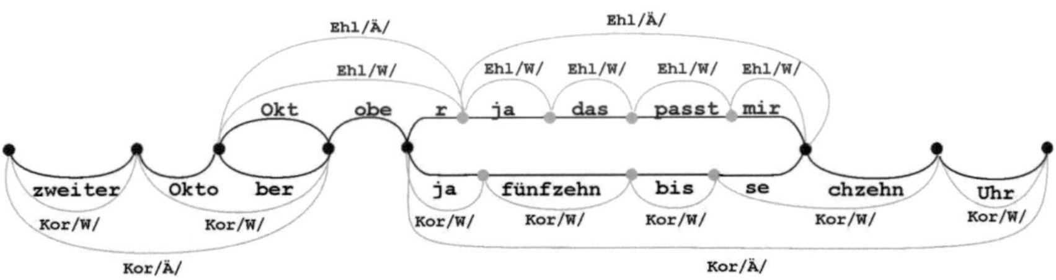

Erläuterung:

Um über Knoten für die jeweiligen Einsatzpunkte der Überlappungen zu verfügen, wird die orthographische Transkription auf geeignete **T**-Kanten verteilt. Zugehörige Segmentkanten stellen sicher, dass Wörter dennoch als zusammengehörige Einheiten repräsentiert sind.[30] Die grau ausgefüllten Knoten sind nichtgemeinsame Knoten. Dies entspricht dem Umstand, dass sich beispielsweise für die Wörter „fünfzehn“ und „passt“ keine zeitliche Ordnung festlegen lässt. Der Graph ist also nicht vollständig geordnet, er ist jedoch im oben definierten Sinne sowohl sprecherverzweigend als auch sprechergeordnet.

[30] Die Segmentkanten sind im diesem Transkriptionsgraphen auch mit der jeweiligen Sprecherzuordnung versehen. Alle anderen Kanten sind selbstverständlich ebenfalls einem Sprecher zugeordnet, dies wurde jedoch aus darstellungstechnischen Gründen nicht abgebildet.

Beispiel 12: GAT-Basistranskript

Original (Selting et al. 1998: 116):

```
35 S2: =ich hol die poliZEI: und [so-
36 S1:                           [das GIBS doch wohl nich.
```

Modifiziertes Beispiel:

```
35 S2: ich hol die polizei und [so ]
36 S1:                         [das] gibs doch nich
```

Transkriptionsgraph:

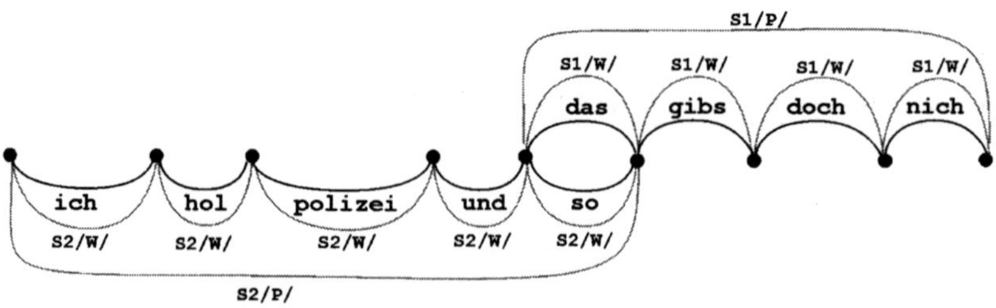

Erläuterung:

Anders als im vorherigen Beispiel entstehen hier bei der Repräsentation der Überlappung zunächst keine Paare von ungeordneten Knoten – der Transkriptionsgraph ist vollständig zeitlich geordnet (und damit natürlich sowohl sprecherverzweigend als auch sprechergeordnet).

Beispiel 13: DIDA

Original (Klein/Schütte 2001: 10):

```
AA:             |herr huber| sie hams gehört
BB:    im labor|ver\such   |
CC:             |ja |
```

Transkriptionsgraph:

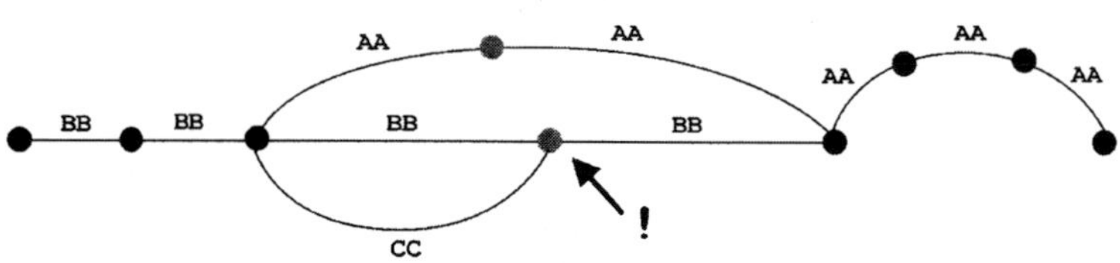

Erläuterung:

Dieses Beispiel ist ein besonderer Fall. Zu seinem besseren Verständnis sei hier zunächst die angewandte Transkriptionskonvention aus Klein/Schütte (2001: 9) zitiert:

> Wenn mitten in Simultanpassagen bei mehr als zwei beteiligten Sprechern ein dritter [...] Sprecher anfängt oder aufhört, so wird sein simultaner Redebeitrag ebenfalls zwischen Pipe-Zeichen[31] gesetzt. Dazu muss mindestens in einer der anderen Zeilen ein Synchronisationssymbol \ vertikal ausgerichtet zu dem entsprechenden Pipe-Zeichen gesetzt werden.

Die dadurch ausgedrückten zeitlichen Verhältnisse – der Beginn der Äußerung von Sprecher CC kann relativ zu den Äußerungen *beider* anderer Sprecher festgestellt werden, ihr Ende jedoch nur relativ zur Äußerung von Sprecher BB – lassen sich ohne weiteres in einem Transkriptionsgraphen repräsentieren. Die dabei entstehende Struktur ist jedoch *nicht sprecherverzweigend*, denn der mit einem Pfeil ausgewiesene Knoten ist weder ein gemeinsamer Knoten, noch erfüllt er die Bedingung, dass alle in ihm endenden und beginnenden Kanten dem selben Sprecher zugeordnet sind. Die Annahme der zusätzlichen strukturellen Vereinfachung – „alle Transkriptionsgraphen sind sprecherverzweigend“ – wäre also durch dieses Beispiel widerlegt. Es sei jedoch darauf hingewiesen, dass sich in der gesamten verfügbaren Literatur kein einziger weiterer solcher Fall findet. Insbesondere werden zeitlich komplexe Beziehungen dieser Art weder in HIAT, noch in GAT oder Verbmobil thematisiert, und die Visualisierungsformen dieser Transkriptionssysteme erlauben es auch nicht, sie eindeutig im Transkript darzustellen.[32]

[31] Der Begriff „Pipe-Zeichen“ bezeichnet den vertikalen Strich: |

[32] Vergleiche dazu auch die am Ende von Abschnitt 3.1.2.1. gegebenen Beispiele. Die Anweisungen von DIDA zum Markieren von Beginn und Ende von „Simultanpassagen“ sind präziser als in den anderen Systemen. Von der in HIAT gewählten Visualisierungsform unterscheiden sich DIDA-Partituren dadurch, dass in ihnen Einsatzpunkte graphisch (eben durch Pipe-Zeichen oder Schrägstriche) sichtbar gemacht werden, während sie in HIAT-Partituren (zumindest in den computergestützten Varianten) sich nur anhand gleicher horizontaler Positionen rekonstruieren lassen.

Beispiel 14: HIAT

Original (Rehbein et al. 2001: 175):

KEM	((- - - - - - - -lacht schallend - - - - - - - -))
ANI	Kemal, wir hatten gar nichts gegen die Französin!
MAI	Sie war deine Freundin Isabelle!

Transkriptionsgraph:

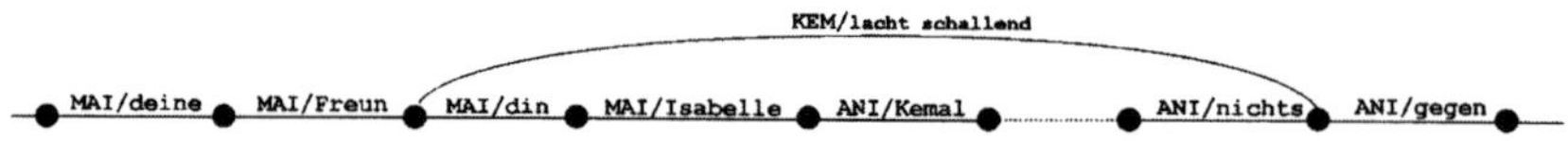

Erläuterung:

In diesem Beispiel verläuft eine nicht-phonologisch beschreibbare Handlung („lacht schallend“) eines Sprechers parallel zu den orthographisch beschriebenen Einheiten der anderen beiden Sprecher. Dass deren Einsatz- und Endpunkt sich relativ zu den Äußerungen *verschiedener* Sprecher einordnen, lässt sich problemlos im Transkriptionsgraphen repräsentieren.

5.3.4 Besondere Fälle

Beispiel 15: Unbestimmter Einsatzpunkt einer Überlappung (konstruiertes Beispiel)

Die Ordnung eines Transkriptionsgraphen ergibt sich aus der Verbindung der Knoten mit Kanten. Im folgenden hypothetischen Fall könnte dies zu Problemen führen: Ein Sprecher A äußert die Wörter „Ich kann mich nicht entscheiden“. Teilweise parallel dazu sagt ein Sprecher B „Ich mich auch nicht“. Der Transkribent hört, dass der Einsatzpunkt von B's Äußerung irgendwo zwischen den Wörtern „kann“ und „nicht“ des anderen Sprechers liegt, ist aber kognitiv nicht in der Lage, diesen Punkt näher einzugrenzen, sondern kann lediglich feststellen, dass die beiden Äußerungen zum selben Zeitpunkt enden.[33] In den Visu-

[33] So konstruiert und realitätsfern dieses Beispiel auf den ersten Blick erscheinen mag, so selbstverständlich tritt es auf, wenn zum Transkribieren mit einer Software gearbeitet wird, die (digitalisierte) Aufnahme und Eingabe der Transkription über absolute Zeitangaben verknüpft, z.B. Praat. Da bei dieser Arbeitsweise die absolute zeitliche Einordnung von Einheiten mindestens gleichberechtigt zu ihrer relativen Ordnung verwendet wird, werden intuitiv genau dort Zeitpunkte gesetzt, wo Sprecherbeiträge beginnen oder enden, und die relative Anordnung verschiedener Sprecherbeiträge *zueinander* tritt in den Hintergrund (dies ist mein persönlicher Eindruck, den ich aus der Anwendung von Praat für diskursanalytische Transkriptionen nach HIAT gewonnen habe). Damit mit solchen Programmen angefertigte

alisierungsformen der Partitur- oder Zeilennotation lassen sich diese zeitlichen Beziehungen kaum angemessen repräsentieren – folgendes wären mögliche (a-ber kaum befriedigende) Versuche einer Annäherung[34]:

A	Ich kann mich nicht entscheiden
B	Ich mich auch nicht

```
A: Ich kann mich nicht entscheiden]
B: Ich mich auch nicht]
```

Als Graph lässt sich der Sachverhalt intuitiv besser repräsentieren:

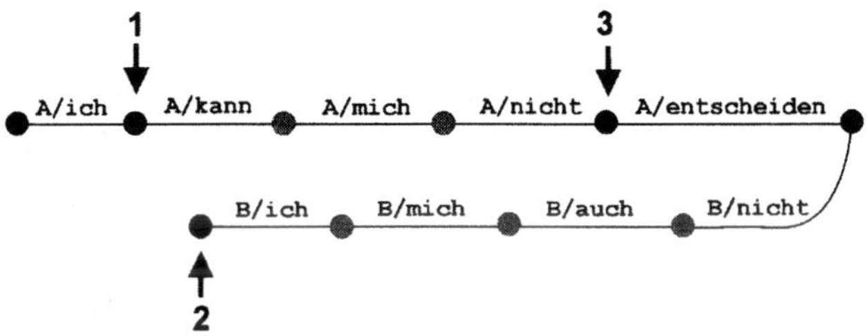

Dies ist jedoch erstens kein Transkriptionsgraph, da er mehr als einen Startknoten enthält. Zweitens ergibt sich die Ordnung der Knoten 1, 2 und 3, die der (hypothetische) Transkribent ja durchaus festgestellt hat, auch nicht in der geforderten Weise aus der Verbindung dieser Knoten durch entsprechende Kanten. Sollten solche Fälle also für die Transkriptionspraxis relevant sein, müsste eine Behelfskonstruktion gefunden werden, die erstens aus diesem Graphen einen Transkriptionsgraphen macht, und zweitens die tatsächlich gegebene Ordnung der Knoten herstellt. Dies könnte durch geeignete zusätzliche Kanten geschehen, die keine anderweitige Information tragen, sondern nur der Verbindung relativ geordneter Knoten dienen:

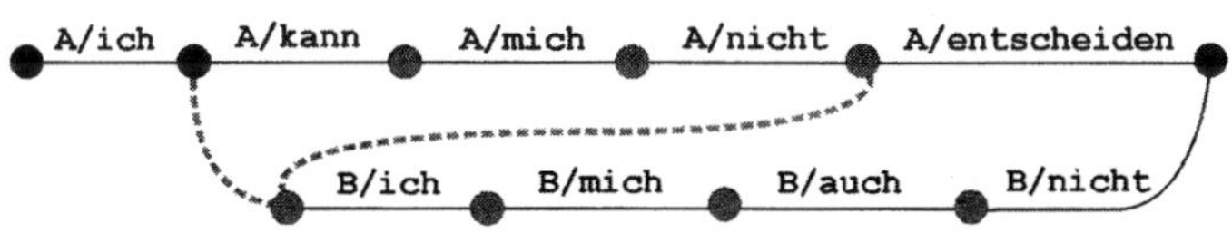

Transkriptionen in „herkömmlicher" Weise darstellbar bleiben, müssten Transkribenten also wahrscheinlich explizit angewiesen werden, zu jedem Zeitpunkt einer unterbrechenden Äußerung auch den zugehörigen Punkt in der unterbrochenen Äußerung festzustellen und zu vermerken.

[34] Dabei würde das in Partiturnotation gehaltene Transkript aller Wahrscheinlichkeit nach so interpretiert, dass der Einsatzpunkt von B's Äußerung *genau* nach dem von Sprecher A geäußerten Wort „mich" läge. Das in Zeilennotation gehaltene Transkript legt hingegen einen gleichzeitigen Beginn beider Äußerungen nahe.

Beispiel 16: Unbestimmter Endpunkt einer Überlappung (GAT)

Während der Fall eines unbestimmten Einsatzpunktes einer Überlappung unter Umständen in der Praxis gar nicht auftritt, wird der umgekehrte Fall – das „Fehlen" des Endpunktes einer Überlappung – von Selting et al. (1998: 97) ausdrücklich in Betracht gezogen:

> Eckige Klammern werden an die Stelle des Textes gesetzt, an der überlappend eingesetzt wird und (*falls erwünscht*) dort, wo das Simultansprechen endet. (Hervorhebung: T.S.)

Zahlreiche Beispiele wie das folgende (ebda.) belegen, dass das optionale Markieren des Endpunktes in der Praxis tatsächlich oft nicht vorgenommen wird:

```
01    A:   eigentlich wollt ich jetzt [noch sa'
02    B:                              [das tut nichts [zur Sache
03    A:                                              [noch sagen
```

Wo genau das Ende der Überlappung liegt, lässt sich anhand des Transkripts dann auch nicht rekonstruieren – sicher ist lediglich, dass Sprecher A das (abgebrochene) Wort „sa" geäußert hat, bevor Sprecher B mit dem Wort „zur" beginnt, denn an dieser Stelle setzt Sprecher A selbst wieder ein.[35] Analog zum oben gemachten Vorschlag könnte dieser Sachverhalt durch eine geeignete „leere" Kante zum Ausdruck gebracht werden und der resultierende Graph so den einschränkenden Bedingungen für Transkriptionsgraphen genügen:

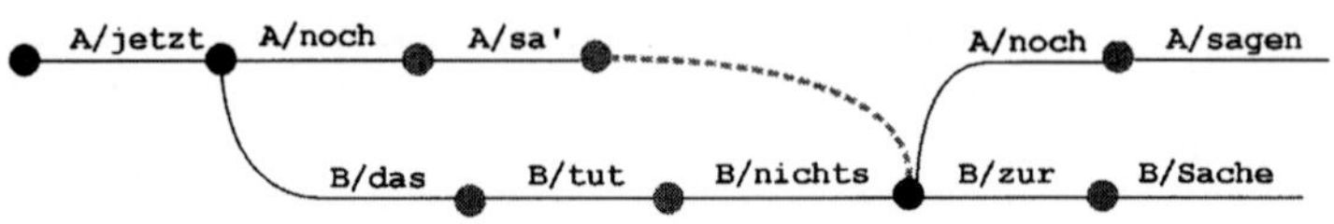

Beispiel 17: Einsatzpunkte innerhalb nicht-phonologischer Einheiten (konstruiertes Beispiel)

Ähnliche Probleme wie in Beispiel 15 treten auf, wenn der Einsatzpunkt einer überlappenden Einheit auf einen Zeitpunkt innerhalb einer nicht-phonologischen Einheit eines anderen Sprechers bezogen wird:

A	Ich ((lacht)) lach mich tot
B	Ich mich auch

[35] Natürlich könnte ein Transkribent in der Regel das Ende der Überlappung dennoch etwas genauer festlegen.

Da die symbolische Beschreibung letzterer sich nicht geeignet unterteilen lässt (denn sie ist nicht segmentierbar), ist zunächst unklar, wie der Anfangspunkt der Äußerung von Sprecher B zu den Einheiten von Sprecher A in Beziehung gesetzt werden kann – der resultierende Graph hat daher mehr als einen Startknoten und ist folglich kein Transkriptionsgraph:

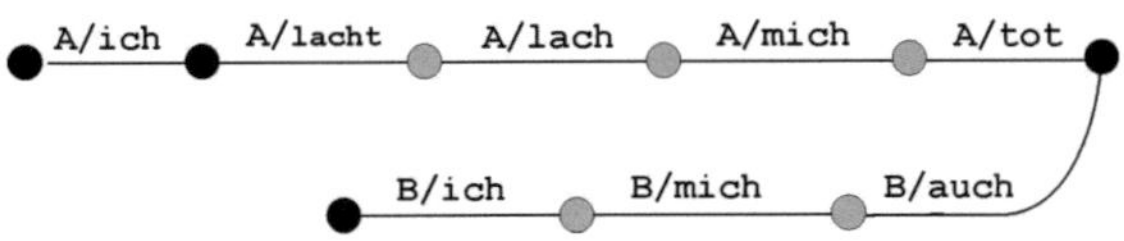

Eine mögliche Lösung wäre auch hier die Verwendung zweier zusätzlicher leerer Kanten:

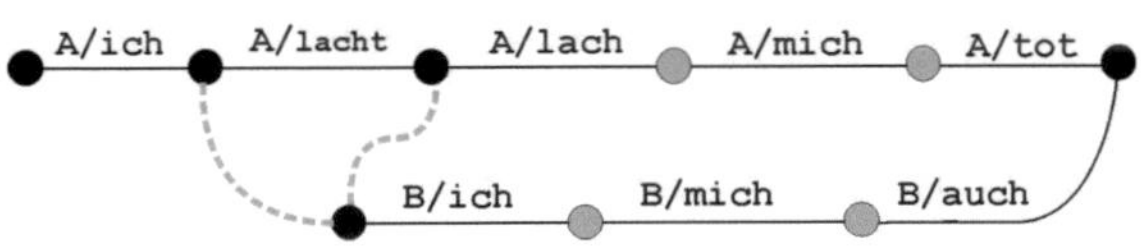

Eine andere Möglichkeit wurde bereits im vorigen Abschnitt angesprochen: da die betreffende Kante spaltbar ist, könnte die Beschreibung der nichtphonologischen Einheit auf zwei Kanten verteilt werden und so ein geeigneter Knoten für den Einsatzpunkt der Äußerung von Sprecher B geschaffen werden:

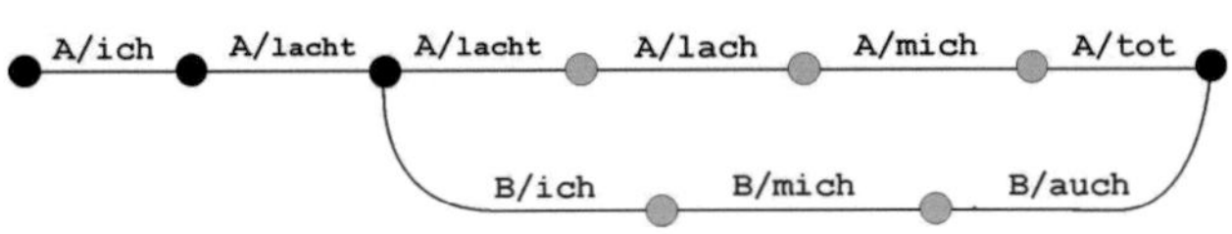

Beispiel 18: Nicht-hierarchische Segmentbeziehungen

Schließlich soll hier noch einmal ein Problem aufgegriffen werden, das bereits in Kapitel 3 angesprochen wurde: anhand der verwendeten Literatur ließ sich dort keine eindeutige Aussage darüber treffen, ob in HIAT die Silbe als eine Einheit begriffen wird, die – wie in der Orthographie – der Einheit des Wortes hierarchisch untergeordnet ist, oder ob Silben und Wörter auch in einem nicht hierarchisch geordneten Verhältnis zueinander stehen können. Diesbezüglich widersprüchliche Beispiele finden sich in Rehbein et al. (1993: 76 und 78):

P	Nein, nein. Ich habs auch so

(Rehbein et al. 1993: 76)

Lüd	Aber so gegen achtzehn Uhr dreißig ging s wieder...

(Rehbein et al. 1993: 78)

Für die Anwendung des Transkriptionsgraphenformalismus stellen solche Widersprüche kein Problem dar. Da an keiner Stelle eine hierarchische Ordnung von Segmenten zwingend vorausgesetzt wird, lassen sich beide Varianten als Transkriptionsgraph formulieren. Falls die zitierten Beispiele nicht aus einer Inkonsistenz oder Ungenauigkeit der Konventionen resultieren, sondern ausdrücklich mögliche Alternativen in der Interpretation des Transkribenten widerspiegeln, so könnten selbstverständlich auch verschiedene solcher Varianten innerhalb *einer* Transkription auftreten.

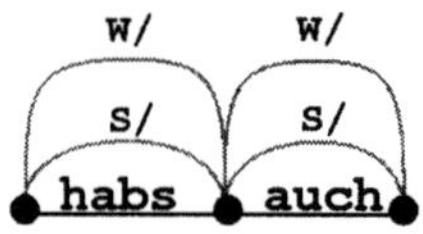

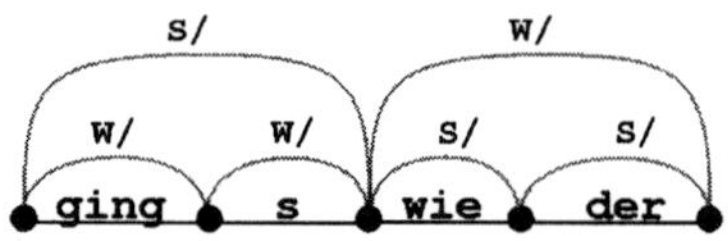

5.4 Visualisierung von Transkriptionsgraphen

Nachdem die beiden vorangegangenen Abschnitte den Transkriptionsgraphenformalismus definiert haben und weiterhin gezeigt wurde, dass und wie sich mit seiner Hilfe verschiedene Modelle gesprochener Sprache auf einer gemeinsamen formalen Basis ausdrücken lassen, sollen in diesem Abschnitt Methoden entwickelt werden, mittels derer aus solchen Modellen analoge Visualisierungen generiert werden können.

Dabei ist das Ziel wiederum nicht, einen oder mehrere spezielle Algorithmen zu formulieren, die eine oder mehrere spezielle Visualisierungen erzeugen. Sondern es geht um die Erarbeitung einer Vorgehensweise, die einerseits hinreichend allgemein ist, um an sich verändernde Modelle, Verarbeitungsbedürfnisse und technische Umgebungen angepasst werden zu können, und andererseits konkret genug, um zur Grundlage einer in der Praxis einsatzfähigen Implementierung werden zu können. Mit anderen Worten: so wie in Kapitel 4 an die Stelle konkreter Modelle gesprochener Sprache abstraktere Modellierungsverfahren traten, so sollen hier möglichst allgemeingültige Visualisierungs*verfahren* beschrieben werden, deren *Anwendung* auf konkrete Modelle (z.B. eine als Transkriptionsgraph formulierte HIAT-Transkription) dann zu konkreten Visualisierungen (z.B. einem HIAT-Transkript in Partiturnotation) führt.

Als Vorbild oder Leitlinie für das zu entwickelnde Visualisierungsverfahren kann der typische Vearbeitungsablauf für XML-Dokumente dienen, den Carletta et al. (2002) als „Stylesheet-Metaphor" (siehe auch Abschnitt 4.2.) bezeichnen: Aus einem XML-Dokument, das den logischen Informationsgehalt (i.e. das Modell) formuliert, wird über die Anweisungen in einem XSLT-Stylesheet und eine Software, die diese Anweisungen „versteht" (einen Stylesheet-Prozessor) ein HTML-Dokument generiert, in dem die graphische Form der angestrebten Visualisierung beschrieben ist. Dieses wird wiederum von einer geeigneten Software (meist einem Browser) interpretiert und als Bildschirmanzeige oder

Ausdruck auf Papier „gerendert“, also in die eigentliche Visualisierung umgesetzt:

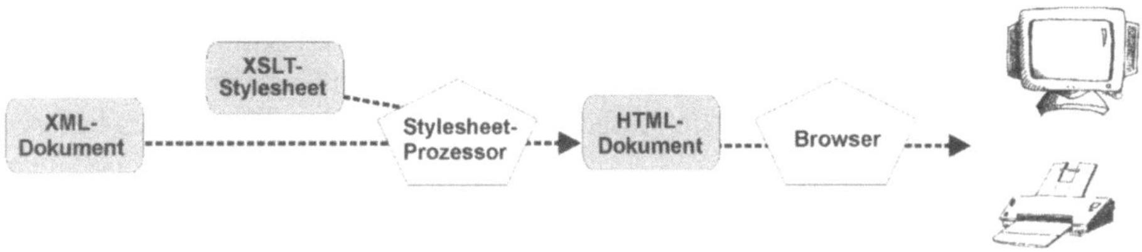

Logische Struktur (Modell)	Visualisierungsverfahren	Graphische Struktur	Rendering	Visualisierung
<überschrift> Kapitel 1 **</überschrift>** **<einleitung>** **<w>**Zunächst**</w>** **<w>**eine**</w>** **<w>**Bemerkung**</w>** **</einleitung>**	1. <überschrift> → <p><big><b> 2. <einleitung> → <p> 3. <w> →	<p><big><b> Kapitel 1 </b></big></p> <p> Zunächst eine Bemerkung </p>	Internet Explorer, Safari, Netscape Navigator, Mozilla, etc.	**Kapitel 1** Zunächst eine Bemerkung

Wenn auch die XSLT-Technologie als solche für die Anwendung auf Transkriptionsgraphen eher ungeeignet ist[36], so können ihre Prinzipien dennoch auf den Gegenstand dieses Abschnittes übertragen werden: Ein Visualisierungsverfahren für Transkriptionsgraphen muss vor allem eine geeignete Sprache zur Verfügung stellen, die es – wie ein XSLT-Stylesheet – erlaubt, die Einheiten des Modells geeignet umzugruppieren und (logische) Einheiten im Modell auf (graphische) Einheiten der Visualisierung abzubilden.[37] Der hier erarbeitete Vorschlag setzt sich aus fünf Komponenten zusammen, die in den folgenden Unterabschnitten erläutert werden.

---

[36] Denn wie bereits mehrfach thematisiert wurde, sind die meisten XML-bezogenen Technologien auf die Verarbeitung von baumförmigen Strukturen ausgerichtet und optimiert. Stylesheets bilden dazu keine Ausnahme:

> A transformation expressed in XSLT describes rules for transforming a source tree into a result tree. (vgl. XSLT)

Da die grundlegende Organisation von Transkriptionsgraphen dieser Baum-Metapher jedoch nicht folgt, sind solche Technologien auf die hier vorgeschlagenen Datenstrukturen nicht unmittelbar anwendbar.

[37] Die übrigen Komponenten des Visualisierungsprozesses – das Berechnen und Formulieren der graphischen Struktur und deren Umsetzung auf Papier oder Bildschirm – können dabei zunächst in den Hintergrund treten, werden aber zumindest teilweise noch in Kapitel 6 thematisiert.

5.4.1 Intralinearisierung

Um eine Vorstellung von den Schritten einer Visualisierung zu bekommen, mag es hilfreich sein, zunächst eines der im vorigen Abschnitte behandelten Beispiele aus umgekehrter Perspektive zu betrachten. Dort ging es darum, zu einer gegebenen Visualisierung ein zugrunde liegendes Modell in Form eines Transkriptionsgraphen zu formulieren. Die Aufgabe des vorliegenden Abschnittes besteht in der Beschreibung des inversen Prozesses: ausgehend von einem gegebenen Transkriptionsgraphen sollen geeignete Anweisungen gefunden werden, nach denen sich eine Visualisierung automatisch berechnen lässt:

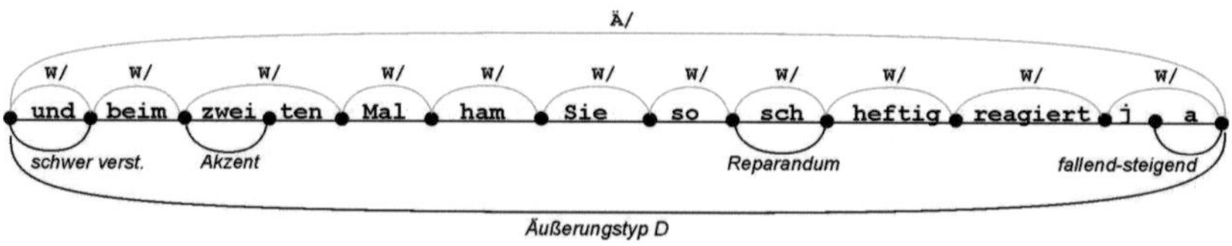

→

Aeg	(Und) beim zweiten Mal ham Sie so sch/ heftig reagiert, jă.

Ein erneuter Blick auf Beispiel 1 des vorigen Abschnitts zeigt, dass einige der Elemente aus dem Modell (hier: die Beschreibungen der **T**-Kanten) unverändert und in der gegebenen Reihenfolge in die Visualisierung übernommen werden, während andere (hier: alle **A**- und **S**-Kanten) sich in der Visualisierung in Form von eingefügten Zeichen (z.B. dem Schrägstrich, der das Reparandum kennzeichnet) oder Formatierungen (z.B. der Unterstreichung der akzentuierten Silbe) wieder finden. Auf diese Weise werden *parallele* Strukturen im Ausgangsgraphen in eine *lineare* Abfolge *formatierter* Zeichen in der Visualisierung überführt – die betreffenden Kanten werden *intralinearisiert*. Das Visualisierungsverfahren muss dabei festlegen, welche Kanten auf welche Formatierung bzw. auf welche einzufügenden Zeichen abzubilden sind und an welchen Kanten diese Formatierungen und Einfügungen anzubringen sind (in aller Regeln sind dies parallele **T**-Kanten des selben Sprechers). Für das gegebene Beispiel könnten solche Formatierungs- bzw. Einfügungsregeln wie folgt aussehen[38]:

[38] Dabei ist die Reihenfolge, in der diese Regeln angewendet werden, wichtig. Beispielsweise muss der Schrägstrich, der das Reparandum kennzeichnet *vor* dem Leerzeichen eingefügt werden, das die betreffende Zeichenkette als Wort kennzeichnet.

Modell	Visualisierungsverfahren			Visualisierung
Kante	**Formatieren**	**Einfügen links**	**Einfügen rechts**	**Ergebnis**
W/			<SP>[39] *Leerzeichen*	beim zweiten Mal
Ä/	Großschreibung am Beginn			Und
schwer verständlich		(*Runde Klammer öffnend*	) *Runde Klammer schließend*	(und)
Akzent	unterstreichen			zwei
Reparandum			/ *Schrägstrich*	sch/
fallend-steigend			ˇ *Diakritikon: Caron*[40]	jǎ
Äußerungstyp D			? *Fragezeichen*	reagiert, jǎ?

Das Zwischenergebnis, das durch die Anwendung solcher Regeln zustande kommt, kann man sich immer noch als einen Graphen vorstellen, dessen strukturelle Komplexität bezüglich der vorhandenen Kanten reduziert wurde und bei dem statt dessen die Kantenbeschreibungen –durch die Hinzunahme eingefügter Zeichen und Formatierungen – eine komplexere Form aufweisen[41]:

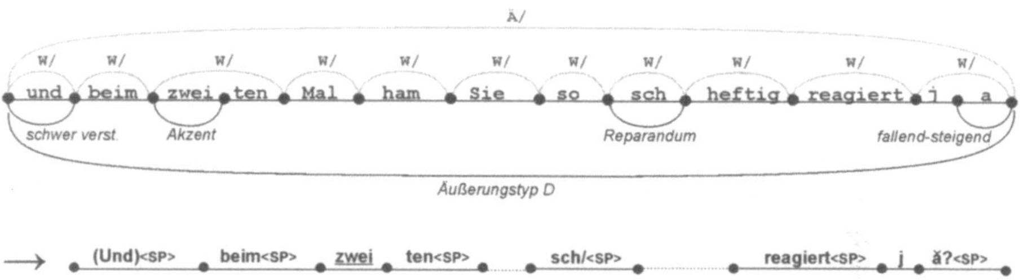

Um diesen Schritt implementierbar und in der Praxis anwendbar zu machen, muss eine Syntax für die Visualisierungsregeln festgelegt werden. Diese wird – ähnlich dem obigen Beispiel – aus einer Liste von Paaren bestehen, deren erste Komponente Eigenschaften der zu intralinearisierenden Kante beschreibt und deren zweite Komponente festlegt, auf welche einzufügenden Zeichen bzw. Formatierungen diese abzubilden sind. Eine vollständige Liste von Regeln für

[39] Da sich das Leerzeichen naturgemäß schlecht isoliert darstellen lässt, wird statt seiner hier und im Folgenden <SP> (für: Space) geschrieben.

[40] Das Diakritikon erscheint zwar in der Visualisierung *über* dem Buchstaben *a*, tatsächlich handelt es sich aber auf der Unicode-Zeichenebene dennoch um eine dem *a folgende* Einfügung eines sogenannten „Combining diacritical mark“.

[41] Natürlich ist ein solcher Graph dann *kein* Transkriptionsgraph, denn dessen Definition verbietet die Verwendung formatierter Zeichen – alle Beschreibungen müssen Strings über dem Unicode-Zeicheninventar sein (s.o.).

die Visualisierung des Äußerungstyps in HIAT könnte also etwa wie folgt aussehen:

Ausgangskante		Zielstruktur		
Kategorie	**Wert**	**Einfügung links**	**Einfügung rechts**	**Formatierung**
Äußerungstyp	Typ A		...	
Äußerungstyp	Typ B			
Äußerungstyp	Typ C		.	
Äußerungstyp	Typ D		?	
Äußerungstyp	Typ E		!	

Die erste Spalte enthält die Kategorien der zu intralinearisierenden Kanten, also Elemente aus K, die zweite Spalte mögliche Werte der jeweiligen Kategorie, also Elemente aus L[42]. Die Einträge in der dritten und vierten Spalte lassen sich wiederum sinnvoll auf Zeichenketten aus dem Unicode-Zeicheninventar beschränken. Eine diesbezügliche Besonderheit, die bereits in Abschnitt 3.3.2.4. angesprochen wurde, stellt die Visualisierung redebegleitender non-verbaler Einheiten in GAT dar. Hier gehört neben einzufügenden Einzelzeichen (spitzen Klammern) die Beschreibung der intralinearisierten Kante selbst zur Zielstruktur.

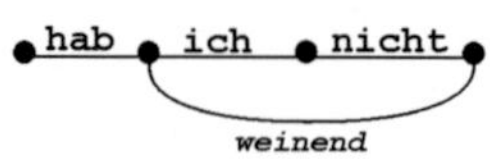

→ hab << weinend < ich nicht >

Da letztere in diesem Fall nicht – wie z.B. die Äußerungstypen in HIAT – einer geschlossenen Liste von Werten angehört, sondern eine „freie" Beschreibung darstellt, muss die Syntax der Visualisierungsmethode es erlauben, in eine Einfügung den Wert der Ausgangskante zu integrieren. Im folgenden Beispiel ist eine solche Integration durch den Unterstrich, der als Platzhalter fungiert, angedeutet:

Ausgangskante		Zielstruktur		
Kategorie	**Wert**	**Einfügung links**	**Einfügung rechts**	**Formatierung**
Non-Verbal	_	< _ <	>	

Die fünfte Spalte schließlich muss in einer geeigneten Sprache Formatierungseigenschaften für die intralinearisierten Kanten festlegen. Welche Elemente dieses Formatierungsvokabular enthalten kann (und welche nicht), lässt sich kaum entscheiden, ohne die Software in Betracht zu ziehen, die letztendlich für die Erstellung der eigentlichen Visualisierung genutzt wird. Eine Textverarbeitungssoftware wie Word stellt diesbezüglich z.B. umfangreichere Möglichkeiten zur

[42] Das Analogon hierzu in XSL-Stylesheets sind die Mustervergleichsregeln („Pattern-Matching"), die für jede Stylseheet-Anweisung spezifizieren, auf welche Knoten im Ausgangsdokument sie anzuwenden ist.

Verfügung als ein Browser, der nur reines HTML (ohne die ergänzende CSS-Technologie) interpretieren kann[43]. Um die in Kapitel 3 untersuchten Transkriptionssysteme in der vorgesehenen Weise visualisieren zu können, müssten zumindest folgende Formatierungsbefehle Bestandteil des Vokabulars sein:

- Unterstreichung (z.B. für die Visualisierung des Akzents in HIAT),
- Großschreibung (z.B. für die Visualisierung des Akzents in GAT),
- Initialen/Großschreibung des ersten Buchstabens (z.B. für die Visualisierung des Äußerungsbeginns in HIAT) und
- Reduplikation eines Buchstabens (z.B. für die Visualisierung der Dehnung eines Lautes in HIAT).

5.4.2 Symbolisierung

Einige Kanten eines Transkriptionsgraphen werden für die Visualisierung nicht intralinearisiert, aber auch nicht unverändert übernommen, sondern entsprechend ihrer tatsächlichen zeitlichen Anordnung auf Symbole abgebildet. Dies ist insbesondere der Fall für Pausen verschiedener Länge, die – je nach Transkriptionssystem – z.B. als Punkte, Bindestriche oder Asteriske visualisiert werden; aber auch die Darstellung nicht-phonologischer akustischer Phänomene, die sowohl gemäß HIAT als auch gemäß GAT in doppelte runde Klammern eingefasst werden, oder die Darstellung verschiedener Tonhöhenniveaus in HIAT lassen sich unter diesen Aspekt fassen.

Das Visualisierungsverfahren muss also in der Lage sein, auch hierfür geeignete Regeln zu formulieren. Diese Regeln ähneln denen für die Intralinearisierung insofern, als ihre erste Komponente in der Spezifizierung der Eigenschaften der zu symbolisierenden Ausgangskanten besteht. Die zweite Komponente beschreibt die Symbolisierung selbst. Dabei muss es wiederum möglich sein, die Beschreibung der Ausgangskante über einen Platzhalter in die Symbolisierung zu integrieren, z.B. um die freien Beschreibungen nicht-phonologischer akustischer Phänomene abbilden zu können. Folgende Symbolisierungs-Regeln würden etwa für die Visualisierung einer HIAT-Transkription zur Anwendung kommen:

[43] Zu den Formatierungen, die in Word, nicht aber in „reinem“ HTML möglich sind, gehören beispielsweise die Einstellung der Laufweite („gesperrt“ vs. „entsperrt“), die Verwendung sog. „Kapitälchen“ und diverse Texteffekte („Gravur“, „Relief“, „Schattierung“). Solche Unterschiede sind selbstverständlich auch dann relevant, wenn die Visualisierung über einen Drucker ausgegeben wird. So ist vorstellbar, dass gewisse Modelleinheiten auf der Visualisierungsebene durch unterschiedliche Farben wiedergegeben werden (z.B. „Funktionswörter in Blau, alle übrigen in Schwarz“) – eine Unterscheidung, die in einem Schwarz-Weiß-Ausdruck verloren ginge. Ein großer Vorteil der hier vorgeschlagenen Vorgehensweise ist es, dass sich zu ein und demselben Modell mehrere, voneinander unabhängige Visualisierungsmethoden formulieren lassen, die jeweils für eine bestimmte Ausgabesoftware bzw. ein bestimmtes Ausgabegerät optimiert sein können.

Ausgangskante		**Symbolisierung**
Kategorie	**Wert**	
Pause	ca. 0.5 sec	••
Pause	< 1 sec	•••
Pause	> 1 sec	((_s))
NPA	_	((_))
Tonhöhenniveau	1	o [44]
Tonhöhenniveau	2	o
Tonhöhenniveau	3	o
Tonhöhenniveau	4	o

5.4.3 Schichtung

Ein weiterer notwendiger Schritt für die Berechnung einer analogen Visualisierung aus einem als Transkriptionsgraphen formulierten symbolischen Modell ist die Zuordnung einzelner Kanten zu bestimmten Schichten. Bei einer Visualisierung in Partiturnotation entsprechen diese Schichten den einzelnen Spuren, Bändern bzw. Partiturzeilen. Aber auch für eine Visualisierung in Zeilennotation ist es notwendig, die Menge der Kanten nach gegebenen Regeln auf verschiedene Teilmengen zu verteilen, um so den jeweiligen Visualisierungsort festzulegen. In Systemen wie GAT und Verbmobil ist dies allerdings von geringer Bedeutung, da diese von Vorneherein nur *einen* Visualisierungsort zur Verfügung stellen (s.o.); die Schichtung ist in diesem Falle trivial – sie bildet die Menge aller Kanten gemäß ihrer Sprecherzuordnung auf eine entsprechende Anzahl von Teilmengen ab. In Systemen wie CHAT (MacWhinney 2000) und dem von Gumperz/Berenz (1992) vorgeschlagenen hingegen, die ebenfalls mit der Zeilennotation arbeiten, setzt sich jede Zeile aus mehreren Komponenten zusammen[45], und die Schichtung legt in diesem Falle fest, welcher dieser Komponenten die Visualisierung einer Kante zuzuordnen ist.

[44] Das Unicode-Zeicheninventar enthält jedoch keine Zeichen für die Visualisierung von Tonhöhenniveaus in der von HIAT vorgesehenen Form. In der Praxis müssten hierfür entweder die frei definierbaren Unicode-Bereiche genutzt werden oder (was im Hinblick auf Standardisierung und Portierbarkeit von Transkriptionsdaten als die bessere Lösung erscheint) andere Symbole verwendet werden.

[45] Beispielsweise setzt sich eine Transkriptzeile bei Gumperz/Berenz (1992) aus einem „nonverbalen“ (in eckige Klammern eingefassten) und einem „verbalen“ Teil zusammen. Vgl. dazu das Beispiel aus Abschnitt 3.1.2.2:

B: [bends towards A] yes

Die Schichtung muss in diesem Falle festlegen, ob eine gegebene Kante in ersterem oder letzterem visualisiert wird. In CHAT setzt sich jede Zeile aus einem „main tier“ und mehreren (optionalen) „dependent tiers“ zusammen und stellt daher gar eher ein Zeilen*bündel* dar. In diesem Falle muss die Schichtung die einzelnen Kanten einem dieser „tiers“ zuordnen.

Folgendes Beispiel, das an die Visualisierung von HIAT angelehnt ist[46], illustriert, nach welchen Regeln bei einer Schichtung vorgegangen werden kann:

	[wɪʃn]	
A	[Woher] soll ich das wissen?	
A-nvk	--------- hebt die Hände -----------	
B		[Hab ja nur gefragt]!
	[langsamer	*[leiser werdend*

Der zugrunde liegende Transkriptionsgraph wäre etwa folgender:

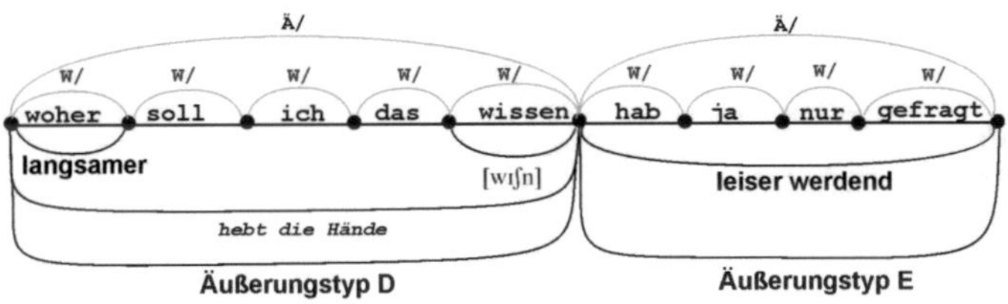

Die fünf Spuren der Partitur entsprechen einer Partition des Graphen in fünf Schichten.

Wie in der nachfolgenden Tabelle angedeutet, beinhalten die Regeln, nach denen die Zuordnung einer Kante zu einer dieser Schichten erfolgt, die Spezifizierung von Kategorien und Sprechern. Das Beispiel zeigt jedoch, dass es sich dabei keineswegs um eine einfache Eins-zu-eins-Zurodnung handeln muss: weder enthält eine Schicht immer nur Kanten einer bestimmten Kategorie (die Schichten 2 und 4 setzen sich gar aus Kanten verschiedenen Typs zusammen), noch ist jede Schicht genau einem Sprecher zugeordnet (Schicht 5 enthält Kanten *beider* beteiligten Sprecher). Die entsprechenden Regeln im Visualisierungsverfahren müssen also so konzipiert sein, dass sie die Komplexität dieser Zuordnung wiederzugeben vermögen.

Weiterhin ist auch die Reihenfolge der so entstehenden Schichten nicht beliebig – dass die phonetische Beschreibung *über* der zugehörigen verbalen Spur erscheint und die externen Kommentare die *letzte* (außerhalb der Umrahmung liegende) Spur der Partitur besetzen, wirkt sich positiv auf die Lesbarkeit des

---

[46] Es handelt sich hierbei um die Variante, die beim Transkribieren mit dem SyncWriter zum Einsatz kommt. In anderen Versionen würde der selben Transkription ein leicht verändertes Transkript entsprechen. So sieht die in HIAT-DOS umsetzbare HIAT-Variante keine externe Kommentarspur vor, und in der ursprünglichen (für die Schreibmaschine konzipierten) Variante würde mindestens eine Schichtung den *Randbemerkungen* (vgl. Ehlich/Rehbein 1976: 31) entsprechen.

Transkripts aus. Die betreffenden Regeln sollten also die Schichten nicht nur definieren sondern auch geeignet sein, eine solche Anordnung herzuleiten.

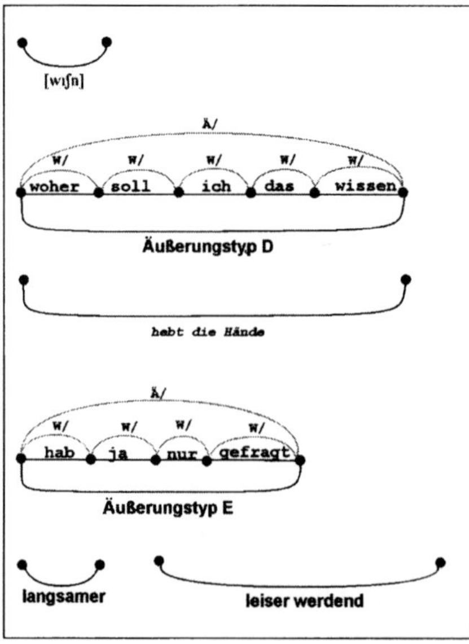

Schicht 1:
Phonetische Beschreibung (**A**-Kanten) / Sprecher A

Schicht 2:
T-Kanten, **S**-Kanten und Äußerungstypen (**A**-Kanten) / Sprecher A

Schicht 3:
Non-verbale Kommunikation (**D**-Kanten) / Sprecher A

Schicht 4:
T-Kanten, **S**-Kanten und Äußerungstypen (**A**-Kanten) / Sprecher B

Schicht 5:
„Externe Kommentare“ (**A**-Kanten) / Sprecher A und B

Im Beispiel werden die Schichtungsregeln – ebenso wie die vorher diskutierten Intralinearisierungs- und Symbolisierungsregeln – auf den Ausgangsgraphen angewandt. Eine Implementierung wird jedoch in aller Regel für diese drei Schritte eine Reihenfolge festlegen, also z.B. entweder die Schichtung auf einen intralinearisierten Graphen anwenden oder umgekehrt die Schichten eines Graphen intralinearisieren. Das Resultat dieser kombinierten Regelanwendung wird in jedem Falle eine Menge sehr einfacher Graphenstrukturen sein: im Beispiel ergibt die Intralinearisierung der Teilgraphen in den fünf Schichten sechs Strukturen der Form ●→●→●→●→●→●, also jeweils vollständig geordnete Graphen ohne parallele Kanten (*sequentielle* Schichtungen gemäß der obigen Definition).

5.4.4 Gruppierung

Für eine Visualisierung in Partiturnotation ist die Information, die sich aus der Schichtung der Kanten ergibt, zusammen mit der zeitlichen Ordnung der Kanten ausreichend, um jeder Einheit einen Visualisierungsort zuweisen zu können – die einzelnen Schichten korrespondieren dann jeweils mit genau einer Spur in der Partitur. Für eine Visualisierung in Zeilennotation muss hingegen eine weitere Partition der Kanten vorgenommen werden, die festlegt, welche Kanten sich zu einzelnen Zeilen gruppieren. Als Beispiel für eine solche Gruppierung soll das folgende (konstruierte) Transkript dienen, das an die Konventionen von Gumperz/Berenz (1992) angelehnt ist, aber zusätzlich zu den Einheiten in eckigen Klammern (die Non-Verbales und Kommentare beinhalten) in der Endposition der Zeile eine französische Übersetzung der jeweiligen Äußerung in geschweiften Klammern gibt:

> **A:** [legt den Kopf schief] hallo. {salut}
> **B:** [überrascht] hallo! {salut}
> **A:** [rechte Hand zu linker Schulter von B] na wie =gehts=? {comment ça va}
> **B:** =alles= bestens. {tout va bien}
> **B:** und selbst? {et toi}

Der zugehörige Transkriptionsgraph würde etwa wie folgt aussehen[47]:

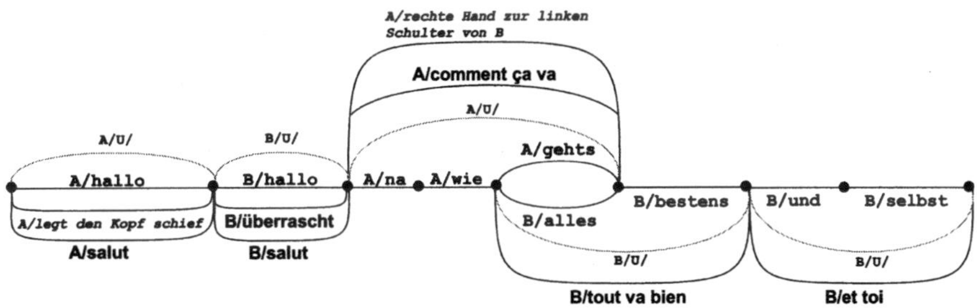

Die Schichtung würde die Kanten dieses Graphen auf sechs Teilmengen verteilen, die mit der Sprecherzuordnung und den drei möglichen Positionen *innerhalb* einer Zeile (zwischen eckigen Klammern, zwischen geschweiften Klammern oder ohne Klammern) korrespondieren. Die Zuordnung zu den Zeilen selbst erfolgt jedoch nach einem anderen Kriterium: ausgehend von den Randknoten der fünf Segmentkanten der Kategorie „u" (für „utterance") werden fünf Teilmengen gebildet, die jeweils all diejenigen Kanten enthalten, die dem selben Sprecher zugeordnet sind und deren Start- und/oder Endknoten zwischen den Randknoten der Segmentkanten liegen:

[47] Segmentkanten für Wörter und Annotationskanten für den Äußerungstyp (visualisiert durch Fragezeichen, Ausrufezeichen und Punkt) wurden der Übersichtlichkeit zuliebe nicht dargestellt.

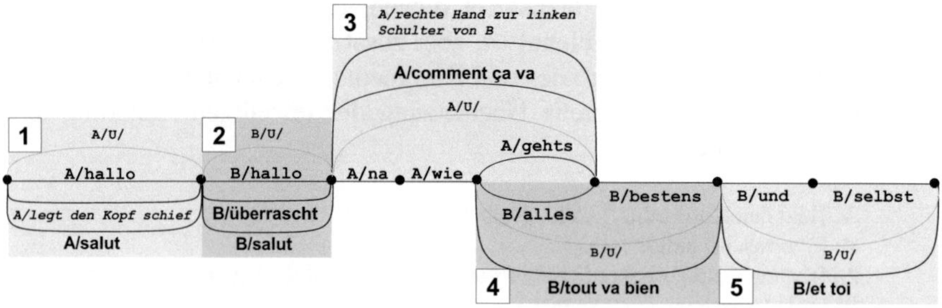

Wie die Elemente einer Schichtung, so müssen auch die Elemente einer Gruppierung geordnet werden können. Die Ordnung muss in diesem Falle jedoch nicht eigens als Bestandteil des Visualisierungsverfahrens formuliert werden, denn sie ergibt sich kanonisch aus der Ordnung der Kanten im Transkriptionsgraphen. Dabei sind allerdings zwei Besonderheiten zu beachten:

Zum einen kann es vorkommen, dass zwei Teilmengen einer Gruppierung denselben Startknoten teilen, der dann folglich nicht als Ordnungskriterium dienen kann. Alle mit Zeilennotation arbeitenden Transkriptionssysteme scheinen in diesem Falle gleich zu verfahren: wenn sich die zugehörigen Endpunkte unterscheiden, wird die „längere" Einheit (also die, deren Endpunkt der zeitlich spätere ist) vor der „kürzeren" Einheit eingeordnet[48], die Variante A also der Variante B vorgezogen:

Variante A	Variante B
A: [sag] ich doch	**B:** [hm]
B: [hm]	**A:** [sag] ich doch

Zum anderen setzt eine solche Ordnung voraus, dass sich die jeweiligen Startknoten überhaupt zueinander anordnen lassen. Wie bereits mehrfach angesprochen, schreibt der Transkriptionsgraphen-Formalismus dies jedoch nicht zwingend vor. Auch wenn ungeordnete Knoten sich im Normallfall eher auf der Wort- denn auf einer höheren Ebene finden werden, so ist es doch denkbar, dass ein Transkribent wie im folgenden Beispiel nicht in der Lage ist, die Äußerungen zweier Sprecher innerhalb einer Überlappung vollständig zueinander anzuordnen[49]:

---

[48] Wenn sich zwei Teilmengen einer Gruppierung sowohl Start- als auch Endknoten teilen, kann ihre Ordnung hingegen beliebig festgelegt werden.

[49] In Partiturnotation ließe sich dieser Transkriptionsgraph etwa wie folgt visualisieren:

A	Ja! Aber hallo! Was denn sonst?
B	Was? Wie bitte?

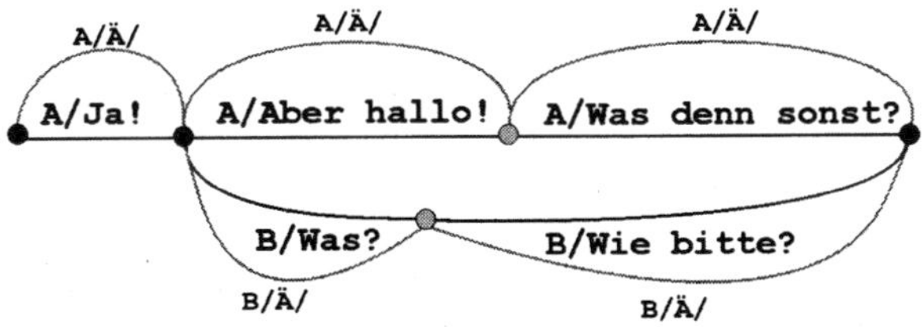

Eine Gruppierung ausgehend von den Segmentkanten der Kategorie „Ä" ließe sich hier zwar vornehmen, die einzelnen Teile dieser Gruppierung könnten dann aber nicht in eine sinnvolle Ordnung gebracht werden – es ist nicht zu klären, ob die Äußerung „Was denn sonst?" von Sprecher A vor oder nach der Äußerung „Wie bitte?" von Sprecher B steht. Entweder müsste daher für solche Fälle eine willkürliche Ordnung hergestellt werden, die im Transkript dann aber eine Ordnung suggerieren würde, die faktisch nicht vorhanden ist. Oder es müsste für Transkriptionsgraphen, die als Transkripte in Zeilennotation visualisiert werden sollen, über eine entsprechende Anweisung an den Transkribenten sichergestellt werden, dass solche Strukturen erst gar nicht auftreten, Äußerungen oder andere Einheiten, anhand derer eine Gruppierung vorgenommen wird, also immer vollständig zueinander anzuordnen sind.[50]

Ähnliche Schwierigkeiten ergeben sich, wenn einzelne **D**- oder **A**-Kanten die Grenzen der Kanten überschreiten, anhand derer die Gruppierung vorgenommen wird (in den obigen Beispielen also die **S**-Kanten mit Kategorie „U" bzw. „Ä"). Es ist in einem solchen Fall zunächst nicht klar, welcher der sich ergebenden Gruppen solche Kanten zugeordnet werden müssen. So begleitet die Beschreibung „rechte Hand am rechten Ohrläppchen" im folgenden Transkriptionsgraphen zwei aufeinander folgende Äußerungen von Sprecher B:

Die mit dieser Darstellungsweise verbundenen Schwierigkeiten wurden bereits in Abschnitt 3.1.2. diskutiert: Zwar bildet das Transkript Teile der zeitlichen Struktur graphisch ab, die genaue Ordnung der einzelnen Einheiten lässt sich aber nicht ablesen. Die wahrscheinlich Interpretation eines solchen Transkriptes wäre wohl eher die, den Einsatzpunkt der Äußerung „Wie bitte?" von Sprecher B gemäß der räumlichen Anordnung mit dem Beginn des Wortes „hallo" von Sprecher A gleichzusetzen, was jedoch nicht der im Transkriptionsgraphen enthaltenen Information entspräche.

[50] In gegebenen Transkriptionssystemen wie GAT oder Verbmobil existiert eine solche Anweisung natürlich *implizit*, da der Transkribent Visualisierungen und keine Transkriptionsgraphen erstellt, insofern also gezwungen ist, die Zeilen eines Transkripts in eine sinnvolle Ordnung zu bringen.

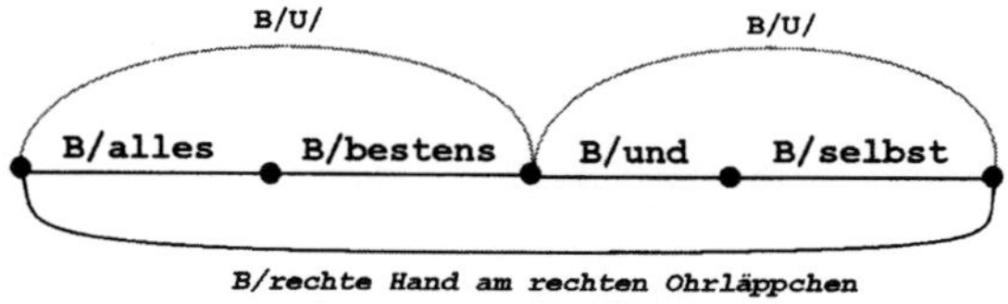

Die wahrscheinlich nächstliegende Lösung wäre, die entsprechende Beschreibung für jede betroffene Zeile im Transkript zu wiederholen. Auf der Ebene des Transkriptionsgraphen käme dies einer Spaltung der zugehörigen Kante gleich:[51]

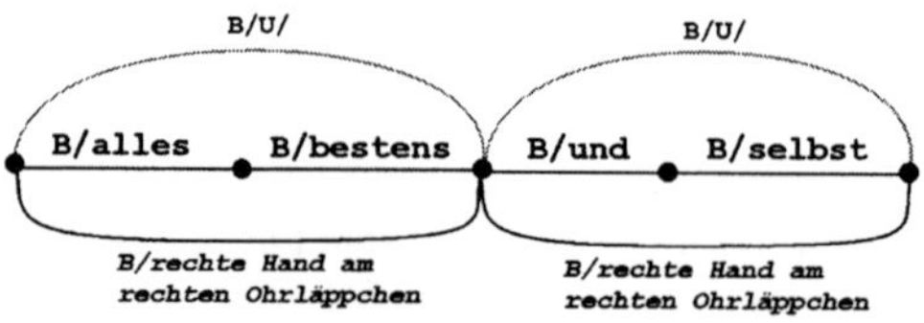

B: [rechte Hand am rechten Ohrläppchen] alles bestens.
B: [rechte Hand am rechten Ohrläppchen] und selbst?

Dies entspricht z.B. der in CHAT (MacWhinney 2000) praktizierten Vorgehensweise. Edwards (1992b: 440) kritisiert allerdings die dadurch entstehenden Ambiguitäten beim Lesen des Transkripts:

> [In CHAT,] each [dependent] tier pertains to exactly one utterance alone. If a con-textual comment remains relevant across several utterances, the [corresponding] line is duplicated beneath each utterance. This causes some ambiguities of reading (e.g. did a particular gesture occur only once and get duplicated across lines? Or did it actually occur multiple times?).

Man mag dies als einen weiteren Beleg dafür nehmen, dass die analoge Visualisierung von Transkriptionen an gewisse Grenzen stößt, die sich an einem zugehörigen rein symbolischen Modell nicht manifestieren.

5.4.5 Anordnung

Als letzter Schritt einer Visualisierung müssen die formatierten Zeichen, die sich aus Intralinearisierung und Symbolisierung ergeben und mittels Schichtung bzw. Schichtung und Gruppierung auf verschiedene Mengen verteilen, auf dem Ausgabemedium graphisch angeordnet werden. Dieser Schritt ist offensichtlich abhängig vom Layoutprinzip, dem die Visualisierung folgt.

---

[51] Da es sich um eine Kante des Typs **D** handelt, ist eine solche Spaltung per Definition möglich. Bei einer **A**-Kante müsste dies nicht unbedingt der Fall sein. Allerdings lassen sich Annotationen (z.B. Übersetzungen), die sich über mehr als eine Zeile erstrecken, in Zeilennotation generell schlecht darstellen. Auch solche Strukturen müssten also per Transkriptionsanweisung von Vorneherein vermieden werden, wenn eine Visualisierung in Zeilennotation angestrebt wird.

Wie bereits in Abschnitt 3.1.2.1. beschrieben, erfolgt die Anordnung für Visualisierungen in Partiturnotation in einem zweidimensionalen Raster. Die vertikale Koordinate einer zu visualisierenden Kante ergibt sich direkt aus ihrer Schicht-Zuordnung. Für die horizontale Koordinate ist die Knoten-Ordnung im Graphen ausschlaggebend: Jeder *gemeinsame* Knoten im Ausgangsgraphen korrespondiert mit einer möglichen horizontalen Position für die Anordnung[52]. Kanten, deren Start- oder Endknoten keine gemeinsamen Knoten darstellen, werden an der Position angeordnet, die dem *nächsten vorhergehenden* gemeinsamen Knoten entspricht. Gibt es innerhalb einer Schicht für eine gegebene horizontale Position mehrere solcher Kanten, so werden diese gemäß ihrer partiellen Ordnung nacheinander angeordnet. Voraussetzung für dieses Verfahren ist daher, dass alle Kanten *innerhalb einer Schicht* – auch wenn sie nicht unbedingt zu allen Kanten aller anderen Schichten anzuordnen sein müssen – eine eindeutige zeitliche Ordnung besitzen.

Zur Illustration sein ein weiteres Mal das Beispiel aus Ehlich/Rehbein (1976: 23) bemüht:

A wann ist es denn
B Das Spiel ist um acht Uhr fertig.

Dessen Graphenstruktur enthält sechs gemeinsame und fünf nicht gemeinsame Knoten:

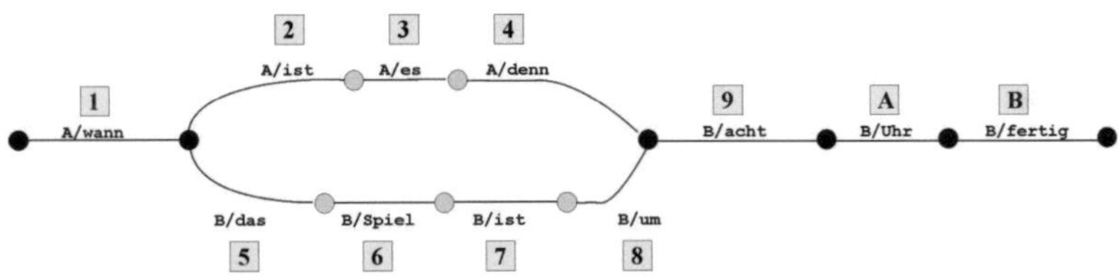

Nur erstere erhalten zunächst in der Visualisierung eine Entsprechung in Form einer möglichen horizontalen Position (mit römischen Ziffern bezeichnet). Da sich die Kanten jedoch auf zwei Schichten verteilen (mit A und B bezeichnet) und innerhalb jeder Schicht eine vollständige Ordnung *aller* Kanten möglich ist (die „ungeordneten" Kanten 2, 3 und 4 bzw. 5, 6, 7 und 8 verteilen sich auf verschiedene Schichten), lassen sich alle Elemente eindeutig für die Visualisierung anordnen:

[52] Beim Transkribieren im SyncWriter z.B. entsprechen diese horizontalen Punkte den sogenannten „Synchronpunkten" („syncTabs").

	I	II	III	IV	V	VI
A	1	2 3 4				
B		5 6 7 8	9	A	B	

Für Visualisierungen in Zeilennotation wird ähnlich verfahren. Allerdings setzt sich hier die genaue Anordnungsposition einer Kante aus *drei* Komponenten zusammen: erstens ergibt sich die Zeilenposition in der oben beschriebenen Weise aus der Zuordnung von Kanten zu einzelnen Gruppen (in der untenstehenden Abbildung mit I und II bezeichnet). Zweitens wird die Position innerhalb einer Zeile zunächst anhand der Schichtung näher bestimmt[53]. Drittens werden innerhalb jeder Schichtung wiederum die gemeinsamen Knoten des Ausgangsgraphen horizontalen Positionen zugeordnet (mit I.1 bis II.5 bezeichnet), an denen ungeordnete Kanten gemäß ihrer Ordnung *innerhalb der Schicht* nacheinander abgetragen werden:

A: Wann [ist es denn]
B: [Das Spiel ist um] acht Uhr fertig.

I	I.1	I.2	I.3		
	1	2 3 4			
II	II.1	II.2	II.3	II.4	II.5
	5 6 7 8	9	A	B	

Wie bereits in Abschnitt 3.1.2. ausgeführt, ist damit bei der Zeilennotation die Korrespondenz zwischen räumlichen Positionen in der Visualisierung und zeitlichen Positionen im Modell weniger direkt zu erfassen als bei der Partiturnotation – die im obigen Beispiel mit I.2. und I.3. bzw. II.1 und II.2 bezeichneten Positionen auf Papier oder Bildschirm entsprechen jeweils gleichen Knoten im Modell bzw. Zeitpunkten im modellierten Gespräch, ohne dass diese Gemeinsamkeit unmittelbar visuell zu erkennen wäre. Sie zu visualisieren ist daher Zweck der eingefügten eckigen Klammern.[54]

5.4.6 Beispiel

Abschließend soll der Prozess der Visualisierung eines Transkriptionsgraphen an einem Beispiel illustriert werden.

Der zugrunde gelegte Ausgangsgraph ist (aus Platzgründen) auf der übernächsten Seite dargestellt. Im Graphen selbst sind nur die **T**-Kanten beschriftet,

[53] Im Beispiel enthält jede Zeile nur Kanten aus genau einer Schicht. Dass und wie Schichtungen auch für die Visualisierung in Zeilennotation relevante Informationen beinhalten, wurde weiter oben besprochen.

[54] Eckige Klammern oder Ähnliches stehen also an all denjenigen Positionen, die in der Visualisierung „doppelt besetzt“ sind, also Zeitpunkte repräsentieren, die auch an anderer Stelle noch einmal visualisiert werden.

die übrigen Kanten sind durchnummeriert, so dass ihre Sprecherzuordnung, Kategorienzuordnung und Beschreibung der nachfolgenden Tabelle entnommen werden kann.

Aus diesem Graphen soll zum einen folgende Visualisierung in Partiturnotation entstehen, die sich weitestgehend an den HIAT-Konventionen orientiert:

A	Warum denn?		Na,	wenn Du [meinst].
B		Weil ich (es) sage! Ist das klar?		
		schlägt mit Faust auf Tisch		
				[leise

Weiterhin soll auch eine Visualisierung in Zeilennotation erfolgen. Diese orientiert sich weitestgehend an GAT, macht aber zusätzlich (wie HIAT) von der Großschreibung am Einheitenanfang und der Unterstreichung akzentuierter Redebestandteile Gebrauch:[55]

```
01 A: Warum [denn]?
02 B: << schlägt mit Faust auf Tisch < [Weil] ich (es) sage>!
03 A: Ist das [klar]?
04 B: [Na,] wenn Du << leise < meinst>.
```

Bei einer konkreten Anwendung müssen die einzelnen Schritte des Visualisierungsverfahrens, die in der vorangehenden Ausführungen unabhängig voneinander beschrieben wurden, in einer vorgegebenen Reihenfolge angewandt werden:

(1) Intralinearisierung

Den ersten Schritt der Visualisierung stellt die Intralinearisierung von Kanten dar. Die angewendeten Intralinearisierungsregeln sind in der Tabelle auf Seite 277 vermerkt, das Ergebnis der Intralinearisierung ist als Graph auf Seite 279 dargestellt. Dabei trägt jede Kante neben ihrer „eigenen" Nummerierung zusätzlich die Nummer der auf ihr intralinearisierte(n) Kante(n). Die Intralinearisierung erfolgt für die beiden Visualisierungen weitestgehend identisch; lediglich die mit „schlägt mit Faust auf Tisch" und „leise" beschrifteten Kanten werden nur für die Zeilennotation intralinearisiert, während sie für die Partiturnotation selbstständig bleiben.

[55] Diese beiden Modifikationen wurden nur gewählt, um die Darstellung des Beispiels insgesamt übersichtlicher halten zu können. Selbstverständlich könnte auch gemäß GAT auf die Großschreibung einzelner Wörter verzichtet werden und diese stattdessen zur Darstellung der Akzentuierung verwendet werden.

(2) Symbolisierung

Symbolisierungen werden bei den Visualisierungen dieses Transkriptions-Graphen nicht angewandt. Kämen sie zum Einsatz, so würde die Struktur der intralinearisierten Graphen dadurch nicht verändert, sondern es würden lediglich gewisse Kantenbeschriftungen durch die ihnen entsprechenden Symbole ersetzt.

(3) Schichtung

Die intralinearisierten Kanten werden für die Visualisierung in Partiturnotation auf vier, für die Visualisierung in Zeilennotation auf zwei Schichten aufgeteilt. In jeder der so entstehenden Schichten lassen sich alle enthaltenen intralinearisierten Kanten in eine eindeutige Reihenfolge bringen – es handelt sich also um sequentielle Schichtungen im oben definierten Sinne.

(4) Gruppierung

Für die Visualisierung in Zeilennotation ist als dritter Schritt eine Gruppierung der Kanten notwendig. Diese geht von der Unterteilung des Gesprächsauschnittes in Äußerungen aus, die im Ausgangsgraphen durch Segmentkanten der Kategorie „ä" repräsentiert sind.

(5) Anordnung

Schließlich werden im letzten Schritt die intralinearisierten Kanten in einem Raster angeordnet, das die räumliche Aufteilung der jeweils gewählten Notationsform widerspiegelt.

Für die Visualisierung in Partiturnotation ist dies ein zweidimensionales Koordinatensystem, dessen vertikale Koordinaten den Schichten entsprechen und dessen horizontale Koordinaten sich aus den gemeinsamen Knoten des Ausgangsgraphen ergeben.

Für die Visualisierung in Zeilennotation ergibt sich die Position jeder intralinearisierten Kante aus drei Komponenten: die Zuordnung zu einzelnen Zeilen erfolgt ausgehend von der Gruppierung, die Position innerhalb der Zeile ergibt sich aus der Schichtzuordnung, und die Reihenfolge der Elemente innerhalb einer gegebenen Zeilenposition wiederum aus der Ordnung der gemeinsamen Knoten im Ausgangsgraphen.

(0) Ausgangsgraph:

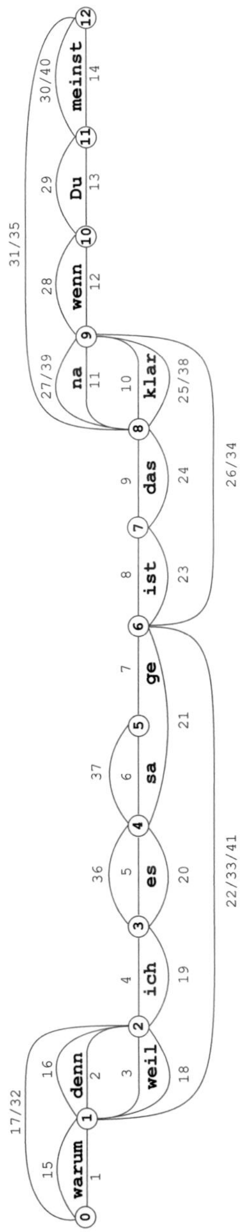

Kante	Sprecher	Typ	Kategorie	Start	Ende	Beschreibung
a1	A	T	pho	n0	n1	warum
a2	A	T	pho	n1	n2	denn
a3	B	T	pho	n1	n2	weil
a4	B	T	pho	n2	n3	ich
a5	B	T	pho	n3	n4	es
a6	B	T	pho	n4	n5	sa
a7	B	T	pho	n5	n6	ge
a8	B	T	pho	n6	n7	ist
a9	B	T	pho	n7	n8	das
a10	B	T	pho	n8	n9	klar
a11	A	T	pho	n8	n9	na
a12	A	T	pho	n9	n10	wenn
a13	A	T	pho	n10	n11	Du
a14	A	T	pho	n11	n12	meinst
a15	A	S	w	n0	n1	
a16	A	S	w	n1	n2	
a17	A	S	ä	n0	n2	
a18	B	S	w	n1	n2	
a19	B	S	w	n2	n3	
a20	B	S	w	n3	n4	
a21	B	S	w	n4	n6	
a22	B	S	ä	n1	n6	
a23	B	S	w	n6	n7	
a24	B	S	w	n7	n8	
a25	B	S	w	n8	n9	
a26	B	S	ä	n6	n9	
a27	A	S	w	n8	n9	
a28	A	S	w	n9	n10	
a29	A	S	w	n10	n11	
a30	A	S	w	n11	n12	
a31	A	S	ä	n8	n12	
a32	A	A	Äußerungstyp	n0	n2	D
a33	B	A	Äußerungstyp	n1	n6	E
a34	B	A	Äußerungstyp	n6	n9	D
a35	A	A	Äußerungstyp	n8	n13	C
a36	B	A	akustische Mängel	n3	n4	schwer verständl.
a37	B	A	Akzent	n4	n5	betont
a38	B	A	Akzent	n8	n9	betont
a39	A	A	Binnenstruktur	n8	n9	Sprechhandlungs-augment
a40	A	A	dynamische Modulation	n11	n12	leise
a41	B	D	non-verbal	n1	n6	schlägt mit Faust auf Tisch

intralinearisiert als	... auf Kante(n)	Schicht	Gruppe	Anordnung Partitur	Anordnung Zeile[56]	Kante
		L1	G1	n0 / L1	G1 / L1 / n0	a1
		L1	G1	n1 / L1	**G1 / L1 / n1**	a2
		L2	G2	n1 / L2	**G2 / L2 / n1**	a3
		L2	G2	n2 / L2	G2 / L2 / n2	a4
		L2	G2	n3 / L2	G2 / L2 / n3	a5
		L2	G2	n4 / L2	G2 / L2 / n4	a6
		L2	G2	n5 / L2	G2 / L2 / n5	a7
		L2	G3	n6 / L2	G3 / L2 / n6	a8
		L2	G3	n7 / L2	G3 / L2 / n7	a9
		L2	G3	n8 / L2	**G3 / L2 / n8**	a10
		L1	G4	n8 / L1	**G4 / L1 / n8**	a11
		L1	G4	n9 / L1	G4 / L1 / n9	a12
		L1	G4	n10 / L1	G4 / L1 / n10	a13
		L1	G4	n11 / L1	G4 / L1 / n11	a14
<SP> rechts	a1	L1	G1			a15
<SP> rechts	a2	L1	G1			a16
Initial groß	a1, a2	L1	G1			a17
<SP> rechts	a3	L2	G2			a18
<SP> rechts	a4	L2	G2			a19
<SP> rechts	a5	L2	G2			a20
<SP> rechts	a6, a7	L2	G2			a21
Initial groß	a3, a4, a5, a6, a7	L2	G2			a22
<SP> rechts	a8	L2	G3			a23
<SP> rechts	a9	L2	G3			a24
<SP> rechts	a10	L2	G3			a25
Initial groß	a8, a9, a10	L2	G3			a26
<SP> rechts	a11	L1	G4	wie Zielkanten der Intralinearisierung	wie Zielkanten der Intralinearisierung	a27
<SP> rechts	a12	L1	G4			a28
<SP> rechts	a13	L1	G4			a29
<SP> rechts	a14	L1	G4			a30
Initial groß	a11, a12, a13, a14	L1	G4			a31
Fragezeichen rechts	a1, a2	L1	G1			a32
Ausrufezeichen rechts	a3, a4, a5, a6, a7	L2	G2			a33
Fragezeichen rechts	a8, a9, a10	L2	G3			a34
Punkt rechts	a11, a12, a13, a14	L1	G4			a35
runde Klammer links und rechts	a5	L2	G2			a36
Unterstreichung	a6	L2	G2			a37
Unterstreichung	a10	L2	G3			a38
Komma rechts	a11	L1	G4			a39
<<_< links > rechts[57]	(a14)	L4 (L1)[58]	G4	n11/ L4		a40
<<_< links > rechts	(a3, a4, a5, a6, a7)	L3 (L2)	G3	n1 / L3		a41

[56] Doppelt wiedergegebene Zeitpunkte im oben beschriebenen Sinne sind fett markiert.

[57] Die Kanten a40 und a41 werden nur für die Visualisierung in Zeilennotation intralinearisiert.

[58] In Klammern die Schichtung für die Visualisierung in Zeilennotation, die nur für diese und die nächste Kante von der Schichtung für die Partiturnotation abweicht.

(1) Intralinearisierung[59]

Siehe Abbildungen auf Seite 277.

(3) Schichtung

Siehe die ersten beiden Abbildungen auf Seite 278.

(4) Gruppierung (nur für Visualisierung in Zeilennotation):

Siehe die letzte Abbildung auf Seite 278.

(5) Anordnung

Siehe Abbildungen auf Seite 279.

[59] Die fett gedruckten Zeichenketten stellen das Ergebnis der Visualisierung dar (Leerzeichen, die Wortgrenzen visualisieren, werden nicht angezeigt). Die grau gedruckten Zahlen beziehen sich auf die Nummern der intralinearisierten Kanten gemäß der obigen Tabelle.

Für Visualisierung in Partiturnotation:

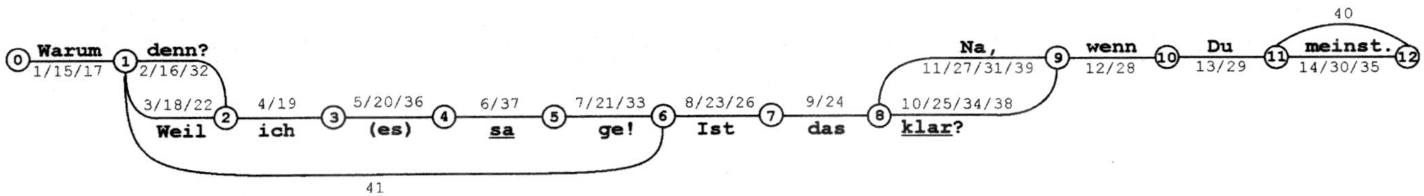

Für Visualisierung in Zeilennotation:

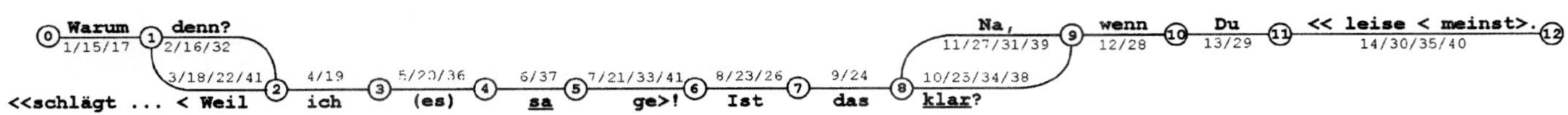

Für Visualisierung in Partiturnotation:

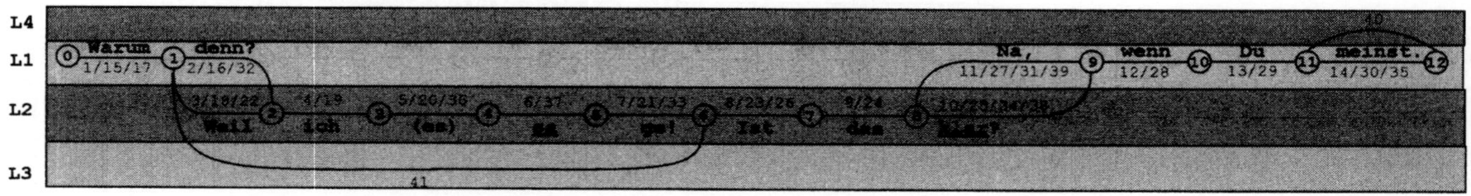

Für Visualisierung in Zeilennotation:

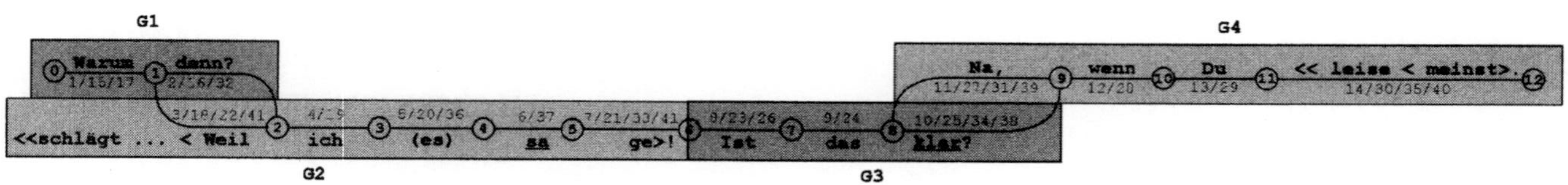

Für Visualisierung in Partiturnotation:

	0–1	1–2	2–3	3–4	4–5	5–6	6–7	7–8	8–9	9–10	10–11	11–12
L1	1/15/17	2/16/32							11/27/31/39	12/28	13/29	14/30/35
L2		3/18/22	4/19	5/20/36	6/37	7/21/33	8/23/26	9/24	10/25/34/38			
L3			41									
L4											40	

Für Visualisierung in Zeilennotation:

G1 – L1

0	1
1/15/17	2/16/32

G2 – L2

1	2	3	4	5
3/18/22/41	4/19	5/20/36	6/37	7/21/33/41

G3 – L2

6	7	8
8/23/26	9/24	10/25/34/38

G4 – L1

8	9	10	11
11/27/31/39	12/28	13/29	14/30/35/40

5.5 Weiterführende Überlegungen

5.5.1 Annotationstypen

Eine entscheidende Motivation für den Einsatz des Computers zur Transkription gesprochener Sprache besteht in der Möglichkeit, einmal transkribiertes Material systematisch mit zusätzlicher Information anreichern zu können. Auch wenn jede Transkription bereits ein theoretisch zu motivierendes Modell gesprochener Sprache ist, so sind sich doch alle Transkriptionssysteme einig, dass die als Transkription modellierte Information nicht den Endpunkt von Analyse und Theoriebildung darstellt, sondern eine methodische Zwischenstation ist, von der ausgehend spezifischere Analysen erfolgen und theoretische Überlegungen zu Einzelphänomen belegt oder widerlegt werden können[60]. Der Computer ist dabei eine potentielle Hilfe, weil er es erleichtert, spezifische Kategoriensätze (die ihrerseits Ausdruck spezifischer Hypothesen oder Theorien sind) manuell oder automatisch auf umfangreiches Material anzuwenden, verschiedene solcher Kategorien miteinander zu korrelieren, Belegstellen und Beispiele für annotierte Phänomene in großen Korpora zu finden, diese in quantitative Aussagen umzusetzen, etc.

Wie in Kapitel 3 dargelegt, beinhalten die hier behandelten Transkriptionssysteme bereits ansatzweise einige solcher spezifischeren Kategoriensätze. Beispielsweise werden im HIAT-Zusammenhang einige Vorgaben zum morphologischen Transliterieren (vgl. Durlanik et al. 1997) gemacht, und in Verbmobil-Transkriptionen wird ein großer Teil lexikalischer Einheiten nach einem vorgegebenen Kategoriensatz (Buchstabierung, Namen, Zahlen etc.) klassifiziert.

Mit der Verbreitung und Weiterentwicklung computergestützter Transkriptionssysteme und -werkzeuge ist jedoch damit zu rechnen, dass gerade das Annotieren von vorhandenem Material wesentlich an Bedeutung gewinnt, die verwendeten Kategoriensätze zahlreicher und diverser werden und auch anderen Formen der Annotation verstärkte Aufmerksamkeit zukommt. So legen Bodmer et al. (2002: 214) dar, welch wichtige Rolle dem Lemmatisieren, also dem Annotieren von flektierten Formen und Aussprachevarianten mit den zugehörigen „Grundformen", innerhalb einer computergestützten korpusbasierten Gesprächsforschung zukommt; Grießhaber/Rehbein (2002) beschreiben das Verfahren der „kontextualisierten Wortschatzanalyse", das sich wesentlich auf die Verarbeitung von annotierten Transkriptionsdaten mittels Datenbanken stützt; und CHAT (MacWhinney 2000) mag sogar als Beispiel für ein Transkripionssystem angesehen werden, in dem die Verlagerung von primärer Modellbildung in

[60] So sagt auch Klöden (2002: 10): „Korpora bilden nur den Ausgangspunkt, nicht das Ziel sprachwissenschaftlicher Untersuchungen."

Form der Transkription zugunsten sekundärer Modellbildung[61] in Form von Annotationen bereits zu einem großen Teil vollzogen ist[62].
Angesichts solcher Perspektiven stellt sich die Frage, ob die in diesem Kapitel bisher vorgenommenen Untersuchungen zur Annotation in gesprächsanalytischen Modellen ausreichend sind, um zukünftigen Erfordernissen standzuhalten. Im Transkriptionsgraphen-Formalismus und den Anwendungsbeispielen sind lediglich diejenigen Annotationstypen und -formen berücksichtigt, die sich aus der Analyse *bestehender* Transkriptionssysteme ergeben haben. Diese Systeme sind jedoch – wie mehrfach thematisiert – nicht primär auf den Zweck computergestützter Verfahren ausgelegt, sondern zielen in erster Linie auf die Erstellung analoger Transkripte ab, in denen die Daten in einer für den menschlichen Benutzer optimierten Weise repräsentiert sind.[63] Es ist daher durchaus denkbar, dass der vorgeschlagene Formalismus an Grenzen stoßen kann, wenn sich diese Prioritäten verschieben, der Aspekt der computergestützten Auswertung von Transkriptionen ihrer computergestützten Erstellung und Darstellung gleichberechtigt wird und Annotationsmethoden entsprechend an Bedeutung gewinnen.

Aus diesem Grunde sollen in diesem Abschnitt noch einige weitere Überlegungen dazu angestellt werden, welche Formen und Typen der Annotation von Transkriptionsdaten grundsätzlich denkbar sind, nach welchen Kriterien sie sich ordnen lassen, und ob und wie sie mit dem bisher erarbeitetem Instrumentarium vereinbar sind.

5.5.1.1 Eigenschaften von Annotationen in Transkriptionsgraphen

Zunächst seien einige Eigenschaften von Annotationen wiederholt, die in den bisherigen Ausführungen bereits berücksichtigt wurden:

Bereits in Abschnitt 3.2. wurde die Verschiedenheit symbolischer Beschreibungen als ein mögliches Ordnungskriterium für Modelleinheiten eingeführt. Für Annotationen ist der wohl häufigste Beschreibungstyp der einer geschlosse-

---

[61] Sekundär ist diese Modellbildung insofern, als sie nicht unmittelbar auf Daten der realen Welt angewandt wird, sondern Einheiten und Beziehungen in einem vorhandenen Modell auf eine weiter modellhaft verkürzte Form abbildet.

[62] Im Vergleich zu den hier im Detail behandelten Transkriptionssystemen kommt in CHAT dem so genannten „Coding“ eine wesentlich höhere Aufmerksamkeit zu. Das zugehörige Handbuch (MacWhinney 2000) widmet sich zu einem sehr großen Teil der phonetischen, syntaktischen, sprechakttheoretischen usw. Annotation von transkribiertem Material.

[63] Wie die bisherigen Untersuchungen gezeigt haben, sind natürlich Annotationen ein wesentlicher Bestandteil auch dieser Transkripte. Dabei handelt es sich jedoch in aller Regel um Annotationen, die als Bestandteil eines primären Modells in erster Linie den menschlichen Leser eines Transkriptes adressieren (eine Ausnahme mögen die bereits erwähnten Klassifizierungen lexikalischer Einheiten in Verbmobil bilden). Speziell auf eine computergestützte Auswertung der Transkriptionsdaten zielende Annotationen (wie sie beispielsweise eine Lemmatisierung darstellt, s.o.) stellen bisher keine wesentliche Komponente gesprächsanalytischer Transkriptionssysteme dar.

nen Liste. So werden beispielsweise Töne und Äußerungstypen in HIAT, Lautstärke und Sprechgeschwindigkeit in GAT, Grenztonmuster in DIDA und Abbrüche in Verbmobil durch die Auswahl eines Elementes aus einer geschlossenen Liste annotiert. Aber auch freie Deskriptionen (z.B. bei den lokalen Kommentaren in Verbmobil) und orthographische Beschreibungen (z.B. bei Alternativlautungen in DIDA oder Aussprachekommentaren in Verbmobil) werden annotierend verwendet. Numerische Beschreibungen kommen zwar in den hier berücksichtigten Transkriptionssystemen nicht in annotierender Funktion vor, sind aber sicherlich ebenfalls denkbar.[64] Im Transkriptionsgraphen-Formalismus schließlich wurde mit den Segmentkanten ein Sonderfall der Annotation eingeführt, weil sich dort die symbolische Beschreibung *indirekt* aus den Beschreibungen der annotierten Einheiten ergibt.

Während diese Typen symbolischer Beschreibung ein Kriterium sind, anhand dessen sich die bisher behandelten Anntoationsformen *differenzieren* lassen, ergeben sich ihnen *gemeinsame* Eigenschaften aus den formalen Definitionen in Abschnitt 5.2. Die Definition von Annotations- und Segmentkanten besagt, dass zu jeder Kante des Typs **A** oder **S** eine *zusammenhängende* Folge von Kanten des Typs **T** und **Anti-T** existieren muss, die demselben Sprecher zugeordnet sind. Mittels Transkriptionsgraphen formulierbare Annotationen müssen sich also per Definition auf *zusammenhängende* Einheiten genau *eines* Sprechers beziehen.

Wie die Beispiele aus Abschnitt 5.3. belegen, gehen die Annotationen in den untersuchten Transkriptionssystemen einerseits nicht über diese Beschränkungen hinaus und lassen sich andererseits durch geeignete Visualisierungsverfahren auch in die zugehörigen analogen Modelle überführen. Weiterführende Überlegungen müssen jedoch die Frage stellen, ob damit alle denkbaren Formen der Annotation abgedeckt sind. Die folgenden beiden Abschnitte geben darauf eine vorläufige Antwort, indem sie prinzipiell mögliche Strukturen von Annotiertem und Annotierendem untersuchen.

5.5.1.2 Strukturen von Annotiertem

Der Transkriptionsgraphen-Formalismus fordert, dass es zu jeder Annotation eine zusammenhängende Folge von **T**- und **Anti-T**-Kanten des selben Sprechers geben muss. Im Umkehrschluss kommt dies der Annahme gleich, dass zu annotierende Einheiten erstens immer zusammenhängend sind, sich zweitens nicht auf mehrere Sprecher verteilen und drittens nicht auf Kanten des Typs **D** repräsentiert sind. Für jeden Teil dieser Annahme lassen sich jedoch Gegenbeispiele finden:

[64] Beispielsweise könnten einzelne Phoneme bzgl. akustisch/phonetisch messbarer Größen annotiert werden

- Nicht zusammenhängende Bezugselemente können z.B. bei einer Lemmatisierung auftreten, beispielsweise wenn flektierte Formen so genannter Partikelverben mit der ihnen entsprechenden Infinitiv-Form annotiert werden sollen:

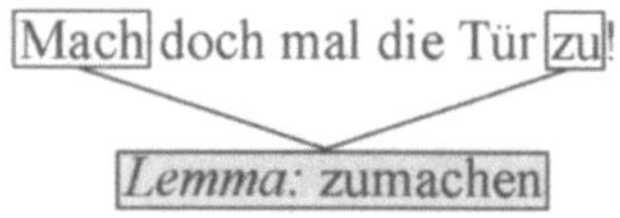

  Allgemeiner wird sich die Annahme, dass Annotiertes zusammenhängend sei, überall dort als zu stark erweisen, wo es um die Annotation *diskontinuierlicher* Phänomene geht.
- Eine Annotation, die sich auf Einheiten bezieht, die verschiedenen Sprechern zugeordnet sind, kann z.B. dann auftreten, wenn in einem gegebene Gesprächsmodell das „interaktive Herstellen von Turns" (vgl. Selting 2001: 1063) annotiert werden soll[65] – die zu annotierende Einheit ist in diesem Falle gerade dadurch charakterisiert, dass sie sich auf mehrere Sprecher verteilt. In gleicher Weise wird auch eine Annotation, die der Unterteilung eines Gespräches in verschiedene Phasen (z.B. Begrüßung, Hauptteil, Abschied bei einem Telefongespräch) dient, den für Transkriptionsgraphen festgelegten Beschränkungen nicht folgen.
- Schließlich ist auch die Annotation von Einheiten, die auf Kanten des Typs **D** repräsentiert sind, ohne weiteres denkbar. Beispielsweise könnten nonverbale Einheiten in HIAT oder DIDA bzgl. ihrer Adressaten annotiert werden. Dass zu einer solchen Annotation eine zusammenhängende Folge von Kanten des Typs **T** oder **Anti-T** existiert, wäre dann in keiner Weise sichergestellt.

Die Annahmen über die Struktur von Annotiertem, die im Transkriptiongraphen-Formalismus gemacht werden, können sich also als zu stark erweisen, wenn man über die Annotationstypen hinausgeht, die in den bestehenden Transkriptionssystemen vorgesehen sind.[66] Auf die Frage, wie der Formalismus geeignet zu erweitern wäre, kann hier keine erschöpfende Antwort gegeben

[65] Hier kommt einmal mehr die Unterscheidung zwischen einer „naiven" und einer gesprächsanalytisch elaborierten Lesart des Begriffes „Turn" ins Spiel. Die untersuchten Transkriptionssysteme bilden höchstens die Einheit, die ersterer Lesart entspricht, in ihren Transkripten graphisch ab. Interaktiv hergestellte Turns lassen sich zwar am Transkript durchaus ablesen, bilden aber keinen Teil des als Transkription formulierten Modells selbst.

[66] Es sei jedoch noch einmal daran erinnert, dass diese Beschränkung einen wichtigen Zweck erfüllt: sie schränkt die allgemeinere Struktur von Annotationsgraphen auf genau diejenigen Substrukturen ein, die ausreichend sind, um gängige gesprächsanalytische Transkriptionen zu repräsentieren. Diese Vereinfachung erleichtert die Verarbeitung solcher Strukturen, was z.B. die Formulierung von Visualisierungsmethoden möglich macht.

werden. Folgende Überlegungen müssten aber in eine solche Antwort einfließen:

Die Forderung, dass es für jede Annotationskante eine zusammenhängende Folge von **T**- und **Anti-T**-Kanten desselben Sprechers geben muss, könnte durch die abgemilderte Fassung ersetzt werden, dass es für jede Annotationskante eine zusammenhängende Folge von Kanten des Typs **T**, **Anti-T** *oder* ***D*** *irgendeines* Sprechers geben muss. Damit wäre immer noch sichergestellt, dass Annotationen ihrer Natur gemäß keine selbstständigen Einheiten bilden können, d.h. es wäre immer noch per Definition zu jeder Annotation eine Bezugseinheit vorhanden. Gleichzeitig würde es möglich, interaktiv hergestellte Einheiten oder Einheiten auf **D**-Kanten zu annotieren. Der große Nachteil dieser Vorgehensweise liegt jedoch darin, dass bei parallelen Strukturen unter Umständen unklar bliebe, worin genau diese Bezugseinheit besteht. So verläuft in folgendem Beispiel eine Annotationskante („schneller") parallel sowohl zu einer Kante des Typs **T** („ja") als auch zu einer Kante des Typs **D** („nickt").

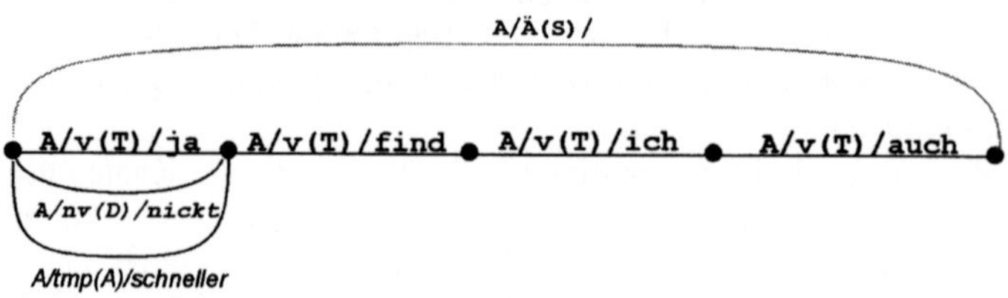

Wenn der Formalismus ausdrücklich beide Kanten als mögliche Bezugseinheiten der Annotation zulässt, so müsste ein anderer Weg gefunden werden, um solche Beziehungen eindeutig ausdrücken zu können.[67]

Bird/Liberman (2001: 40ff) thematisieren dies unter dem Begriff „inter-arc links" und schlagen vor, Beziehungen zwischen Kanten durch deren Zuordnung zu Äquivalenzklassen auszudrücken:

> There are cases where [...] it seems necessary to enrich the ontology with inter-arc links. This can be done by interpreting a particular field of an arc label as a reference to some other arc.
> [...] we can treat all of these cases using equivalence classes. Arcs are connected not by referencing one another, but by jointly referencing a particular equivalence class.

Im obigen Beispiel würden also Annotiertes und Annotierendes dadurch zueinander in Beziehung gesetzt, dass die betreffenden Kanten zusätzlich zu ihrer ei-

[67] Im AG-Formalismus könnte dies wie die Sprecherzuordnung durch unverbundene Teilgraphen gelöst werden. Dies Lösung kommt jedoch aus bereits genannten Gründen für gesprächanalytische Transkriptionssysteme nicht in Frage.

gentlichen Beschreibung und der Zuordnung zu einem Sprecher und einer Kategorie[68] eine Zuordnung zu einer gemeinsamen Äquivalenzklasse („ÄK-1") erhielten:

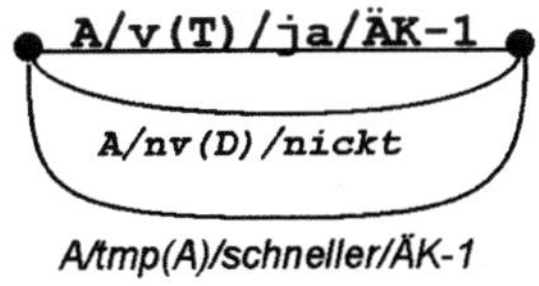

Unter der Überschrift „Discontinuous constituency" zeigen Bird/Liberman (2001: 43), dass über die Zuordnung verschiedener Kanten zu gleichen Äquivalenzklassen gleichzeitig auch das Problem der Annotation nicht zusammenhängender Strukturen gelöst werden kann. So könnte in einem dem obigen Beispiel entsprechenden Graphen eine Annotationskante zwar die gesamte Äußerung umfassen, aber über eine geeignete Äquivalenzklasse sicherstellen, dass diese nur auf die annotierten Wörter bezogen wird:

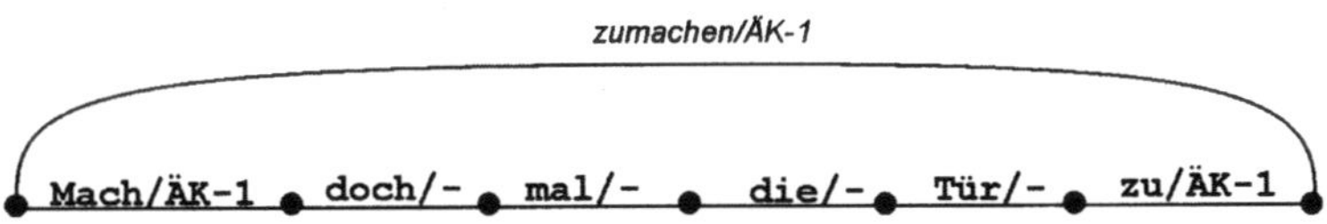

Alternativ könnten zwei Annotationskanten mit identischen Beschreibungen verwendet werden, die einander per Äquivalenzklasse referenzieren:

Die Verwendung von Äquivalenzklassen wäre also eine Erweiterung des Transkriptionsgraphenformalismus, die prinzipiell geeignet wäre, auch komplexere Annotationstypen zu repräsentieren. Inwieweit sich eine solche Erhöhung der strukturellen Komplexität auf die Verarbeitungsmethoden für den Formalismus auswirkt, insbesondere ob und wie die zusätzliche Information in die vorgeschlagenen Visualisierungsmethoden einfließen kann, bliebe jedoch zu prüfen.

---

[68] Die Zuordnung zu Sprechern und Kategorien ließe sich ihrerseits bereits als Abbildung der Kanten auf Äquivalenzklassen mit festgelegter Semantik verstehen. Gleiches gilt auch für die im Rahmen der Visualisierungsmethode eingeführten Schichtungen, Gruppierungen und Anordnungen von Kanten. Der Transkriptionsgraphenformalismus arbeitet also in gewissem Sinne bereits mit Äquivalenzklassen. Der Bird/Libermansche Vorschlag geht jedoch insofern weiter, als er zunächst beliebige solcher Klassen zulässt, d.h. er lässt deren Semantik offen. Wie bereits für den Fall der Kantentypen und -beschreibungen ausgeführt, steht der dadurch gewonnenen Flexibilität eine erhöhte Komplexität der Verarbeitung entgegen.

5.5.1.3 Strukturen von Annotierendem

Die im Transkriptionsgraphen-Formalismus formulierbaren Annotationen besitzen per Definition keine eigenständige innere Struktur – jede einzelne Annotationskante muss sich über ihren Start- und Endknoten in die Struktur der nicht annotierenden Kanten einordnen.[69] Es sind aber durchaus Fälle denkbar, in denen annotierende Elemente eine innere Struktur besitzen, deren Komponenten sich *nicht* einzeln auf die übrige Graphenstruktur beziehen lassen. So ist im folgenden Beispiel das spanische Wort „vamos" mit einer deutschen Übersetzung annotiert, die aus zwei Wörtern besteht, und es mag für gewisse Verarbeitungsschritte wichtig sein, die Reihenfolge dieser Wörter in der Struktur des Modells repräsentieren zu können:

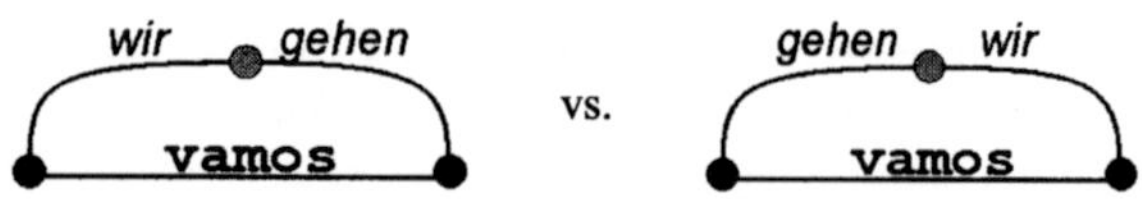

Der Transkripionsgraphen-Formalismus erlaubt solche Strukturen nicht – die Annotationskanten im Beispiel verstoßen gegen die gegebene Definition, weil zum Start- bzw. Endknoten des zweiten bzw. ersten annotierenden Elementes kein korrespondierender Knoten einer **T**-Kante des selben Sprechers existiert.[70] Auch hier könnte ein Lösungsansatz darin bestehen, die entsprechende Einschränkung zu lockern. Es würde dann lediglich gefordert, dass es zu jeder *Folge* von Annotationskanten einen zugehörigen Start- und Endknoten einer nicht-annotierenden Kante geben muss.[71] Die Implikationen dieser Änderung für die Komplexität der Verarbeitung bliebe dann wiederum zu untersuchen.

[69] Dies bedeutet jedoch nicht, dass sich in Transkriptionsgraphen überhaupt keine strukturierten Annotationen repräsentieren lassen. Man betrachte dazu die Phrasenstruktur-Annotation des Satzes „John loves Mary" aus Abschnitt 4.3. Die hierarchische Organisation der annotierenden Element ließe sich in genau der vorgeschlagenen Weise in einen Transkriptionsgraphen abbilden. Voraussetzung dafür ist allerdings, dass zu allen Kanten der strukturierten Annotation eine korrespondierende nicht-annotierende Kante existiert.

[70] Natürlich könnten die Beispiele dennoch als Transkriptionsgraphen formuliert werden, indem einfach jeweils nur eine Kante mit der Beschreibung „wir gehen" bzw. „gehen wir" verwendet würde. Die Annotationen würden damit jedoch zu atomaren Einheiten, deren innere Struktur sich einer Verarbeitung entziehen würde.

[71] Das in Brugman (2003) beschriebene Modellierungsverfahren sieht genau hierfür den Annotations-Typus der „symbolic subdivision" vor, der in Opposition zur „temporal subdivision" von Einheiten steht. Dies ist eine sinnvolle Unterscheidung, denn auch im gegebenen Beispiel kann der zusätzlich eingefügte Knoten nicht wie andere Knoten eines Transkriptionsgraphen unmittelbar als Repräsentant eines Zeitpunktes in der Aufnahme verstanden werden, sondern dient der geordneten Unterteilung von symbolischen Beschreibungen.

5.5.1.4 Annotationsstrukturen und Visualisierung

Schließlich ist anknüpfend an eine Betrachtung möglicher Strukturen von Annotierendem und Annotiertem auch zu fragen, wie diese sich mit den vorgeschlagenen Methoden in geeignete Visualisierungen überführen lassen.

Eine erste wichtige Beobachtung betrifft dabei den Zusammenhang zwischen dem Typ symbolischer Beschreibung einer Annotation und den Möglichkeiten ihrer Visualisierung. Annotationen bestehen sehr oft aus Elementen einer geschlossenen Liste. Nur dieser Typus der Annotation kann überhaupt mit den Mitteln der Formatierung intralinearisiert oder auf einzelne (u.U. ebenfalls intralinearisierte) Symbole in der Visualisierung abgebildet werden, denn Formatierungseigenschaften und Symbole gehören ihrerseits endlichen Mengen an. Es mag jedoch nützlich sein, innerhalb der symbolischen Beschreibungen, die Elemente geschlossener Listen sind, weiter zu differenzieren, denn:

- eine Intralinearisierung durch Formatierung wird in der Praxis nur für solche Annotationen sinnvoll sein, die aus Elementen *sehr kurzer* geschlossener Listen bestehen. Wenn Formatierungseigenschaften auf Bildschirm oder Papier Unterscheidungen im zugrunde liegenden Modell wiedergeben sollen, so ist es für die Lesbarkeit entscheidend, dass sie hinreichend visuell unterscheidbar sind.[72] Für Formatierungs-Attribute wie Schriftschnitt (normal-kursiv-fett) oder Unterstreichung (einfach-doppelt, durchgehend-gestrichelt-gepunktet) stehen von Vorneherein nur sehr wenige mögliche Werte zur Verfügung. Andere Attribute wie z.B. Schriftfarbe, -größe oder -art können zwar prinzipiell eine wesentlich größere Zahl an Werten annehmen. Voraussetzung für eine gut lesbare Visualisierung bleibt aber gerade, dass diese Werte sich beim Betrachten hinreichend voneinander abgrenzen lassen. So wäre es prinzipiell z.B. möglich, eine Liste von zwanzig verschiedenen Wortarten im Modell auf zwanzig verschiedene Schriftfarben in der Visualisierung abzubilden. Da dabei aber zwangsläufig von schwierig zu unterscheidenden Helligkeitsstufen (z.B. hellblau-blau-dunkelblau) Gebrauch gemacht werden müsste, erscheint die Lesbarkeit einer solchen Visualisierung zweifelhaft. Die obere Grenze für die Größe einer geschlossenen Liste von Annotationen, die durch Formatierung zu visualisieren sind, wird also in aller Regel eine sehr geringe[73] sein.

[72] Vergleiche dazu die Ausführungen von Edwards (1992b: 443) unter dem Stichwort „visual separability".

[73] Begriffe wie „sehr gering" oder (im Folgenden) „etwas größer" oder „sehr lang" erscheinen natürlich wissenschaftlich wenig befriedigend. Für eine genaue Quantifizierung wären jedoch umfangreiche Untersuchungen zum Rezipieren von Transkripten nötig, die an dieser Stelle nicht vorgenommen werden können. Als Schätzwert sei hypothetisch in den Raum gestellt, dass sich mittels einer gegebenen Formatierungseigenschaft sicherlich nicht mehr

- eine Intralinearisierung durch Einfügen einzelner Zeichen unterliegt prinzipiell den selben Anforderungen. Allerdings zeigt das Beispiel der Interpunktion, wie sie z.B. in HIAT zur Visualisierung des Äußerungstyps und intrasegmentaler Phänomene eingesetzt wird, dass durch diese Visualisierungsmethode wahrscheinlich eine etwas größere Anzahl von Unterscheidungen ausgedrückt werden kann als durch eine Formatierung.[74] Gleiches gilt für die oben unter dem Stichwort „Symbolisierung“ beschriebene Visualisierungsmethode.
- für sehr lange geschlossene Listen von Elementen (beispielsweise den Lemmata eines Wörterbuchs, die für eine Lemmatisierung verwendet werden) wird hingegen eine Intralinearisierung durch Formatierung oder Einfügen einzelner Symbole kaum in Frage kommen. Solche Annotationen müssen in aller Regel in ihrer vollständigen Form ins Transkript übernommen werden. Dies kann natürlich dennoch durch eine Intralinearisierung geschehen, diese wird dann aber die Form annehmen, die auch z.B. in GAT-Transkripten für die Darstellung redebegleitender non-verbaler Handlungen verwendet wird (s.o.) – eine für die Lesbarkeit wünschenswerte „Verdichtung“ (vgl. Schneider 2002b: 206) kann dadurch also nicht geleistet werden.

Die zweite Beobachtung betrifft speziell die in den vorigen Abschnitten ausgeführten Überlegungen zu möglichen Strukturen von Annotationen. Die in Abschnitt 5.4. vorgeschlagenen Schritte einer Visualisierungsmethode gehen von der Definition eines Transkriptionsgraphen aus, in der die möglichen Strukturen für Annotationen stark eingeschränkt sind. Auf die zusätzlich möglichen Strukturen, die in den vorangegangenen Abschnitten angesprochen wurden, sind sie zunächst nicht ohne weiteres anwendbar, denn:

- Annotationen, die sich auf Einheiten verschiedener Sprecher beziehen, werden in aller Regel nicht einer der vorhandenen Schichten zugeordnet werden können. Für eine Visualisierung in Partiturnotation ist die nahe liegende Lösung, sie einer eigenen Schicht zuzuschlagen. Die Tatsache, dass ein Turn von mehreren Sprechern gemeinsam konstruiert wurde, würde also durch einen entsprechenden Eintrag in einer zusätzlichen Spur dargestellt:

---

als zehn verschiedene Werte unterscheiden lassen, während die Anzahl distinktiver Symbole jenseits dieses Wertes, aber nicht über dreißig liegen dürfte.

[74] An dieser Stelle spielen allerdings wahrscheinlich auch Lesegewohnheiten eine Rolle. Die Verwendung von Interpunktion in HIAT bewegt sich nicht all zu weit von der Verwendung von Interpunktion in der Orthographie fort. Die eingefügten Zeichen werden daher einen der Schriftsprache kundigen Leser nur wenig „belasten“. Die diversen Zeichen, die in GAT zur Visualisierung von Prosodie zum Einsatz kommen, sind hingegen bereits weiter von gängigen Lesegewohnheiten entfernt, und ihre potentielle Anzahl wird durch diesen Umstand möglicherweise stärker begrenzt.

```
A  Und dann ist er
B                       nach Hause gegangen
C                                              ohne Tschüß zu sagen.
   ---------------------------- interaktiver Turn ----------------------------
```

Für eine Visualisierung in Zeilennotation ist jedoch keine derart nahe liegende Vorgehensweise auszumachen. Insbesondere ist unklar, wie sich solche Annotationen zu einer Gruppierung, die sich ja in der Regel nach einer Sprecherzuordnung richtet, verhalten. Eine mögliche, aber nicht gänzlich befriedigende Lösung wäre wiederum, durch eine Spaltung der betreffenden Kante[75] die Annotation auf mehrere Gruppen zu verteilen, was z.B. zu einer Visualisierung folgender Art führen könnte:

```
A: Und dann ist er {interaktiver Turn}
B: nach Hause gegangen {interaktiver Turn}
C: ohne Tschüß zu sagen. {interaktiver Turn}
```

Inituitiver und damit wahrscheinlich besser lesbar wäre aber wahrscheinlich folgende Darstellung, die die verteilten Annotationen durch Einfügen von Zeichen intralinearisiert.

```
A:  Und dann ist er...
B:  ...nach Hause gegangen...
C:  ...ohne Tschüß zu sagen.
```

Dabei sind die betreffenden Einfügungsregeln unterschiedlich, je nachdem, ob die jeweilige Teilannotation den Beginn, einen Mittelteil oder das Ende der Ausgangsannotation darstellt. Mit den in Abschnitt 5.4. erarbeiteten Methoden ist eine solche Visualisierung nicht zu bewerkstelligen. Eine Erweiterung des Modells bezüglich solcher Annotationsstrukturen müsste also auch eine geeignete Modifikation des zugehörigen Visualisierungsverfahrens nach sich ziehen.

- Ähnliche Probleme stellen sich, wenn eine Annotation diskontinuierlicher Einheiten visualisiert werden soll. Auch hier müsste das Visualisierungsverfahren geeignet modifiziert werden, um den Zusammenhang disparater Elemente im Transkript visuell kenntlich machen zu können. Dies könnte beispielsweise wiederum durch Einfügung adäquater Zeichen geschehen:

[75] Es lässt sich allerdings bestreiten, dass Annotationen der Art „interaktiver Turn" wirklich im Sinne der Definition spaltbar sind. Die aus der Spaltung resultierenden Kanten beschreiben eigentlich nicht mehr „angemessen" ein Diskursereignis, denn nicht jeder Teil eines interaktiv konstruierten Turns ist seinerseits ein interaktiv konstruierter Turn.

A	Mach doch mal die Tür zu.
	V.. Mod Mod Det N ..V

Wird das Instrumentarium zum Annotieren von Transkriptionen erweitert, so ist schließlich auch zu fragen, ob es überhaupt immer sinnvoll ist, diese zusätzlichen Annotationen in einer Visualisierung zu berücksichtigen. Manche Annotationen, die primär einer computergestützten Auswertung dienen, mögen für den menschlichen Leser eines Transkripts unter Umständen gar keine relevante Information beinhalten, und ihre Integration in eine Darstellung auf Papier oder Bildschirm würde daher nur unnötigen Ballast beim Lesen bedeuten. Beispielsweise ist eine Lemmatisierung, die mittels orthographischer Umschrift beschriebene Aussprachevarianten mit einer orthographisch normalisierten Grundform annotiert, zwar eine entscheidende Hilfe für die computergestützte Suche nach bestimmten Wörtern. Der Leser eines Transkripts wird die darin enthaltene Abstraktion (z.B.: dem Wort „uffgebasst" entspricht das Lemma „aufgepasst") aber in aller Regel problemlos vollziehen können, *ohne* dass sie auf dem Papier repräsentiert wäre.

5.5.2 Hypertextuelle Visualisierungen

Der vorangehende Abschnitt deutete bereits an, dass die Visualisierungsmethoden, die von den gängigen Transkriptionssystemen verwendet werden, unter Umständen an Grenzen stoßen, wenn die „eigentliche" Transkription mit einer Vielzahl komplex strukturierter zusätzlicher Annotationen angereichert wird. Dabei kann wohlgemerkt nicht nur die *Art* der Annotationen, sondern auch einfach ihre *Menge* zu Problemen führen. Werden beispielsweise auf eine Transkription fünf verschiedene Kategoriensätze zur morphologischen Transliteration statt (wie z.B. in HIAT üblich) nur einem angewendet und zusätzlich weitere Formen der Annotation (wie Übersetzungen, Tonhöhenverläufe, Sprechweisekommentare etc.) eingesetzt, die jeweils eine eigene Schicht in Anspruch nehmen, so lässt die Vielzahl der entstehenden Spuren selbst eine Visualisierung in Partiturnotation unübersichtlich werden.

An dieser Stelle wird es besonders lohnend, die Möglichkeiten eingehender zu betrachten, die sich allgemein erst aus dem Einsatz des Computers zur Transkription ergeben, und die speziell durch die hier verfolgte Trennung von Modell und Visualisierung nutzbar werden. Es kann davon ausgegangen werden, dass die in dieser Arbeit näher untersuchten Transkriptionssysteme sich ausnahmslos an den medialen Randbedingungen orientieren, die *vor* der allgemeinen Verbreitung leistungsfähiger Computer existierten[76]. Konkret und leicht

[76] Ganz eindeutig ist dies bei HIAT, dessen ursprüngliche Fassung (Ehlich/Rehbein 1976) eine Reihe praktischer Anweisungen für das Erstellen von Transkripten mit einer *Schreib-*

vereinfacht ausgedrückt bedeutet dies, dass sie sich bezüglich ihrer inhaltlichen und darstellungstechnischen Methoden den Beschränkungen unterordnen, die ihnen das Schreiben auf Papier auferlegt.[77] Wie in den Abschnitten 2.3. und 2.4. thematisiert, haben sich diese medialen Randbedingungen jedoch grundlegend verändert. Erachtet man nicht das Papier, sondern den Bildschirm als primäres Medium der Visualisierung von Transkriptionen[78], so ergeben sich vielfältige zusätzliche Möglichkeiten, die in den bestehenden Transkriptionssystemen bisher kaum reflektiert werden. Insbesondere scheinen Hypertext-Technologien, deren vorrangiger Nutzen ja darin besteht, dass sie nicht-lineare Strukturen navigierbar machen, geradezu prädestiniert zu sein, um bei der Visualisierung von Gesprächsstrukturen, die ihrerseits wesentlich durch ihre Nicht-Linearität charakterisiert sind, zum Einsatz zu kommen. Nothdurft et al. (2003: 67f) thematisieren dies:

> Multimedia-Technologie[79] eröffnet Darstellungsmöglichkeiten, die den Besonderheiten zwischenmenschlicher Kommunikation in qualitativ neuer Weise Rechnung tragen und die zu einem vertieften Verständnis von Phänomenen zwischenmenschlicher Kommunikation führen können. [...]
> Wir plädieren dafür, die Chancen, die die neue Medien-Technologie bietet, zu nutzen und multimediale Verfahren zur Analyse und zur

maschine enthält. GAT orientiert sich stark an den Jeffersonschen Vorgaben zum konversationsanalytischen Transkribieren, die ebenfalls bereits in der Mitte der Siebzigerjahre – also zu einer Zeit, in der der Einsatz des Computers zum Transkribieren alles andere als gängig war – entstanden sind. Über die Entstehung der DIDA- und Verbmobil-Konventionen lassen sich anhand der verwendeten Literatur zwar keine näheren Aussagen machen, es ist jedoch auch dort nicht zu erkennen, dass die zusätzlichen Möglichkeiten einer Darstellung von Transkripten auf dem Bildschirm einen Einfluss auf die Systeme ausgeübt hätten.

[77] Es sei in diesem Zusammenhang noch einmal an das Zitat von Knowles (1995) aus Abschnitt 2.5. erinnert, der kritisiert, dass Transkriptionen immer noch als „objects in book format" betrachtet und die sich speziell durch den Computer-Einsatz ergebenden Möglichkeiten von Linguisten nicht hinreichend erkannt und ausgenutzt werden.

[78] Visualisierungen sind sowohl auf dem Papier als auch auf dem Bildschirm analoge Modelle. Ein Unterschied zwischen ihnen besteht jedoch bezüglich einer Dimension, die im Rahmen des kartographischen Modellbegriffs in Abschnitt 2.2.3. angesprochen wurde: während es sich bei einem Transkript auf Papier um ein reales (materielles) Datum handelt, stellt eine Darstellung auf dem Bildschirm ein virtuelles (immaterielles) Datum dar. Dass Visualisierungen am Bildschirm immateriell sind, hat eine ganz profane, aber wichtige Bedeutung für den praktischen Umgang mit Transkriptionen – weil sie keine Materialkosten verursachen, können Bildschirmdarstellungen „großzügiger" mit der räumlichen Strukturierung von Transkripten verfahren, und dies kann sich unter Umständen zusätzlich positiv auf deren Lesbarkeit auswirken.

[79] Zwar ist hier zunächst nur von Multimedia-Technologie die Rede, der Aufsatz selbst macht aber an mehreren Stellen deutlich, dass dies Hypertext-Technologien einschließt, und zwar auch im Sinne reiner Text-Text-Verknüpfungen (vgl. z.B. den Abschnitt „Skript-Element", ebda.: 72f).

Darstellung von Ergebnissen der Gesprächs- und Interaktionsanalyse zwischenmenschlicher Kommunikation zu entwickeln.

Diese Chancen und Möglichkeiten vollständig zu untersuchen und auszuarbeiten würde jedoch den Rahmen dieser Arbeit sprengen. Es sollen daher im Folgenden nur einige exemplarische Illustrationen gegeben werden, die verdeutlichen, welche bislang noch nicht ausgeschöpften Optionen die „digitale Revolution" langfristig für die Transkription gesprochener Sprache mit sich bringen könnte.

5.5.2.1 Frames als hypertextuelles Navigations- und Darstellungsmittel

Hypertexte unterscheiden sich von „herkömmlichen" gedruckten Texten vor allem dadurch, dass sie ihrem Benutzer ermöglichen, Verknüpfungen, die der Autor zwischen einzelnen Textteilen, zwischen Teilen verschiedener Texte oder zwischen einem Textteil und einem nicht-textförmigen Element (z.B. einer Tondatei) hergestellt hat, beim Lesen unmittelbar am Bildschirm zu verfolgen. Die konkreten Mittel, die zur Navigation und Darstellung solcher Verknüpfungen zur Anwendung kommen, können in modernen Hypertext-Applikationen (von denen Internet-Browser die am weitesten verbreiteten sind) verschiedene Formen annehmen. So kann z.B. das Ziel einer Verknüpfung ihre Quelle auf dem Bildschirm ersetzen oder in einem neuen Fenster angezeigt werden.

In den folgenden Beispielen werden die Möglichkeiten, Hypertexttechnologien zur Visualisierung von Transkriptionen zu nutzen, vornehmlich anhand der so genannten Frame-Technologie[80] illustriert: Frames ermöglichen eine Aufteilung des Bildschirms in zwei oder mehr unabhängige Teilbereiche. Jeder Frame kann ein eigenes Dokument enthalten, und der Betrachter kann in jedem dieser Dokumente navigieren (also z.B. horizontal oder vertikal „scrollen", integrierte Ton- oder Bild-Dateien abspielen, etc.), ohne dass die Anzeige der anderen Bereiche sich dadurch ändert. Besonders gewinnbringend lässt sich diese Technologie einsetzen, wenn Dokumente in verschiedenen Frames durch Hyperlinks miteinander verknüpft werden. Ein Teilbereich des Bildschirms kann dann z.B. ein Inhaltsverzeichnis enthalten und ein Klick auf dessen Einträge die Anzeige des jeweiligen Unterkapitels in einem anderen Teilbereich des Bildschirms bewirken. Der folgende Screenshot illustriert, wie auf diese Weise ein einfaches Navigieren auf einer Web-Site ermöglicht wird:

[80] Von der Verwendung dieser Technologie wird in Ratgebern für das Design von WWW-Seiten verschiedentlich abgeraten (vgl. z.B. „Why frames suck (most of the time)", http://www.useit.com/alertbox/9612.html). Die meisten der dort vorgebrachten Einwände (z.B. die mangelnde Indizierbarkeit durch Suchmaschinen) sind jedoch für den Gegenstand dieses Abschnittes kaum relevant. Davon abgesehen dienen Frames hier auch nur zur Illustration des Prinzips hypertextueller Visualisierungsformen. Selbstverständlich ließen sich alle der hier vorgeschlagenen Visualisierungen auch mittels anderer Navigations- und Darstellungsmittel – z.B. durch Anzeige der verknüpften Elemente in einem neuen Fenster – bewerkstelligen.

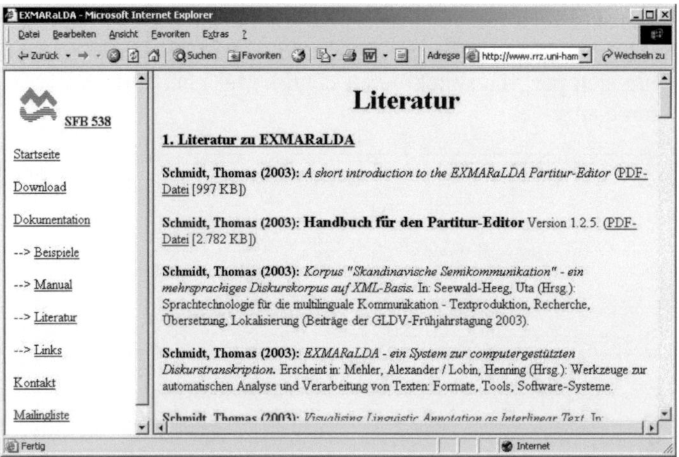

5.5.2.2 Verknüpfte Darstellung von Makro- und Mikrostruktur

Wie in Kapitel 2 mehrfach thematisiert, entstehen Transkripte oft als ein Kompromiss zwischen Einfachheit und Präzision. Das universelle Gütekriterium der Lesbarkeit verlangt, dass Darstellungen so ikonisch wie möglich sind und nicht mit zu vielen ungewohnten Symbolen überfrachtet werden, während das Transkript als Analyse-Grundlage natürlich gerade dadurch an Präzision gewinnt, dass es möglichst viele Phänomene abbildet und damit entsprechend viele Zeichen einsetzt. Die Unterscheidung, die beispielsweise GAT zwischen dem Basis- und dem Feintranskript vornimmt[81], reflektiert in gewisser Weise dieses Dilemma: Das Basistranskript enthält lediglich diejenigen Informationen, die zu einem gesprächsanalytisch verständigen Verfolgen des *globalen* Gesprächsverlaufs nötig sind (es „schreibt gesprächsanalytische Mindeststandards fest“, Selting et al. 1998: 96). Da zusätzliche, z.B. prosodische, Details für diesen Zweck als störend empfunden würden, werden sie aus der Darstellung ausgeblendet[82]. Sollen jedoch *lokale* Phänomene genauer analysiert werden, so werden diese störenden Details zu interessanten Merkmalen, die dementsprechend in die Darstellung des Feintranskripts einfließen.

Durch den Einsatz zweier geeigneter Frames könnten die Vorteile von Basis- und Feintranskript nun in einer einzigen Bildschirmdarstellung kombiniert werden. Dabei würde ein Frame das Basistranskript enthalten, das (z.B. über die Zeilennummerierung) mit dem Feintranskript im anderen Frame verknüpft ist.

[81] Die Unterscheidung zwischen HIAT1 und HIAT2 ist eine ähnliche.

[82] Dies ist natürlich eine Idealisierung, die nur bei einer Trennung von Modell und Visualisierung sinnvoll ist. In der gängigen Praxis, die diese Trennung nicht vornimmt, werden die Details nicht ausgeblendet, sie werden schlicht zunächst nicht transkribiert, und Basis- und Feintranskript müssen als separate Dokumente erstellt werden.

Die Makrostruktur des Gesprächsverlaufs könnte im ersten Frame nachvollzogen werden. Wird dort eine für die Analyse relevant erscheinende Stelle gefunden, so ließe sich per Mausklick deren detaillierter annotierte Mikrostruktur im zweiten Frame anzeigen:

```
01 S1: ja:; (.) die VIERziger generation so;=
02     =das=s: !WA:HN!sinnig viele die sich da ham [SCHEIden
03 S2:                                             [ja;
04 S1: lasse[n.=
05 S2:      [hm,
06 S1: =oder scheiden lassen ÜBERhaupt.
07 S2: hm,
08      (--)
09 S1: heute noch-
10      (2.1)
11      s=is der UMbruch.
12 S2: n besonders GUtes beispiel das warn mal unsere NACHbarn.
13    (1.0)
14    ähm (1.0)
15    DREISsig jahre verheiratet, (--)
16    das letzte Kind (.) endlich aus m HAUS,
17    zum stuDIERN, (--)
18    WEGgegangen, =ne,
19    nach berLIN, (--)
```

Frame 1: Basistranskript

```
05 S2:      [ˇhm,
06 S1: =<<dim> oder ¯scheiden lassen '`ÜBERhaupt.>
07 S2: ˇhm,
```

Frame 2: Feintranskript

Ganz ähnlich könnte für HIAT-Transkripte verfahren werden. Ein Frame würde dabei die gemäß HIAT1 visualisierte Makrostruktur anzeigen, während im zweiten Frame zusätzlich beispielsweise die gemäß HIAT2 visualisierte intonatorische Mikrostruktur dargestellt würde:

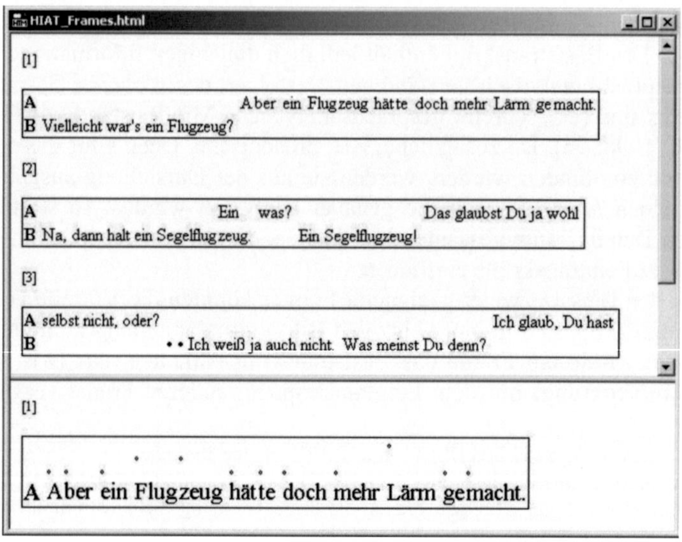

Das hier vorgeschlagene Modellierungs- und Visualisierungsverfahren begünstigt die Erstellung solcher neuen Darstellungsformen in mehrerlei Hinsicht: Erstens repräsentiert das Modell verschiedene Annotationen in einer für den Computer eindeutig zu unterscheidenden Art und Weise und kann so sicherstellen, dass die Einheiten des Basistranskripts und des Feintranskripts (bzw. Einheiten von HIAT1 und HIAT2) voneinander abzugrenzen sind. Zweitens ist das Visualisierungsverfahren in der Lage, verschiedene Transkriptformen *automatisch* aus dem symbolischen Modell zu generieren. Der zusätzlichen Darstellungsmöglichkeit steht also kein höherer Arbeitsaufwand entgegen.

5.5.2.3 Verknüpfte Darstellung von Partitur- und Zeilennotation

Wie ebenfalls bereits thematisiert, ist die Entscheidung zwischen Partitur- und Zeilennotation in der Regel pragmatisch motiviert. Die Partiturnotation nutzt die zweidimensionale Fläche des Papiers bzw. des Bildschirms, um zeitliche Sequentialität und Parallelität analog darzustellen, während bei der Zeilennotation Gesprächseinheiten auf einzelne Zeilen abgebildet werden. An ersterer lässt sich daher der zeitliche Verlauf eines Gespräches intuitiver nachvollziehen, während letztere dessen Äußerungsstruktur (bzw. Turn-, Phrasierungseinheiten-, etc. Struktur) deutlicher visuell kenntlich macht – mit den Worten von Selting (2001: 1060f):

> In der Partiturschreibweise [...] wird die Gleichzeitigkeit der Beiträge der Gesprächspartner betont. In der Zeilenschreibweise [...] wird die Sequentialität in den Vordergrund gestellt. Jede dieser Transkriptionsweisen hat ihre Stärken und Schwächen.

Welche Form als „besser geeignet" erachtet wird, hängt also davon ab, welcher dieser beiden Aspekte als wichtiger beurteilt wird. Die Praxis zeigt jedoch auch, dass die Entscheidung keine absolute sein kann – aus HIAT-Partituren werden bei Bedarf Äußerungslisten generiert, und GAT nähert sich über ein geeignetes „Einrücken" von simultanen Redepassagen stellenweise der Partiturnotation an.

Der Einsatz von Hypertext-Technologie könnte auch hier dazu dienen, die Vorteile beider Notationsformen in einer einzigen Bildschirm-Darstellung zu kombinieren. Beispielsweise könnte ein Frame eine Visualisierung in Partiturnotation, der andere eine Visualisierung in Zeilennotation enthalten, und eine geeignete Verknüpfung (die z.B. von den Knoten im Modell ausgehen könnte) würde es ermöglichen, die beiden Darstellungen beim Betrachten miteinander zu synchronisieren:

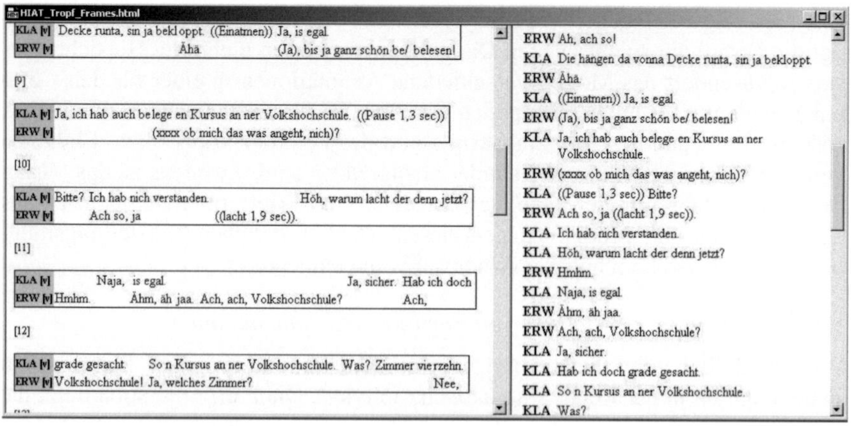

Dabei gilt wiederum, dass eine solche Darstellungsmöglichkeit durch das Konzept der Trennung von Modell und Visualisierung ohne erheblichen Mehraufwand nutzbar wird, weil sowohl beide Teile der Visualisierung als auch die Verknüpfung zwischen ihnen automatisch aus dem symbolischen Modell berechnet werden können.

5.5.2.4 Verknüpfte Darstellung von Transkription und Wortliste

Eine dritte Möglichkeit zum Einsatz von Hypertext-Technologie bewegt sich bereits weg von Aspekten, die nur das reine „Lesen" von Transkripten am Bildschirm betreffen und kann bereits als ein erstes computergestütztes Analyseinstrument erachtet werden. Wenn Transkriptionen zunächst als formal kontrollierbare symbolische Modelle erstellt werden, so können aus ihnen neben den gängigen Visualisierungen auch leicht gänzlich anders organisierte Darstellungen automatisch generiert werden. Eine solche Darstellung wäre beispielsweise eine alphabetische Wortliste, also eine Liste, die die Beschreibung all derjenigen Elemente alphabetisch geordnet auflistet, die in einem Transkriptionsgraphen mit Segmentkanten der Kategorie „wort" annotiert wurden, und die alle anderen Einheiten der Transkription unberücksichtigt lässt. Wird eine solche Wortliste in einem Frame angezeigt und sind die einzelnen Wörter mit den Stellen ihres Auftretens im zugehörigen Transkript in einem zweiten Frame verknüpft, so können auf diese Weise bestimmte Formen der Analyse (z.B. die bereits erwähnte „kontextualisierte Wortschatzanalyse", vgl. Grießhaber/Rehbein 2002) durch den Computereinsatz wesentlich erleichtert werden:

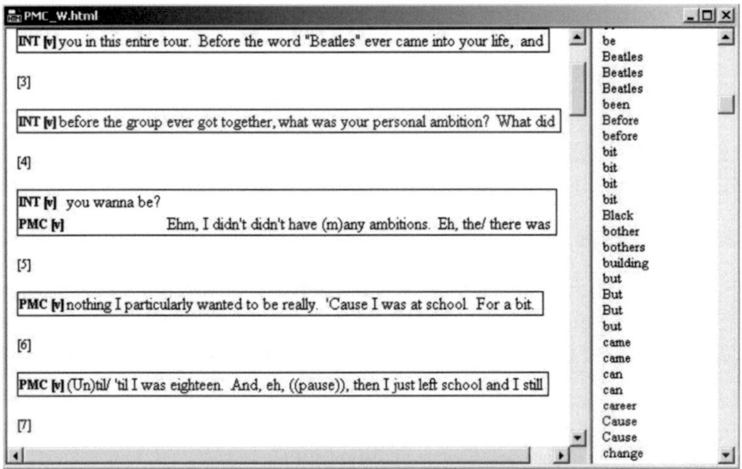

5.5.2.5 Interaktive Anzeige von Annotationen über Tooltips

Gewisse Formen der Annotation dienen nicht unbedingt der Analyse selbst, sondern erfüllen primär den Zweck, das inhaltliche Verständnis einer Transkription beim Betrachter zu sichern. Dies ist beispielsweise oft der Fall für die äußerungsbezogene Übersetzung in HIAT, die das Lesen fremdsprachlicher Transkripte für Nicht-Muttersprachler erleichtern soll. In der Visualisierung sind solche Annotationen sekundär – sie sind für das Verständnis der modellierten sprachlichen Zusammenhänge selbst eigentlich nicht notwendig, sondern stellen eine Zusatzinformation dar, deren Relevanz in hohem Maße „benutzerabhängig" ist – ein Leser, der eine fortgeschrittene Kompetenz in der transkribierten Sprache besitzt, wird z.B. die äußerungsbezogene Übersetzung in der Regel nicht beachten, und sie wird ihn möglicherweise gar beim Lesen des Transkripts stören.

Für solche gleichsam „auf Bedarf" zur Verfügung zu stellende Information bieten sich so genannte Tooltips an. Diese sind Elemente, die nicht konstant am Bildschirm angezeigt werden, sondern nur dann erscheinen, wenn der Benutzer längere Zeit mit dem Mauszeiger über einer Stelle verharrt. Im folgenden Beispiel verursacht z.B. ein Zeigen mit der Maus auf die Äußerung „With me now I have Paul McCartney", dass in einem Tooltip deren deutsche Übersetzung „Bei mir ist jetzt Paul McCartney" angezeigt wird:

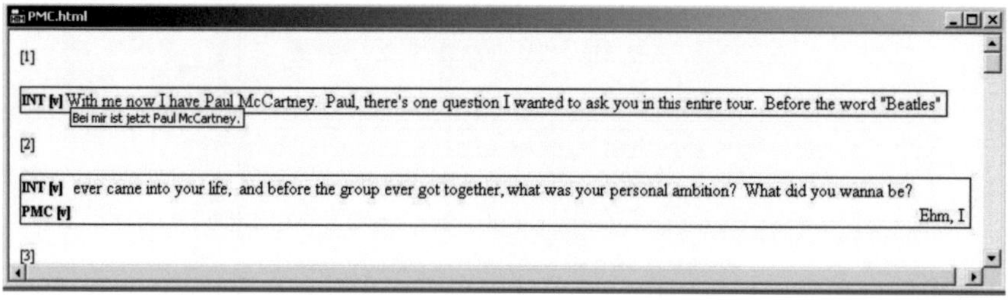

Das in Abschnitt 5.4. beschriebene Visualisierungsverfahren berücksichtigt solche Tooltips zwar nicht unmittelbar, es ließe sich aber ohne weiteres so ergänzen, dass auch diese Darstellungsform automatisch generierbar würde.[83]

5.5.2.6 Bild-, Ton- und Filmintegration

Wie in den Abschnitten 2.3. und 2.4. ausgeführt, bringt die Digitalisierung der Schrift neben neuen textuellen Darstellungsformen als zweite wichtige Komponente vor allem die vereinfachte Integration nicht-textueller Daten wie Bilder, Töne oder Filme mit sich. Die Relevanz dieses Umstands für die computergestützte Transkription wurde bereits dargelegt: Transkripte können damit Ausgangspunkt dessen werden, was MacWhinney (2000) eine „veränderte exploratorische Realität" nennt (vgl. Abschnitt 2.3.), also einer prinzipiellen Erweiterung der methodischen Bedeutung des Transkripts in der gesprächsanalytischen Forschung gleichkommt. Dies erschöpfend auszuführen und zu illustrieren, wäre sicherlich Gegenstand einer eigenen umfangreichen Arbeit. An dieser Stelle seien daher nur einige Aspekte beleuchtet, die wiederum verdeutlichen, dass die Darstellungsmöglichkeiten am Bildschirm diejenigen des Papiers übertreffen können.

Zunächst setzt eine Integration von Ton oder Film natürlich ein Ausgabemedium voraus, das diese wiederzugeben vermag. Da diese Arbeit in Papierform vorliegt, können die diesbezüglichen Möglichkeiten hier gar nicht hinreichend illustriert werden.[84] Aber auch für die Integration einzelner Bilder, die ja prinzipiell auch auf Papier möglich ist (vgl. dazu vor allem Ehlich/Rehbein 1979a), ergeben sich durch geeignete Hypertext-Technologien neue und bessere Möglichkeiten der Darstellung.

So gehören Bilder, die den Ablauf gestischer Handlungen illustrieren, wiederum zu denjenigen Informationen, die beim globalen Verfolgen der Makrostruktur eines Gespräches wegen ihres großen Platzbedarfes oft eher störend wirken mö-

[83] Konkret ist das Hinzufügen einer Tooltip-Funktionalität am ehesten mit einer Intralinearisierung durch Formatierung zu vergleichen, d.h. es würde genügen, das (prinzipiell ohnehin offene) Formatierungsvokabular um den Befehl zum Anzeigen von Tooltips zu erweitern.

[84] Für Beispiele der Verknüpfung von Transkript mit Teilen einer Video- oder Audioaufnahme vgl. EXMARALDA.

gen, während sie für die Analyse lokaler Mikrostrukturen eine entscheidende Information darstellen können. Sie in einem gesonderten Frame anzuzeigen, der mit der zugehörigen Deskription im Transkript verknüpft ist, kann auch hier helfen, diesen einander zuwider laufenden Anforderungen in einer einzigen Darstellung nachzukommen:

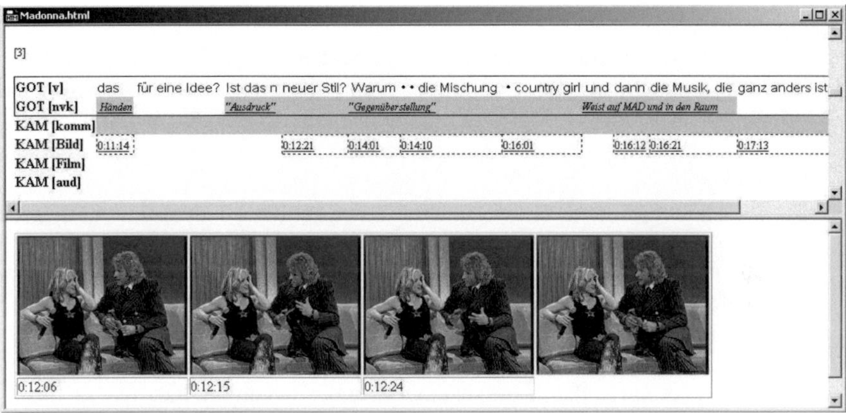

Auch diese Funktionalität ist im hier vorgeschlagenen Modellierungs- und Visualisierungsverfahren nicht unmittelbar berücksichtigt, könnte dort aber durch eine geeignete Erweiterung problemlos integriert werden. Im EXMARaLDA-System (s.u.) werden solche Verknüpfungen z.B. auf Kanten eines Typs **L** (für Link) repräsentiert. Dies trägt auf der Modellebene den Besonderheiten der symbolischen Beschreibung Rechnung – die Semantik einer Kante des Typs **L** ergibt sich nicht unmittelbar aus ihrer symbolischen Beschreibung, sondern über das Objekt, auf das sie verweist. Bei der Visualisierung werden solche Kanten dann gemäß dieser Semantik behandelt, z.B. bildet eine HTML-Darstellung sie auf Elemente des Typs **<a>** (für Hyperlink-Anchor) ab. Entsprechend könnte bei einer Erweiterung des Transkriptionsgraphenformalismus verfahren werden.

5.6 Zusammenfassung

Abschließend sollen hier die wichtigsten Eigenschaften des entwickelten Modellierungs- und Visualisierungsverfahrens noch einmal stichwortartig zusammengefasst werden.

Mit einem Transkriptionsgraphen lassen sich gesprächsanalytische Transkriptionen verschiedener Transkriptionssysteme als rein symbolische Modelle ausdrücken. Dabei hat ein Transkriptionsgraph die folgenden formalen Eigenschaften:

- Ein Transkriptionsgraph ist ein spezieller *Annotationsgraph*. Als solcher organisiert er die Einheiten einer Transkription primär in Form eines gerichteten azyklischen Graphen, dessen Knoten den gemeinsamen Zeitbezug aller Einheiten repräsentieren, während die Kanten die nicht-zeitliche Information tragen. Gegenüber dem AG-Formalismus werden für Transkriptionsgraphen zusätzliche strukturelle Beschränkungen und semantische Spezifizierungen angenommen.
- Die wichtigste strukturelle Beschränkung besteht in der Forderung, dass der Graph *zusammenhängend* sein muss. Damit kann der relativen zeitlichen Ordnung von Einheiten Vorrang gegenüber einer absoluten zeitlichen Ordnung eingeräumt werden, was der gesprächsanalytischen Transkriptionsweise entspricht.
- Die erste wichtige semantische Spezifizierung besteht in einer durchgängigen *Zuordnung von Kanten zu Kategorien und Sprechern*. Erstere ist im AG-Formalismus zwar angelegt, aber nicht ausformuliert. Letztere reflektiert den Umstand, dass sich gesprächsanalytische Transkription im Normalfall (und insofern im Gegensatz zu sprachtechnologischer Transkription) mit multiaktantiellen Gesprächen befasst und die Zuordnung von Einheiten zu verschiedenen Aktanten damit für sie eine zentrale Bedeutung hat.
- Die zweite wichtige semantische Spezifizierung besteht in der Beschreibung formaler *Eigenschaften verschiedener Kanten*. Zentral ist dabei die Unterscheidung zwischen solchen Kanten, die dem Prinzip der doppelten Gliederung folgend kombinierbar und segmentierbar sind, und solchen Kanten, deren symbolische Beschreibungen verein- und spaltbare Deskriptionen darstellen. Während diese Transkriptions- und Deskriptionskanten *selbstständige* Einheiten („regular entities") der Transkription bilden, repräsentieren Annotations- und Segmentkanten *Merkmale* der Transkriptionskanten und sind insofern nicht-selbstständige Einheiten („weak entities").
- Aufbauend auf dieser Unterscheidung erfolgt schließlich als dritte semantische Spezifizierung *eine Typisierung verschiedener Kategorien*, mittels derer Transkriptions-, Deskriptions-, Annotations- und Segmentkanten voneinander unterschieden werden können.

Diese Einschränkungen und Spezifizierungen machen den graphenbasierten Ansatz des AG-Formalismus soweit handhabbar, dass sich auf der Basis von Transkriptionsgraphen ein Visualisierungsverfahren formulieren lässt, mittels dessen die rein symbolisch beschriebenen Modelle systematisch in analoge Visualisierungen überführt werden können. Dieses Visualisierungsverfahren beinhaltet dabei die folgenden Operationen auf den graphenförmigen Daten:

- Eine *Intralinearisierung* von Kanten, die parallele Strukturen im symbolischen Modell durch Formatierungen oder eingefügte Zeichen in der Visualisierung wiedergibt.
- Eine *Symbolisierung* von Kanten, die bestimmte symbolische Beschreibungen im Modell in andere symbolische Beschreibungen in der Visualisierung überführt.
- Eine *Schichtung*, die die Kanten des (intralinearisierten) Graphen nach einer vorgegebenen Systematik in verschiedene Teilmengen partitioniert, wobei innerhalb jeder dieser Teilmengen alle Kanten vollständig zeitlich geordnet werden können und sich nicht gegenseitig überschneiden. Auf der Visualisierungsebene werden diese Schichten dann als eigenständige graphische Einheiten (z.B. Spuren einer Partitur) wiedergegeben.
- Eine *Gruppierung*, die ebenfalls verschiedene Kanten (möglicherweise aus verschiedenen Schichten) zu größeren Einheiten zusammenfasst, die dann ihrerseits wieder auf graphische Einheiten der Visualisierung (z.B. Zeilen eines Transkripts in Zeilennotation) abgebildet werden.
- Eine *Positionierung* von Kanten, die nicht-gemeinsame Knoten im Ausgangsgraphen auf gemeinsame Knoten zurückführt. Dadurch wird die Anordnung der mit den zugehörigen Kanten korrespondierenden graphischen Einheiten im zwei- oder eindimensionalen Raster der angestrebten Notationsform ermöglicht.

Die Beispiele in den Abschnitten 5.3. und 5.4. belegen, dass sich ein solches Modellierungs- und Visualisierungsverfahren auf bestehende gesprächsanalytische Transkriptionssysteme anwenden lässt. Das Verfahren ist also einerseits allgemein genug, um die unterschiedlichen Systeme auf einer gemeinsamen Basis beschreiben zu können. Andererseits ist es auch spezifisch genug, um Grundlage einer konkreten Implementierung zu werden (siehe dazu auch das folgende Kapitel).

In Abschnitt 5.5. schließlich wurde zum einen diskutiert, ob und wie sich komplexere Annotationsformen, die von den bestehenden Systemen derzeit nicht verwendet werden, in den vorgeschlagenen Ansatz integrieren lassen. Zum anderen wurde aufgezeigt, dass die dergestalt vollzogene Trennung von Modell und Visualisierung neue Visualisierungsformen ermöglicht, die speziell die Hypertext-Fähigkeit moderner Rechner in einer Weise ausnutzt, die für die gesprächsanalytische Forschung von Interesse sein mag.

Kapitel 6

Aspekte der Umsetzung und Anwendung

6.1 XML-Kodierung von Transkriptionsgraphen

Innerhalb der im einleitenden Abschnitt des vorigen Kapitels beschriebenen Drei-Ebenen-Architektur besetzen Transkriptionsgraphen die logische Ebene, während ihre Visualisierungen der Anwendungsebene zuzurechnen sind. Um das vorgeschlagene Verfahren zum praktischen Einsatz zu bringen – sprich: um es in eine konkrete Implementierung umzusetzen – ist es jedoch auch nötig, sich über die physikalische Ebene, d.h. das Dateiformat, in dem als Transkriptionsgraphen formulierte Modelle gesprochener Sprache auf einem digitalen Speichermedium abgelegt werden, Gedanken zu machen.

Dabei ist zunächst zu wiederholen, dass das Konzept der Transkriptionsgraphen grundsätzlich offen ist, um vermittels *unterschiedlicher* Technologien physikalisch auf einem Rechner umgesetzt zu werden – ein großer Vorteil einer Drei-Ebenen-Architektur liegt gerade darin, dass sie durch die Trennung von logischer und physikalischer Ebene die größtmögliche Unabhängigkeit von sich ändernden technologischen Umgebungen gewährleistet. Transkriptionsgraphen lassen sich somit beispielsweise alternativ in einfachen Textdateien, in SQL-konformen relationalen Datenbanken, in spezialisierten binären Formaten oder als XML-Dateien speichern.

Zum gegenwärtigen Zeitpunkt scheint die Wahl für ein Speicherformat jedoch geradezu zwangsläufig auf XML fallen zu müssen. In ausnahmslos *allen* größeren derzeit in der Entwicklung befindlichen Projekten, die sich mit computergestützter Transkription befassen, werden konkrete Daten letztendlich als XML-Dateien abgelegt. Dies gilt insbesondere auch für die in Kapitel 4 diskutierten generischen Ansätze[1] – TEI und Standoff-Annotation konstruieren ihre Modellierungsverfahren von Vorneherein ausgehend von Möglichkeiten und Grenzen der XML-Technologie; aber auch alle vorhandenen Implementierungen aus dem AG-Umfeld[2] verwenden mit dem so genannten Atlas Interchange Format (AIF, vgl. z.B. Bird et al 2000) ein XML-basiertes Speicherungsformat.

---

[1] Als weitere wichtige Projekte, die mit XML arbeiten, sind mindestens TASX (Milde/Gut 2001), EUDICO (Wittenburg et al. 2002), Anvil (Kipp 2001) und Transcriber (Barras et al. 2000) zu nennen.

[2] Verschiedene solcher Implementierungen werden in Bird et al. (2002) beschrieben. Zumindest das Werkzeug TableTrans sieht jedoch neben einem XML-basierten Speicherungsformat auch andere Möglichkeiten der physikalischen Repräsentation von Annotationsgraphen (ein tabulator-separiertes Textformat und ein RDB-Format) vor.

Angesichts der vorangehenden Ausführungen mag diese Uniformität zunächst verwunderlich erscheinen: wie ausführlich diskutiert, ist speziell der AG-Formalismus gerade durch ein Datenverständnis charakterisiert, das dem einer typischen XML-Anwendung eher zuwider läuft. Dass Annotationsgraphen sich auf der physikalischen Ebene dennoch meist in Form von XML-Dateien wieder finden, entspringt daher weniger einer theoretischen Notwendigkeit als praktischen Gegebenheiten: wie bereits in Abschnitt 2.4. angesprochen, ist die schnelle und umfassende Verbreitung der XML-Technologie nicht unbedingt nur aus ihrem theoretischen Fundament zu erklären, sondern ergibt sich zu einem nicht unwesentlichen Teil auch aus der Tatsache, dass sie einen großen Interessentenkreis (insbesondere viele kommerzielle Anwender) adressiert, von einem professionellen Konsortium (dem W3C) betreut wird und zuverlässig mit zahlreichen weiteren Technologien (insbesondere Unicode und diversen Programmiersprachen) interagiert. Vergleichbar ausgereifte Technologien, die darüber hinaus etwa dem AG-eigenen Datenverständnis direkt entgegenkommen würden, existieren schlicht nicht. Überspitzt formuliert ist XML in diesem Sinne unter den gegenwärtigen Voraussetzungen also einfach das „kleinste Übel" – es stellt eine solide technische Basis für die langfristige Archivierung und den Austausch strukturierter Daten dar, ohne jedoch wirklich auf den Bedarf der Kodierung und Verarbeitung von graphenförmigen Strukturen zugeschnitten zu sein (vgl. dazu auch Schmidt 2002c: 245ff und Lobin 2000: 61ff). Konkret bedeutet dies, dass sich Annotationsgraphen einerseits zwar ohne weiteres als XML-Dateien kodieren lassen, dass damit aber andererseits nicht automatisch sämtliche Komponenten eines XML-Systems sinnvoll nutzbar werden: Eine Syntaxkontrolle mittels einer DTD oder eines Schemas, eine Suchanfrage mittels XPath oder XQuery oder eine XSLT-Datentransformation werden bei nicht baumförmig organisierten Daten ihren Zweck in der Regel nur teilweise erfüllen und müssen durch geeignete zusätzliche Kontroll-, Such- und Transformationsmechanismen ergänzt werden.[3] In diesem Zusammenhang sei noch einmal das bereits angeführte Zitat aus Wohlberg (1999: 20) bemüht:

> Jeder Anwendung von XML steht es frei, über zusätzliche semantische Festlegungen Beschreibungsformen für nicht-hierarchische Strukturen zu definieren. Applikationen, die nichts über diese zusätzliche Bedeutung von Elementen und Attributen wissen, werden aber diese Strukturen nicht adäquat unterstützen.

Da der hier entwickelte Formalismus der Transkriptionsgraphen ebenfalls graphenförmige Strukturen für Transkriptionsdaten annimmt, gilt für ihn natürlich Entsprechendes. Wie XML-Technologie für die physikalische Repräsentation

[3] Die so genannte „AG-Library" (vgl. AGLIB), eine Sammlung von Programmierbausteinen zum Arbeiten mit Annotationsgraphen, erfüllt genau diesen Zweck.

von Transkriptionsgraphen genutzt werden kann, und wo sie an ihre Grenzen stößt, soll daher im Folgenden näher untersucht werden.

6.1.1 Eine Document Type Definition (DTD) für Transkriptionsgraphen

Eine Document Type Definition (DTD) ist eine kontextfreie Dokumentgrammatik, mit der die mögliche Syntax einer Klasse von XML-Dateien, die dem selben Dokumenttyp angehören, beschrieben werden kann. Im Zusammenspiel mit einer geeigneten Software (einem validierenden Parser) lässt sich eine DTD dazu verwenden, neben der Wohlgeformtheit (der gemäß der XML-Spezifikation korrekten Verwendung von *beliebigen* hierarchisch strukturierten Elementen) einer gegebenen XML-Datei auch deren Validität (der gemäß eines *spezifischen* Dokumenttyps korrekte Einsatz von Element- und Attributnamen und -inhalten) zu prüfen. Für eine ausführlichere Beschreibung vgl. Lobin (2000: 45ff) oder Witt (2002: 16ff).

Eine DTD für Transkriptionsgraphen wird im einfachsten Fall[4] die verschiedenen Komponenten eines Transkriptionsgraphen auf korrespondierende XML-Elemente und -Attribute abbilden. Dies ist im Beispiel[5] auf der folgenden Seite demonstriert. Die übernächste Seite zeigt dann ausschnittsweise, wie sich das Beispiel aus Abschnitt 5.4.6. gemäß dieser DTD in einer XML-Datei kodieren lässt.

[4] „Einfach" bedeutet dabei, dass weitestgehend eine Eins-zu-Eins-Zuordnung von (algebraischen) Elementen im Transkriptionsgraphen auf (XML-) Elemente in der DTD vorgenommen wird. Die so entstehende Struktur ist minimal redundant und maximal „flach". Sie ähnelt in dieser Beziehung dem Atlas Interchange Format (AIF) für Annotationsgraphen, von dem Bird/Liberman (2001: 49) sagen: "[...] we describe an XML ‚surface representation', which is maximally flat and which makes explicit our intuition that AGs are fundamentally a set of arcs."

[5] Der besseren Verständlichkeit zuliebe ist diese DTD ausgiebig mit Kommentaren (beginnend mit <!--) versehen. Diese werden vom Parser ignoriert; die eigentliche Syntaxdefinition erfolgt nur in den mit <!ELEMENT und <!ATTLIST beginnenden Abschnitten.

```
<?xml version="1.0" encoding="UTF-8"?>
<!-- Ein Transkriptionsgraph besteht aus jeweils genau einer Knotenmenge, Sprechermenge, Kategorienmenge
und Kantenmenge -->
<!ELEMENT Transkriptionsgraph (Knotenmenge, Sprechermenge, Kategorienmenge, Kantenmenge)>
<!-- Die Knotenmenge besteht aus mindestens zwei Knoten. -->
<!ELEMENT Knotenmenge (Knoten, Knoten+)>
<!-- Start- und Endknoten werden mittels ID-Referenzen auf die betreffenden Knoten festgelegt. -->
<!ATTLIST Knotenmenge
        startknoten IDREF #REQUIRED
        endknoten IDREF #REQUIRED>
<!-- Ein Knoten ist ein leeres Element -->
<!ELEMENT Knoten EMPTY>
<!-- Jedem Knoten wird eine eindeutige ID zugewiesen. Diese wird von Attributen im Element 'Knotenmenge'
und von Attributen in Elementen des Typs 'Kante' referenziert. Das optionale Attribut ‚zeit' steht für die Zeitfunkti-
on des Transkriptionsgraphen. -->

<!ATTLIST Knoten
        id ID #REQUIRED
        zeit CDATA #IMPLIED>

<!-- Die Sprechermenge besteht aus einer beliebigen Anzahl von Sprechern -->
<!ELEMENT Sprechermenge (Sprecher*)>

<!-- Ein Sprecher ist ein leeres Element -->
<!ELEMENT Sprecher EMPTY>
<!-- Jedem Sprecher wird eine eindeutige ID zugewiesen. Diese wird (optional) von einem Attribut in Elementen
des Typs 'Kante' referenziert. -->
<!ATTLIST Sprecher
        id ID #REQUIRED>

<!-- Die Kategorienmenge besteht aus mindestens einer Kategorie -->
<!ELEMENT Kategorienmenge (Kategorie+)>

<!-- Jeder Kategorie wird eine eindeutige Bezeichnung zugewiesen. Diese wird von einem Attribut in Elementen
des Typs 'Kante' referenziert. Außerdem wird jede Kategorie genau einem der Typen T, Anti-T, D, S oder A
zugewiesen -->
<!ELEMENT Kategorie EMPTY>
<!ATTLIST Kategorie
        bezeichnung ID #REQUIRED
        typ (T | Anti-T | D | S | A) #REQUIRED>

<!-- Die Kantenmenge besteht aus mindestens einer Kante -->
<!ELEMENT Kantenmenge (Kante+)>
<!-- Eine Kante enthält Textdaten (ihre Beschreibung) -->
<!ELEMENT Kante (#PCDATA)>
<!-- Jeder Kante wird ein Sprecher (optional), eine Kategorie, sowie ein Start- und Endknoten zugewiesen. -->
<!ATTLIST Kante
        sprecher IDREF #IMPLIED
        kategorie IDREF #REQUIRED
        start IDREF#REQUIRED
        ende IDREF #REQUIRED>
```

```
<?xml version="1.0" encoding="UTF-8"?>
<!DOCTYPE Transkriptionsgraph SYSTEM "D:\Diss\XML\Transkripionsgraph.dtd">
<Transkriptionsgraph>
    <Knotenmenge startknoten="n0" endknoten="n12">
        <Knoten id="n0"/>
        <Knoten id="n1"/>
        <Knoten id="n2"/>
        <!-- [...] -->
        <Knoten id="n12"/>
    </Knotenmenge>
    <Sprechermenge>
        <Sprecher id="A"/>
        <Sprecher id="B"/>
    </Sprechermenge>
    <Kategorienmenge>
        <Kategorie bezeichnung="pho" typ="T"/>
        <Kategorie bezeichnung="w" typ="S"/>
        <Kategorie bezeichnung="ä" typ="S"/>
        <!-- [...] -->
        <Kategorie bezeichnung="Äußerungstyp" typ="A"/>
        <!-- [...] -->
        <Kategorie bezeichnung="non-verbal" typ="D"/>
    </Kategorienmenge>
    <Kantenmenge>
        <!-- Transkriptionskanten -->
        <Kante sprecher="A" kategorie="pho" start="n0" ende="n1">warum</Kante>
        <Kante sprecher="A" kategorie="pho" start="n1" ende="n2">denn</Kante>
        <Kante sprecher="B" kategorie="pho" start="n1" ende="n2">weil</Kante>
        <Kante sprecher="B" kategorie="pho" start="n2" ende="n3">ich</Kante>
        <!-- [...] -->
        <!-- Segmentkanten -->
        <Kante sprecher="A" kategorie="w" start="n0" ende="n1"/>
        <Kante sprecher="A" kategorie="w" start="n1" ende="n2"/>
        <Kante sprecher="A" kategorie="ä" start="n0" ende="n2"/>
        <!-- [...] -->
        <!-- Annotationskanten -->
        <Kante sprecher="A" kategorie="Äußerungstyp" start="n0" ende="n2">D</Kante>
        <!-- [...] -->
        <!-- Deskriptionskanten -->
        <Kante sprecher="B" kategorie="non-verbal" start="n1" ende="n6">schlägt mit Faust auf Tisch</Kante>
    </Kantenmenge>
</Transkriptionsgraph>
```

Durch die Verwendung einiger fortgeschrittener Möglichkeiten (ID und IDREF-Mechanismen, Aufzählungstypen, optionale Attribute) kann die DTD dabei beispielsweise sicherstellen, dass Knotenbezeichner und Sprecher eindeutig sind, dass Kanten nur vorhandenen Start- und Endknoten, Sprechern und Kategorien zugeordnet werden und dass Kategorien genau einem der fünf vorgesehenen Typen zugewiesen werden. Dies sind jedoch nur *notwendige* und keine *hinreichenden* Bedingungen für die formale Integrität einer solchen Datei. D.h. nicht jede XML-Datei, die sich gemäß der gegebenen DTD erfolgreich validieren lässt, besitzt eine sinnvolle Interpretation als Transkriptionsgraph im Sinne der in Abschnitt 5.2. gegebenen Definition.[6] Zusätzlich müsste u.a. geprüft werden,

---

[6] Außerdem ist die gegebene Repräsentation auch nicht die einzig mögliche, die sowohl konform zur DTD ist als auch den zugrunde liegenden Transkriptionsgraphen korrekt be-

1. ob der Graph verschiedenen Bedingungen der Definition 1 in Abschnitt 5.2.1. genügt, also:
   a. ob der Graph zusammenhängend und azyklisch ist (Bedingung 1),
   b. ob die relative Ordnung der Knoten sich mit der partiellen Ordnung gemäß absoluter Zeitwerte deckt (Bedingung 2),
   c. ob es nicht mehr als einen Start- und Endknoten im Graphen gibt (Bedingung 3),

2. ob der Graph verschiedenen Bedingungen der Definition 7 in Abschnitt 5.2.4. genügt, also:
   a. ob sich Kanten des Typs **T** und/oder **Anti-T** eines Sprechers nicht überlappen (Bedingungen 1, 2 und 3),
   b. ob es zu jeder Kante, die einer Kategorie des Typs **S** oder **A** zugeordnet ist, entsprechende Bezugskanten des selben Sprechers und des Typs **T** oder **Anti-T** gibt (Bedingungen 5 und 6)[7],

3. ob die Werte des Attributes ‚zeit', die einem Element ‚Knoten' zugeordnet sind, eine Interpretation als rationale Zahl besitzen (Definition 1 in Abschnitt 5.2.1.),

4. ob die Referenz (`idref`) des Attributs `sprecher` eines `<kante>`-Elements tatsächlich auf die `id` eines Sprechers (und nicht etwa eines Knotens oder einer Kategorie) verweist

Die Punkte 1 und 2 betreffen dabei die Graphenstruktur als solche. Da XML-Dokumente von den zugehörigen Technologien (also nicht nur von DTD-validierenden Parsern, sondern auch von Schema-validierenden Parsern, Stylesheet-Prozessoren oder DOM-Buildern) grundsätzlich als Bäume und nicht als (allgemeinere) Graphen interpretiert werden, fallen diese Tests ausnahmslos in den Bereich, der durch zusätzliche, eigens zu erstellende Softwarekomponenten (s.o.) kontrolliert werden müsste.

Dass die letzten beiden dieser Tests nicht mit einer DTD bewerkstelligt werden können, liegt hingegen eher an praktischen Unzulänglichkeiten dieser speziellen Technologie als an prinzipiellen Beschränkungen von XML-Mechanismen im Allgemeinen. Das Fehlen einer Möglichkeit, mittels einer DTD einem Attribut den Datentyp „rationale Zahl" zuweisen zu können, hat ebenso wenig mit inhärenten Beschränkungen des XML-Datenverständnisses zu tun, wie die mangelnde Spezifizierbarkeit des Gültigkeitsbereiches von Verwei-

schreibt. Die Reihenfolge, in der die Kanten in der XML-Datei kodiert sind, ist beispielsweise beliebig, da sich ihre Ordnung ohnehin aus anderen Faktoren (ihrem Bezug auf die Knoten) ergibt. Die XML inhärenten (und mittels einer DTD überprüfbaren) Möglichkeiten zur Datenstrukturierung (hier: die lineare Ordnung von Elementen) können also auch nicht vollständig ausgeschöpft werden.

[7] Ob Kanten des Typs **T** tatsächlich segmentierbar, Kanten des Typs **D** tatsächlich spaltbar sind usw., entzieht sich hingegen prinzipiell einer formalen Kontrolle. Diese Eigenschaften lassen sich auf der Symbolebene nicht sinnvoll überprüfen – ob die Kanten, die sich aus einer Spaltung ergeben, eine „adäquate" Beschreibung eines Gesprächsphänomens darstellen, kann nicht anhand formaler Regeln festgestellt werden, sondern bedarf der (menschlichen) Interpretation des Begriffes *adäquat*.

sen. Wählt man statt einer DTD beispielsweise ein XML-Schema zum Validieren eines Dokumentes, so lassen sich diese Bedingungen problemlos formulieren.[8] Auch für weitere denkbare Aufgaben, die sich im Zusammenhang mit einer XML-Kodierung von Transkriptionsgraphen stellen, bietet die mächtigere XML-Schema-Technologie umfangreichere Möglichkeiten als eine DTD. Dies wird im folgenden Abschnitt kurz angesprochen.

6.1.2 Modellspezifische Syntaxkontrollen

Wenn eine XML-Datei mit Hilfe der obigen DTD validiert werden kann und auch die angesprochenen zusätzlichen Integritätsprüfungen besteht, so ist damit sichergestellt, dass sie einen im Sinne der Definition gültigen Transkriptionsgraphen beschreibt. Sie ist dann m.a.W. also als Instanz eines Modells interpretierbar, das gemäß den Prinzipien des TG-Modellierungsverfahrens angefertigt wurde. Damit ist jedoch noch keine Aussage darüber getroffen, ob dieses Modell konform zu den Vorgaben eines speziellen Transkriptionssystems ist, ob es also beispielsweise als eine gültige HIAT-, GAT- oder DIDA-Transkription interpretierbar ist. Eine solche zusätzliche Prüfung müsste z.B. für eine HIAT-Transkription u.a. sicherstellen,

1. dass die Kategorienmenge nur aus solchen Elementen besteht, die in HIAT zugelassen sind, und dass die einzelnen Kategorien dem passenden Typ zugeordnet sind, also z.B.
   a. dass als Kategorien des Typs **S** nur Turns, Äußerungen, Wörter, Silben und Phoneme (und nicht etwa Phrasierungseinheiten oder Sätze, die keine Einheiten eines HIAT-Modells darstellen) verwendet werden,
   b. dass als Kategorien des Typs **A** nur solche verwendet werden, die in HIAT als Annotationen vorgesehen sind (also z.B. geeignete Bezeichnungen der in Abschnitt 3.3.1.3. unter „Klassifizierung / zusätzliche Beschreibung von segmentalen Einheiten" aufgeführten Typen von Einheiten),
2. dass Annotationskanten, deren symbolische Beschreibungen Werte einer geschlossenen Liste darstellen müssen, nur Werte zugeordnet werden, die in diesem Sinne zulässig sind, also z.B.:
   a. dass Kanten der Kategorie „Äußerungstyp" genau eine Beschreibung aus der Menge {A,B,C,D,E} zugeordnet wird,
   b. dass Kanten der Kategorie „Ton" genau eine Beschreibung aus der Menge {steigend, fallend, fallend-steigend, steigend-fallend} zugeordnet wird,
   c. dass morphologische Transliterationen sich ausschließlich aus dem vorgesehenen Tag-Inventar (z.B. aus einer Menge {N,V,ADJ,ADV,DET,PRO}) speisen,
3. dass auch die übrigen symbolischen Beschreibungen keine unzulässigen Zeichen enthalten, also z.B.:
   dass die Beschreibungen von Kanten des Typs **T** nur Alphabetzeichen der jeweils transkribierten Sprache(n) enthalten (und nicht etwa Interpunktionszeichen, Ziffern oder fremdsprachliche Zeichen, die keine Interpretation im Sinne einer literarischen Umschrift besitzen),

[8] So heißt es beispielsweise in XML-SCHEMA: „Schema enables you to specify the scope within which uniqueness applies whereas the scope of an ID is fixed to be the whole document."

4. dass zwischen einzelnen Einheiten des Modells keine strukturellen Beziehungen bestehen, die das Modell nicht erlaubt, also z.B.
   a. dass Annotationskanten, die intrasegmentale Phänomene (wie Redwiedergabe, Sprechhandlungsaugmente etc.) beschreiben, nicht Segmentkanten kreuzen, die Äußerungen oder Wörter kennzeichnen (dass also m.a.W. intrasegmentale Phänomene wirklich nur innerhalb von Äußerungen annotiert werden und dass z.B. die Annotation eines Sprechhandlungsaugmentes nicht „mitten in einem Wort" beginnt),
   b. dass Segmentkanten für Äußerungen und Wörter einander nicht kreuzen (dass also m.a.W. Äußerungen und Wörter sich in eine aus der Kantenstruktur abzuleitende hierarchische Ordnung bringen lassen),
   c. dass Annotationskanten, die äußerungsbezogene Übersetzungen beinhalten, sich bezüglich ihrer Start- und Endknoten mit Segmentkanten decken, die Äußerungen markieren.

Für andere Transkriptionssysteme müssten entsprechende Tests formuliert werden, die verallgemeinert gesprochen darauf abzielen, einerseits den Zusammenhang zwischen den Kategorien des spezifischen Systems und deren möglichen symbolischen Beschreibungen (Punkte 1-3), andererseits zusätzliche strukturelle Beschränkungen, die das spezifische System auferlegt (Punkt 4), zu kontrollieren.

Eine vollständige Validierung einer XML-Datei, die einen Transkriptionsgraphen repräsentiert, wird somit aus mehreren aufeinander aufbauenden Schritten bestehen[9]:

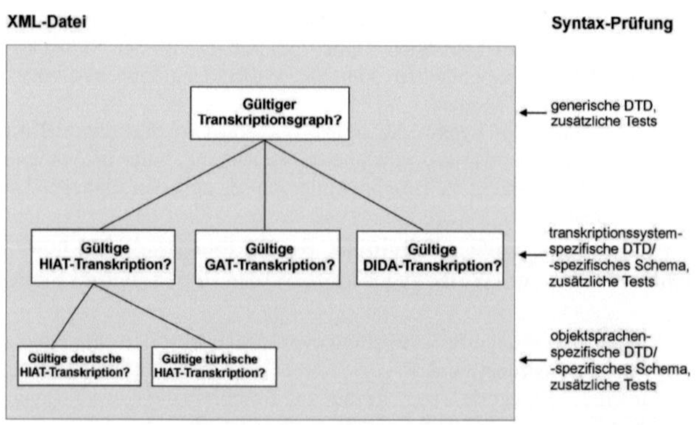

Dabei ist bei jedem dieser Schritte wiederum zu fragen, inwieweit sich die jeweils relevanten Bedingungen mittels geeigneter Technologien aus dem XML-Umfeld kontrollieren lassen, und wo diese an ihre Grenzen stoßen, also zusätzliche Tests notwendig werden.

Kontrollen wie die oben unter den Punkten 1 bis 3 angeführten lassen sich innerhalb einer DTD-Validierung wiederum nur sehr begrenzt durchführen. Eine

[9] In der Abbildung nicht berücksichtigt ist eine vorausgehende Überprüfung der *Wohlgeformtheit* des XML-Dokumentes, die von allen XML-Parsern ohnehin standardmäßig vorgenommen wird.

Hauptbeschränkung liegt dabei in der mangelnden Möglichkeit zum Deklarieren komplexer Datentypen und deren Abhängigkeit von spezifischen Elementen:

> DTDs offer limited capability for the sophisticated expression of data types beyond declaring basic formats [...] DTDs offer limited capability for data type extension or for explicitly defining relationships between data types and elements. (Ahmed et al. 2001: 189)

Wie bereits im vorigen Abschnitt angedeutet, bietet die XML-Schema-Technologie hier weiterreichende Möglichkeiten. Zunächst erlaubt sie wesentlich präzisere Vorgaben für den möglichen Inhalt von Attributen und Elementen. So ließe sich z.B. in einem XML-Schema problemlos fordern, dass das Attribut ‚zeit' eines Knotens nur solche Werte annehmen darf, die als positive rationale Zahlen interpretierbar sind (siehe vorheriger Abschnitt):

```
<!-- [...] -->
<!—Definition eines Typs für positive rationale Zahlen -->
<xsd:simpleType name="PositiveZahlType">
   <xsd:restriction base="xsd:decimal">
      <xsd:minExclusive value="0"/>
   </xsd:restriction>
</xsd:simpleType>
<!-- [...] -->
<!—Definition eines Typs für die Knoten-Elemente -->
<!—unter Bezugnahme auf den Typ für positive rationale Zahlen -->
<xsd:complexType name="KnotenType">
   <xsd:attribute name="id" type="xsd:ID" use="required"/>
   <xsd:attribute name="zeit" type="PositiveZahlType" use="optional"/>
</xsd:complexType>
<!-- [...] -->
```

Auch die möglichen Formen von Kategorienbezeichnern und Kantenbeschreibungen (Punkte 1 bis 3 oben) ließen sich prinzipiell in dieser Weise präziser eingrenzen. Folgender Abschnitt eines XML-Schemas würde beispielsweise die möglichen Beschreibungen von **T**-Kanten einer deutschsprachigen HIAT-Transkription definieren (siehe Punkt 3 oben):

```
<xsd:simpleType name="HIAT_T_KantenBeschreibungType">
   <xsd:restriction base="xsd:string">
      <!—Einschränkung der möglichen Werte auf beliebige Folge von Zeichen des deutschen Alphabets -->
      <xsd:pattern value="([A-Z]|[a-z]|Ä|Ö|Ü|ä|ö|ü|ß)*"/>
   </xsd:restriction>
</xsd:simpleType>
```

Eine vollständige modellspezifische Kontrolle müsste jedoch die mögliche Form solcher Beschreibungen *in Abhängigkeit von anderen Attributen* des selben Elementes definieren – sie müsste z.B. fordern, dass Kanten-Elemente, deren Attribut ‚kategorie' den Wert ‚pho' aufweist (und nur diese!), dem gegebenen Inhaltsmodell folgen:

```
<Kategorie bezeichnung="pho" typ="T"/>

<Kante sprecher="A" kategorie="pho" start="n0" ende="n1">warum</Kante>
```

Eine solche strukturelle Abhängigkeit lässt sich jedoch wiederum in XML-Schema nicht formulieren. Diverse Quellen (insbesondere mehrere Postings in der Newsgroup COMP.TXT.XML) sprechen dieses Problem an. Des Öfteren wird in diesem Zusammenhang auf Relax NG (vgl. RELAX), eine weitere Schema-Sprache zum Validieren von XML-Dokumenten, hingewiesen, die solche Konstrukte ermöglicht.

Da das vorrangige Ziel dieser Arbeit jedoch nicht die praktische Implementierung eines computergestützten Transkriptionssystems ist, sollen die Betrachtungen solcher konkreter Schwierigkeiten der Umsetzung an dieser Stelle abgebrochen werden. Die bisherigen Ausführungen sollten die zwei grundlegenden Aspekte einer XML-Kodierung von Transkriptionsgraphen bereits ausreichend illustriert haben. Diese seien hier noch einmal abschließend paraphrasiert:

(1) Transkriptionsgraphen lassen sich problemlos als XML-Dateien physikalisch repräsentieren. Damit werden viele Vorteile dieses Standards unmittelbar nutzbar. Insbesondere sind Transkriptionsgraphen damit in einer Form speicherbar, die unter heutigen Voraussetzungen ein Optimum an Austauschbarkeit und Archivierbarkeit der Daten gewährleistet.

(2) Die Durchführung von Integritätsprüfungen auf solchen XML-Daten mit Hilfe von Technologien aus dem XML-Umfeld ist jedoch alles andere als trivial. Dies liegt zum einen darin begründet, dass die Struktur der Daten (gerichtete Graphen) von Vorneherein nicht vollständig mit dem XML-inhärenten Datenverständnis (geordnete Bäume) vereinbar ist. Zum anderen erweisen sich auch die spezifischen Unterschiede in den Möglichkeiten und Grenzen verschiedener Technologien (z.B. DTDs vs. XML-Schemata vs. Relax NG[10]) als relevanter Aspekt für die Lösung dieser Aufgabe.

---

[10] Ein diesbezügliches Desiderat texttechnologischer Forschung wäre eine theoretisch untermauerte Gegenüberstellung verschiedener solcher Technologien. Dass dem in dieser Arbeit nicht annähernd erschöpfend nachgekommen werden kann, wird deutlich, wenn man sich die Vielzahl der derzeit zur Verfügung stehenden oder in der Entwicklung befindlichen Technologien vor Augen führt: „A zoo of XML schema languages is out there", heißt es treffend auf XML COVER PAGES. Dort findet sich auch eine nützliche ausführliche Übersicht über derzeitige Projekte und Publikationen zu diesem Thema.

6.2 Aspekte der Umsetzung des Visualisierungsverfahrens

In vorigen Kapitel wurde ein Visualisierungsverfahren für Transkriptionsgraphen vorgeschlagen, das sich bezüglich seines prinzipiellen Ablaufs an der Verarbeitung von XML-Dokumenten mittels XSLT-Stylesheets orientiert. Angepasst an den speziellen Fall der Visualisierung XML-kodierter Transkriptionsgraphen kann dieser mehrschrittige Vorgang wie folgt graphisch dargestellt werden (vgl. die entsprechende Abbildung in Abschnitt 5.4.):

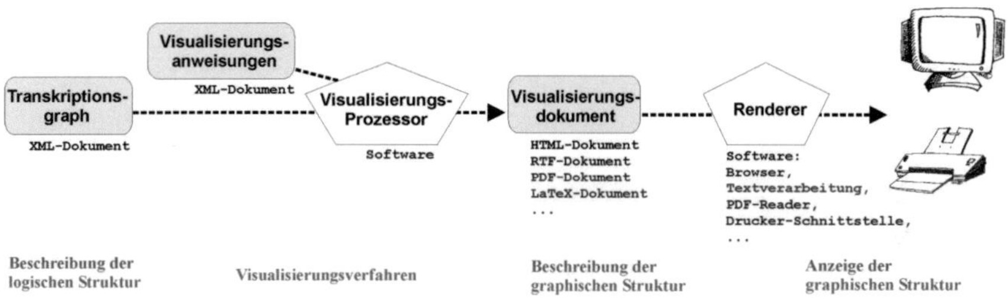

Die einzelnen Komponenten sind dabei:

(1) Die Beschreibung der logischen Struktur
Aufbauend auf den im vorigen Abschnitt diskutierten Methoden kann die Beschreibung der logischen Struktur, also der Einheiten und Beziehungen im symbolischen Modell, auf der physikalischen Ebene in einer XML-Datei vorgenommen werden.

(2) Das eigentliche Visualisierungsverfahren
Das eigentliche Visualisierungsverfahren besteht zum einen aus einer Menge geeigneter Visualisierungsanweisungen. In Abschnitt 5.4. wurde herausgearbeitet, wie anhand solcher Anweisungen schrittweise (d.h. durch Intralinearisierung, Symbolisierung, Schichtung, Gruppierung und Anordnung der Kanten) die logischen Einheiten des Modells in graphische Einheiten der Visualisierung überführt werden. Bei der praktischen Umsetzung sind auch diese Anweisungen geeignet physikalisch zu repräsentieren, also beispielsweise als XML-Dateien zu kodieren.
Zum anderen muss das Visualisierungsverfahren auch eine geeignete Software beinhalten, die als Eingabe einen (XML-kodierten) Transkriptionsgraphen und eine (ebenfalls XML-kodierte) Visualisierungsanweisung erhält und daraus das letztendlich auf Bildschirm oder Papier auszugebende Visualisierungsdokument generiert.

(3) Die Beschreibung der graphischen Struktur
Zur Beschreibung der graphischen Struktur ist wiederum eine geeignete Sprache notwendig, mittels derer sich die relevanten Eigenschaften der Visualisierung (Schriftarten, -größen, -positionen usw.) in einem Visualisierungsdokument auf einem Speichermedium festhalten lassen. Zahlreiche existierende Dokumentbeschreibungssprachen kommen hierfür in Frage; zu den nächstliegenden Kandidaten zählen dabei sicherlich die Hypertext Markup Language (HTML), das Rich Text Format (RTF), das Portable Document Format (PDF) und die Formatierungssprache LATEX.

(4) Die Anzeige der graphischen Struktur
Um die eigentliche Visualisierung, d.h. das visuell erfassbare Endprodukt des Visualisierungsverfahrens auf Bildschirm oder Papier zu generieren, ist wiederum eine geeignete Software (ein Renderer) notwendig, die das Visualisierungsdokument zu interpretieren und in Verarbeitungsanweisungen für eine Graphikkarte oder einen Drucker zu übersetzen vermag. Die Wahl der Renderer-Software ergibt sich in Abhängigkeit von der Wahl des Formates für das Visualisierungsdokument – HTML-Dateien lassen sich mit einem Browser (z.B. Internet Explorer oder Safari), RTF-Dateien mit einer geeigneten Textverarbeitungssoftware (z.B. MS Word), PDF-Dateien mit einem PDF-Reader (z.B. Acrobat Reader) am Bildschirm anzeigen usw., und solche Programme besitzen in der Regel auch die geeigneten Schnittstellen für die Ausgabe auf einem Drucker.

Die in Punkt 2 angesprochene physikalische Repräsentation der Visualisierungsanweisung als XML-Dateien und die Implementierung eines Visualisierungsprozessors stellen jeweils eigenständige umfangreiche Aspekte der Umsetzung dar, die im Rahmen dieser Arbeit nicht mehr erschöpfend diskutiert werden können. Die Beschreibung und Anzeige der graphischen Struktur (Punkte 3 und 4) kann hingegen vermutlich vollständig mit vorhandenen Konzepten und Technologien bewerkstelligt werden; deren technische Details sind für die Zielsetzung dieser Arbeit jedoch eher nebensächlich.

Statt also hier für sämtliche Komponenten einzeln ausführliche Überlegungen zu Aspekten ihrer praktischen Umsetzung anzustellen, sollen im folgenden Unterabschnitt in Form eines exemplarisches Exkurses einige konkrete Schwierigkeiten diskutiert werden, die sich speziell für die Visualisierung von Transkriptionen in Partiturnotation stellen.[11]

[11] Diesem Thema wird auch deshalb ein eigener Unterabschnitt gewidmet, weil interlineare Strukturen in der Praxis für die Entwicklung von Software-Werkzeugen zur computergestützten Transkription eine ganz entscheidende Rolle spielen. Viele Benutzer erwarten von einem Transkriptionswerkzeug in allererster Linie eine komfortable Unterstützung beim Editieren und Ausgeben von Partituren. Dieses – zweifelsohne technisch anspruchsvolle –

6.2.1 Exkurs: Visualisierung interlinearer Strukturen

Wie in Abschnitt 3.1.2.1. dargelegt, zeichnet sich das Layoutprinzip der Partiturnotation dadurch aus, dass es Schriftzeichen statt entlang einer eindimensionalen Linie auf einer zweidimensionalen Fläche räumlich organisiert. Beim Lesen eines in Partiturnotation gehaltenen Transkripts kann die Links-Rechts-Abfolge von Zeichen auf der horizontalen Achse daher in gewohnter Weise als ein zeitliches oder logisches Nacheinander interpretiert werden, während auf der vertikalen Achse die Möglichkeit hinzukommt, zeitliche Parallelität oder logische Äquivalenz zu repräsentieren. Gegenüber eindimensionalen Text erfährt in der Partiturnotation also auch die räumliche Anordnung der Elemente *verschiedener Zeilen* zueinander eine semantische Interpretation[12] – die Struktur einer Partitur ist insofern *interlinear*.

Die Visualisierung interlinearer Strukturen bringt in der konkreten praktischen Umsetzung eine Reihe von Schwierigkeiten mit sich, die sich für Visualisierungsverfahren, die an linearem Text orientiert sind, in dieser Form nicht stellen. Der Grund hierfür ist im Zusammenspiel von Visualisierungsdokument und Renderer-Software zu suchen. Nimmt man beispielsweise an, dass die graphische Struktur der Visualisierung in einer HMTL-Datei beschrieben wird, die dann ein Browser am Bildschirm anzeigt, so ist dies für linearen Text eine triviale Aufgabe: einzelne Abschnitte des Textes können einfach als <p>-Elemente im HTML-Dokument kodiert werden, und die Renderer-Software stellt eine umfangreiche Funktionalität zur Verfügung, um solche Elemente in der gewünschten Form als Absätze auf Bildschirm oder Papier anzuzeigen. Insbesondere beinhaltet diese *von der Software übernommene* Aufgabe die folgenden beiden Komponenten:

(1) Die Berechnung absoluter Koordinaten für einzelne Textelemente
Die horizontale Position der einzelnen Zeichen ergibt sich, indem diese gemäß ihres Platzbedarfes relativ zum Ursprung von links nach rechts ange-

---

Problem ist zwar bereits mehrfach gelöst werden (u.a. für den SyncWriter und HIAT-DOS), die einzelnen Lösungen wurden aber kaum dokumentiert (vgl. aber Walter 1990). Der folgende Abschnitt versteht sich nicht zuletzt als Beitrag zu einer solchen Dokumentation.

[12] Um den Unterschied zwischen linearem und interlinearem Text zu veranschaulichen, seien hier zwei Varianten eines linearen Textes gegeben. Dass die räumliche Anordnung von Elementen in verschiedenen Zeilen (z.B. der Worte ‚Träumen' und ‚Bett') dabei jeweils unterschiedlich ausfällt, hat – anders als bei interlinearem Text – keine Auswirkungen auf die Interpretation des Lesers; die aus der graphischen Form rekonstruierte Bedeutung der beiden Varianten ist identisch:

Als Gregor Samsa eines Morgens aus
unruhigen Träumen erwachte, fand er sich
in seinem Bett zu einem ungeheuren
Ungeziefer verwandelt.

Als Gregor Samsa eines Morgens aus unruhigen Träumen erwach-
te, fand er sich in seinem Bett zu einem ungeheuren Ungeziefer
verwandelt.

ordnet werden. Die vertikale Position ergibt sich aus einem etwa vorzunehmenden Zeilenumbruch.

(2) Die Durchführung von Zeilen- und Seitenumbrüchen
Ein horizontaler (Zeilen-)Umbruch ist möglich, dabei wird oft sogar auf einen gleichmäßigen Ausgleich der Zeilenlänge geachtet. Ein vertikaler (Seiten-)Umbruch ist ebenfalls möglich, ggf. wird dabei darauf geachtet, dass die sich ergebenden Anfangs- oder Endzeilen nicht isoliert bleiben (eine so genannte „Widow-Orphan"-Kontrolle).

Ähnlich „intelligent"[13] weiß ein Browser mit `<table>`-Elementen umzugehen:

(1) Berechnung absoluter Koordinaten
Alle Zellen einer Spalte haben die gleiche horizontale Koordinate, alle Zellen einer Zeile haben die gleiche vertikale Koordinate. Innerhalb einer Zelle verhalten sich die einzelnen Zeichen wiederum wie linearer Text (d.h. insbesondere, dass sie ggf. horizontal auf Zellenbreite umgebrochen werden).

(2) Durchführung von Umbrüchen
Ein horizontaler Umbruch ist in der Regel nicht möglich – geeignete Mechanismen (z.B. proportionale Verkleinerung der Spaltenbreite) stellen aber sicher, dass die Tabelle auf dem zur Verfügung stehenden Raum angezeigt werden kann. Ein vertikaler Umbruch einer Tabelle ist in der Regel möglich, ggf. wird dabei eine Kopfzeile wiederholt.

Das Problem der Visualisierung interlinearer Strukturen besteht nun darin, dass diese bezüglich absoluter Positionierung von Zeichen und Umbrüchen Charakteristika sowohl von linearem Text (horizontale Positionierung gemäß dem Platzbedarf der Zeichen, horizontaler Umbruch der „Partiturflächen") als auch von Tabellen (Elemente in verschiedenen Zeilen werden an der gleichen horizontalen Position aufgereiht, beim horizontalen Umbruch werden die Zeilenbezeichnungen wiederholt) aufweisen. Die gängigen Dokumentbeschreibungsprachen stellen jedoch keine entsprechenden Elemente (etwa ein HTML-Tag `<interlinear-text>`) zur Verfügung, die von einer Renderer-Software angemessen interpretiert würden.

Für die Visualisierung interlinearer Strukturen wird damit ein zusätzlicher Schritt auf dem Weg vom Modell zur Visualisierung notwendig. In Schmidt, Th.

[13] Dass eine Software in der Lage ist, „intelligent" mit solchen Elementen zu verfahren, zeigt im Übrigen, dass diese keine *reinen* Präsentationselemente sind, sondern auch eine inhaltliche Komponente aufweisen. Tatsächlich war HTML ursprünglich auch gerade nicht im Hinblick auf die präsentationsseitige Kodierung von Dokumenten konzipiert, sondern verstand sich als Sprache für die *logische* Dokumentauszeichnung.

(2003a) wird hierzu ein Verfahren vorgeschlagen, das die Verarbeitung interlinearer Strukturen in einer Weise ermöglicht, die analog zur Verarbeitung von linearem Text durch vorhandene Technologien organisiert ist[14]:

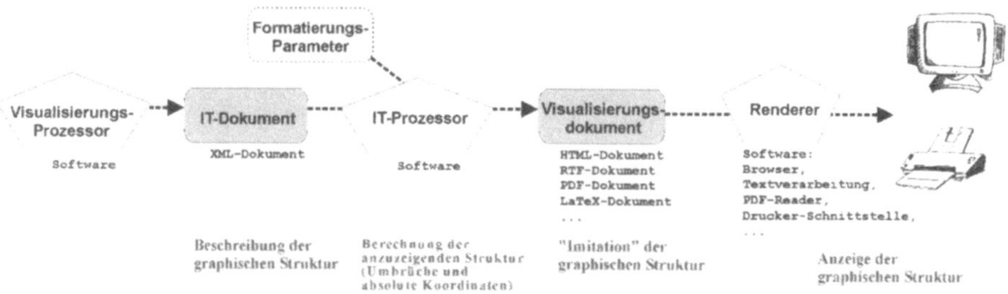

Aufgabe des Visualisierungsprozessors bleibt dabei, aus der Beschreibung der logischen Struktur und den Visualisierungsanweisungen ein Dokument zu generieren, das die graphische Struktur beschreibt. Da dies aus den genannten Gründen jedoch nicht mit gängigen Dokumentbeschreibungssprachen bewerkstelligt werden kann, wurde hierfür ein XML-Format entwickelt, das – vereinfacht gesprochen – das in HTML „fehlende“ `<interlinear-text>`-Element (mit geeigneten Unterelementen) zur Verfügung stellt. Ein solches IT-Dokument fungiert dann zusammen mit einer Menge von Formatierungsparametern (die z.B. Seitengrößen und -ränder der Ausgabe festlegen) als Eingabe eines IT-Prozessors. Dieser übernimmt die Aufgaben, die im Falle von „herkömmlichem“ Text von der Renderer-Software ausgeführt werden. D.h. er berechnet Umbrüche und absolute Positionen für die einzelnen Elemente der interlinearen Struktur. Anschließend gibt er das Ergebnis dieser Berechnungen in einer Form aus, die von einer Renderer-Software interpretiert werden kann. Dabei wird jedoch nicht mehr die eigentliche graphische Struktur der Visualisierung beschrieben, sondern sie wird durch geeignete Elemente der gewählten Beschreibungssprache (also z.B. `<table>` und `<p>`-Elemente eines HTML-Dokuemntes) *imitiert*. Im Folgenden werden diese einzelnen Schritte veranschaulicht:

(1) Beschreibung der graphischen Struktur
Ein interlineares Textelement (IT-Bundle) besteht aus einer oder mehreren Zeilen (IT-Line). Diese wiederum setzen sich jeweils aus dem Zeilenbezeichner (IT-Label) und einem oder mehreren Textabschnitten (IT-Chunk) zusammen. Die interlineare Organisation des Textes wird dadurch repräsentiert, dass IT-Chunks in verschiedenen Zeilen an der selben horizontalen Position (sync-point) aufgereiht werden können:

[14] In der Abbildung steht die Abkürzung IT für „Interlinear Text“.

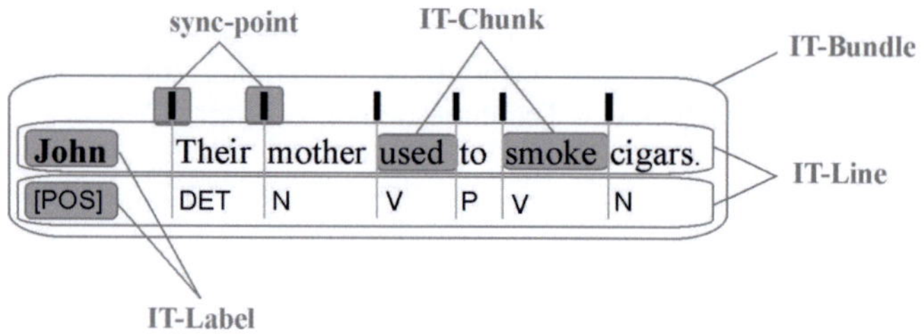

Diese graphische Struktur enthält also genau diejenigen Informationen, die der Visualisierungsprozessor durch Anwendung von Intraliearisierungs-, Symbolisierungs-, Schichtungs- und Anordnungsregeln aus der Beschreibung des Modells generieren kann. Sie lässt sich etwa in einer XML-Datei der folgenden Form festhalten:

```
<it-bundle>
    <sync-point id="s0"/>
    <sync-point id="s1"/>
    <sync-point id="s2"/>
    <!-- [...] -->
    <it-line>
        <label>John</label>
        <it-chunk sync-start="s0">Their</it-chunk>
        <it-chunk sync-start="s1">mother</it-chunk>
        <it-chunk sync-start="s2">used</it-chunk>
        <!-- [...] -->
    </it-line>
    <it-line>
        <label>[pos]</label>
        <it-chunk sync-start="s0">DET</it-chunk>
        <it-chunk sync-start="s1">N</it-chunk>
        <it-chunk sync-start="s2">V</it-chunk>
        <!-- [...] -->
    </it-line>
</it-bundle>
```

(2a) Berechnen absoluter Positionen

Die absoluten horizontalen Positionen von einzelnen IT-Chunks ergeben sich in Abhängigkeit von der Metrik der benutzten Schriftsätze aus einem linearen Ungleichungssystem[15]. Jedem IT-Chunk wird zunächst der Raum zugestanden, der minimal nötig ist, um alle in ihm enthaltenen Textzeichen in der gewählten Schriftart und -größe in einer Linie aufreihen zu können. Da möglicherweise mehrere IT-Chunks an einer horizontalen Koordinate zu platzieren sind, ist für die Position eines sync-points letztendlich derjenige IT-Chunk ausschlaggebend, der am vorherigen sync-point den meisten Platz einnimmt.

[15] Also einem System der Form

```
a       ≥  96
    b   ≥ 100
a + b   ≥ 174      Nebenbedingung: (a + b) minimal
```

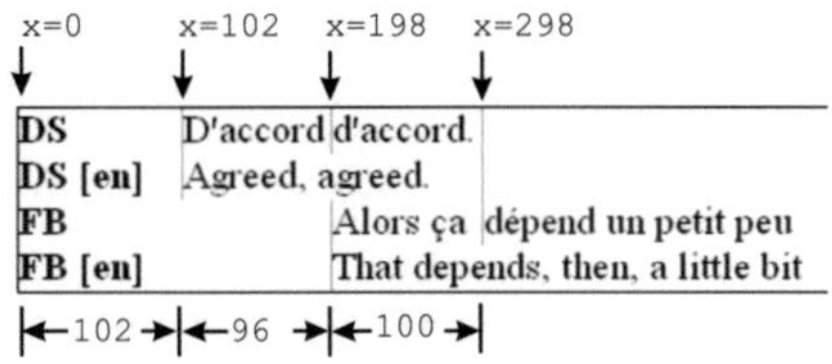

(2b) Berechnen von Umbrüchen
Die Berechnung von Umbrüchen ist ein rekursiver Prozess, der auf der Berechnung der absoluten Positionen aufbaut. Der IT-Prozessor ermittelt den letzten sync-point, dessen absolute Position vor dem rechten Rand der gegebenen Seite liegt und „schneidet" alle an diesem sync-point aufzureihenden IT-Chunks auf die passende Größe zu. Das Resultat dieses Vorgangs ist ein IT-Bundle, das auf die vorgegebene Seitenbreite passt, und ein IT-Bundle, auf das im nächsten Rekursionsschritt der gleiche Prozess angewandt wird. Die Rekursion bricht ab, wenn das zweite IT-Bundle nicht mehr breiter als die Seite ist:

Rekursionsschritt 1:

Rekursionsschritt 2:

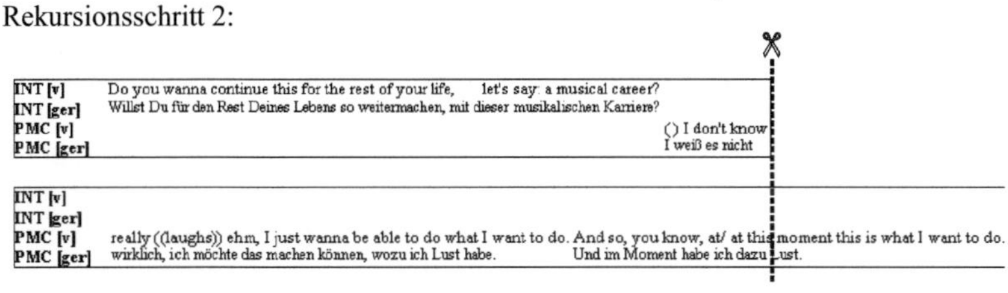

Rekursionsschritt 3, …

(3) Imitieren der graphischen Struktur
Das Imitieren der graphischen Struktur erfolgt mit Hilfe von Tabellen-Elementen der verschiedenen Dokumentbeschreibungssprachen. Die Tabellen werden mit festen Spaltenbreiten, die mit den absoluten Positionen der sync-points korrespondieren, versehen. Dadurch, dass die Anzeige von Zellenrahmen unterdrückt wird (der typographische Terminus hierfür ist „blinde Tabelle"), entsteht in der endgültigen Ausgabe der Eindruck einer Partitur:

DS	D'accord	d'accord.	
DS [en]	*Agreed, agreed.*		
FB		Alors ça	dépend un petit peu
FB [en]		*That depends, then, a little bit*	

→

DS	D'accord d'accord.
DS [en]	*Agreed, agreed.*
FB	Alors ça dépend un petit peu
FB [en]	*That depends, then, a little bit*

Das vorgeschlagene Verfahren füllt somit eine technologische Lücke, die speziell für die Anzeige interlinearer Strukturen relevant ist. Für andere Visualisierungsformen (also z.B. spezifische Varianten einer Zeilennotation) wäre in gleicher Weise zu prüfen, ob sie sich mit vorhandenen Dokumentbeschreibungssprachen und verfügbarer Renderer-Software problemlos umsetzen lassen, oder ob ähnliche Behelfsmechanismen von Nöten sind. Die Vermutung, dass interlineare Strukturen bereits den diesbezüglich komplexesten Fall darstellen, scheint jedoch berechtigt.

6.3 Eingabe-Werkzeuge

In Kapitel 5 wurde gezeigt, wie sich Transkriptionen als symbolische Modelle gesprochener Sprache mit Hilfe des Transkriptionsgraphen-Formalismus beschreiben lassen, und wie aus solchen symbolischen Modellen Transkripte als deren analoge Visualisierungen generiert werden können. Bei der Entwicklung von Eingabe-Werkzeugen für Transkriptionsdaten muss dieser Prozess in umgekehrter Richtung betrachtet werden: Da es im Hinblick auf Kriterien der Benutzerfreundlichkeit sicherlich nicht praktikabel ist, Transkribenten rein symbolische Modelle (z.B. als XML-Datei in einem Text-Editor) anfertigen zu lassen, die erst *nach* ihrer Fertigstellung in analoge Visualisierungen überführt werden, muss ein adäquates Eingabe-Werkzeug dem Benutzer die Daten des zu erstellenden symbolischen Modells ebenfalls in einer analogen Form repräsentieren. Ein solches Werkzeug muss also einerseits dem Benutzer erlauben, die Daten innerhalb einer analogen Darstellung möglichst intuitiv zu bearbeiten, andererseits muss es als Ergebnis dennoch eine rein symbolische Repräsentation der Modellbestandteile und -zusammenhänge liefern.[16]

Weil – wie gezeigt wurde – die gängigen analogen Visualisierungsformen jedoch in mehrerlei Hinsicht weniger präzise sind als die ihnen zugrunde liegenden symbolischen Modelle, ist diese Anforderung alles andere als trivial. Das in Kapitel 5 vorgeschlagene Visualisierungsverfahren lässt sich nicht einfach umkehren, um aus einer gegebenen Visualisierung ein symbolisches Modell zu berechnen, denn die Elemente der Visualisierung lassen sich nicht immer eindeutig auf Einheiten des Modells zurückführen.

[16] Aus diesem Grund scheiden Eingabe-Werkzeuge wie der SyncWriter als Vorbilder aus. Dieser beschränkt sich auf die Erstellung einer Visualisierung, und die von ihm erzeugten Daten beschreiben diese Visualisierung unmittelbar ohne einen Rückbezug auf ein zugrunde liegendes Modell.

Darüber hinaus ist das Visualisierungsverfahren als ein komplexes *statisches* Verfahren konzipiert. Dass es sich in der beschriebenen Form auch dazu eignet, ein vom Benutzer interaktiv anzufertigendes, sich also ständig änderndes Modell fortwährend *dynamisch* zu visualisieren, ist daher nicht selbstverständlich. Diese Überlegung ist vor allem im Hinblick auf die Performanz der Software relevant: Das Visualisierungsverfahren verfährt *global*; es erhält ein vollständiges Modell als Eingabe, um daraus eine vollständige Visualisierung als Ausgabe zu berechnen. Einzelne Benutzerinteraktionen bei der Erstellung von Transkriptionen werden hingegen in aller Regel *lokal* auf einen kleinen Teil des Modells begrenzt sein. Die dynamische Aktualisierung der zugehörigen Visualisierung sollte sich daher, um effektiv berechenbar zu bleiben, jeweils nur auf den betreffenden Ausschnitt der graphischen Repräsentation erstrecken. Wie diese Kommunikation zwischen Modell und Visualisierung bei der Implementierung eines Eingabe-Werkzeuges angemessen zu bewerkstelligen ist, ist daher ebenfalls eine Frage, die einer näheren Betrachtung bedarf.

Für diese beiden Probleme kann im Rahmen dieser Arbeit wiederum kein vollständiger Lösungsvorschlag erarbeitet werden. Im Folgenden soll aber zumindest ein Ansatz für die Implementierung eines Transkriptions-Werkzeuges skizziert werden, der die genannten Aspekte berücksichtigt.

Um das Problem der dynamischen gegenseitigen Aktualisierung von Modell und Visualisierung bezüglich seiner rechnerischen Komplexität zu reduzieren, bietet es sich an, den Transkriptionsprozess in mehrere aufeinander aufbauende Schritte zu zerlegen.[17] In jedem dieser Schritte kann dann nur ein vorab definierter Teil des Modells bearbeitet werden, und nach Abschluss eines jeden Schrittes bleibt der bis dahin erstellte Teil des Modells unveränderbar. Die Komplexität wird auf diese Weise reduziert, weil einerseits für jeden Schritt präzisere Annahmen darüber gemacht werden können, welche Informationen im Modell bereits vorhanden sind und nicht mehr geändert werden, und weil andererseits die für den jeweiligen Schritt zu konzipierenden Benutzerschnittstellen sich auf die betreffende Aufgabe spezialisieren können, ohne immer die volle Komplexität des Modells berücksichtigen zu müssen.

Konkret könnte das beispielsweise für die Erstellung einer HIAT-Transkription folgendermaßen aussehen:

(1) In einem ersten Schritt transkribiert der Benutzer lediglich Wörter, Pausen und non-verbale Gesprächsphänomene und ordnet diese Sprechern und gemeinsamen Knoten zu. Aus der Modellperspektive kommt dies einer Erstellung der

[17] Wird die Implementierung nach gängigen Verfahren des Software Engineering vorgenommen, wird eine solche Modularisierung der Verarbeitung im Übrigen ohnehin ein notwendiger Bestandteil des Entwicklungsprozesses sein.

T-, **Anti-T-** und **D**-Kanten gleich. Da sich im Kontext eines solchen *reduzierten* Modells z.B. Leerzeichen eindeutig auf Wortgrenzen zurückführen lassen, stellt sich dieser Vorgang aus der Benutzerperspektive als das Anfertigen einer Visualisierung dar, und es können dennoch nach Abschluss aus den eingegebenen Leerzeichen **S**-Kanten für Wörter berechnet, die Elemente der Visualisierung also eindeutig in Elemente des Modells überführt werden.

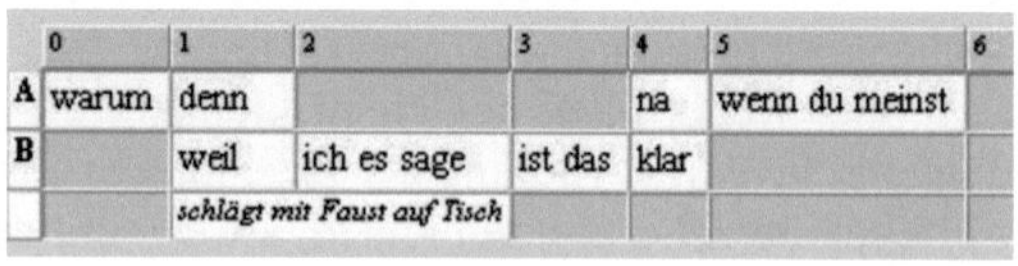

(2) Ein zweiter Schritt könnte beispielsweise im Segmentieren und Typisieren von Äußerungen bestehen. Da die im ersten Schritt eingegebenen Modellbestandteile nicht mehr geändert werden, kann eine geeignete Eingabemaske beispielsweise die **T**-Kanten der Transkription Sprecherbeitrag für Sprecherbeitrag (vgl. Definition 9 in Abschnitt 5.2.5.) präsentieren. Der Benutzer kann dann durch Markieren eines Abschnittes die Erstreckung einer Äußerung festlegen und durch Auswahl aus einer Liste möglicher Werte dieser einen Typ zuweisen. Aus Benutzerperspektive ist dieser Vorgang in etwa vergleichbar mit dem Zuweisen von Formatvorlagen zu Teilen von Word-Dokumenten.[18]

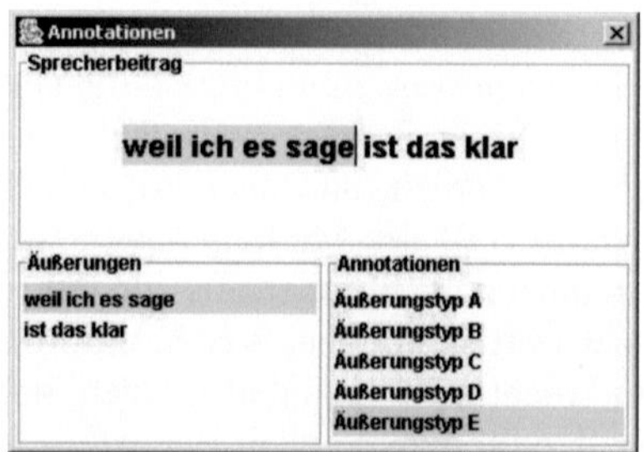

Aus der Modellperspektive kommt dies dem Erstellen von **S**-Kanten für Äußerungen sowie **A**-Kanten für Äußerungstypen gleich.

(3) Da das Modell nach Abschluss des zweiten Schrittes **S**-Kanten für Äußerungen enthält, die sich in der Folge nicht mehr ändern, könnte ein dritter Schritt beispielsweise im Anfertigen einer äußerungsbezogenen Übersetzung bestehen. Hierfür wird die Transkription dem Benutzer in einer geeigneten graphischen

[18] Ähnlich würden sich weitere Arbeitsschritte gestalten, in denen dem Modell Annotationen aus einem limitierten Inventar (z.B. intrasegmentale Phänomene wie Redewiedergaben, Sprechhandlungsaugmente und Reparaturen) hinzugefügt werden.

Komponente Äußerung für Äußerung präsentiert, und die vom Benutzer einzugebenden Übersetzungen werden dem Modell als zusätzliche **A**-Kanten hinzugefügt.

Äußerung	Übersetzung
weil ich es sage	Because I say so.
ist das klar	Understood?

Auf diese Weise entsteht das vollständige Modell durch schrittweise Ergänzung reduzierter Modelle. Dadurch dass in jedem Schritt nur eine wohl definierte Untermenge aller Kanten bearbeitbar ist, reduziert sich die Komplexität der interaktiven Komponente der Anwendung. Dennoch kann natürlich fortwährend eine vollständige Visualisierung aus dem jeweils aktuellen Modell berechnet und am Bildschirm angezeigt werden; diese ist aber eben nicht als solche editierbar, sondern dient nur als Orientierungs- und Navigationshilfe für den Transkribenten. Die nachfolgende Abbildung illustriert dies:

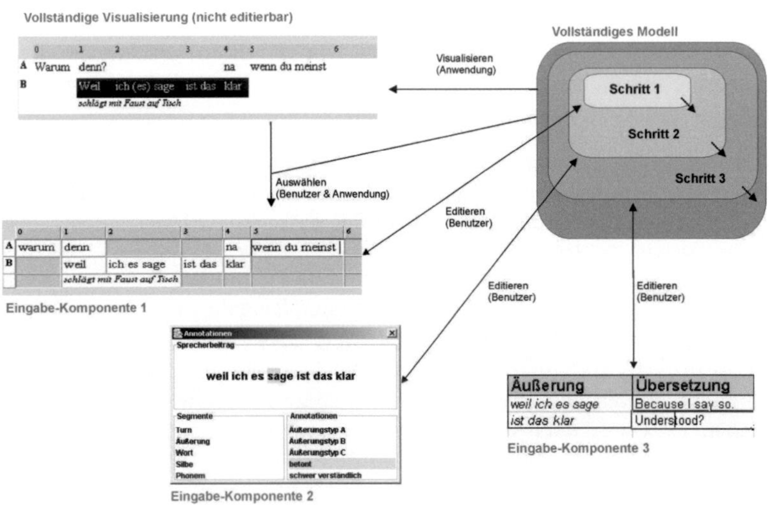

Verglichen mit gängigen Eingabe-Verfahren (z.B. über eine Textverarbeitung oder einen spezialisierten Editor wie SyncWriter), bei denen im Prinzip jede Einheit der Transkription an jeder Stelle des Transkriptionsprozesses editierbar bleibt, stellt sich diese Verfahrensweise zunächst als latent restriktiv dar. Es bliebe einerseits zu prüfen, inwieweit sich dies auf die praktische Verarbeitung auswirkt, ob also Transkribenten ein solches Verfahren noch als intuitiv erlern- und anwendbar empfinden. Andererseits ist auch zu fragen, ob der Transkriptionsprozess von einem methodischen Standpunkt aus überhaupt geeignet ist, um solchermaßen in aufeinander aufbauende Teilschritte zerlegt zu werden, oder ob nicht gerade die Möglichkeit eines iterativen Überarbeitens des *gesamten* Modells über den *gesamten* Zeitraum hinweg eine seiner Voraussetzungen bleibt. In den untersuchten Transkriptionssystemen ist zumindest die Idee des schrittweisen Verfeinerns und Ausbauens von Transkriptionen eindeutig angelegt: HIAT trägt dem in seinem Namen (Halbinterpretive Arbeitstranskriptionen) und in der Unterscheidung zwischen HIAT1 und HIAT2 (vgl. Kapitel 3) Rechnung. Genauer sagen Ehlich/Rehbein (1976: 23):

> [Eine HIAT-Transkription] trägt den Charakter einer Arbeitstranskription, weil es sich um eine Fassung handelt, die durch weitere Arbeitsschritte korrigiert und vereinfacht werden kann, und zwar unter unterschiedlichen Zielsetzungen.

Dabei bleibt aber offen, ob davon auszugehen ist, dass spätere Arbeitsschritte die Ergebnisse vorangehender Arbeitsschritte unverändert lassen.

GAT unterscheidet mit Basis- und Feintranskript ebenfalls in gewisser Weise zwischen einem reduzierten und einem vollständigen Modell. Hier nennen Selting et al. (1998: 92) die Eigenschaft einer Transkription, verschiedene Bearbeitungsschritte möglichst unabhängig voneinander zu ermöglichen, sogar explizit als ein Gütekriterium ihres Systems:

> Ausbaubarkeit und Verfeinerbarkeit der Notation („Zwiebelprinzip"): Ein Transkript einer bestimmten Detailliertheitsstufe soll *ohne Revision der weniger differenzierten Version* ausbaubar und verfeinerbar sein. [Hervorhebung von mir, T.S.]

Letztendlich lässt sich die Frage nach adäquaten Eingabewerkzeugen aber ohnehin nicht zufrieden stellend beantworten, ohne dass diese tatsächlich implementiert und in der Praxis erprobt werden. Die hier angesprochenen architektonischen und methodischen Überlegungen sollten zwar möglichst in diesen Prozess einfließen, es wäre jedoch vermessen anzunehmen, dass sich alle Aspekte einer solchen Umsetzung und Anwendung „am Reißbrett" überschauen ließen.

6.4 EXMARaLDA

Die vorliegende Arbeit entstand im Zusammenhang mit der Arbeit eines Projektes am Sonderforschungsbereich (SFB) „Mehrsprachigkeit" der Universität Hamburg. Ziel dieses Projektes ist die Erstellung einer Datenbank, die sämtliche mehrsprachige Transkriptionen, die den einzelnen Teilprojekten des SFB als Grundlage ihrer empirischen Analysen dienen, unter einem gemeinsamen Dach bündeln und so dem Datenaustausch, der computergestützten Analyse und der Archivierung zugänglich machen soll. Wie die folgende Abbildung zeigt, fungiert als zentrale Architekturkomponente dieser Datenbank das System EXMARaLDA (Extensible Markup Language for Discourse Annotation), eine Menge von XML-basierten Beschreibungssprachen für Transkriptionsdaten:

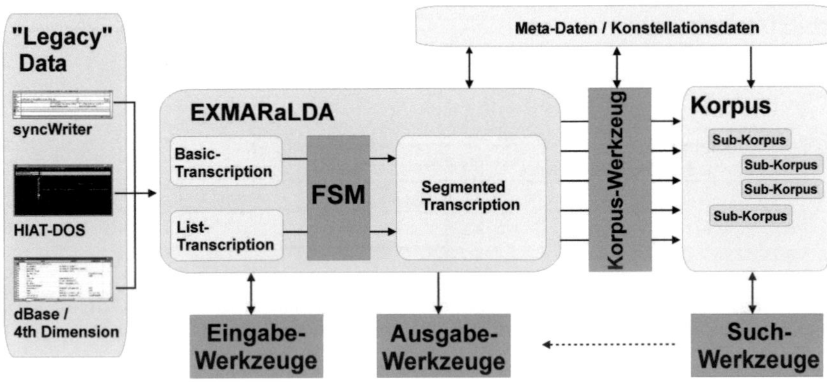

Zwischen EXMARaLDA und den in dieser Arbeit entwickelten Konzepten besteht also ein offensichtlicher Zusammenhang. Es ist jedoch ausdrücklich darauf hinzuweisen, dass EXMARaLDA nicht etwa eine direkte praktische Umsetzung des Transkriptionsgraphen-Formalismus und der zugehörigen Visualisierungsverfahren darstellt. Die EXMARaLDA-Entwicklung erfolgte teilweise zeitgleich mit dieser Arbeit, teilweise ging sie ihr sogar voraus. Die Rolle, die EXMARaLDA im Bezug auf das hier entwickelte Modellierungs- und Visualisierungsverfahren spielt, lässt sich daher vielleicht am besten mit dem Terminus „Prototyp" beschreiben: das System erprobt einen Ansatz, der dem hier vorgeschlagenen konzeptuell sehr ähnlich ist; gleichzeitig hat diese erste Umsetzung eine umfassende Analyse der theoretischen und praktischen Schwierigkeiten ermöglicht, die ein solcher Ansatz mit sich bringt, und so wiederum zu seiner hier vorliegenden Überarbeitung und Verfeinerung beigetragen.

Konzeptuelle und technische Einzelheiten des EXMARaLDA-Systems und der Datenbank „Mehrsprachigkeit" werden in Schmidt, Th. (2001, 2002a,b,c, 2003a,b,c und 2004), Schneider (2002b) und Schindler/Sasaki (2001) besprochen und sollen hier nicht wiederholt werden. Ziel dieses Abschnittes ist es vielmehr deutlich zu machen, wie die einzelnen System-Komponenten mit den in dieser Arbeit entwickelten Konzepten zusammenhängen.

Wie die obige Abbildung deutlich macht, besteht EXMARaLDA im Kern aus drei XML-basierten Datenformaten – der *Basic-Transcription*, der *List-Transcription* und der *Segmented Transcription*.

Erstere beschreiben jeweils reduzierte Modelle im Sinne der Ausführungen des vorangehenden Abschnittes. Eine *Basic-Transcription* strukturiert Informationen in *Ereignisse*, die jeweils einer Kategorie, einem Sprecher und einem Intervall einer gemeinsamen Zeitachse zugeordnet werden[19].

Basic-Transcription:

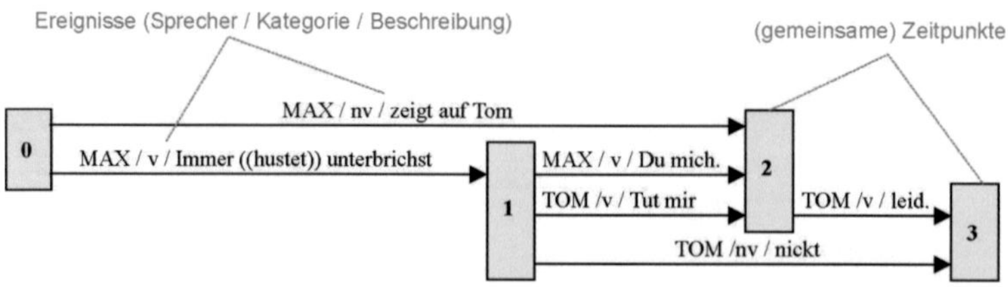

In einer *List-Transcription* werden solche Ereignisse zusätzlich noch in *Sprecherbeiträge* zusammengefasst.

List-Transcription:

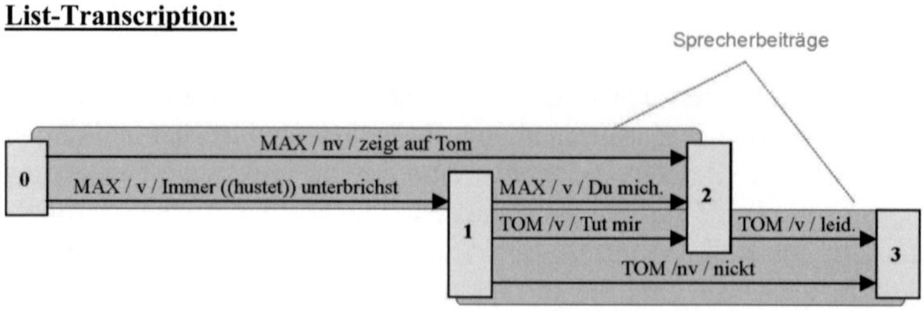

Beide Formate enthalten mit Interpunktionszeichen neben den symbolischen Beschreibungen einzelner Modelleinheiten auch Symbole, die nach den Überlegungen aus den Kapiteln 3 und 5 als Bestandteile der Visualisierung aufzufassen sind.

Basic-Transcription und *List-Transcription* lassen sich mit geeigneten Eingabe-Werkzeugen vom Benutzer in einer weitestgehend analogen Form eingeben: Der EXMARaLDA Partitur-Editor präsentiert die Daten einer *Basic-Transcription* in Form einer editierbaren Partitur und verfügt darüber hinaus über Import-Filter für Daten aus anderen Transkriptionswerkzeugen.

[19] Diese Datenstruktur hat sich in der Praxis als besonders nützlich erwiesen, weil sie sich weitestgehend mit den Datenstrukturen deckt, die von Transkriptionswerkzeugen wie Praat, TASX-Annotator, ELAN und Anvil verwendet werden. Ein Überführung der von diesen Werkzeugen erstellten Daten in das EXMARaLDA-Format ist deshalb relativ einfach (vgl. Schmidt 2003c).

Partitur-Editor:

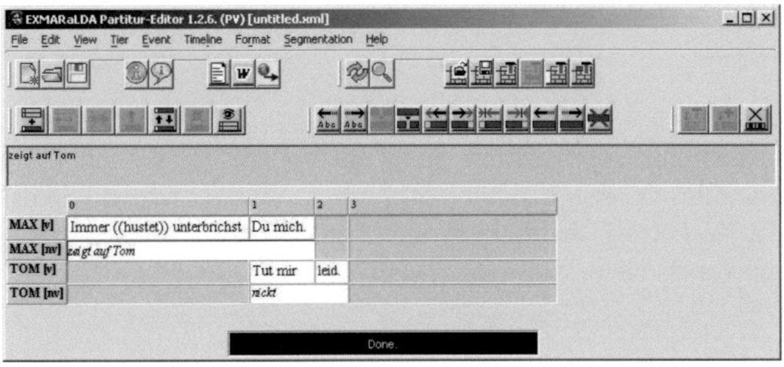

Eine *List-Transcription* kann über die „Simple EXMARaLDA“-Schnittstelle in jedem gängigen Texteditor als Transkript in Zeilennotation eingegeben und anschließend über einen Importfilter in eine XML-Datei umgewandelt werden.

Simple EXMARaLDA:

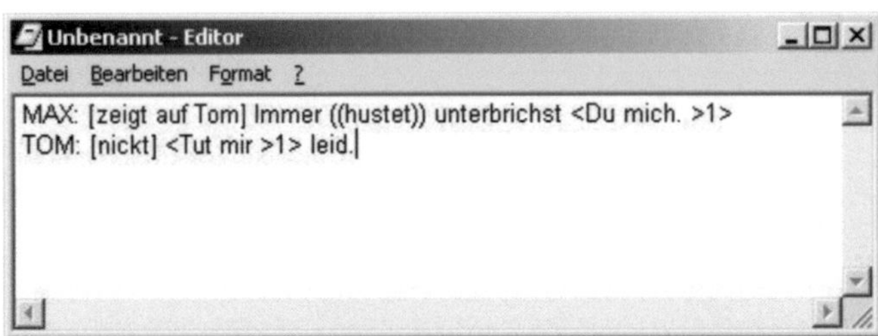

Wenn diese Eingabe abgeschlossen ist, wird eine Endliche Maschine (Finite State Machine) verwendet, um aus einer *Basic-* bzw. *List-Transcription* eine *Segmented-Transcription* zu generieren. Diese FSM erkennt die in den Ereignisbeschreibungen implizit enthaltenen Markierungen sprachlicher Struktureinheiten (z.B. Interpunktionszeichen, die Wort- und Äußerungsgrenzen markieren und Klammern, die nicht-phonologische Einheiten kenntlich machen) und bildet diese auf explizite Struktureinheiten einer *Segmented-Transcription* ab. Da diese Abbildung in offensichtlicher Weise abhängig von der verwendeten Transkriptionskonvention ist, ermöglicht das System die Verwendung unterschiedlicher FSMs, die jeweils einem spezifischen Transkriptionssystem entsprechen.

Basic-Transcription:

Immer ((hustet)) unterbrichst	Du mich.
Ereignis	**Ereignis**

→ **HIAT FSM**

Segmented-Transcription:[20]

Immer	((	hustet	))	unterbrichst		Du		mich	.
Wort	**IP**	**Non-Pho**	**IP**	**Wort**	**IP**	**Wort**	**IP**	**Wort**	**IP**
Äußerung									

Eine *Segmented-Transcription* repräsentiert dann ein vollständiges Modell im Sinne der Ausführungen des vorangehenden Abschnittes. Wie der folgende Ausschnitt aus der XML-Kodierung zeigt, lässt sich ihre Struktur mit der eines Transkriptionsgraphen vergleichen:

```
<segmented-transcription>
    <!-- gemeinsame Zeitachse (entspricht gemeinsamen Knoten in einem TG) -->
    <common-timeline>
        <tli id="T0"/>
        <!-- [...] -->
        <tli id="T3"/>
    </common-timeline>
    <segmented-tier id="TIE0" speaker="SPK0" category="v" type="t">
        <!-- "Gabelung" der Zeitachse (entspricht nicht-gemeinsamen Knoten in einem TG) -->
        <timeline-fork start="T0" end="T1">
            <tli id="T0.TIE0.1"/>
            <tli id="T0.TIE0.2"/>
        </timeline-fork>
        <!-- [...] -->
        <segmentation name="SpeakerContribution_Utterance_Word" tierref="TIE0">
            <ts n="sc" id="Seg_0" s="T0" e="T2">
            <!-- Äußerungs-Segment: 'HIAT:u(tterance)' (entspricht einer S-Kante der Kategorie "Äußerung") -->
                <ts n="HIAT:u" id="Seg_1" s="T0" e="T2">
                    <!-- Wort-Segment: 'HIAT:w(ord)' (entspricht einer S-Kante der Kategorie "Wort") -->
                    <ts n="HIAT:w" id="Seg_2" s="T0" e="T0.TIE0.1">
                        <!-- Wort-Beschreibung (entspricht einer T-Kante in einem TG) -->
                        Immer
                    </ts>
                    <!-- Interpunktionssegment (entspricht dem Leerzeichen, das in der Visualisierung eine -->
                    <!-- Wortgrenze repräsentiert und den doppelten runden Klammern, -->
                    <!— die in der Visualisierung den Beginn einer NPA-Einheit repräsentieren) -->
                    <nts n="HIAT:ip" id="Seg_3"> ((</nts>
                    <!-- Nicht phonologisches Segment (entspricht einer Kante des Typs Anti-T -->
                    <ats n="HIAT:non-pho" id="Seg_4" s="T0.TIE0.1" e="T0.TIE0.2">hustet</ats>
                    <!-- Interpunktionssegment (entspricht doppelten runden Klammern, die in -->
                    <!-- der Visualisierung das Ende einer NPA-Einheit repräsentieren) -->
                    <nts n="HIAT:ip" id="Seg_5">)) </nts>
                    <!-- Wort-Segment: 'HIAT:w(ord)' (entspricht einer S-Kante der Kategorie "Wort") -->
                    <ts n="HIAT:w" id="Seg_6" s="T0.TIE0.2" e="T1">
                        <!-- Wort-Beschreibung (entspricht einer T-Kante in einem TG) -->
                        unterbrichst
                    </ts>
                    <!-- [...] -->
                    <nts n="HIAT:ip" id="Seg_12">. </nts>
                </ts>
            </ts>
            <!-- [...] -->
        </segmentation>
        <!-- [...] -->
    </segmented-tier>
    <!-- [...] -->
</segmented-transcription>
```

[20] **IP** steht für „Interpunktion“, **Non-Pho** für „nicht-phonologische Einheit“.

XML-Elemente des Typs <ts> (für: *timed segment*) übernehmen dabei die Funktion der **S**-Kanten, d.h. sie kennzeichnen Beginn und Ende sprachlicher Struktureinheiten. Anders als bei der in Abschnitt 6.1. vorgeschlagenen XML-Repräsentation für Transkriptionsgraphen können in einer *Segmented-Transcription* <ts>-Elemente geschachtelt werden, wenn die entsprechenden Segmente sich in eine geordnete Hierarchie fügen. Die in EXMARaLDA verwendete XML-Repräsentation ist also nicht „maximal flach". Die Beschreibungen von **T**-Kanten werden als *Inhalte* von <ts>-Elementen kodiert, die Beschreibungen von **Anti-T**-Kanten als Inhalte von XML-Elementen des Typs <ats> (für: *atomic timed segment*). Allen <ts>- und <ats>-Elementen wird über entsprechende Attribute (s und e) ein Start- und Endpunkt auf einer Zeitachse (<common-timeline> und <timeline-fork>) zugewiesen, der in einem Transkriptionsgraphen die Knotenmenge entsprechen würde. Dabei kann die sich so ergebende Ordnung einzelner Elemente – ebenfalls wie im Transkriptionsgraphen – eine partielle sein, d.h. beispielsweise muss sich nicht jedes Wort eines Sprechers zu jedem Wort eines anderen Sprechers zeitlich anordnen lassen.

Der wesentliche Unterschied zwischen Transkriptionsgraphen und einer *Segmented-Transcription* des EXMARaLDA-Systems besteht in der Verwendung des Elementes <nts> (für: *non-timed segment*). Dieses repräsentiert Einheiten, die eigentlich nicht Teil des Modells, sondern der Visualisierung sind, beispielsweise die Interpunktionszeichen, die in HIAT-Transkripten zum Kennzeichnen des Äußerungstyps verwendet werden. Innerhalb eines Transkriptionsgraphen müssten diese Einheiten in geeignete **A**-Kanten „übersetzt" und mit der zugehörigen zeitlichen Einordnung versehen werden. Im Rahmen des EXMARaLDA-Systems wird die betreffende Information also nicht optimal symbolisch repräsentiert[21] – für einige Annotationen werden nicht die Einheiten des symbolischen Modells selbst, sondern lediglich die zugehörigen Symbole der Visualisierung festgehalten. Dadurch, dass diese annotierenden Visualisierungs-Elemente explizit von den übrigen Einheiten der Transkription abgegrenzt sind,

[21] Der Grund dafür ist jedoch nicht eine konzeptionelle Unzulänglichkeit des EXMARaLDA-Systems, sondern ein praktischer Sachzwang: der Großteil der Transkriptionen, die in die Datenbank „Mehrsprachigkeit" aufgenommen werden sollen, wird nicht mit dem System selbst neu erstellt, sondern entsteht durch Konvertierung vorhandener Daten (vgl. „Legacy Data" in der obigen Abbildung). Da in diesen vorhandenen Daten Modell- und Visualisierungsbestandteile bereits vermischt sind, kann das Zielformat die vollständige Trennung zwischen beiden ebenfalls nicht erzwingen. Es ist jedoch durchaus möglich, eine Transkription als EXMARaLDA *Segmented-Transcription* zu repräsentieren, ohne von solchen hybriden <nts>-Elementen Gebrauch zu machen. Eine solche *Segmented-Transcription* wäre dann strukturell noch unmittelbarer mit einem Transkriptionsgraphen zu vergleichen, wenn nicht sogar mit diesem isomorph.

ermöglicht dieses Vorgehen aber immerhin eine kontrollierbare indirekte Verarbeitung solcher Annotationen.[22]

Neben den oben genannten Eingabemethoden stellt das EXMARaLDA-System auch mehrere Ausgabemethoden zur Verfügung, die aus den Repräsentationen reduzierter oder vollständiger Modelle in Form einer *basic-*, *list-* oder *segmented transcription* analoge Visualisierungen generieren. Bei der Ausgabe von Transkripten als HTML- oder RTF-kodierte Partituren kommt dabei das in Abschnitt 6.2.1. beschriebene Verfahren zum Einsatz. Generell folgen die Ausgabe-Werkzeuge dem Ablauf des in Abschnitt 5.4. beschriebenen Visualisierungsverfahrens. Allerdings beinhalten sie derzeit keine Funktionalität zum Intralinearisieren oder Symbolisieren von Kanten, denn bei den meisten vorhandenen Transkriptionen entsprechen die als <nts>-Elemente repräsentierten Bestandteile genau dem Ergebnis einer Intralinearisierung und müssen daher für die Visualisierung nicht noch eigens berechnet werden. Neben den klassischen Darstellungsformen der Partitur- und Zeilennotation ermöglichen die EXMARaLDA-Ausgabewerkzeuge außerdem einige der in Abschnitt 5.5.2. angesprochenen hypertextuellen Visualisierungsformen, beispielsweise die Ausgabe einer mit dem Transkript verknüpften alphabetischen Wortliste oder die Verknüpfung des Transkripts mit Bild- oder Tonmaterial.

Wie bereits gesagt, baut EXMARaLDA also auf vielen der in dieser Arbeit entwickelten Konzepte auf, ohne jedoch als deren direkte Umsetzung gelten zu können. Grundsätzlich ist es in jedem Falle als ein Verfahren zur computergestützten Transkription anzusehen, das nicht nur die hier vorgeschlagene Trennung zwischen symbolischen Modell und analoger Visualisierung ermöglicht, sondern darüber hinaus im Sinne eines genuin generischen Ansatzes ein Modellierungs*verfahren* zur Verfügung stellt, mit dessen Hilfe sich unterschiedliche Modelle gesprochener Sprache auf einer gemeinsamen Basis formulieren und bearbeiten lassen. Zwar sind EXMARaLDA-Daten nicht hundertprozentig isomorph zu Transkriptionsgraphen; viele ihrer Bestandteile lassen sich aber unmittelbar auf Einheiten eines Transkriptionsgraphen abbilden. Damit könnten EXMARaLDA-Transkriptionen mindestens als sinnvoller Zwischenschritt dienen, wenn es beispielsweise darum ginge, vorhandene (z.B. SyncWriter-) Datenbestände in eine Form wie die hier erarbeitete zu überführen.

[22] D.h. dass es zum Beispiel zwar nicht möglich ist, direkt nach einer Annotation der Kategorie „Äußerungstyp“ zu suchen, die den Wert „Typ E“ aufweist. Statt dessen kann aber zumindest indirekt nach Äußerungen gesucht werden, die ein als <nts>-Element ausgezeichnetes Fragezeichen beinhalten.

6.5 Anwendungsszenarien

Diese Arbeit betrachtet computergestützte Transkription aus einer texttechnologischen Perspektive. Damit soll einerseits ein theoretischer Beitrag zu einem besseren methodischen Verständnis des Computereinsatzes in der Gesprächsforschung und verwandten Disziplinen geleistet werden. Andererseits sollten die entwickelten Konzepte aber auch einen ohne Rückbezug auf texttechnologische oder methodologische Motive erkennbaren *praktischen* Nutzen haben. Ihre Anwendung sollte m.a.W. zu einer Verbesserung und Erweiterung der Möglichkeiten computergestützter Transkriptionspraxis führen, die sich auch alleine im Hinblick auf die Bedürfnisse *gesprächsanalytischer* Forschung als sinnvoll rechtfertigen ließen.

Ein diesbezüglich extremer Standpunkt könnte in der Auffassung bestehen, dass die hier ausgearbeitete Trennung von Modell und Visualisierung den Gegenstand unnötig und in einer der Gesprächsforschung fremden Weise theoretisiert, nur um am Ende das zu erhalten, was seit jeher das primäre Ziel computergestützter oder nicht computergestützter Transkription darstellte und auch mit weit weniger aufwändigen Mitteln erreichbar war: ein Transkript.

Diesem hypothetische Standpunkt soll im Folgenden anhand einiger exemplarischer Anwendungsszenarien widersprochen werden. Jedes dieser Szenarien beleuchtet einen Aspekt computergestützter Transkription, bezüglich dessen sich die hier entwickelten Konzepte gegenüber der vorhandenen Praxis computergestützter Transkription[23] als überlegen erweisen können, und dies in einer Art und Weise, die unmittelbar relevant für die gesprächsanalytische Forschungspraxis ist. Dabei werden größtenteils lediglich Gedanken paraphrasierend wiederholt, die bereits an anderer Stelle in dieser Arbeit ausgeführt wurden – die Szenarien sind daher in erster Linie als eine abschließende Zusammenfassung zu verstehen, die noch einmal die praktische Relevanz der in dieser Arbeit entwickelten theoretischen Konzepte verdeutlichen soll.

Szenario 1: Mehrere Visualisierungen für eine Transkription

Wie mehrfach thematisiert, lässt sich der Unterschied zwischen verschiedenen Layoutprinzipien mit einer unterschiedlichen Gewichtung bestimmter Eigenschaften gesprochener Sprache erklären – die Partiturnotation betont deren si-

---

[23] Als „vorhandene Praxis computergestützter Transkription" sei z.B. das Anfertigen von HIAT-Transkripten in HIAT-DOS oder das Anfertigen von GAT-Transkripten in einer Standard-Textverarbeitung (MS Word) verstanden. Dass z.B. das Transkribieren mit dem SyncWriter oder das am IDS praktizierte Transkriptionsverfahren bzgl. ihrer Möglichkeiten bereits wesentlich über diese Praxis hinausgehen, sei an dieser Stelle wissentlich missachtet, denn der herauszustellende Unterschied ist der zwischen computergestützten Verfahren, die dem Anfertigen von *Transkripten* dienen, und solchen, die dem Anfertigen von *Transkriptionen* dienen. Das Anfertigen von HIAT-Transkripten in HIAT-DOS oder das Anfertigen von GAT-Transkripten in einer Textverarbeitung sind typische Beispiele für erstere.

multanen Charakter, indem sie den Ablauf eines Gespräches als ein Nebeneinander verschiedener Handlungslinien visualisiert; die Zeilennotation rückt ihren sequentiellen Charakter in den Vordergrund, indem sie das Nacheinander von Äußerungen, Phrasierungseinheiten etc. graphisch abbildet. Beide Darstellungsformen haben also aus gesprächsanalytischer Perspektive ihre Berechtigung, und die Entscheidung für eine von ihnen bedeutet in der derzeitigen Transkriptions-Praxis zwangsläufig einen Verzicht auf die Vorzüge der jeweils anderen. Die Trennung von Modell und Visualisierung hebt dieses Dilemma auf: dadurch, dass bei der Formulierung des symbolischen Modells zunächst über die graphische Darstellung abstrahiert wird und diese dann nach formalen Regeln systematisch berechnet werden kann, ergeben sich ohne zusätzlichen Arbeitsaufwand mehrere Visualisierungsmöglichkeiten für ein und dieselbe Transkription – GAT- und Verbmobil-Transkriptionen lassen sich als Partituren darstellen, HIAT und DIDA-Transkriptionen als Transkripte in Zeilennotation. Aus der Perspektive eines einzelnen Gesprächsforschers kann dies bereits eine nützliche *Erkenntnishilfe* darstellen, denn er ist damit in der Lage, in Abhängigkeit von seinem Analyse-Interesse flexibel zwischen verschiedenen Visualisierungsformen auszuwählen. Aus der Perspektive der Forschergemeinschaft kann sich diese Flexibilität hingegen auch als eine *Kommunikationshilfe* erweisen, denn die schulenübergreifende Rezeption von Transkriptionen wird derzeit auch dadurch erschwert, dass sich innerhalb einzelner Schulen ein Layoutprinzip auf Kosten des anderen durchgesetzt hat (etwa: „Diskursanalyse = Partiturnotation, Konversationsanalyse = Zeilennotation") und somit Transkripte anderer Schulen oft als ungewohnt und folglich „schwer lesbar" empfunden werden. Die Möglichkeit, konversationsanalytische Transkriptionen wahlweise auch in Partiturnotation und diskursanalytische Transkriptionen wahlweise auch in Zeilennotation visualisieren zu können, würde sich in dieser Hinsicht sicherlich als gewinnbringend erweisen.

Szenario 2: Verfeinerung und Erweiterung von Modellen

Auch wenn bestehende Transkriptionssysteme bis zu einem gewissen Grade konventionalisieren, welche Phänomene und Eigenschaften gesprochener Sprache auf welche Weise Eingang in die Transkription finden sollen und welche nicht, erhebt dennoch keines der Systeme einen Anspruch auf eine diesbezügliche Vollständigkeit: Die Möglichkeit einer Verfeinerung oder Erweiterung der betreffenden Modelle, z.B. im Bezug auf spezifische Analyseziele, wird teilweise ausdrücklich vorgesehen[24], zumindest aber nirgendwo grundsätzlich ausgeschlossen.

[24] Vgl. zum Beispiel das in Abschnitt 6.3. angeführte Zitat aus Ehlich/Rehbein (1976: 23) zum Begriff der „*Arbeits*transkription".

Die hier vorgeschlagenen Konzepte unterstützen eine solche Erweiterung oder Verfeinerung in mehrerlei Hinsicht besser als die gängige Praxis computergestützter Transkription:

Erstens wird dadurch, dass es sich bei Transkripionsgraphen nicht um ein spezifisches Modell gesprochener Sprache, sondern um ein generisches Modellierungs*verfahren* handelt, dem ein ebenso generisches Visualisierungsverfahren an die Seite gestellt ist, ein erhöhtes Maß an Flexibilität bezüglich Verfeinerungen und Erweiterungen erreicht. Weil der Transkriptionsgraphenformalismus von Vorneherein keine Annahmen über das Vorhandensein oder die Bedeutung spezifischer Kategorien macht, ist er grundsätzlich offen für das Hinzufügen beliebiger Kategorien; und weil auch das Visualisierungsverfahren in gleicher Weise semantisch unspezifiziert ist, kann für jede hinzugefügte Kategorie auch flexibel eine zugehörige Visualisierung definiert werden.

Zweitens stellen die Trennung zwischen Modell und Visualisierung und die formalisierte Repräsentation von ersterem sicher, dass ein vorhandenes Modell trotz etwaiger hinzugefügter Verfeinerungen und Erweiterungen auch in seiner ursprünglichen Form nutzbar bleibt. Da jeder Bestandteil des symbolischen Modell explizit bezüglich seiner Kategorie ausgezeichnet ist, können hinzugefügte Kategorien z.B. einfach bei einer Visualisierung nicht berücksichtigt werden, wenn das durch sie beschriebene Phänomen für den anvisierten Analysezweck als nicht relevant erachtet wird. Um Vergleichbares in der derzeitigen Transkriptionspraxis zu erreichen, müssten zwangsläufig zwei unabhängige Versionen des selben Transkripts erstellt werden.

Szenario 3: Modellevaluierung und Modellvergleich

Die Trennung von Modell und Visualisierung und der Einsatz eines generischen Modellierungsverfahrens ermöglichen nicht nur die im vorigen Szenario angesprochene flexible Erweiterung und Verfeinerung von Modellen. Sie erlauben darüber hinaus auch mehrfache Annotationen des gleichen Basismaterials und deren computergestützten Vergleich. Dies kann mindestens in zweierlei Hinsicht für die gesprächsanalytische Praxis interessant sein:

(1) Die gleiche Annotation kann mehrfach durch *verschiedene Personen* vorgenommen werden, beispielsweise könnten – ausgehend von einer vorliegenden Transkription der Wörter, d.h. einem Transkriptionsgraphen mit **T**-Kanten und **S**-Kanten für Wörter – mehrere HIAT-Transkribenten eine Einteilung eines transkribierten Gespräches in Äußerungen vornehmen. Die dabei zu erstellenden **S**-Kanten für Äußerungen können alle in einem einzigen Transkriptionsgraphen festgehalten werden und rechnergestützt gegeneinander abgeglichen werden. Auf diese Weise lässt sich eine kontrollierte Modellevaluierung durchführen, die Aussagen über die Anwendbarkeit und Eindeutigkeit von Kategorien erlaubt und damit letztendlich die Güte eines Transkriptionssystems empirisch belegen

(oder auch widerlegen) kann.[25] Vergleichbares wäre in der vorhandenen Praxis computergestützter Transkription nur ungleich umständlicher – etwa durch einen manuellen Transkriptvergleich – zu bewerkstelligen.

(2) In ähnlicher Weise können auch vergleichbare Annotationen *verschiedener Transkriptionssysteme* auf dem gleichen Basismaterial vorgenommen und rechnergestützt miteinander verglichen werden. Beispielsweise könnte eine vorhandene Transkription sowohl gemäß HIAT in Äußerungen, als auch gemäß GAT in Phrasierungseinheiten segmentiert werden, und der Vergleich würde Aufschluss über Gemeinsamkeiten und Unterschiede dieser beiden Modelleinheiten erlauben. Eine solche „vergleichende Diskursanalyse" gehört auch zu den Zielen, die im Rahmen des texttechnologischen Projektes SEKIMO (vgl. TEXTTECHNOLOGY und Goecke et al. 2003) verfolgt werden.

Darüber hinaus stellt die mehrfache Annotation gleicher Basiseinheiten natürlich auch einfach eine Möglichkeit der *Wiederverwendung* von Transkriptionsdaten dar. Sollten beispielsweise zwei Transkriptionssysteme sich nicht bezüglich der Definition und Beschreibung der Einheit des Wortes, wohl aber bezüglich darauf aufbauender Annotationen unterscheiden, so ermöglicht die formalisierte Repräsentation der Modelle es ohne weiteres, die transkribierten Wörter wieder zu verwenden, die darauf aufbauenden Annotation zu verwerfen und in dieser Weise den Transkriptionsaufwand zu reduzieren.

Szenario 4: Automatische Annotation und computergestützte Analyse

Für die Durchführung quantitativer Analysen größeren Umfangs hat die Korpuslinguistik zahlreiche Werkzeuge entwickelt, um digitale Fassungen geschriebener Texte automatisch (d.h. computergestützt) mit Annotationen anzureichern. Beispiele hierfür sind Part-Of-Speech-Tagger, Tokenizer und Lemmatisierer (vgl. z.B. CORPUS LINGUISTICS). Die Anwendung solcher Werkzeuge auf Transkriptionen gesprochener Sprache wäre grundsätzlich möglich und sinnvoll, wird aber in der gängigen Transkriptionspraxis dadurch erschwert, dass in den Oberflächenrepräsentationen von Transkripten das primäre sprachliche Material (die transkribierten Wörter) nicht ohne weiteres von sekundärem Material (Annotationen und Beschreibungen non-verbalen Verhaltens) zu unterscheiden ist, die genannten Werkzeuge also nicht die erwartet einfachen Eingaben erhalten. Aus einer formalisierten Repräsentation des Modells in Form eines Transkriptionsgraphen lässt sich eine solche vereinfachte Fassung der Transkription hingegen wiederum ohne weiteres generieren, und die computergestützte Transkription wird in dieser Weise auch für die automatische Annotation offen.

[25] Vgl. dazu das in Abschnitt 2.1.3. angeführte Zitat von O'Connell/Kowal (1995: 651), die genau eine solche empirische Untermauerung für die Gütekriterien von Transkriptionssystemen fordern.

Aus denselben Gründen wird durch die Trennung von Modell und Visualisierung auch die computergestützte Analyse größerer Gesprächskorpora wesentlich begünstigt. Wie in Abschnitt 2.3. ausgeführt, birgt eine Teilautomatisierung des Analyseprozesses – beispielsweise die Suche nach bestimmten Wörtern oder Annotationen – die Gefahr einer unbeabsichtigten Über- oder Unterselektion, die wiederum ein verfälschtes Analyseergebnis nach sich ziehen können. Nur wenn solche Analysen auf formal kontrollierbaren symbolischen Modellen operieren, lassen sich solche Fehler zuverlässig und nachvollziehbar vermeiden.

Szenario 5: Austauschbarkeit und Archivierbarkeit

Der letzte und vielleicht wichtigste Aspekt, bezüglich dessen sich das hier vorgeschlagene Verfahren gegenüber der gängigen Transkriptionspraxis als überlegen erweist, betrifft die Austauschbarkeit von Transkripionsdaten, also deren Eigenschaft, in verschiedenen technischen Umgebungen (verschiedene Software, verschiedene Betriebssysteme) nutzbar zu sein. Unmittelbar damit verbunden ist der Aspekt der Archivierbarkeit, denn nur wenn Transkriptionsdaten sich zwischen verschiedenen Anwendungen und Systemen austauschen lassen, ist auch gewährleistet, dass sie trotz der schnellen und fortwährenden Entwicklung der Computertechnologie auf längere Zeit nutzbar bleiben.

In der gängigen Transkriptionspraxis sind die Daten oft untrennbar mit der technischen Umgebung verbunden, in der sie erstellt wurden. Besonders deutlich wird dies bei HIAT-Transkriptionen, die sich nur entweder mit HIAT-DOS oder dem SyncWriter (nicht aber von beiden!) lesen und bearbeiten lassen und wertlos werden, sobald diese Programme oder die von ihnen benötigten Betriebssysteme nicht (mehr) zur Verfügung stehen.

Der hier vorgeschlagene Ansatz ist aus zweierlei Gründen in wesentlich geringerem Maße abhängig von speziellen Technologien:

Zum einen ermöglicht die Trennung von Inhalt und Darstellung respektive Modell und Visualisierung die Kodierung der Daten in XML. Dadurch wird eine wesentlich größere Software-Unabhängigkeit erreicht, denn XML-Daten basieren auf einem kontrollierten texttechnologischen Standard, der jetzt und in absehbarer Zukunft von allen gängigen technischen Umgebungen unterstützt wird.

Zum anderen wird darüber hinaus durch die Annahme einer Drei-Ebenen-Architektur (vgl. Abschnitt 5.1.) eine noch weiterreichende Unabhängigkeit von technischen Umgebungen ermöglicht. Dadurch, dass der Transkriptionsgraphenformalismus Einheiten und Zusammenhänge computergestützter Transkription zunächst ausschließlich auf einer logischen Ebene beschreibt, bleibt er auch unter gänzlich veränderten technischen Voraussetzungen (also z.B. auch dann, wenn XML als Standard scheitern sollte) eine konzeptuelle Hilfe für das Verständnis und die Implementierung von Transkriptionsdaten und -werkzeugen.

Unmittelbar mit diesen beiden Punkten verbunden ist schließlich die in der Einleitung angesprochene Anschlussfähigkeit gesprächsanalytischer Transkriptionsdaten an Initiativen, die sich die Erarbeitung von Standards und Infrastrukturen zum Austausch von Sprachressourcen zum Ziel gesetzt haben (z.B. EAGLES/ISLE, ELRA, LDC). Zwar mögen einige der hier besprochenen Transkriptionssysteme innerhalb ihrer „eigenen" Schule oder auch in einem allgemeineren gesprächsanalytischen Forschungszusammenhang dem Status eines Standards nahe kommen. Aus der Perspektive der internationalen sprachtechnologischen Community, die im Wesentlichen hinter den genannten Initiativen steht, ist jedoch der Kreis der HIAT- oder GAT-Nutzer nicht groß genug, um dort eingehendere Beachtung zu finden. Da das hier vorgeschlagene Verfahren es zum einen ermöglicht, verschiedene gesprächsanalytische Modelle mittels eines gemeinsamen Modellierungsverfahrens zu formulieren, und weil zum anderen dieses Modellierungsverfahren auf dem außerhalb der Gesprächsforschung entwickelten und innerhalb größerer Initiativen etablierten Annotationsgraphenformalismus aufbaut, könnte seine Umsetzung die Anschlussfähigkeit gesprächsanalytischer Daten an solche Initiativen merklich verbessern.

Konklusion

Der interdisziplinäre Charakter dieser Arbeit hat es notwendig gemacht, in den verschiedenen Kapiteln recht unterschiedliche Schwerpunktsetzungen vorzunehmen. Vor einer abschließenden Diskussion und einem Ausblick auf mögliche Fortführungen dieser Arbeit soll daher noch einmal eine Zusammenfassung stehen, die den Weg von den methodologischen Betrachtungen in Kapitel 2 zu den in Kapitel 6 diskutierten praxisbezogenen Fragen in komprimierter Form nachzeichnet.

Zusammenfassung

Kapitel 2 hat einen Zugang zur computergestützten Transkription aufgezeigt, der sich wesentlich auf den wissenschaftlichen Modellbegriff stützt. Es wurde gezeigt, dass der Modellgedanke zwar bereits bis zu einem gewissen Grad im etablierten Transkriptionsverständnis angelegt ist, dass sich das Wesen der *computergestützten* Transkription aber möglicherweise besser fassen lässt, wenn er konsequent in den Mittelpunkt gerückt wird. Insbesondere wurde zum einen argumentiert, Transkription nicht mehr ausgehend vom Gedanken der Überführung mündlicher in schriftliche Sprachlichkeit zu begreifen, sondern als einen Modellierungsprozess zu verstehen, in dem Schrift nur die Rolle eines *Mittels* der Modellierung spielt, ihr autonomer sprachlicher Charakter also weitestgehend in den Hintergrund rückt. Zum anderen wurde vorgeschlagen, mit Hilfe des Computers angefertigte Transkriptionen zunächst als rein symbolische Modelle, also als eine Menge symbolisch beschriebener Einheiten und Beziehungen zwischen diesen Einheiten, zu begreifen, und Transkripte als analoge Visualisierungen aufzufassen, die sich systematisch aus diesen symbolischen Modellen berechnen lassen. Diese Vorgehensweise kommt der computergestützten Verarbeitung von Transkriptionsdaten insofern entgegen, als erstens die Datenverarbeitung auf einem Rechner sich nach dem Entity-Relationship-Paradigma ohnehin nur als das Anfertigen und Manipulieren rein symbolischer Modelle verstehen lässt. Zweitens erfolgt die Trennung von Modell und Visualisierung in Analogie zur texttechnologischen Trennung zwischen Form und Inhalt von Dokumenten und ist somit eine Voraussetzung, um texttechnologische Standards und Verfahrensweisen auf Transkriptionsdaten anwenden zu können. Darüber hinaus haben einige Betrachtungen zur fächerübergreifenden und fachspezifischen Modelltheorie gezeigt, dass der Modellbegriff auch unabhängig vom Aspekt der computergestützten Verarbeitung nützliche Einblicke in den methodologischen Charakter der Transkription gewähren kann.

Kapitel 3 hat bestehende Transkriptionssysteme dann mit diesem Modellgedanken konfrontiert, d.h. versucht, die nach ihren Vorgaben zu erstellenden

Transkripte als Visualisierungen zugrunde liegender symbolischer Modelle gesprochener Sprache zu interpretieren. Bei der Rekonstruktion dieser Modelle traten verschiedene Schwierigkeiten auf, die sich zum einen an der Frage festmachten, in welchem Sinne die Anwendung von Orthographie, literarischer Umschrift und „freier“ Beschreibung nicht-phonologischer Phänomene überhaupt als Modellbildung begriffen werden kann. Zwar weisen diese Verfahren unbestreitbar modellhaft verkürzende Eigenschaften auf. Sie fügen sich aber dennoch nicht ohne weiteres in den Gedanken der Entity-Relationship-Modellierung ein, weil sich oft nicht eindeutig bestimmen lässt, wie die Systematik, nach der sie Einheiten gesprochener Sprache auswählen und symbolisch beschreiben, von einem formalen Standpunkt aus zu charakterisieren ist.

Zum anderen wurde festgestellt, dass die bestehenden „Notationskonventionen“ sich gerade deshalb nicht ohne weiteres in einer für den Computer geeigneten Weise formalisieren lassen, weil sie in erster Linie nicht vor dem hier vorgeschlagenen Modellbildungs-Paradigma verfasst wurden, sondern als Verschriftlichungsanweisungen für menschliche Benutzer konzipiert sind. Im Vordergrund steht daher die Verständlichkeit für und Anwendbarkeit durch den Menschen, der aufgrund seiner Sprachkompetenz eine Reihe impliziter Annahmen mit zu verstehen weiß, die für eine Verarbeitung durch den Computer explizit formuliert werden müssen.

Trotz dieser Hindernisse haben sich die bestehenden Transkriptionssysteme aber durchaus als geeignete Ausgangsbasis für die Formulierung mehrerer symbolischer Modelle gesprochener Sprache erwiesen. Anhand dieser formalisierten Betrachtung ließen sich einerseits zahlreiche konkrete Unterschiede zwischen den Transkriptionssystemen sowohl auf der Modell- als auch auf der Visualisierungsebene aufzeigen. Andererseits wurde auch deutlich gemacht, dass die Systeme bezüglich allgemeinerer struktureller Eigenschaften viele wesentliche Gemeinsamkeiten aufweisen. Als wichtige Ordnungsprinzipien, anhand derer sich Gemeinsamkeiten und Unterschiede der Systeme festmachen lassen, wurden in diesem Zusammenhang genannt:

- die unterschiedlichen Formen symbolischer Beschreibungen, insbesondere die doppelte Gliederung sprachlicher Beschreibungen,
- zeitliche, hierarchische und Merkmalsbeziehungen zwischen Einheiten,
- ein gemeinsamer Zeitbezug von Transkriptionsdaten, auf den sich hierarchische und Merkmalsbeziehungen indirekt zurückführen lassen, und der hilft, wesentliche Züge des Übergangs vom Modell zur Visualisierung zu beschreiben.

Die Beobachtung, dass verschiedene Transkriptionssysteme in ihrer konkreten Ausprägung zwar als unterschiedliche Modelle gesprochener Sprache zu interpretieren sind, dabei aber auf einer abstrakteren Ebene viele strukturelle Gemeinsamkeiten aufweisen, bildete den Ausgangspunkt für die Ausführungen von Kapitel 4. Dort wurden verschiedene texttechnologische Ansätze zur computergestützten Transkription als Modellierungs*verfahren* betrachtet und hinsichtlich ihrer Eignung für die gesprächsanalytische Modellierung verglichen. Der Annotationsgraphenformalismus wurde vor diesem Hintergrund als bester Kandidat für eine Weiterentwicklung bewertet, insbesondere weil er, anders als die Ansätze der TEI und der Standoff-Annotation, nicht davon ausgeht, dass Hierarchien den vorherrschenden Strukturtyp sprachlicher Beschreibung darstellen, und diese Annahme deckt sich mit den in Kapitel 3 erarbeiteten Charakteristika gesprächsanalytischer Transkriptionssysteme. Um jedoch den Nutzen des Annotationsgraphen-Formalismus für die gesprächsanalytische Transkriptionspraxis besser greifbar zu machen, wurden als Ziele für das folgende Kapitel einerseits seine strukturelle Einschränkung und semantische Spezifizierung, andererseits die Erarbeitung eines zugehörigen Visualisierungsverfahrens festgelegt.

Der in Kapitel 5 entwickelte Transkriptionsgraphenformalismus ist demnach als eine Weiterentwicklung des Annotationsgraphenformalismus zu verstehen, der die Eigenschaften und Zielsetzungen gesprächsanalytischer Transkriptionssysteme stärker berücksichtigt. Wie die in Abschnitt 5.3. gegebenen Beispiele belegen, sollte er es zum einen ermöglichen, alle in den bestehenden Systemen definierten Einheiten gesprochener Sprache und die Beziehungen zwischen ihnen in einer einheitlichen symbolischen Form auf dem Computer zu repräsentieren. Zum anderen sollte es mittels des in Abschnitt 5.4. vorgeschlagenen Visualisierungsverfahrens auch möglich sein, aus diesen symbolischen Repräsentationen automatisch analoge Visualisierungen zu generieren, die den bewährten Notationsformen für Transkripte möglichst nahe kommen. Erprobte gesprächsanalytische Arbeitsweisen bleiben in dieser Weise also auch nach der Trennung von Modell und Visualisierung anwendbar. Gleichzeitig wird durch eben diese Trennung ein Mehrwert erzielt, der – wie in den Abschnitten 5.5. und 6.5. dargelegt – die computergestützte Transkription für neue Annotations- und Visualisierungsformen sowie (teil-)automatisierte Analysemethoden zugänglich macht.

Schließlich wurden in Kapitel 6 einige Aspekte angesprochen, die bei der Umsetzung und Anwendung des vorgeschlagenen Modellierungs- und Visualisierungsverfahrens eine Rolle spielen: Abschnitt 6.1. hat gezeigt, dass bei der physikalischen Kodierung von Transkriptionsgraphen die Möglichkeiten und Grenzen XML-bezogener Technologien deutlich zu Tage treten, Abschnitt 6.2. hat Besonderheiten der Visualisierung interlinearer Strukturen herausgearbeitet, und in Abschnitt 6.3. wurden einige Probleme und mögliche Lösungen diskutiert, die sich im Hinblick auf die Entwicklung von Eingabe-Werkzeugen für Transkriptionsgraphen stellen. Schließlich wurde in Abschnitt 6.4. der Zusammenhang zwischen den in dieser Arbeit entwickelten Konzepten und dem EXMARaLDA-System dargelegt.

Diskussion und Ausblick

Die eingangs gestellte Frage, ob der Computereinsatz bei der Transkription eine für die gesprächsanalytische Methode relevante Änderung darstellen kann, wurde in dieser Arbeit eindeutig bejaht. Es sollte deutlich geworden sein, dass das etablierte Transkriptionsverständnis gewisse Aspekte, die speziell für die rechnergestützte Datenverarbeitung relevant sind, außer Acht lässt. Bei einer unveränderten Beibehaltung dieses Transkriptionsverständnisses müssten also entweder manche in der Einleitung angesprochenen Erwartungen, die mit dem Computereinsatz verknüpft werden, gänzlich aufgegeben werden, oder man müsste – was in etwa der derzeit gängigsten Vorgehensweise entspräche – sich darauf beschränken, auf einer Fall-für-Fall-Basis für konkrete „technische" Probleme konkrete technische Lösungen zu suchen. Ersteres würde die Rolle des Computers auf die eines digitalen Schreibwerkzeuges reduzieren und sein Potential als Instrument des wissenschaftlichen Erkenntnisgewinns damit sicherlich nicht annähernd erfassen. Letzteres erscheint zum einen von einem praktischen Standpunkt aus unökonomisch, denn ohne eine gemeinsame theoretische Basis lassen sich einzelne Lösungen schwer aufeinander beziehen oder verallgemeinern und müssen immer wieder von neuem „erfunden" werden. Zum anderen stellt es sich auch aus einer methodologischen Perspektive als inkonsequent dar, wenn computergestützte Verfahren in dieser Weise zwar angewendet, ihnen eine eigenständige methodologische Reflexion aber verweigert wird.

Erkennt man also die Notwendigkeit einer solchen Reflexion an, so stellt sich zunächst die Frage nach Alternativen zum hier favorisierten Ansatz. Ein Transkriptionsverständnis, das gesprächsanalytische Methoden und computergestützte Datenverarbeitung miteinander verbindet, ohne dabei von einem irgendwie gearteten Modellbegriff Gebrauch zu machen, scheint angesichts der zentralen Bedeutung, den der Terminus *Modell* in der Informatik und der Sprach- und Texttechnologie einnimmt, schwer vorstellbar.[1] Denkbare Alternativen wären daher eher innerhalb dieses Paradigmas zu suchen – beispielsweise in Modellierungsverfahren, die auf der dokumentzentrischen Herangehensweise der TEI basieren, oder solchen, die wie die Standoff-Annotation von der Privilegierung mehrfach hierarchischer Strukturen ausgehen.

Folgt man der in Kapitel 4 dargelegten Argumentation bezüglich solcher Alternativen und bleibt somit vollständig innerhalb des hier entwickelten Ansatzes, dann liefert diese Arbeit zwar keine Blaupause für ein gesprächsanalytisches Transkriptionsverfahren, das die Möglichkeiten des Computers optimal aus-

[1] Zwar existieren in der Informatik durchaus auch Ansätze, nach denen Datenverarbeitung in nicht-symbolischer (sub-symbolischer oder konnektionistischer) Weise verstanden wird. Prototypisches Beispiel hierfür sind Neuronale Netze. Dass diese Ansätze in gewinnbringender Weise bei der computergestützten Transkription eingesetzt werden könnten, ist jedoch zweifelhaft.

nutzt, wohl aber eine wesentlich genauere Vorstellung über den Weg, der zu solchermaßen verbesserten Verfahren führen könnte.

Der wohl wichtigste Schritt auf diesem Weg bestünde in der Ausarbeitung gesprächsanalytischer Transkriptionssysteme, die sich vom Gedanken der Verschriftlichung lösen und sich statt dessen als symbolische Modelle gesprochener Sprache begreifen. Damit würden die vorhandenen Systeme keineswegs verworfen, sondern unterzögen sich nur einer Formalisierung der Art, wie sie in Kapitel 3 dieser Arbeit versucht wurde. Das Prinzip des Modellierungs*verfahrens* würde dabei sicherstellen, dass die hierfür notwendigen formalen Festlegungen nicht als technologischer Zwang erscheinen müssten, sondern dass die entstehenden Modelle nach einer gemeinsamen Methode iterativ überarbeitet, angepasst, erweitert oder eingeschränkt werden könnten. Wie Agre (1995: 16) betont, kann ein solcher „cycle of formalization" dann durchaus auch einen eigenständigen wissenschaftlichen Wert besitzen:

> The privilege in this cycle does not lie with the formalization process, nor does it lie with the critical diagnosis of technical impasses. Rather, it lies with the cycle itself, in the researcher's "reflective conversation with the materials" of technical and critical work.

Die Ausführungen von Kapitel 5 und 6 sollten dann eine geeignete Grundlage für die von Software-Entwicklern wahrzunehmende Aufgabe bilden, ein Modellierungs- und Visualisierungsverfahren der hier vorgeschlagenen Art in eine funktionsfähige Implementierung umzusetzen. Im Zusammenspiel der an den Modellgedanken angepassten Transkriptionssysteme mit geeigneten Ein- und Ausgabeinstrumenten sollten sich dann der Nutzen und die Grenzen des hier entwickelten Ansatzes in der Praxis zeigen. Neuere verfügbare Transkriptionswerkzeuge, die mit XML und einem graphenbasierten Datenverständnis arbeiten – wie das AG-Toolkit, der TASX-Annotator, die EXMARaLDA-Werkzeuge oder ELAN – bieten bereits einen diesbezüglichen Anhaltspunkt.

Schließlich ist in dieser Arbeit auch deutlich geworden, dass es ein Desiderat texttechnologischer Forschung bleibt, das formale Verständnis der Möglichkeiten und Grenzen von XML-basierten Technologien in Bezug auf nichthierarchische oder mehrfach hierarchische Strukturen weiterzuentwickeln. Diesbezügliche Probleme – beispielsweise im Zusammenhang mit Schema- oder Stylesheetsprachen – wurden hier mehrfach thematisiert, und es ist davon auszugehen, dass sie auch unabhängig vom Gegenstand der computergestützten Transkription von Bedeutung sind.

Abschließend sei noch einmal das interdisziplinäre Anliegen dieser Arbeit thematisiert: In der Einleitung wurde angesprochen, dass die Entwicklung computergestützter Transkriptionssysteme im Idealfall in enger Zusammenarbeit zwischen Gesprächsforschen und Texttechnologen erfolgt. Dass hierfür ein Dialog zwischen den Disziplinen notwendig ist, der sich oft schwierig gestaltet, wird in Schneider (2002b) diskutiert. Eine Arbeit wie diese kann einen solchen Dialog zwar nicht ersetzen, sie kann aber versuchen, die Begriffe und Leitlinien zu formulieren, anhand derer er sich entwickeln könnte. Der hier in den Vordergrund gerückte Modellaspekt der Transkription macht deutlich, dass es dabei nicht zwangsläufig um eine „Technologisierung“ der Gesprächsforschung gehen muss, sondern dass ganz im Gegenteil ein „thinking with and against the computer“ (vgl. das Zitat von McCarty 2002: 104 in der Einleitung) ein in erster Linie methodologisch motivierter Prozess sein kann. Eine solchermaßen theoretisch begründete Herangehensweise halte ich für eine gute Basis, auf der sich Entwickler und Nutzer computergestützter Transkriptionsverfahren über praktische Verbesserungen oder Weiterentwicklungen verständigen können.

Literatur[1]

[AGLIB] *Website der Annotationgraph Library, einer Sammlung von Werkzeugen und Programmierschnittstellen zum Arbeiten mit Annotationsgraphen.* http://agtk.sourceforge.net/doc/aglib/2.0/index.html

[Agre 1995] Agre, Philip E. (1995): *The soul gained and lost: artificial intelligence as a philosophical project.* In: Güzeldere, G. / Franchi, S. (Hrsg.): Constructions of the Mind: Artificial Intelligence and the Humanities. Stanford Humanities Review 4(2), 1-19.

[Ahmed et al. 2001] Ahmed, Kal / Ancha, Sudgir / Cioroianu, Andrei / Cousins, Jay / Crosbie, Jeremy / Davies, John / Gabhart, Kyle / Gould, Steven / Hart, James / Laddad, Ramnivas / Li, Sing / Macmillan, Brendan / Rivers-Moore, Daniel / Skubal, Judy / Watson, Karli / Williams, Scott (2001): *Professional Java XML.* Birmingham: Rox Press.

[Agosti / Smeaton 1996] Agosti, Maristella / Smeaton, Alan F. (Hrsg.) (1996): *Information Retrieval and Hypertext.* Boston u.a.: Kluwer.

[Anderson et al. 1991] Anderson, A. / Bader, M. / Bard, E. / Boyle, E. / Doherty, G. M. / Garrod, S. / Isard, S. / Kowtko, J. / McAllister, J. / Miller, J. / Sotillo, C. / Thompson, H. S. / Weinert, R. (1991): *The HCRC Map Task Corpus.* In: Language and Speech 34, 351-366.

[Ashmore / Reed 2000] Ashmore, Malcolm / Reed, Darren (2000): *Innocence and Nostalgia in Conversation Analysis: The Dynamic Relations of Tape and Transcript.* In: Forum Qualitative Sozialforschung 1(3).

[ATLAS] *Meyers Großer Weltatlas. Atlas zum 21. Jahrhundert.* 7. Auflage. Mannheim u.a.: Meyers Lexikonverlag.

[ATLAS-PROJEKT] *Website des Projektes ATLAS (Architecture and Tools for Linguistic Analysis Systems).* http://www.nist.gov/speech/atlas/

---

[1] Es liegt in der Natur dieser Arbeit, auch von solchen Quellen Gebrauch machen zu müssen, die – aufgrund ihrer Aktualität oder aus anderen Gründen (siehe Abschnitt 3.2.) – (noch) nicht als wissenschaftliche Veröffentlichungen im traditionellen Sinne verfügbar sind. Für solche Quellen – also Websites, Mailinglisten, Newsgroups, technische Dokumente, „graue Literatur" oder Papiere, die nur über eine WWW-Adresse identifizierbar sind – wird in diesem Literaturverzeichnis nach bestem Wissen und Gewissen versucht, ausreichende Angaben zu ihrem Wiederauffinden zu liefern. Oft kann dies jedoch nicht besser als über die Nennung einer URL bewerkstelligt werden, für die eine langfristige Verfügbarkeit in keiner Weise gewährleistet ist. Die Gültigkeit aller hier angegebenen URLs wurde zum letzten Mal am 16. Januar 2004 überprüft.

[Atmanspacher et al. 1995] Atmanspacher, S. / Burger, Susanne / Draxler, C. / Kipp, A. / Scheer, C. / Schiel, Florian / Wesenick, M.-B. (1995): *Partiturformat für die Darstellung unterschiedlicher Repräsentationsebenen von gesprochener Sprache.* Verbmobil Memo 90-95.

[Balthasar 2000] Balthasar, Lukas (2000): *Système de Transcription Audio-Visuelle des Interactions Sociales (STAVIS).* Dissertation. Paris: Ecole des Hautes Etudes en Sciences Sociales.

[Barras et al. 2000] Barras, Claude / Geoffrois, Edouard / Wu, Zhibiao / Liberman, Mark (2000): *Transcriber: development and use of a tool for assisting speech corpora production.* In: Speech Communication 33 (1,2), 5-22.

[Becker-Mrotzek / Meier 2002] Becker-Mrotzek, Michael / Meier, Christoph (2002): *Arbeitsweisen und Standardverfahren der Angewandten Diskursforschung.* In: Brünner et al. (2002), 18-45.

[Berger 1972] Berger, Peter (1972): *Philosophische Grundgedanken zur Struktur der Physik.* Braunschweig: Vieweg & Sohn.

[Bernsen et al. 2002] Bernsen, Niels Ole / Dybkjaer, Laila / Kolodnytsky, Mykola (2002): *An Interface for Annotating Natural Interactivity.* In Kuppevelt, J. v. / R. W. Smith (Hrsg.) (2002): Current and New Directions in Discourse and Dialogue. Dordrecht: Kluwer.

[Bird et al. 2000] Bird, Steven / Day, David / Garofolo, John / Henderson, John / Laprun, Christoph / Liberman, Mark (2000): *ATLAS: A Flexible and Extensible Architecture for Linguistic Annotation.* In: Proceedings of the Second International Conference on Language Resources and Evaluation. Paris: ELRA, 1699-1706.

[Bird et al. 2001] Bird, Steven / Buneman, Peter / Liberman, Mark (Hrsg.) (2001): *Proceedings of the IRCS Workshop On Linguistic Databases, 11-13 December 2001.* Philadelphia: Institute for Research in Cognitive Science, University of Pennsylvania.

[Bird et al. 2002] Bird, Steven / Maeda, Kazuaki / Ma, Xiaoyi / Lee, Haejoong / Randall, Beth / Zayat, Salim (2002): *TableTrans, MultiTrans, InterTrans and TreeTrans: Diverse Tools Built on the Annotation Graph Toolkit.* In: Proceedings of the Third International Conference on Language Resources and Evaluation. Paris: ELRA, 364-370.

[Bird / Cassidy 2000] Bird, Steven / Cassidy, Steve (2000): *Querying Databases of Annotated Speech.* In: Database Technologies: Proceedings of the Eleventh Australasian Database Conference. Canberra: IEEE Computer Society, 12-20.

[Bird / Liberman 2001] Bird, Steven / Liberman, Mark (2001): *A formal framework for linguistic annotation.* In: Speech Communication 33(1,2), 23-60.

[Bird / Simons 2002] Bird, Steven / Simons, Gary (2002): *Seven Dimensions of Portability for Language Documentation and Description.* In: Language 79, 557-582.

[Bloom 1992] Bloom, Lois (1992): *Transcription and Coding for Child Language Research.* In: Edwards/Lampert (1992), 149-166.

[Bodmer et al. 2002] Bodmer, Franck / Fach, Marcus / Schmidt, Rudolf / Schütte, Wilfried (2002): *Von der Tonbandaufnahme zur integrierten Text-Ton-Datenbank. Instrumente für die Arbeit mit Gesprächskorpora.* In: Pusch, Claus / Raible, Wolfgang (Hrsg.) (2002): Romanistische Korpuslinguistik. Korpora und Gesprochene Sprache. Tübingen: Narr, 209-243.

[Bow et al. 2003] Bow, Cathy / Hughes, Baden / Bird, Steven (2003): *Towards a General Model Of Interlinear Text.* In: Proceedings of the E-Meld Workshop on Digitizing and Annotating Texts and Field Recordings. Lensing: LSA Institute, Michigan State University.

[Brinker et al. 2001] Brinker, Klaus / Antos, Gerd / Heinemann, Wolfgang / Sager, Sven (2001): *Text- und Gesprächslinguistik. Ein internationales Handbuch zeitgenössischer Forschung.*Berlin, New York: De Gruyter.

[Brugman 2003] Brugman, Hennie (2003): *Annotated Recordings and Texts in the DoBeS Project.*In: Proceedings of the E-Meld Workshop on Digitizing and Annotating Texts and Field Recordings. Lensing: LSA Institute, Michigan State University.

[Brünner 2002] Brünner, Gisela (2002): *Kritische Stellungnahme zur Darstellung des Systems HIAT in Norbert Dittmars Buch „Transkription".* In: Gesprächsforschung 3, 29-32.

[Brünner et al. 2002] Brünner, Gisela / Fiehler, Reinhard / Kindt, Walther (Hrsg.) (2002): *Angewandte Diskursforschung. Band 1: Grundlagen und Beispielanalysen.* Radolfzell: Verlag für Gesprächsforschung (Wiederveröffentlichung).

[Burger / Kachelrieß 1996] Burger, Susanne / Kachelrieß, Elke (1996): *Aussprachevarianten in der VERBMOBIL-Transliteration – Regeln zur konsistenteren Verschriftung.* Verbmobil Memo 111. München.

[Burger 1997] Burger, Susanne (1997): *Transliteration spontansprachlicher Daten.* Verbmobil Technisches Dokument 56. München.

[Burnard 1995] Burnard, Lou (1995): *The Text Encoding Initiative: an overview. I*n: Leech et al. (1995a), 69-81.

[Bußmann 1990] Bußmann, Hadumod (1990): *Lexikon der Sprachwissenschaft.* Stuttgart: Kröner.

[Carletta et al. 2000] Carletta, Jean / Isard, Amy / McKelvie, David (2000): *Linguistic Data Processing For Everyman.* In: Proceedings of the Workshop on Web-Based Language Documentation and Description. Philadelphia: Institute for Research in Cognitive Science, University of Pennsylvania.

[Carletta et al. 2002] Carletta, Jean / Isard, Amy / McKelvie, David (2002): *Supporting linguistic annotation using XML and stylesheets.* http://www.cogsci.ed.ac.uk/~jeanc/revised.but.like.readings-in-corpling.pdf[2]

[Carletta et al. 2003] Carletta, Jean / Kilgour, Jean / O'Donnell, Tim / Evert, Stefan / Voorman, Holger (2003): *The NITE Object Model Library for Handling Structured Linguistic Annotation on Multimodal Data Sets.* In: Proceedings of the EACL Workshop on Language Technology and the Semantic Web. Budapest.

[Chafe 1995] Chafe, Wallace (1995): *Adequacy, user-friendliness, and practicality in transcribing.* In: Leech et al. (1995a), 54-60.

[Chen 1976] Chen, Peter Pin-Shan (1976): *The Entity-Relationship Model – Toward a Unified View of Data.* Nachdruck in: Stonebraker, Michael (Hrsg.) (1988): Readings in Database Systems. San Mateo: Morgan Kaufmann Publishers, 374-387.

[Cook 1995] Cook, Guy (1995): *Theoretical issues: transcribing the untranscribable.* In: Leech et al. (1995a), 35-53.

[CORPUS LINGUISTICS] *Website mit einer Aufstellung korpuslinguistischer Software-Werkzeuge.* http://clwww.essex.ac.uk/w3c/corpus_ling/content/software.html

[Cotton / Bird 2002] Cotton, Scott / Bird, Steven (2002): *An Integrated Framework for Treebanks and MultilayerAnnotations.* In: Proceedings of the Third International Conference on Language Resources and Evaluation. Paris: ELRA, 1670-1677.

[Date 1995] Date, Chris J. (1995): *An Introduction to Database Systems.* New York u.a.: Addison-Wesley.

[DeFrancis 1989] DeFrancis, John (1989): *Visible Speech – The Diverse Oneness of Writing Systems.* Honolulu: University of Hawaii Press.

[Deppermann 1999] Deppermann, Arnulf (1999): *Gespräche analysieren: eine Einführung.* Opladen: Leske & Budrich.

[Deppermann 2000] Deppermann, Arnulf (2000): *Ethnographische Gesprächsanalyse: Zu Nutzen und Notwendigkeit von Ethnographie für die Konversationsanalyse.*In: Gesprächsforschung 1, 96-124.

[De Rose et al. 1990] De Rose, Steven / Durand, David / Mylonas, Elli / Renear, Allen (1990): *What is Text, Really?* In: Journal of Computing in Higher Education 1(2), 3-26.

[Diestel 2000] Diestel, Reinhard (2000): *Graphentheorie.*Zweite, neu bearbeitete und erweiterte Auflage. Berlin u.a.: Springer.

---

[2] Das Papier wird erscheinen in: Sampson, Geoffrey / McCarthy, Diana (Hrsg.) (i.V.): Readings in Corpus Linguistics. London, New York: Continuum International.

[Dittmar 2002] Dittmar, Norbert (2002): *Transkription: ein Leitfaden mit Aufgaben für Studenten, Forscher und Laien.* Opladen: Leske & Budrich.

[DOM] *Website des W3C-Konsortiums zum Document Object Model.* http://www.w3.org/DOM/

[DuBois 1991] DuBois, John (1991): *Transcription design principles for spoken discourse research.* In: Pragmatics 1, 71-106.

[DuBois et al. 1992] DuBois, John / Schuetze-Coburn, Stephan / Cumming, Susanne / Paolino, Danae (1992): *Outline of Discourse Transcription.* In: Edwards/Lampert (1992), 45-89.

[Durlanik et al. 1997] Durlanik, Latif / Kurultay, Turgay / Rehbein, Jochen / Türker, Sibel (1997): *Transkribiertes Türkisch übersetzen. Von der morphologischen Transliteration zur äußerungsbezogenen Übersetzung.* Hamburg: Germanisches Seminar, Universität Hamburg.

[Dybkjaer et al. 1998] Dybkjær, Laila / Bernsen, Niels Ole / Dybkjær, H. / McKelvie, David / Mengel, Andreas (1998): *MATE Deliverable D1.2: The MATE Markup Framework.* http://mate.nis.sdu.dk

[Dybkjaer 2000] Dybkjær, Laila (2000): *MATE Deliverable D6.2: Final Report.* http://mate.nis.sdu.dk

[EAGLES / ISLE] *Website der European Association for Guidelines in Language Engineering Standards (EAGLES) und der International Standards for Language Engineering (ISLE).* http://www.mpi.nl/world/ISLE/

[Edwards / Lampert 1992] Edwards, Jane / Lampert, Martin (Hrsg.) (1992): *Talking Data – Transcription and Coding in Discourse Research.* Hillsdale: Erlbaum.

[Edwards 1992a] Edwards, Jane (1992): *Principles and Contrasting Systems of Discourse Transcription.* In: Edwards / Lampert (1992), 3-31.

[Edwards 1992b] Edwards, Jane (1992): *Computer methods in child language research: four principles for the use of archived data.* In: Journal of Child Language 19, 435-458.

[Edwards 1995] Edwards, Jane (1995): *Principles and alternative systems in the transcription, coding and mark-up of spoken discourse.* In: Leech et al. (1995a), 19-34.

[Edwards 2001] Edwards, Jane (2001): *The Transcription of Discourse.* In: Schiffrin, Deborah / Tannen, Deborah / Hamilton, Heidi (Hrsg.) (2001): The Handbook of Discourse Analysis. Malden u.a.: Blackwell, 321-348.

[Ehlich 1979] Ehlich, Konrad (1979): *Formen und Funktionen von 'HM' – Eine phonologisch-pragmatische Analyse.* In: Weydt, Harald (Hrsg.) (1979): Die Partikeln der deutschen Sprache. Berlin: de Gruyter.

[Ehlich 1992a] Ehlich, Konrad (1992): *HIAT - a Transcription System for Discourse Data.* In: Edwards / Lampert (1992), 123-148.

[Ehlich 1992b] Ehlich, Konrad (1992): *Computergestütztes Transkribieren - das Verfahren HIAT-DOS.* In: Richter, Günther (Hrsg.) (1992) Methodische Grundfragen der Erforschung gesprochener Sprache. Frankfurt a.M.: P. Lang, 47-59.

[Ehlich/Rehbein 1976] Ehlich, Konrad / Rehbein, Jochen (1976): *Halbinterpretative Arbeitstranskriptionen (HIAT).* In: Linguistische Berichte 45, 21-41.

[Ehlich / Rehbein 1979a] Ehlich, Konrad / Rehbein, Jochen (1979): *Zur Notierung nonverbaler Kommunikation für diskursanalytische Zwecke (HIAT2).* In: Winkler, Peter (Hrsg.) (1979): Methoden der Analyse von Face-To-Face-Situationen. Stuttgart: Metzler, 302-329.

[Ehlich / Rehbein 1979b] Ehlich, Konrad / Rehbein, Jochen (1979b): *Erweiterte halbinterpretative Arbeitstranskriptionen (HIAT2): Intonation.* In: Linguistische Berichte 59, 51-75.

[Ehlich / Rehbein 1981] Ehlich, Konrad / Rehbein, Jochen (1981): *Die Wiedergabe intonatorischer, nonverbaler und aktionaler Phänomene im Verfahren HIAT.* In: Lange-Seidl, Annemarie (Hrsg.) (1981): Zeichenkonstitution – Akten des 2. Semiotischen Kolloquiums Regensburg 1978. Berlin: de Gruyter, 174-186.

[Ehlich / Switalla 1976] Ehlich, Konrad / Switalla, Bernd (1976): *Transkriptionssysteme – Eine exemplarische Übersicht.* In: Studium Linguistik 2, 78-105.

[Eisenberg 1998] Eisenberg, Peter (1998): *Der Buchstabe und die Schriftstruktur des Wortes.* In: DUDEN, Band 4: Grammatik der Deutschen Gegenwartssprache. 6., neu bearbeitete Auflage. Mannheim: Dudenverlag, 54-84.

[Eissenhauer / Benecke 1995] Eissenhauer, Sebastian / Benecke, Carsten (1995): *Dokumentation zur Hamburger Datenbank gesprochener Sprache.* Verbmobil Technisches Dokument 24. Hamburg.

[ELAN] *Website des Max-Planck-Institutes in Nijmegen zum Transkriptionswerkzeug ELAN (EUDICO Linguistic Annotator).* http://www.mpi.nl/tools/index.html

[ELRA] *Website der European Language Resources Association.* http:://www.elra.info/

[Ervin-Tripp 1979] Ervin-Tripp, Susan (1979): *Children's Verbal Turn-Taking.* In: Ochs/Schieffelin (1979), 391-414.

[Evert et al. 2003] Evert, Stefan / Carletta, Jean / O'Donnell, Timothy J. / Kilgour, Jonathan / Vögele, Andreas / Voormann, Holger (2003): *The NITE Object Model. Version 2.1. (24 March 2003).* NITE Internal document. http://www.ltg.ed.ac.uk/NITE/documents.html

[EXMARALDA] *Website des Sonderforschungsbereichs 538 „Mehrsprachigkeit" zum EXMARaLDA-System und der mehrsprachigen Datenbank.* http://www.rrz.uni-hamburg.de/exmaralda/

[Falkenburg 1997] Falkenburg, Brigitte (Hrsg.) (1997): *Modelldenken in den Wissenschaften.* Hamburg: Meiner.

[Falkenburg / Hauser 1997] Falkenburg, Brigitte / Hauser, Susanne (1997): *Editorial.*In: Falkenburg (1997), 7-12.

[Flaschka 1981] Flaschka, Horst (1981): *Modell, Modelltheorie und Formen der Modellbildung in der Literaturwissenschaft.* Köln, Wien: Bohlau Verlag.

[Flaschner 1971] Flaschner, Ludwig (1971): *Symbol und Sprache in der Physik.* In: Borden, Friedrich (Hrsg.) (1971): Wissenschaftstheorie im mathematisch-naturwissenschaftlichen Unterricht. (Aufgaben und Wege des Philosophieunterrichts 3). Frankfurt a.M.: Hirschgraben-Verlag, 51-54.

[Garofolo et al. 1986] Garofolo, J.S. / Lamel, L.F. / Fisher, W.M. / Fiscus, J.G. / Pallett, D.S. / Dahlgren, N.L. (1986): *The DARPA TIMIT Acoustic-Phonetic Continous Speech Corpus.* CD-ROM. Linguistic Data Consortium. http://www.ldc.upenn.edu./lol/docs/TIMIT.html

[Geoffrois et al. 2000] Geoffrois, Edouard / Barras, Claude / Bird, Steven / Wu, Zhibiao (2000): *Transcribing with Annotation Graphs.* In: Proceedings of the Second International Conference on Language Resources and Evaluation. Paris: ELRA, 1517-1521.

[GESPRÄCHSFORSCHUNG] *Informationsportal zur deutschsprachigen Gesprächsforschung (Zur Verfügung gestellt vom Institut für Gesprächsforschung, Martin Hartung).*http://www.gespraechsforschung.de

[Gippert 1999] Gippert, Joost (Hrsg.) (1999): *Multilinguale Corpora. Codierung, Strukturierung, Analyse. 11. Jahrestagung der Gesellschaft für Linguistische Datenverarbeitung.* Prag: Enigma Corporation.

[Glas / Ehlich 2000] Glas, Reinhold / Ehlich, Konrad (2000): *Deutsche Transkripte: Ein Repertorium.* Arbeiten zur Mehrsprachigkeit, Serie A (63). Hamburg.

[Glück 1987] Glück, Helmut (1987): *Schrift und Schriftlichkeit. Eine sprach- und kulturwissenschaftliche Studie.* Stuttgart: Metzler.

[Goecke et al. 2003] Goecke, Daniela / Naber, Daniel / Witt, Andreas (2003): *Query von Multiebenen-annotierten XML-Dokumenten mit Prolog.* In: Seewald-Heeg (2003), 391-404.

[Goldfarb 1999] Goldfarb, Charles (1999): *XML-Handbuch.* München: Prentice Hall.

[Grießhaber 2000] Grießhaber, Wilhelm (2000): *Verfahren und Tendenzen der funktional-pragmatischen Diskursanalyse. Vom Speiserestaurant zum Cybercafé.* In: Ivanyi, Z. (Hrsg.) (2000): Gesprächsforschung: Tendenzen und Perspektiven. Frankfurt/M.:Lang, 75-95.

[Grießhaber / Rehbein 2002] Grießhaber, Wilhelm / Rehbein, Jochen (2002): *Kontextualisierte Wortschatzanalyse. Ziele, Probleme und Verfahren. ENDFAS Arbeitspapier Nr.1.* Papers in Applied Linguistics Münster (PALM) 11/2002. Münster.

[Gross 1979] Gross, Peter (1979): *Gesprochenes verschriften und Miteinander beschreiben.* In: Zeitschrift für Semiotik (1), 153-159.

[Gumperz / Berenz 1992] Gumperz, John / Berenz, Norine (1992): *Transcribing Conversational Exchanges.* In: Edwards/Lampert (1992), 91-122.

[Hake et al. 2002] Hake, Günter / Grünreich, Dietmar / Meng, Liqui (2002): *Kartographie.* 8. Auflage. Berlin u.a.: de Gruyter.

[Hausendorf 2001] Hausendorf, Heiko (2001): *Gesprächsanalyse im deutschsprachigen Raum.* In: Brinker et al. (2001), 971-979.

[ten Have 1990] ten Have, Paul (1990): *Methodological issues in conversation analysis.* In: Bulletin de Méthodologie Sociologique 27, 23-51.

[Hawking 1993] Hawking, Stephen (1993): *A Brief History Of Time.* Toronoto u.a.: Bantam.

[Henne / Rehbock 2001] Henne, Hartmut / Rehbock, Helmut (2001): *Einführung in die Gesprächsanalyse.* Berlin: de Gruyter.

[Herkenrath et al. 2002] Herkenrath, Annette / Karakoç, Birsel / Rehbein, Jochen (2002): *Interrogative elements as subordinators in Turkish – aspects of Turkish-German bilingual children's language use.* Arbeiten zur Mehrsprachigkeit, Serie B (44). Hamburg.

[Hohenstein / Kameyama 2000] Hohenstein, Christiane / Kameyama, Shinichi (2000): *Zur kontrastiven Analyse von sprachlichen Ausdrucksmitteln in Expertendiskursen. Am Beispiel japanischer und deutscher Vortrags- und Planungsdiskurse.* In: Meyer, Bernd / Toufexis, Notis (Hrsg.): Text/Diskurs, Oralität/Literalität unter dem Aspekt mehrsprachiger Kommunikation. Arbeiten zur Mehrsprachigkeit, Serie B (11). Hamburg, 26-44.

[Ide 2000a] Ide, Nancy (2000): *The XML Framework and Its Implications for Corpus Access and Use.*In: Proceedings of Data Architectures and Software Support for Large Corpora. Paris: ELRA, 28-32.

[Ide 2000b] Ide, Nancy (2000): *Searching Annotated Language Resources in XML: A Statement of the Problem.* http://www.haifa.il.ibm.com/sigir00-xml/final-papers/Ide/SIGIR-XML.html

[Ide / Brew 2000] Ide, Nancy / Brew, Chris (2000): *Requirements, Tools, and Architectures for Annotated Corpora.* In: Proceedings of Data Architectures and Software Support for Large Corpora. Paris: ELRA, 1-5.

[Ide / Priest-Dorman 2000] Ide, Nancy / Priest-Dorman, Greg (2000): *Corpus Encoding Standard (CES 1).* Version 1.5. http://www.xml-ces.org/

[Isard et al. 1998] Isard, Amy / McKelvie, David / Thompson, Henry (1998): *Towards a Minimal Standard for Dialogue Transcripts: A New SGML Architecture for the HCRC Map Task Corpus.* In: Proceedings of the 5th International Conference on Spoken Language Processing. Sydney.

[Isard 2001] Isard, Amy (2001): *An XML Architecture for the HCRC Map Task Corpus.* In: Kühnlein, P. / Rieser, H. / Zeevat, H. (Hrsg.) (2001): Proceedings of BI-DIALOG 2001. Bielefeld.

[Jacobson et al. 2000] Jacobson, Michel / Michailovsky, Boyd / Lowe, John B. (2000): *Linguistic documents synchronizing sound and text.* In: Speech Communication 33 (1,2), 79-96.

[Johannson 1995] Johansson, Stig (1995): *The approach of the Text Encoding Initiative to the encoding of spoken discourse.* In: Leech et al. (1995a), 82-98.

[Kallmeyer 1997] Kallmeyer, Werner (1997): *Vom Nutzen des technologischen Wandels in der Sprachwissenschaft: Gesprächsanalyse und automatische Sprachverarbeitung.* In: Zeitschrift für Literaturwissenschaft und Linguistik 107, 124-152.

[Kipp 2001] Kipp, Michael (2001): *ANVIL – A Generic Annotation Tool for Multimodal Dialogue.* In: Proceedings of the 7th European Conference on Speech Communication and Technology. Aalborg, 1367-1370.

[Klein et al. 1998] Klein, M. / Bernsen, Niels Ole / Davies, S. / Dybkjær, Laila / Garrido, J. / Kasch, H. / Mengel, Andreas / Pirrelli, Vito / Poesio, M. / Quazza, S. / Soria, S. (1998): *Supported Coding Schemes. MATE Deliverable* D1.1. http://mate.nis.sdu.dk/about/D1.1/

[Klein / Schütte 2001] Klein, W. / Schütte, Wilfried (2001): *Transkriptionsrichtlinien für die Eingabe in DIDA.*Mannheim: Institut für Deutsche Sprache.

[Klöden 2002] Klöden, Hildegard (2002): *Romanistische Korpuslinguistik: Leistungen, Grenzen, Perspektiven.* In: Pusch, Claus / Raible, Wolfgang (Hrsg.) (2002): Romanistische Korpuslinguistik. Korpora und Gesprochene Sprache. Tübingen: Narr, 7-18.

[Knowles 1995] Knowles, Gerry (1995): *Converting a corpus into a relational database: SEC becomes MARSEC.* In: Leech et al. (1995a), 208-219.

[Koch / Oesterreicher 1985] Koch, Peter / Oesterreicher, Wulf (1985): *Sprache der Nähe – Sprache der Distanz. Mündlichkeit und Schriftlichkeit im Spannungsfeld von Sprachtheorie und Sprachgeschichte.* In: Romanistisches Jahrbuch 36, 15-43.

[Körschen et al. 2002] Körschen, Marc / Pohl, Jessica / Schmitz, H. Walter / Schulte, Olaf A. (2002): *Neue Techniken der qualitativen Gesprächsforschung: Computergestützte Transkription von Videokonferenzen.* In: Forum Qualitative Sozialforschung 3(2).

[Kowal / O'Connell 1995a] Kowal, Sabine / O'Connell, Daniel (1995): *Notation und Transkription in der Gesprächsforschung.* In: KODIKAS/CODE: Ars Semiotica 18 (1), 113-138.

[Kowal / O'Connell 2000] Kowal, Sabine / O'Connell, Daniel (2000): *Psycholinguistische Aspekte der Transkription: Zur Notation von Pausen in Gesprächstranskripten.* In: Linguistische Berichte 183, 360 - 378.

[Kupisch 2001] Kupisch, Tanja (2001): *The acquisition of the DP in French as the weaker language.* Arbeiten zur Mehrsprachigkeit, Serie B (32). Hamburg.

[Lalouschek / Menz 2002] Lalouschek, Johanna / Menz, Florian (2002): *Empirische Datenerhebung und Authentizität von Gesprächen.* In: Brünner et al. (2002), 48-68.

[LDC] *Website des Linguistic Data Consortium.* http://www.ldc.upenn.edu/

[Leech et al. 1995a] Leech, Geoffrey / Myers, Greg / Thomas, Jenny (Hrsg.) (1995): *Spoken English on Computer: Transcription, Markup and Application.* Harlow: Longman.

[Leech et al. 1995b] Leech, Geoffrey / Myers, Greg / Thomas, Jenny (1995): *Editors' General Introduction.* In: Leech et al. (1995a), 1-11.

[Lehmann 2003] Lehmann, Christian (2003): *Sprachtheorie.* http://www.uni-erfurt.de/sprachwissenschaft/personal/lehmann/CL_Lehr/Spr_theo/St_Index.html

[Lobin 1999a] Lobin, Henning (Hrsg.) (1999): *Text im digitalen Medium. Linguistische Aspekte von Textdesign, Texttechnologie und Hypertext Engineering.* Wiesbaden: Westdeutscher Verlag.

[Lobin 1999b] Lobin, Henning (1999): *Intelligente Dokumente. Linguistische Repräsentation komplexer Inhalte für die hypermediale Wissensvermittlung.* In: Lobin (1999a), 155-178.

[Lobin 2000] Lobin, Henning (2000): *Informationsmodellierung in XML und SGML.* Berlin: Springer.

[Luckmann 1979] Luckmann, Thomas (1979): *Verhaltenspartituren: Notation und Transkription.* In: Zeitschrift für Semiotik (1), 1-3.

[Ma et al. 2002] Ma, Xiaoyi / Lee, Haejoong / Bird, Steven / Maeda, Kazuki (2002): *Models and Tools for Collaborative Annotation.* In: Proceedings of the Third International Conference on Language Resources and Evaluation. Paris: ELRA, 2066-2073.

[Maas 1993a] Maas, Jörg (Hrsg.) (1993): *Das sichtbare Denken. Modelle und Modellhaftigkeit in der Philosophie und den Wissenschaften.* Amsterdam, Atlanta: Rodopi.

[Maas 1993b] Maas, Jörg (1993): *Das sichtbare Denken oder das Modell zur Wirklichkeit. Eine Einführung.* In: Maas (1993a), 1-12.

[MacWhinney / Snow 1992] MacWhinney, Brian / Snow, Catherine (1992): *The wheat and the chaff: or four confusions regarding CHILDES.* In: Journal of Child Language 19, 459-471.

[MacWhinney 2000] MacWhinney, Brian (2000): *The CHILDES project: tools for analyzing talk.* Mahwah, NJ u.a. : Lawrence Erlbaum.

[Maeda / Bird 2000] Maeda, Kazuaki / Bird, Steven (2000): *A Formal Framework For Interlinear Text.* In: Proceedings of the Workshop on Web-Based Language Documentation and Description. Philadelphia: Institute for Research in Cognitive Science, University of Pennsylvania.

[Maeda et al. 2002] Maeda, Kazuaki / Bird, Steven / Ma, Xiaoyi / Lee, Haejoong (2002): *Creating Annotation Tools with the Annotation Graph Toolkit.* In: Proceedings of the Third International Conference on Language Resources and Evaluation. Paris: ELRA, 1914-1921.

[MAILINGLISTE CORPORA] *Mailingliste zum Thema Korpuslinguistik.* http://www.hit.uib.no/corpora/

[MAILINGLISTE GESPRÄCHSFORSCHUNG] *Mailingliste zum Thema Gesprächsforschung.* http://www.gespraechsforschung.de/liste.htm

[MAP TASK CORPUS] *Website der Language Technology Group der University of Edinburgh zum Map Task-Korpus.* http://www.ltg.ed.ac.uk/~amyi/maptask/

[Martinet 1960] Martinet, André (1960): *Eléments de linguistique générale.* Paris: Colin.

[MATE HOMEPAGE] *Website des Projektes „Multilevel Annotation Tools Engineering".* http://mate.nis.sdu.dk/

[McCarty 2002] McCarty, Willard (2002): *Humanities Computing: Essential Problems, Experimental Practice.* In: Literary and Linguistic Computing 17 (1), 103-125.

[McKelvie et al. 2000] McKelvie, David / Dybkjær, Laila / Møller, Morten Baun / Bernsen, Niels Ole / Carletta, Jean / Isard, Amy / Klein, Marion / Mengel, Andreas (2000): *The MATE Workbench – an annotation tool for XML coded speech corpora.* In: Traum, D.

(Hrsg.) (2000): Proceedings of ACL '99, Demonstration Abstracts. University of Maryland, 12-13.

[Mengel 1999] Mengel, Andreas (1999): *Die integrierte Repräsentation linguistischer Daten.* In: Gippert (1999), 115-121.

[Meyer 2000] Meyer, Bernd (2000): *The Computer-Based Transcription of Simultaneous Interpreting.* In: Dimitrova, Birgitta / Hyltenstam, Kenneth (Hrsg.) (2000): Language Processing and Simultaneous Interpreting – Interdisciplinary perspectives. Amsterdam: Benjamins, 151-158.

[Michel 1999] Michel, Thomas (1999): *XML kompakt – Eine praktische Einführung.* München, Wien: Carl Hanser Verlag.

[Milde 1999] Milde, Jan-Torsten (1999): *Effizientes Document Engineering sprachlicher Daten.* In: Lobin (1999a), 197-220.

[Milde / Gut 2001] Milde, Jan-Torsten / Gut, Ulrike (2001): *The TASX-Environment: an XML-based corpus database for time aligned language data.* In: Bird et al. (2001), 174-180.

[Möller 1999] Möller, Jens-Uwe (1999): *DIA-MOLE : Modellierung gesprochensprachlicher Dialoge unter Zuhilfenahme eines maschinellen Lernverfahrens.* Sankt Augustin : Infix.

[Muhr 2000] Muhr, Thomas (2000): *Increasing the Reusability of Qualitative Data with XML.* In: Forum Qualitative Sozialforschung 1(3).

[Naumann 1989] Naumann, Carl Ludwig (1989): *Gesprochenes Deutsch und Orthographie.* Frankfurt a.M.: Peter Lang.

[NITE] *Website des Projektes „Natural Interactivity Tools Engineering".* http://nite.nis.sdu.dk

[NITE STYLESHEET GUIDE] *Guide to StyleSheet Writing in NITE NXT.* http://www.ltg.ed.ac.uk/NITE/documents/userguide2.pdf

[Norris 2002] Norris, Sigrid (2002): *The implication of visual research for discourse analysis: transcription beyond language.* In: Visual Communication 1, 97-121.

[Nothdurft et al. 2003] Nothdurft, Werner / Berger, Thomas / Freund, Christoph (2003): *Multimedia als Medium der Gesprächs- und Interaktionsanalyse – Konzept, Prototyp und Implementierungszusammenhang.* In: Gesprächsforschung 4, 67-90.

[Ochs 1979] Ochs, Elinor (1979): *Transcription as Theory.* In: Ochs / Schieffelin (1979), 43-72.

[Ochs / Schieffelin 1979] Ochs, Elinor / Schieffelin, Bambi (Hrsg.) (1979): *Developmental Pragmatics.* New York, San Francisco, London: Academic Press.

[O'Connell / Kowal 1994] O'Connell, Daniel / Kowal, Sabine (1994): *Some current transcription systems for spoken discourse: A critical analysis.* In: Pragmatics 4 (1), 81-107.

[O'Connell / Kowal 1995] O'Connell, Daniel / Kowal, Sabine (1995): *Transcription Systems for Spoken Discourse.* In: Verschueren, Jef / Östman, Jan-Ola / Blommaert, Jan (Hrsg.) (2002): Handbook of pragmatics. Amsterdam: Benjamins, 646-656.

[O'Connell / Kowal 2000] O'Connell, Daniel / Kowal, Sabine (2000): *Are transcripts reproducible?* In: Pragmatics (10:2), 247-269.

[Oesterreicher 1993] Oesterreicher, Wulf (1993): *Verschriftung und Verschriftlichung im Kontext medialer und konzeptioneller Schriftlichkeit.* In: Schaefer, Ursula (Hrsg.) (1993): Schriftlichkeit im frühen Mittelalter. Tübingen: Narr, 267-299.

[Oppermann et al. 2001] Oppermann, Daniela / Burger, Susanne / Rabold, Susen / Beringer, Nicole (2001): *Transliteration spontansprachlicher Daten – Lexikon der Transliterationskonventionen.* Smartkom, Techniches Dokument 2. München: Ludwig-Maximilians-Universität.

[Orlandi 2002] Orlandi, Tito (2002): *Is humanities computing a discipline?* In: Braungart, Georg / Eibl, Karl / Jannidis, Fotis (Hrsg.) (2002): Jahrbuch für Computerphilologie 4. Paderborn: Mentis, 51-58.

[PRAAT] *Website zur phonetischen Transkriptions- und Analysesoftware Praat.* http://www.fon.hum.uva.nl/praat/

[Ray 2001] Ray, Erik (2001): *Einführung in XML. (Deutsche Übersetzung von Olaf Brodacki).* Köln: O'Reilly 2001.

[Redder 2001] Redder, Angelika (2001): *Aufbau und Gestaltung von Transkriptionssystemen.* In: Brinker et al (2001), 1038-1059.

[Redder 2002] Redder, Angelika (2002): *Professionelles Transkribieren.* In: Jäger, Ludwig / Stanitzek, Georg (Hrsg.) (2002): Transkription – Medien/Lektüre. München: Fink, 115-131.

[Rehbein 1995] Rehbein, Jochen (1995): *Segmentieren.* Verbmobil Memo 64. Hamburg.

[Rehbein 2001] Rehbein, Jochen (2001): *Das Konzept der Diskursanalyse.* In: Brinker et al (2001), 927-945.

[Rehbein et al. 1993] Rehbein, Jochen / Grießhaber, Wilhelm / Löning, Petra / Hartung, Marion / Bührig, Kristin (1993): *Manual für das computergestützte Transkribieren mit dem Programm syncWRITER nach dem Verfahren der Halbinterpretativen Arbeitstranskriptionen (HIAT).* Hamburg: Germanisches Seminar, Universität Hamburg.

[Rehbein et al. 2001] Rehbein, Jochen / Fienemann, Jutta / Ohlhus, Sören / Oldörp, Christine (2001): *Nonverbale Kommunikation im Videotranskript.* In: Möhn, Dieter / Roß, Dieter / Tjarks-Sobhani, Marita (2001): Mediensprache und Medienlinguistik. Festschrift für Jörg Hennig. Frankfurt a.M.: Lang, 167-198.

[RELAX] *Website zur XML-Schemasprache Relax NG.* http://www.relaxng.org/

[Sacks et al. 1978] Sacks, Harvey / Schegloff, Emanuel / Jefferson, Gail (1978): *A simplest systematics for the organization of turn taking for conversation.* In: Schenkein, Jim (Hrsg.) (1978): Studies in the Organization of Conversational Interaction. New York, San Francisco, London: Academic Press, 7-56.

[Sager 2001a] Sager, Sven F. (2001): *Formen und Probleme der technischen Dokumentation von Gesprächen.* In: Brinker et al. (2001), 1022-1033.

[Sager 2001b] Sager, Sven F. (2001): *Probleme der Transkription nonverbalen Verhaltens.* In: Brinker et al. (2001), 1069-1085.

[Schenkein 1978] Schenkein, Jim (1978): *Explanation of Transcript Notation.*In: Schenkein, Jim (Hrsg.) (1978): Studies in the Organization of Conversational Interaction. New York, San Francisco, London: Academic Press, xi–xvi.

[Schiel et al. 1998] Schiel, Florian / Burger, Susanne / Geumann, A. / Weilhammer, K. (1998): *The Partitur Format at BAS.* In: Proceedings of the First International Conference on Language Resources and Evaluation. Paris: ELRA, 1295-1301.

[Schindler / Sasaki 2001] Schindler, Kirsten / Sasaki, Felix (2001): *Bielefelder Workshop „Transkriptionen: Standards, Tools und gesprächsanalytische Anforderungen".* In: Gesprächsforschung 2, 58-66.

[Schlobinski 1996] Schlobinski, Peter (1996): *Empirische Sprachwissenschaft.* Opladen: Westdeutscher Verlag.

[Schmidt / Neumann 1997] Schmidt, Rudolf / Neumann, Robert (1997): *The Digital Discourse Processing System DIDA.* In: Proceedings of the Second SQL Workshop on Multi-Lingual Information Retrieval Dialogues. Pilzen, 145-148.

[Schmidt, G. 1981] Schmidt, Günter (1981): *Methoden des Mathematikunterrichts in Stichwörtern und Beispielen.* Braunschweig: Westermann.

[Schmidt, R. 2001] Schmidt, Rudolf (2001): *Instrumente zur Erstellung multimedialer Gesprächskorpora.* In: Lobin, Henning (Hrsg.) (2001): Proceedings der GLDV-Frühjahrstagung 2001. Norderstedt: Books on Demand, 115-127.

[Schmidt, Th. 2001] Schmidt, Thomas (2001): *The transcription system EXMARaLDA: An application of the annotation graph formalism as the Basis of a Database of Multilingual Spoken Discourse.*In: Bird et al. (2001), 219-227.

[Schmidt, Th. 2002a] Schmidt, Thomas (2002): *Gesprächstranskription auf dem Computer: das System EXMARaLDA.* In: Gesprächsforschung 3, 1-23.

[Schmidt, Th. 2002b] Schmidt, Thomas (2002): *EXMARaLDA - ein System zur Diskurstranskription auf dem Computer.* Arbeiten zur Mehrsprachigkeit, Serie B (34). Hamburg.

[Schmidt, Th. 2002c] Schmidt, Thomas (2002): *Stellungnahme zu Wolfgang Schneiders Artikel „Annotate in Transkriptionen aus DV-technischer Sicht.* In: Gesprächsforschung 3, 237-249.

[Schmidt, Th. 2003a] Schmidt, Thomas (2003a): *Visualising Linguistic Annotation as Interlinear Text.* Arbeiten zur Mehrsprachigkeit, Serie B (46). Hamburg.

[Schmidt, Th. 2003b] Schmidt, Thomas (2003): *Korpus „Skandinavische Semikommunikation" - ein mehrsprachiges Diskurskorpus auf XML-Basis.* In: Seewald-Heeg (2003), 421-427.

[Schmidt, Th. 2003c] Schmidt, Thomas (2003): *EXMARaLDA - ein System zur computergestützten Diskurstranskription.* Erscheint in: Mehler, Alexander / Lobin, Henning (Hrsg.) (i.V.): Werkzeuge zur automatischen Analyse und Verarbeitung von Texten: Formate, Tools, Software-Systeme.

[Schmidt, Th. 2004] Schmidt, Thomas (2004): *EXMARaLDA Partitur-Editor Version 1.2.6. Software und Handbuch.* Erscheint in: Studien-CD Linguistik. Tübingen: Niemeyer.

[Schneider 2001] Schneider, Wolfgang (2001): *Der Transkriptionseditor HIAT-DOS.* In: Gesprächsforschung 2, 29-33.

[Schneider 2002a] Schneider, Wolfgang (2002): *Kritische Stellungnahme zur Darstellung DV-technischer Aspekte in Norbert Dittmars Buch „Transkription".* In: Gesprächsforschung 3, 38-43.

[Schneider 2002b] Schneider, Wolfgang (2002): *Annotationsstrukturen in Transkripten. DV-technische Strukturanforderungen für Annotate exemplifiziert an EXMARaLDA.* In: Gesprächsforschung 3, 192-236.

[Seewald-Heeg 2003] Seewald-Heeg, Uta (Hrsg.) (2003): *Sprachtechnologie für die multilinguale Kommunikation - Textproduktion, Recherche, Übersetzung, Lokalisierung (Beiträge der GLDV-Frühjahrstagung 2003).* Sankt Augustin: gardez!.

[Selting et al. 1998] Selting, Margret / Auer, Peter / Barden, Birgit / Bergmann, Jörg / Couper-Kuhlen, Elizabeth / Günthner, Susanne / Meier, Christoph / Quasthoff, Uta / Schlobinski, Peter / Uhmann, Susanne (1998): *Gesprächsanalytisches Transkriptionssystem (GAT).* In: Linguistische Berichte 173, 91-122.

[Selting 2001] Selting, Margaret (2001): *Probleme der Transkription verbalen und paraverbalen/prosodischen Verhaltens.* In: Brinker et al. (2001), 1059-1068.

[Selting 2002] Selting, Margaret (2002): *Kritische Stellungnahme zur Darstellung des Systems GAT in Norbert Dittmars Buch „Transkription".* In: Gesprächsforschung 3, 33-37.

[Serenari et al. 2002] Serenari, Massimo / Dybkjaer, Laila / Heid, Ulrich / Kipp, Michael / Reithinger, Norbert (2002): *Survey of existing gesture, facial expression and cross-modality coding schemes.* NITE Deliverable D2.1. NITE project (Ref. no. IST-2000-26095).

[Simons 1998] Simons, Gary F. (1998): *The nature of linguistic data and the requirements of a computing environment for linguistic research.* In: Lawler, John / Dry, Helen (Hrsg.) (1998): Using Computers in Linguistics. New York: Routledge, 10-25.

[Sinclair 1995] Sinclair, John (1995): *From Theory to Practice.* In: Leech et al. (1995a), 99-109.

[Sperberg-McQueen / Burnard 2001] Sperberg-McQueen, C.M. / Burnard, Lou (Hrsg.) (2001): *Guidelines for Electronic Text Encoding and Interchange (TEI P4).* Oxford. http://www.hcu.ox.ac.uk/TEI/Guidelines/index.htm

[Sproat 2002] Sproat, Richard (2002): *The Consistency of the Orthographically Relevant Level in Dutch.* In: Neef, Martin / Neijt, Anneke / Sproat, Richard (Hrsg.): The Relation of Writing to Spoken Language. Tübingen: Niemeyer.

[Sprouse 2000] Sprouse, Ronald (2000): *Data types for interlinear text.* In: Proceedings of the Workshop on Web-Based Language Documentation and Description. Philadelphia: Institute for Research in Cognitive Science, University of Pennsylvania.

[Stachowiak 1973] Stachowiak, Herbert (1973): *Allgemeine Modelltheorie.* Wien u.a.: Springer.

[Storrer 1998] Storrer, Angelika (1998): *Vom Grammatik-Buch zur Hypertext-Grammatik: Methodisches Vorgehen bei der Hypertextualisierung nicht-standardisierter Textsorten.* In: Heyer, G. / Wolff, C. (Hrsg.) (1998): Linguistik und Neue Medien. Wiesbaden: Deutscher Universitätsverlag, 33-50.

[Storrer 1999] Storrer, Angelika (1999): *Kohärenz in Text und Hypertext.* In: Lobin (1999a), 33-66.

[Storrer 2000] Storrer, Angelika (2000): *Was ist „hyper" am Hypertext?* In: Kallmeyer, Werner (Hrsg.): Sprache und neue Medien. (=Jahrbuch des Instituts für deutsche Sprache 1999). Berlin/New York: de Gruyter, 223-249.

[Storrer 2001] Storrer, Angelika (2001): *Digitale Wörterbücher als Hypertexte: Zur Nutzung des Hypertextkonzepts in der Lexikographie.* In: Lemberg, Ingrid / Schröder, Bernhard / Storrer Angelika (Hrsg.): Chancen und Perspektiven computerunterstützter Lexikographie. Tübingen: Niemeyer 87-104.

[Switalla 1979] Switalla, Bernd (1979): *Die Identifikation kommunikativer „Daten".* In: Zeitschrift für Semiotik 1, 161-175.

[Tannen 1984] Tannen, Deborah (1984): *Conversational Style.* Norwood, NJ : Ablex.

[TEXT-TECHNOLOGY] *Website der DFG-Forschergruppe „Texttechnologische Informationsmodellierung".* http://www.text-technology.de/

[Thompson 2001] Thompson, Henry (2001): *XML for Linguists. Powerpoint-Folien von einem Vortrag auf dem Workshop „Markup Technologies for Working with Linguistic Data", LTG Edinburgh, 10-11.Mai 2001.* http://www.ltg.ed.ac.uk/xml2001/materials.html

[UNICODE] *Website der Unicode-Initiative.* http://www.unicode.org

[UTF98] *A Universal Transcription Format (UTF) Annotation Specification for Evaluation of Spoken Language Technology Corpora.* http://www.nist.gov/speech/tests/bnr/bnews_99/utf-1.0-v2.ps

[Wagner / Kallmeyer 2001] Wagner, Andreas / Kallmeyer, Laura (2001): *Der TUSNELDA-Standard – Ein Korpusannotierungsstandard zur Unterstützung linguistischer Forschung.* In: Lobin, Henning (Hrsg.): Proceedings der GLDV-Frühjahrstagung 2001. Norderstedt: Books on Demand, 253-262.

[Walter 1990] Walter, Eric (1990): *Definition und Implementation eines Editors für Texte mit interlinearer Struktur.* Studienarbeit am Fachbereich Informatik der Universität Hamburg (unveröffentlicht).

[Witt 1999] Witt, Andreas (1999): *SGML und Linguistik.* In: Lobin (1999a), 155-178.

[Witt 2002] Witt, Andreas (2002): *Multiple Informationsstrukturierung mit Auszeichnungssprachen. XML-basierte Methoden und deren Nutzen für die Sprachtechnologie.* Dissertation, Universität Bielefeld.

[Wittenburg et al. 2000] Wittenburg, Peter / Broeder, Dan / Sloman, B. (2000): *EAGLES/ISLE: A Proposal for a Meta Description Standard for Language Resources.* http://www.talkbank.org/resources/pewi.html

[Wittenburg et al. 2002] Wittenburg, Peter / Mosel, Ulrike / Dwyer, Arienne (2002): *Methods of Language Documentation in the DOBES project.* In: Wittenburg, Peter (Hrsg.) (2002): *Proceedings of the International Workshop on Resources and Tools in Field Linguistics.* Las Palmas.

[Wohlberg 1999] Wohlberg, Tim (1999): *Entwicklung einer Strukturbeschreibungssprache für Tabellen in XML.* Diplomarbeit am Fachbereich Informatik der Universität Hamburg (unveröffentlicht).

[XML-SCHEMA] *XML Schema Part 0: Primer.* http://www.w3.org/TR/xmlschema-0/

[XML COVER PAGES] *Website zur Unterstützung des XML-Standards.* http://xml.coverpages.org/schemas.html

[XSLT] *XSL Transformations (XSLT) Version 1.0. W3C Recommendation 16 November 1999.* http://www.w3.org/TR/xslt

[Zimmer 2000] Zimmer, Dieter (2000): *Die Bibliothek der Zukunft: Text und Schrift in den Zeiten des Internet.* Hamburg: Hoffmann und Campe.

[Zwirner / Bethge 1958] Zwirner, E. / Bethge, W. (1958): *Erläuterungen zu den Texten.* In: Deutsches Spracharchiv (Hrsg.) (1958): Lautbibliothek der deutschen Mundarten, Band 1. Göttingen: Vandenhoeck & Ruprecht.

Sprache, Sprechen und Computer
Computer Studies in Language and Speech

Herausgegeben von/Edited by
Wolfgang Hess und/and Winfried Lenders

Bd./Vol. 1 Computer, Linguistik und Phonetik zwischen Sprache und Sprechen/Computers, Linguistics, and Phonetics between Language and Speech. Tagungsband der 4. Konferenz zur Verarbeitung natürlicher Sprache – KONVENS-98. 5.-7. Oktober 1998, Universität Bonn/ Proceedings of the 4th Conference on Natural Language Processing – KONVENS-98. October 5-7, 1998, University of Bonn. Herausgegeben von/Edited by Bernhard Schröder, Winfried Lenders, Wolfgang Hess und/and Thomas Portele. 1998.

Bd./Vol. 2 Barbara Heuft: Eine prominenzbasierte Methode zur Prosodieanalyse und -synthese. 1999.

Bd./Vol. 3 Nico Weber: Die Semantik von Bedeutungsexplikationen. 1999.

Bd./Vol. 4 Hagen Langer: Parsing-Experimente. Praxisorientierte Untersuchungen zur automatischen Analyse des Deutschen. 2001.

Bd./Vol. 5 Alexander Mehler: Textbedeutung. Zur prozeduralen Analyse und Repräsentation struktureller Ähnlichkeiten von Texten. 2001.

Bd/Vol. 6 Karlheinz Stöber: Bestimmung und Auswahl von Zeitbereichseinheiten für die konkatenative Sprachsynthese. 2003.

Bd/Vol. 7 Thomas Schmidt: Computergestützte Transkription. Modellierung und Visualisierung gesprochener Sprache mit texttechnologischen Mitteln. 2005.

www.peterlang.de